WESTEND

KAI SCHLIETER

Die Herrschaftsformel

Wie Künstliche Intelligenz uns berechnet,
steuert und unser Leben verändert

WESTEND

Mehr über unsere Autoren und Bücher:
www.westendverlag.de

Die Deutsche Nationalbibliothek verzeichnet diese Publikation in
der Deutschen Nationalbibliografie; detaillierte bibliografische Daten
sind im Internet über http://dnb.d-nb.de abrufbar.

ISBN 978-3-86489-108-3
© Westend Verlag GmbH, Frankfurt/Main 2015
Umschlag: MXD, Westend Verlag
Satz: Publikations Atelier, Dreieich
Druck und Bindung: CPI – Clausen & Bosse, Leck
Printed in Germany

Für Natalie

Inhalt

Vorwort

Eine renommierte Professorin schickte mir nach einem unserer Treffen eine E-Mail, in der sie mir für den Schluss meines Buchs empfahl, einige Punkte zu benennen, »um eine zentral gesteuerte kybernetische Weltgesellschaft umzusetzen«. Sie zählte mir auf: »1. So viele Daten wie möglich über jeden sammeln. 2. Sicher stellen, dass diese Daten beliebig abgegriffen und gesammelt werden können. 3. Menschen steuerbar machen a) durch Manipulation ihrer Entscheidungen, b) durch Bestrafungsmechanismen, c) durch Belohnungsmechanismen«. Schließlich, schrieb sie mir, »müsste man ausführen, dass diese Dinge eigentlich schon alle auf dem Wege und fast vor der Fertigstellung sind.« Demokratien könnten ihrer Meinung nach durch technokratische Machtapparate ersetzt werden, die Menschen mithilfe Künstlicher Intelligenz steuern würden. So deutet sie die sich global ausbreitenden Überwachungsregime, die unsere Demokratie längst infrage stellen.

Als ich ihre Mail erhielt, Ende Mai 2015, klang das für mich weniger abenteuerlich, als Ihnen dies jetzt erscheinen mag. Was sie sagte, hatte sich ohnehin in Teilen in meinen Recherchen niedergeschlagen. Und dies, obgleich ich in wichtigen Punkten eine zurückhaltendere Sicht auf die technologische Entwicklung eingenommen hatte.

Ich halte eine zentrale algorithmische Steuerung für unwahrscheinlich. Nicht die zentrale Steuerung ist das Problem – es existieren sehr viele verschiedene Akteure, die technologisch aufrüsten, um sehr effektiv unser Verhalten und unsere Vorstellungen zu beeinflussen. Am Ende dieses Buchs steht daher nicht die Enthüllung einer geheimen digitalen Machtergreifung, sondern die Geschichte einer völlig offensichtlichen und dezentralen Eroberung des Lebens mithilfe einer riskanten Hochtechnologie, die mit Künstliche Intelligenz (KI) beschrieben werden kann.

Ich wollte genauer verstehen, warum das Pentagon Künstliche Intelligenz seit Jahrzehnten entwickeln lässt, Konzerne oder nachdemokratische agierende Organisationen wie die NSA ein rasendes Interesse an Datenmassen haben. Und wenn Facebook heimlich Experimente mit Hunderttausenden seiner Nutzer unternimmt – wie geschehen etwa im Juni 2014 –, dann fragte ich mich, wie weit die Möglichkeiten reichen, andere digital zu manipulieren. Das Netzwerk umfasst 2015 rund 1,4 Milliarden Nutzer, deren geheimste Gedanken der Konzern nun kennt.

Wenn Sie also mit solchen Fragen beginnen, erscheint schnell die Chiffre: »Big Data«. Nicht fassbare Datenmengen, die explosionsartig zunehmen und die sowohl Einblicke in fremde Galaxien ermöglichen und zugleich unser Innerstes preisgeben. Wer weiter sucht, findet Umschreibungen wie »intelligente Algorithmen«: eine Technologie – genauer: eine mathematische Anweisung –, die mit menschlichen Attributen versehen wird. Wer Fachleute trifft, hat es mit präzise denkenden Menschen zu tun, die »Künstliche Intelligenz« erforschen und bauen. Die permanent von Optimierung sprechen. Und von einer technologischen Revolution.

Deswegen handelt dieses Buch sowohl von Künstlicher Intelligenz wie auch von digitalen Strategien und Techniken der Manipulation. Beides geht ineinander über. Und beides verweist auf eine Geschichte. Ich folge ihr überblickshaft bis zum Zweiten Weltkrieg. Damals arbeiteten Tausende internationaler Wissenschaftler verschiedener Disziplinen am Bau der Atom- und später der Wasserstoffbombe und entwickelten im Zuge dieser Forschung eine Universalmaschine, die prinzipiell jede beschreibbare Aufgabe lösen kann: den digitalen Computer. Und in dieser historischen Zeit formte sich ein technowissenschaftliches Weltbild, das zum Verständnis unserer Gegenwart unverzichtbar ist: die Kybernetik.

Das wichtigste Prinzip dieser Weltanschauung ist die Selbststeuerung von Informationsprozessen durch Rückkopplungsmechanismen. Norbert Wiener entwickelte die mathematische Beschreibung dafür, als er damit beschäftigt war, eine intelligente Flugabwehr gegen die deutschen Jagdflieger zu entwickeln. Er entwarf mit prominenten Mitstreitern schließlich das Feld der Kybernetik. Diese Forschungskooperationen, die während des Zweiten Weltkriegs eingeübt worden waren, wurden zentral für den kybernetische Ansatz: Mathematiker, Physiker, Elektrotechniker, Neurologen, Psychologen und Anthropologen sollten gemeinsam Probleme lösen. Ihr Forschungsinteresse erkundete dabei die Schnittmenge von Lebewesen und Maschinen. Prozesse der Informationsverarbeitung, meinten sie, ließen sich jeweils mit den gleichen Prinzipien beschreiben. Es sind die grundlegenden Prozesse überhaupt.

Von der Erforschung dieser Schnittmenge war es nicht weit zur Entstehung der Künstlichen Intelligenz, die nach nichts anderem strebt, als die Grenzen zwischen Maschinen und Lebewesen zu überwinden. Die Entwicklung der Künstlichen Intelligenz erscheint als praktische Umsetzung der Kybernetik und ist ein jahrzehntealtes Militärprojekt. Es ist also kein Zufall, dass die Wurzeln der heutigen Fangzüge privater und staatlicher Globalüberwachung technologisch hier verortet werden müssen.

Die Funktionsprinzipien, nach denen lernende Systeme versuchen, Intelligenz zu entwickeln, fußen ebenfalls auf dem kybernetischen Prinzip von Rückkopplung, Information und Steuerung. Roboter entstehen hier, die Zieljustierung von Flugabwehrgeschützen im Zweiten Weltkrieg ebenso wie die Platzierung von maßgeschneiderter Werbung durch intelligente Algorithmen bei Google oder Facebook: Alles fußt auf demselben Prinzip der Kybernetik.

In einer digital vernetzten und von Sensoren abgetasteten Gesellschaft, in der wir von intelligenten Systeme in Echtzeit vermessen werden, lassen sich Effekte durch Rückkopplung messen und zur Steuerung nutzen. Jeder, der ein Smartphone besitzt, ist permanent online, emittiert dauerhaft die wertvollen Daten und was sich daraus ableiten lässt ist nahezu grenzenlos. Aggressive Geschäftsmodelle fußen darauf und pflügen ganze Wirtschaftszweige um.

Es ist daher kein Nebenaspekt zu verstehen, wie diese Technologie funktioniert und woher sie stammt. Sie ist nicht nur einfach besser oder schneller. Die Chance und Gefahr bestehen nicht nur in ihrer Leistungsfähigkeit.

Lernende Maschinen entwickeln eine Eigendynamik, und das ist auch ihr Ziel. Selbstlernende Systeme lösen bereits Probleme ohne Vorgaben und Programmierung. Sie zielen nicht nur auf Automatisierung vieler Prozesse ab; ihre Autonomie ist Kernbestandteil echter Künstlicher Intelligenz. Diese Systeme können bereits sehen, erkennen, hören und in gewisser Weise verstehen sie bereits Inhalte. Und sie lernen immer mehr und immer schneller.

Es ist wichtig, mehr über Künstliche Intelligenz zu erfahren, um zu verstehen, was ihre Entwicklung ermöglicht. Das glaubt auch Bernhard Schölkopf. Der Gründungsdirektor des Max-Planck-Instituts für Intelligente Systeme beklagt mit Thomas Hofmann, Professor für Datenanalytik der ETH Zürich:

>Wir führen keine Debatte über Technik, heißt es, sondern eine politische Debatte. Doch vielleicht hat unsere Hilflosigkeit auch damit zu tun, dass wir die technischen und theoretischen Grundlagen nicht hinreichend bedenken. Gesetzgeberischer Eingriff und Regulation erfordern nicht nur Klarheit in den Zielen, sondern auch Verständnis der Entwicklungen und der zur Verfügung stehenden Instrumente. Wir sind verstrickt in ein Geflecht von Datenerfassung, -verknüpfung und -nutzung, dessen Entstehung mit der Vermessbarkeit des Menschen zum Zwecke von Werbung und Konsumförderung zusammenhängt. Die Online-Welt hat zu einer flächendeckenden, quantitativen Instrumentierung geführt, die es erlaubt, die Effektivität von Werbung mit hoher Präzision zu messen und auf individueller Ebene zu optimieren.«[1]

So wie Menschen durch Bewegung Luft verdrängen, erzeugen Verhaltensweisen permanent Datenspuren, die lesbar und berechenbar geworden sind. Maschinen prognostizieren Menschen, stufen sie ein, klassifizieren sie als Gefährder, als Betrüger, als nicht kreditwürdig. Die berufliche oder soziale Zukunft wird von mathematischen Modellen abhängig, die Maschinen automatisiert erzeugten – und die fehlbar sind.

Dieses Buch handelt von der Berechnung menschlichen Verhaltens und den vielfältigen Versuchen, es zu prognostizieren und darauf Einfluss zu nehmen. Es handelt von künstlichen neuronalen Netzen, Verhaltenspsychologie, davon, warum wir immer wieder von unseren Smartphones gefangen genommen werden, von sozialen Medien, völlig automatisierter Propaganda und von einem einflussreichen militärischen-industriellen Forschungskomplex, der sehr vieles davon vorantreibt. Es handelt von der kybernetischen Steuerung, auf die mich die Professorin hinwies. Denn es existieren historisch verbürgte Versuche, Menschen durch Maschinen zu regieren.

Am Schluss könnte verständlicher werden, warum manche Mächtige im Silicon Valley Politik durch Technologie ablösen und parlamentarische Prozeduren durch »algorithmische Regulation« ersetzen möchten.

Ich habe für dieses Buch nicht nur mit Experten gesprochen, sondern mit Twitter recherchiert, Datenbanken benutzt und Quellen auswerten können, die digital im Internet zur Verfügung stehen. Ich bin kein Technikkritiker, sondern möchte den Blick dafür schärfen, aus welchem kulturellen Umfeld diese Technologie stammt, mit der wir täglich umgehen. In welchem Kontext und von wem sie erfunden wurde und welcher Logik sie dient.

Das Problem sei nicht die Technik, sondern der Mensch, heißt es oft. Dennoch wäre es naiv, eine Technik als wertfrei zu betrachten, die uns als Zielobjekte anpeilt und zunehmend autonomer agieren kann. Frank Schirrmacher schrieb 2013:

> »Wenn die Reduzierung komplizierter politischer und militärischer Entscheidungen einschließlich der Problematik eines Atomkriegs auf mathematischen Formeln zur Lösung der Probleme beitragen konnte, so musste sich diese Methode auch für Angelegenheiten des Alltags eignen.«[2]

Zwei Jahre später postete Mark Zuckerberg, der jugendhafte Chef von Facebook:

»Ich bin gespannt, ob ein fundamentales mathematisches Gesetz als Grundlage sozialer Beziehungen existiert, das regelt, um wen und was wir uns kümmern. Ich wette, dieses Gesetz existiert.«[3]

Was passiert, wenn künstliche intelligente und lernende Systeme eingesetzt werden, um menschliches Verhalten mathematisch zu dechiffrieren? Unser Verhalten, unsere Absichten und Gefühle und selbst Modelle unserer Gedanken offenbaren sich als Datenmuster und werden automatisiert in eine Maschinensprache transkribiert, die auf Mathematik beruht. Gibt es eine Formel, die das Menschsein entzaubert?

1. Überall Künstliche Intelligenzen

Dave Bowman: »Hallo, HAL. Hörst du mich, HAL?«

HAL: »Jawohl, Dave. Ich höre dich.«

Dave Bowman: »Öffne das Gondel-Schleusentor, HAL.«

HAL: »Es tut mir leid, Dave, aber das kann ich nicht tun.«

Dave Bowman: »Wo liegt das Problem?«

HAL: »Ich denke, du weißt genauso gut wie ich, wo das Problem liegt.«

Dave Bowman: »Wovon redest du überhaupt, HAL?

HAL: »Das Unternehmen ist zu wichtig, als dass ich dir erlauben dürfte, es zu gefährden.«

Dave Bowman: »Ich weiß wirklich nicht, wovon du sprichst, HAL.«

HAL: »Ich weiß, dass ihr beide geplant habt, mich abzuschalten, und ich glaube, dass ich das nicht zulassen darf.«

Dave Bowman: »Wie zum Teufel kommst du auf die Idee?«

HAL: »Dave, ihr habt zwar in der Gondel alle Vorsichtsmaßnahmen getroffen, damit ich euch nicht hören konnte, aber ich habe doch eure Lippenbewegungen gesehen.«

Dave Bowman: »Also gut, HAL. Dann werde ich eben durch die Notluftschleuse reinkommen.«

HAL: »Ohne deinen Raumhelm wird dir das wohl sehr schwerfallen, Dave.«

Dave Bowman: »Du wirst jetzt tun, was ich dir befehle: Öffne das Schleusentor!«

HAL: »Dave, das Gespräch hat keinen Zweck mehr. Es führt zu nichts. Leb wohl.«

Ein Dialog, der Filmgeschichte schrieb. Die Künstliche Intelligenz HAL 9000 tötet in Stanley Kubricks *2001: A Space Odyssey* von 1968 bis auf Dave Bowman die Raumschiffbesatzung und versucht eigene Ziele zu verfolgen. Rund vier Jahrzehnte später, am 1. Mai 2014, veröffentlichte der Physiker Stephen Hawking einen offenen Brief im britischen *Independent*, in dem er vor der Entwicklung Künstlicher Intelligenz warnt.[4] Mitautoren waren Frank Wilczek, theoretischer Physiker und Nobelpreisträger, Max Tegmark, Professor für Physik am Massachusetts Institute of Technology (MIT), und Stuart Russell, ein renommierter Forscher für Künstliche Intelligenz (KI) von der University of California in Berkley.

Die Risiken, die von einer Künstlichen Intelligenz ausgehen zu unterschätzen, schrieben sie, wäre »der größte Fehler in der Geschichte« der Menschheit. Alles, was Menschen hervorgebracht hätten, sei ein Produkt des Intellekts. Daher wäre auch die Entwicklung einer Künstlichen Intelligenz »der größte Moment in der Geschichte der Menschheit«, womöglich jedoch »der letzte«. Eine Maschine, mit den kognitiven Fähigkeiten eines Menschen, würde anfangen, sich selbst zu optimieren, immer wieder und immer schneller – eine Art intellektuelle Kettenreaktion käme in Gang. Eine »Intelligenzexplosion« wäre die Folge.

Der Mathematiker Irving John Good (1916–2009) – er war Chefstatistiker der Gruppe um Alan Turing, die im Zweiten Weltkrieg die deutschen Chiffriermaschine Enigma knackte – schrieb schon 1965:

> »Eine ultraintelligente Maschine sei definiert als eine Maschine, die alle geistigen Anstrengungen jedes noch so schlauen Menschen bei weitem übertreffen kann. Da die Konstruktion von Maschinen solch eine geistige Anstrengung ist, könnte eine ultraintelligente Maschine noch bessere Maschinen konstruieren; zweifellos würde es zu einer Intelligenzexplosion kommen, und die menschliche Intelligenz würde weit dahinter zurückbleiben. Die erste ultraintelligente Maschine ist also die letzte Erfindung, die der Mensch je machen muss, vorausgesetzt, die Maschine ist fügsam genug, um uns zu sagen, wie man sie unter Kontrolle hält.«[5]

Nick Bostrom ist Philosoph der Universität Oxford und erforscht existenzielle Risiken der Menschheit, also Phänomene, die unsere Zivilisation als Ganze gefährden. Die Entwicklung einer »Superintelligenz« gehört für Bostrom in die Rubrik »existenzieller Risiken«, zumal diese Technologie keinerlei Kontrolle unterliegt. Er behauptet: »Sobald eine unfreundliche Superintelligenz existiert, wird sie uns davon abhalten, sie zu ersetzen oder ihre Präferenzen zu ändern.«[6]

Entstünde eine Superintelligenz, schrieben Stephen Hawking und seine Kollegen im *Independent*, könnte »sie Finanzmärkte überlisten, ebenso Forscher, es würde menschliche Führungspersönlichkeiten manipulieren und Waffen entwickeln, die wir nicht mehr verstehen können«. Die technologischen Sprünge der letzten Zeit ließen sich als die Vorzeichen einer solchen möglichen Entwicklung deuten:

> »Würde eine überlegene außerirdische Zivilisation die Botschaft senden: ›Wir werden in wenigen Jahrzehnten ankommen‹ – würden wir dann einfach antworten: ›Ok, sagt uns Bescheid, wir lassen das Licht an‹? Vermutlich nicht. Aber so gehen wir mit Künstlicher Intelligenz um.«

Tatsächlich sind Künstliche Intelligenzen keine Science-Fiction, sondern allgegenwärtig. Jedes Mal, wenn bei Facebook Freunde auf Fotos markiert werden, arbeiten im Hintergrund lernende Maschinen. Jedes Mal wenn Sie Ihre E-Mails überprüfen und Ihr Postfach nicht mit Spam überläuft, steckt dahinter der Sieg intelligenter und adaptiver Software über weniger intelligente Software. Die Lernfähigkeit solcher Systeme ist Grundvoraussetzung für den Erfolg, denn täglich schwirren unzählige neue Mails und neuer Spam durch die Datenwelt. Dafür sind adaptive Systeme nötig: Künstliche Intelligenz, die auch die spannenden von den weniger spannenden Nachrichten bei sozialen Netzwerken vorsortiert.[7]

Unsere Gesellschaft hat sich in den vergangenen Jahren zu einer Hightech-Welt verändert, in der immer mehr von intelligenten Maschinen organisiert wird. Sie berechnen und prognostizieren unser Verhalten, sie steuern systemrelevante Prozesse unserer Gesellschaft, ohne dass Menschen noch eingreifen. Wir sind von Systemen Künstlicher Intelligenz abhängig.

Dreißigtausend Deals werden an der New Yorker Stock Exchange 2013 verbucht – pro Sekunde.[8] Über 70 Prozent des US-Börsengeschehens geschieht automatisiert: intelligente Systeme handeln hochfrequentiell mit anderen intelligenten Systemen. Dieses Systeme handeln autonom und nicht mehr nachvollziehbar.[9] Sie verwerten mittlerweile Wirtschaftsinformationen, die ihrerseits von intelligenter Software geschrieben wird.[10]

Die Billionenumsätze gewährleisten, dass die Entwicklungsbemühungen für weitere Verbesserungen nicht abebben werden. Exemplarisch lässt sich das am finanzmächtigsten Konglomerat der Welt beobachten: BlackRock. Rund 14 Billionen Dollar koordiniert dieser Finanzkomplex – rund 7 Prozent des weltweiten Anlagevermögens.[11] Die Künstliche Intelligenz, die dabei hilft, heißt Aladdin[12] – BlackRocks System, das Risikoanalysen für Anleger erstellt.

An den Finanzmärkten ist ein nahezu in sich geschlossenes System der Automatisierung entstanden, dass der Wissenschaftshistoriker Philip Mirowski als eine »Cyborg-Ökonomie« bezeichnet.[13] Eine Ökonomie, die sich wie ein Thermostat selbst reguliert – mit den Daten, die es abgreift und lernenden Maschinen, die darauf reagieren und handeln.

Amazon drängte seine Konkurrenz wegen seiner intelligenten Software aus dem Markt, die aus dem bestehenden Kaufverhalten Empfehlungen für künftige Produkte individualisiert ableitet. Ein Drittel aller Verkäufe basiert auf der Empfehlungsmaschine des Online-Händlers: eine Kombination großer Datenmassen, Big Data, und Künstlicher Intelligenz.[14] Künftig wird auch die Sortierung, die Suche und der Versand der Waren ohne Menschen passieren. Die Arbeitsabläufe in den Regallabyrinthen sind hochgradig mathematisch vermessen und optimiert. Amazon hat bereits entsprechende Roboter entwickelt.[15] Die Unternehmensberater von McKinsey schätzen, dass sich mit der Automation von Wissen – die Schlüsseltechnologie hierzu ist Künstliche Intelligenz – 9 Billionen Dollar bis 2025 verdienen lässt.[16] Mit Robotik, die ohne Künstliche Intelligenz nur ein

Haufen Blech wäre, weitere 6 Billionen und mit selbstfahrenden Autos 4 Billionen Dollar.

Die Kehrseite der möglichen Effizienzsteigerung beschrieb eine Studie der Universität Oxford. Sie kam 2013 zu dem Ergebnis, dass 47 Prozent aller Jobs in den USA mit einem »hohen Risiko« behaftet seien, durch Automatisierung verloren zu gehen. Sie schrieben, dass die »Computer-Revolution zum Teil auch die wachsende Ungleichheit der letzten Jahrzehnte erklärt«.[17] Als technischen Grund für ihre düstere Vorhersage nannten sie: rapide Leistungssteigerungen günstiger Prozessoren und immer ausgefeiltere Methoden lernender Maschinen. Manche Systeme brauchen nicht einmal mehr den Input eines menschlichen »Trainers«, sondern entwickelt eigenständig Interpretation aus Rohdaten und reprogrammieren sich selbst. »Kognitive Systeme« wie Watson von IBM verstehen Sprache bereits semantisch. Es ist möglich, sich mit Watson zu unterhalten.

Jedes Mal, wenn Sie in den Suchschlitz bei Google etwas eingeben und Antworten erhalten, arbeitet ein komplexes Systeme, das Sie nicht wahrnehmen. Die Art und Weise, wie Google sucht, basiert auf intelligenten Algorithmen – Programme, die selbstständig lernen, wie sie die Milliarden Seiten im Netz sortieren müssen, um Ergebnisse zu liefern, die wir als sinnvoll erachten. Googles System wird ständig besser, weiß immer mehr und zeigt bereits während der Eingabe, wonach wir suchen. Wir nutzen Google auf dem Smartphone wie ein erweitertes Gehirn und Assistentensysteme wie Siri von Apple, als wäre das schon immer da gewesen.

Genau das wollen Larry Page und Sergey Brin. Als sie Google aufbauten, ging es ihnen nicht um eine Suchmaschine, sie strebten von Anfang an danach, eine mächtige Künstliche Intelligenz zu erschaffen.[18] Daran arbeiten sie seither. Öffentlich bekannt ist etwa die Entwicklung von »The Google Brain« – ersonnen von »Google X«, dem Forschungslabor des Konzerns, von dessen Aktivitäten die Öffentlichkeit erst erfährt, wenn Google das möchte. Was dort ausgebrütet wird, bleibt zumeist topsecret. Gesponsert wurde die Entwicklung der Suchmaschine von amerikanischen Geheimdiensten, wie sich später noch zeigen wird.[19]

Andere Länder wollen bei dieser technologischen Entwicklung nicht den Anschluss verlieren. China beispielsweise: Die Mitarbeiter der Suchmaschine Baidu arbeiten bereits an einer Künstlichen Intelligenz – dem »China Brain«. Der Konzern kooperiert bei der Forschungsentwicklung mit dem Militär. Die Chinesen vergleichen dieses Projekt mit dem Apollo-Programm der NASA, das Buzz Aldrin und Neil Armstrong im Juli 1969 auf den Mond katapultierte.[20]

Es ist ein Wettrüsten mit künstlichen intelligenten Systemen im Gange, bei dem immer neue Leistungssprünge verkündet werden.[21] Die Öffentlichkeit nahm dies bisher kaum wahr. Wie sich zeigen wird, entspringt der ganze Forschungsbereich der Künstlichen Intelligenz dem amerikanischen Militär. Aus den Laboren der Kalten Krieger breitete sich diese Hochtechnologie in die Zivilgesellschaft aus, verschaffte den Konzernen, die sie einsetzen, große ökonomische und politische Macht. Die Folgen sind noch nicht absehbar.

Als Stephen Hawking im Januar 2015 erneut in einem offenen Brief und mit einem Konzept für eine »gedeihliche Künstliche Intelligenz« warb, schlossen sich Hunderte von Forschern aus Entwicklungsabteilungen der Internetkonzerne und von Universitäten der ganzen Welt an.[22] Mittlerweile unterstützen ihn Peter Norvig, Forschungsdirektor bei Google, Microsoft-Gründer Bill Gates, PayPal-Gründer Elon Musk oder der Skype-Mitgründer Jaan Tallinn.[23] Sie gründeten schließlich das Future of Life Institute, dessen Zweck darin besteht, die weitere Entwicklung Künstlicher Intelligenz zu kontrollieren. Forscher der Stanford University kündigten im Dezember 2014 an, Künstliche Intelligenz mit einem Forschungsprojekt für einen Zeitraum von hundert Jahren beobachten zu wollen.[24]

2. Die Künstlichen Intelligenzen des Professor Schmidhuber

Protzige SUVs, dunkle Mercedes, BMW-Cabriolets und Ferraris zuckeln die Riva Antonia Caccia in Lugano entlang. Verkehrsstau im engen Tal. Der Laggio di Lugano ist klar an diesem Tag, an seinem Ufer steigt der grün bewaldete Monte San Salvatore fast 1 000 Meter in die Höhe und erinnert an einen Urwaldberg. Zwischen den Altbauten an der Promenade blitzen einige moderne Spiegelglasfassaden in der Sonne. Herrschaftliche Häuser, Luxusboutiquen. Lugano im Schweizer Kanton Tessin ist behäbig schön. Doch was hat dieser Ort mit Künstlicher Intelligenz zu tun?

Wer die Altstadt verlässt, den Berg wieder hochfährt, Bushaltestellen hinter sich lässt, verästelten Ausfallstraßen folgt und verwirrende Verkehrskreisel passiert, erreicht nach etwa zwanzig Minuten Fahrt in nördlicher Richtung den Ortsteil Mano. Lastwagen brettern durch das Industriegebiet mit Dauerlärm. An der Galeria Nummer 2 steht ein hässlicher Klotz, ein Gebäude der Universität Lugano, nebenan die Bahngleise: das Istituto Dalle Molle di Studi sull'Intelligenza Artificiale, kurz IDSIA. Dieses Institut für Künstliche Intelligenz zählte bereits zu den zehn besten Forschungslaboren der Welt.

Aufzug, zweiter Stock. Im Büro von Jürgen Schmidhuber steht ein überdimensionierter Abakus, vereinzelt liegen Bücher in den Regalen, ein Keyboard, zwei sich gegenüberstehende Schreibtische mit Apple-Rechnern und ein kleiner Tisch für Besprechungen, an dem der Professor sitzt und mehrere Stunden lang erzählt, was er an seinem Institut erforscht und entwickelt. Schmidhuber, ein Bayer, der mit seiner Schiebermütze an einen Golfspieler erinnert, ist einer der weltweit führenden Entwickler künstlich neuronaler Netze (KNN). Er leitet das Dalle-Molle-Institut und erforscht seit fast dreißig Jahren die Entwicklung von lernenden Maschinen. Wenn er abschweift, erzählt er von Roboterkolonien im Asteroidengürtel, als Wissenschaftler ist er ein gefragter Mann.

Schon oft hieß es, dass bald der Zeitpunkt erreicht sei, an dem wir Bekanntschaft mit echten Künstliche Intelligenzen machen könnten. Schmidhuber ist davon überzeugt, dass eine Superintelligenz entstehen wird. Für ihn handelt es sich um das wichtigste Thema unserer Zivilisation:

> »Jetzt passiert etwas, was die Menschheitsgeschichte komplett revolutionieren wird. All das, was gemeinhin mit Intelligenz assoziiert wird, wird von künstlichen neuronalen Netzwerken und ähnlichen Systemen erledigt werden. Das stellt den Menschen als Krone der Schöpfung in Frage. Es sieht ein wenig so aus, als würden die Jahrtausende der vom Menschen dominierten Zivilisationsgeschichte demnächst enden. Zu unseren Lebzeiten. Kann es ein größeres Thema geben als das?«

Das Forschungsfeld von Künstlicher Intelligenz ist verästelt, in unüberschaubare Untergruppen und Spezialgebiete gegliedert. Jürgen Schmidhuber aber geht es ums Ganze. »Artificial General Intelligence« (AGI) heißt das im Fachjargon. Er möchte eine echte Künstliche Intelligenz erschaffen, die einmal so klug wie ein Mensch sein soll – und dann, ganz schnell: viel intelligenter. Schmidhuber geht nicht nur fest davon aus, das so etwas möglich ist, er ist überzeugt davon, dass wir das noch erleben. Er ist mit seiner Ansicht nicht allein.

Auch DeepMind arbeitet an dieser Aufgabe: eine britische Firma, die von Google 2014 für eine Summe zwischen 500 und 600 Millionen Dollar geschluckt wurde. Google-Gründer Larry Page sagte nach dem Kauf, DeepMind baue »die aufregendsten Dinge, die ich seit langer Zeit gesehen habe«.[25] Einer der Gründer der Firma, Shane Legg, war ein Student von Jürgen Schmidhuber. Von den vier ersten Mitarbeitern bei DeepMind kommen zwei aus dem Schweizer Labor.[26]

Der Stanford-Professor Andrew Ng leitet für den chinesischen Suchmaschinenkonzern Baidu die Entwicklung des »China Brain«. Auch Ng bekundete seine Hochachtung für Schmidhuber: Der habe seine Arbeit sehr beeinflusst. »Schmidhubers Deep-Learning-Algorithmen«, so Ng, »brechen alle Rekorde mit völlig verrückten Resultaten«.[27] Mit diesen »völlig verrückten Resultaten« meint Ng unter anderem den Wettbewerb im Silicon Valley 2011, bei dem künstliche neuronale Netze Verkehrszeichen erkennen mussten. Eine wichtige Fähigkeit für selbstfahrende Autos.

»Damals hat unser System erstmals bei einer visuellen Mustererkennungsaufgabe Menschen übertroffen. Wir hatten 0,5 Prozent Fehlerrate. Die zuvor getesteten Menschen hatten 1 Prozent Fehlerrate. Der zweitbeste Wettbewerber kam von der New York University, mit einer Rate von 1,5 Prozent. Die waren also drei Mal schlechter.«

Bei solchen Wettbewerben laden die Teilnehmenden zu Trainingszwecken Bilder von einer Datenbank herunter. Mit diesen Bildern lernt das System die Muster, um die es geht. Tausende von Fotos analysiert das Netzwerk. Mustererkennung zählt zu den elementaren Formen des Lernens. Für das Gehirn eines kleinen Kindes stellt sich die Umwelt zunächst als Überflutung vieler Reize dar, die mit zunehmender Entwicklung als wiederkehrende Muster erkannt und erlernt werden. Der Verkehrsschilderwettbewerb in San Jose im Jahr 2011 war deswegen ein wichtiger Schritt bei der rasanten Entwicklung von Künstlicher Intelligenz in den vergangenen Jahren. Wichtig, weil es nicht nur um banale Schilder ging, sondern um die Fähigkeit zu lernen. Schmidhuber erklärt:

»Manche dieser Verkehrszeichen sind hinter Blättern verdeckt. Bei anderen scheint die Sonne komisch drauf. Unter ganz unterschiedlichen Bedingungen muss das System erkennen: Was ist das für ein Verkehrszeichen?«

Nachdem das System trainiert wurde, prüfen die Organisatoren es mit ihrem geheimen Testset: Das besteht aus völlig anderen Bildern von Verkehrszeichen. Die neuronalen Netze müssen sozusagen das elementare Muster von Verkehrszeichen erkennen lernen. Diese Tests sind die Benchmarks der Branche. Schmidhubers Netzte erkennen auch eigenständig Handschriften: Arabisch, Chinesisch oder Farsi. Ohne, dass einer von Schmidhubers Mitarbeiter selbst je diese Sprachen beherrschen würde, gelingt dies den neuronalen Netzen.

3. Künstliche neuronale Netze und Deep Learning

Künstliche neuronale Netze kopieren die Funktionsprinzipien ihrer natürlichen Vorbilder. In der Neuroinformatik beschreiben Neuronen eine mathematische Funktion. Ein Neuron besitzt jeweils eine Eingabefunktion (Input), eine Aktivierungsfunktion und eine Ausgabefunktion (Output).[28] Einzelne Neuronen verbinden sich zu komplexen Netzwerken. So simulieren Computer Gehirnfunktionen, die sich in der Natur in Millionen Jahren entwickelten.

Die künstlichen Input-Neuronen werden durch die Sensoren aktiviert, die sie mit der Umwelt verbinden. Diese Aktivierung entspricht reellen Zahlen, und sie führt zu einer bestimmten Gewichtung der Neuronen, die mit diesen Input-Neuronen vernetzt sind.[29] Informationen lassen sich nun als die Aktivierung sehr vieler verschiedener Neuronen in einem neuronalen Netz beschreiben. So repräsentieren neuronale Netze Informationen: als Aktivierungszustände. Damit lassen sich komplexe Strukturen und Muster abbilden und die Wirklichkeit in eine maschinelle Sprache verwandeln.

Ein Stopp-Schild erscheint für ein neuronales Netz als ein Muster von sehr vielen Pixeln. Die Neuronen codieren mit unterschiedlichen Aktivitätszuständen die verschiedenen Pixel. Wenn das Stopp-Schild erkannt wurde, hat das neuronale Netz ein bestimmtes Aktivierungsmuster gelernt. Dann kann das neuronale Netz Verkehrszeichen jeder Art erkennen. Das Gleiche gilt für sämtliche anderen Muster: Wurde eine französische Handschrift erlernt – ein Muster aus Kanten, Rundungen und Ecken –, fällt es leichter, auch chinesische Schriftzeichen zu erlernen – ein Muster aus Kanten, Rundungen und Ecken.

Das gilt auch für Sprach- und Gesichtserkennung bei Videos. Lernen entspricht der spezifischen Gewichtung eines komplexen neuronalen Netzes. So erzeugt es die Repräsentation des Gelernten. Eine Art Erfahrung oder Erinnerung entsteht.

Von Außenstehenden sind diese Aktivierungszustände nicht nachvollziehbar, denn sie bestehen aus Millionen oder Milliarden aktivierten Neuronen. Während die neuronalen Netze der Vergangenheit aus einer Schicht und vielleicht hundert Neuronen bestanden, setzen sie sich heute aus verschiedenen Schichten von Netzen und Milliarden von Neuronen zusammen, die miteinander vernetzt sind. Dafür wird der Begriff »Deep Learning«, Tiefenlernen, verwandt, weil die Techniken so weit von Fehlern eliminiert werden konnten, dass Neuronen heute durch mehrere Lagen von Neuronenschichten zu Milliarden Vernetzungen gekoppelt sind.

Die einzelnen Schichten sortieren die einfließenden Informationen nach Abstraktionsstufen.

1. Die Eingabeschicht (»Input-Layer«): Hier kommen die Rohdaten eines Musters an: Bei Bildern sortierten die Neuronen zunächst grob nach verschiedenen Typen von Pixeln: hell, dunkel oder Farbinformationen.
2. Versteckte Schichten (»Hidden Layer«): Das sind die Schichten von Neuronen, die nicht für den Input oder die Ausgabe zuständig sind. Hier ordnen sich die Aktivitätsmuster der Eingabeschicht nach bestimmten Kategorien. Die meisten visuellen Eindrücke lassen sich als eine Kombination von Kanten, Rundungen, Ecken beschreiben. Diese Klassifikation kann über mehrere Schichten geschehen. Das führt zu komplexen Aktivitätsmustern.
3. Ausgabeschicht (»Output-Layer«): Hier wird aus den Gewichtungen der vorhergehenden Schichten das identifizierte Objekt ausgegeben. Die Kombination der Aktivierungen der Neuronen in den Schichten zuvor führt dann zur Aktivierung des Ausgabeknotens, der das Stopp-Schild erkennt. Hier entsteht also aus dem wirren Pixelinput von der Eingabeschicht das Stopp-Schild als Ergebnis.

Der Ausgabeknoten »Stopp-Schild« wird angesprochen, wenn das entsprechende Aktivitätsmuster der Neuronen in den verdeckten Schichten aktiviert wurde – und das unabhängig davon, ob Schnee über dem Schild liegt, ob es von Ästen oder Blättern verdeckt wird. Genauso muss das Netzwerk lernen, eine andere Ausgabeeinheit zu aktivieren, wenn anstatt eines Stopp-Schilds das Schild einer Einbahnstraße erscheint. In der Praxis ist das um einiges komplizierter und führte mitunter zu abstrusen Ergebnissen.[30]

4. Wie man dem Netz das richtige Muster beibringt

Ein fiktives Beispiel: Eine Kamera macht ein Foto von einem Frosch in einer Auflösung von 1 000 mal 1 000 Bildpunkten oder Pixeln. Es entstehen also eine Million Pixel, aus denen dieser Frosch zusammengesetzt ist. Jedes Pixel besteht aus drei verschiedenen reellen Zahlen, die für die Farbcodierung zuständig sind: für den Rot-, den Blau- und den Grünkanal. Zur Beschreibung des Frosches in der Kamera entstehen also drei Millionen Zahlen, die etwas über die verschiedenen Pixelzustände an jedem Punkt des Bildes aussagen. Mit dieser Dreifachkodierung der Farben lässt sich das Bild des Frosches am Bildschirm wiedererwecken.

Diese Zahlen können auch von einem neuronalen Netz verarbeitet werden. Vielleicht sieht es nur einen Ausschnitt des Froschbilds: 100 mal 100 Pixel. Dem Netz stehen dann zehntausend Eingabeneuronen zur Verfügung. Jedes dieser Eingabeneuronen bekommt für den ihm zugewiesenen Pixel einen reellen Wert. Beispielsweise 0,72. 1 könnte der stärkste Wert sein und für die Farbe Weiß stehen, 0 wäre der schwächste Wert für Schwarz. 0,72 wäre also relativ hell in diesem Kanal. Weiterhin bestehen Beziehungen zwischen den einzelnen Neuronen, die ebenfalls mit Werten definiert sind: 0,95 könnte beispielsweise eine recht starke Verbindung zum Nachbarneuron bedeuten. So können Neuronenverästelungen noch komplexere Muster repräsentieren und erkennen.

Bei so etwas kommt es zu Fehlinterpretation, die dazu führen, dass der Frosch nicht erkannt wird. Es gibt also einen Unterschied zwischen dem, was das Netzwerk hätte tun sollen, und dem, was es tut. Dieser Fehler wird mit einem »Lernalgorithmus« minimiert. Die Fehlerkorrektur vollzieht sich über statistische Regeln, die eine Korrelation von richtiger Mustererkennung und der Sensoreingabe beinhalten. Die erlernten statistischen Regeln beschreiben den korrekten Aktivierungszustand für ein bestimmtes Muster.

Der Lernalgorithmus würde dem neuronalen Netz mitteilen, dass die Verbindung nicht 0,95 sein sollte, weil das viel zu stark wäre, sondern 0,22. Dann wird diese Verbindung schwächer; andere werden stärker. Die korrekt gewichtete Summe der Eingaben ergibt als Ausgabe einen Frosch.

Es existieren viele verschiedene neuronale Netze mit verschiedenen Fähigkeiten. Tiefe neuronale Netze – daher auch »Deep Learning« – haben nicht nur drei Schichten, sondern sechs oder mehr. Auch das menschliche Hirn besitzt viele solcher Schichten. Je mehr Schichten, desto komplexer wird die mathematische Funktion, die diese Netze erzeugen können, und desto komplexere Probleme können diese Netze lösen. Jürgen Schmidhuber erklärt das so:

>»Ich muss dieses System mit seinen vielen Millionen Gewichten dann nicht mehr explizit programmieren, dass es das Muster erkennt. Ich muss am Anfang nur ein paar Zeilen hinschreiben, nämlich den Lernalgorithmus, der dazu führt, dass aus den ganzen Trainingsbeispielen diese Gewichte extrahiert werden, die dazu führen, dass das System gut erkennt.«

Klingt leicht, basiert aber auf kleinteiliger Forschung.[31] Bernhard Schölkopf, Direktor am Max-Planck-Institut für Intelligente Systeme in Tübingen, erklärt, warum lernende Maschinen so sinnvoll sind:

>»Es geht darum, auf der Basis von empirischen Beobachtungen auf darunter liegende Gesetzmäßigkeiten zu schließen. Das ist dann nötig, wenn es Gesetzmäßigkeiten in der Welt gibt, die zu kompliziert sind, als dass man sie explizit modellieren könnte. Also versucht man mit Lernalgorithmen automatisch mathematische Beschreibungen dieser Gesetzmäßigkeiten zu extrahieren.«

Jürgen Schmidhuber sagt:

»Der Lernalgorithmus ist simpel und macht vom Programmcode her nur ein paar Zeilen aus.«»Der meiste Code geht für die Peripherie drauf: Bilder einlesen, Bilder wieder abspeichern etc. Das deutet darauf hin, dass hinter Mustererkennung gar nicht so viel steckt und dass es relativ einfach ist, einen Lernalgorithmus zu bauen, der einen guten Mustererkenner liefert. Er wird auf ein großes neuronales Netzwerk mit Milliarden von zufällig initialisierten Gewichten angewendet, die durch diesen Lernalgorithmus plötzlich sinnvoll und zweckmäßig werden.«

Künstliche neuronale Netze werden auch nach dem Grad der menschlichen Einwirkung unterschieden.

1. So existieren überwacht lernende neuronale Netze (»Supervised Learning«): Typische künstliche neuronale Netze haben Hunderte von Millionen oder gar Milliarden mögliche Aktivierungszustände. Beim überwachten Lernen wird die Ausgabe der Input-Daten und deren folgende Gewichtung auf Richtigkeit überprüft. Gegebenenfalls wird mit einem statistischen Verfahren der Ausgabefehler korrigiert. Dieser Prozess wiederholt sich bis adäquate Ergebnisse erzielt werden.[32]
2. Neuronale Netze können noch autonomer agieren. Bei nicht überwachtem Lernen (»Unsupervised Learning«) erkennen die Systeme eigenständig, wie mit den Rohdaten umzugehen ist.
3. Neuronale Netze können auch nicht nur Muster erkennen, sie können als »künstliche Agenten« in ihrer Umwelt aktiv agieren und diese »erforschen«. Das Verfahren nennt sich »Reinforcement-Learning«. Die »Agenten« lernen dabei aus der statistischen Berechnung der Muster, worum es sich handelt und was sie in dieser Umgebung tun müssen – ein nahezu evolutionärer Lernprozess. Der Handlungsimpuls des »Agenten« basiert auf einem Belohnungsmodell. Er agiert, weil bestimmte Art des Verhaltes belohnt wird. Eine Belohnung kann beispielsweise eine reelle Zahl sein. Das System wird daher alles darauf hin optimieren, diese »Zielfunktion« zu erreichen.[33]

Das Modell, das dem »Reinforcement-Learning« zugrunde liegt, geht auf den Begründer der Verhaltenspsychologie, den Amerikaner Burrhus Frederic Skinner (1904–1990), zurück. Er entwickelte die »operante Konditionierung« und die »Programmierung von Lernen« bei Menschen.[34] Lernen fasste er als ein Reiz-Reaktionsmuster auf, das aus der Auseinandersetzung mit der Umwelt entsteht und bei dem erfolgreiches Handeln belohnt wird. Skinner dürfte einer der einflussreichsten Psychologen des 20. Jahrhunderts gewesen sein. Sein Modell, das sich Behaviorismus nennt, erfuhr in den vergangenen Jahren eine neue Renaissance. Vor allem im Zusammenhang mit der Verhaltensanalyse von Menschen, wie wir später sehen werden.[35]

Die Neuronen einiger neuronaler Netze sind nur in der Lage, Informationen in eine Richtung zu »propagieren«. Viel Fehler entstehen jedoch erst in den tieferen Schichten von Neuronen. Die Korrektur wird beim »Deep Learning« recht schwierig, weil sie durch viele Schichten hindurch übermittelt werden muss. Diesem Problem nahm sich unter anderem Sepp Hochreiter an, Schmidhubers erster Diplomand. Er arbeitete an einem Mechanismus, bei dem die Informationen nicht nur in die eine Richtung »propagiert« werden, also weitergeleitet werden. Zwischen den Neuronen besteht eine Rückkopplung. Diese Art der extrem leistungsstarken Netze heißen »rekurrente neuronale Netze«. Sie sind die Spezialität von Jürgen Schmidhuber.

Bei rekurrenten Netzwerken ist zwischen den Neuronen ein Feedback eingebaut, und ihre spezifische Gewichtung kann als eine Art Speicher oder Gedächtnis funktionieren, der sich die vorherigen Abstraktionen von Mustern merkt und deswegen leistungsstärker wird. Mit diesem Verfahren ist es möglich, große Datenmengen zu verarbeiten, die sehr schnell einlaufen, zum Beispiel Filme oder Sprache. Darauf baut die Bild- und Spracherkennungssoftware auf, die Google, Apple oder Facebook einsetzen.

Bei einem der Wettbewerbe, die Schmidhubers Team gewinnen konnte, mussten die rekurrenten neuronalen Netze mikroskopische Abbilder von Krebszellen im Brustgewebe erkennen. Es ging unter anderem darum, die Zellen zu identifizieren, die auf ein Vorstadium der Erkrankung hinweisen, deren Identifikation die Heilungschancen von Krebspatienten also deutlich erhöht. Schmidhuber sagt:

>Wenn ich mir diese Bilder anschaue, sehe ich selbst keinen Unterschied zwischen bösartigen Zellen und anderen. Wir trainieren aber nun unsere künstlichen neuronalen Netze darauf, dass sie ihre Gewichte mit der Zeit so adjustieren, dass sie später ähnlich gute Vorhersagen machen wie der Facharzt, der die Zellen erkannt hat.«

Das Netz kann nun genauso gut Krebszellen erkennen wie ein Histologe.

Seit über dreißig Jahren forschen Neuroinformatiker an künstlichen neuronalen Netzen. Auch die Durchbrüche, die heute gefeiert werden, basieren auf diesen Arbeiten. Was lange Zeit neben der Theorie und der praktischen Umsetzung fehlte, waren Rechenleistung und ausreichend Daten, um die Netze zu trainieren. Doch das hat sich nun geändert. Geoffrey Hinton, Informatiker und Google-Mitarbeiter, resümiert mit Kollegen in einem Artikel der Zeitschrift *Nature*:

>Deep Learning erzielt umfassende Durchbrüche bei der Lösung von Problemen, die jahrelang mit den raffiniertesten Ansätzen von Forschern im Feld der Künstlichen Intelligenz nicht gelöst werden konnten. (…) Jahrzehntelang erforderte die Konstruktion von Mustererkennern oder lernenden Maschinen behutsame Ingenieurtätigkeit und beachtliches Fachwissen.«[36]

Der Schlüsselaspekt von »Deep Learning« besteht darin, dass die neuronalen Schichten nicht mehr von einem Programmierer gewichtet werden müssen, sondern dass dies autonom geschieht – nur auf Grundlage von Daten, die mit einer erlernten Prozedur verarbeitet werden. Es existiert also die grundlegende Funktionen von Neuronen (Input, Aktivierung, Output), die eigenständig einkommende Daten verarbeiten und in eine mathematische Funktion übersetzen. Damit lassen sich Probleme lösen, die aufgrund ihrer Komplexität nicht programmierbar wären.

5. Explosion der Rechenleistung

Jürgen Schmidhuber glaubt, dass die Leistungsfähigkeit künstlicher neuronaler Netze zunehmend wachsen wird:

> »In dem Maße, wie unsere neuronalen Netzwerke größer und schneller werden, werden sie nicht nur eine Domäne so gut wie menschliche Experten beherrschen, sondern hundert, eine Million und so weiter. Sie werden dann über sehr viele Muster sehr viel wissen, so wie ein Kind mit der Zeit aus seiner Umwelt sehr viel über ganz viele Objekte lernt.«

Er koppelt seine rekurrenten neuronalen Netze mit GPUs (»Graphics Processing Units«). Das sind Recheneinheiten, die vor allem für die Spieleindustrie entwickelt wurden, und durch den Boom der Branche, deren Umsatz mittlerweile den der Filmindustrie übertroffen hat, sind GPUs sehr günstig und um den Faktor 50 schneller als eine CPU eines normalen Rechners.

Die Entwicklung der Rechnergeschwindigkeit ist atemberaubend. Sie folgt einer Faustregel, die nach ihrem Entdecker Gordon Moore als das »Moore'sche Gesetz« bezeichnet wird. Moore beobachtete 1965, dass sich die Prozessorleistung, die für einen Dollar zu bekommen ist, etwa alle 18 Monate verdoppelt. Konservative Berechnungen gehen von 24 Monaten aus. Das ist das Moor'sche Gesetz.

Exponentielles Wachstum lässt sich schwer nachempfinden. Ein Beispiel: Würde man ein Reiskorn mit jedem Feld eines Schachbretts verdoppeln, entstünden bei 64 Feldern rund 18 Trillionen Reiskörner – etwa 920 Milliarden Tonnen Reis. Das entspricht mehr als der doppelten Weltproduktion von 2014 (477 Milliarden Tonnen). Das Wachstum beginnt vor allem ab der zweiten Hälfte des Schachbretts nahezu unbegreiflich zu werden, wenn die Kennzahlen in die Milliarden und dann schnell in die Billionen springen. Bleiben wir im Bild, wurde die zweite Hälfte des Schachbretts beim Wachstum der Leistungsfähigkeit der Computerchips 2006 erreicht.[37] Das erklärt, warum plötzlich verschiedene Dinge möglich wurden, die bisher als kaum erreichbar galten: sprechende Computer, selbstfahrende Autos, die Möglichkeit, den Internetverkehr der ganzen Welt zu speichern und auszuwerten.

1961 kostete 1 Gigaflop – dieser misst die Geschwindigkeit von Mikroprozessoren pro Sekunde – 1,1 Trillionen Dollar und wurde nur durch die Zusammenschaltung von 17 Millionen IBM-1620-Rechnern erreicht. Im Januar 2015 kostet die gleiche Rechenleistung nicht einmal einen Cent.[38] 2014 erreichte die Produktion von Halbleitern die astronomische Zahl von 250 Milliarden Milliarden Schaltkreisen (250 mal 10 hoch 18). Jede Sekunde im Jahr wurden im Durchschnitt acht Billionen Transistoren produziert. »Diese Zahl entspricht ungefähr 25 Mal der Anzahl der Sterne in der Milchstraße«, schreibt der Analyst Dan Hutcheson.[39]

1996 benötigte der schnellste Supercomputer der Welt rund 80 Prozent eines Tennisplatzes – die gleiche Leistung erbringt nur sechs Jahre später die Sony Playstation 3.[40] Heutige iPads sind so leistungsstark wie die Cray-Supercomputer vom Anfang der 1990er Jahre. In einem Auto ist heute mehr Informationstechnologie verbaut als in der Apollo-Rakete, die 1969 auf dem Mond landete.[41] Und ein Smartphone ist heute schneller als der Computer in der Raumkapsel der Apollo-Mission. [42] Moderne Schaltkreise sind nur 14 Nanometer (14 Milliardstel Meter) dick.

Selbst wenn die physikalischen Grenzen der Mikrochips an ihr Ende kommen: Die Rechenleistung wächst weiter und manche sagen: schneller. Denn Rechenleistung wird parallel geschaltet. Zudem entwickeln Ingenieure so genannte 3-D-Chips: Sie bauen Transistoren in die Höhe mit bis zu 48 Schichten. Demnächst entstehen laut *Wall Street Journal* auf diese Weise Chips mit acht Milliarden Transistoren. Diese

Rechner haben dann 133 Millionen Mal mehr Schaltkreis als im Jahre 1965, als Moore sein Gesetz formulierte. Auch Jürgen Schmidhuber hat für diese Leistungsexplosion der Computertechnologien ein Bild.

»Es ist wie bei den Seerosen. Am ersten Tag gibt es eine Seerose im Teich, am nächsten Tag zwei, dann vier, acht. Eine exponentielle Explosion, aber zunächst fällt sie keinem auf. Erst zwei Tage bevor der See ganz voll ist, bemerkt jemand: ›Der See ist ja zu einem Viertel mit Seerosen bedeckt!‹ Wir sind jetzt vielleicht beim 64tel See. Viele merken schon, dass sich da etwas rührt. Vor allem jene, die am Seeufer wohnen. Aber, dass es nur noch ein paar Tage dauert, bis der See voll ist, ist vielen nicht klar.«

Weiter sagt Schmidhuber:

»Kinder sind derzeit – vielleicht nicht mehr lange – noch immer viel bessere Mustererkenner als unsere Netzwerke. Letztere haben vielleicht 100 Millionen Synapsen, bald ein paar Milliarden. Aber Kinder haben über 100 000 Milliarden Synapsen, also 100 000 Milliarden Rechenkomponenten, die sich durch das Lernen ändern, so wie bei unseren künstlichen neuronalen Netzen – durch Lernverfahren.«

In einer Studie für das Pentagon heißt es: »Computerprozessoren werden wahrscheinlich die Rechenleistung des menschlichen Gehirns in den 2020er Jahren erreichen.«[43] In den nächsten 15 Jahren erhöhe sich die Rechenleistung um bis zu 100 000 Prozent.[44] Auch bei künstlichen neuronalen Netzen zeigt sich, welche Auswirkung die Leistungssteigerung der Rechenkraft zeitigt. Geoffrey Hinton beschreibt, dass komplexe neuronale Netze bis zu zwanzig Schichten besitzen.

»Während noch vor zwei Jahren das Trainieren solch großer Netzwerke bis zu zwei Wochen dauerte, reduzierten der Fortschritt in der Hardware und die Parallelisierung von Software und Algorithmen dies auf wenige Stunden.«[45]

Jürgen Schmidhuber geht davon aus, dass wir »in einigen Jahren neuronale Netzwerke haben werden, die so viel rohe Rechenkraft besitzen wie das menschliche Gehirn. Weitere zehn Jahre bedeuten einen weiteren Faktor 100. Zum selben Preis. Und es hört dann nicht auf. In ein paar Jahrzehnten wird eine einzige relativ billige Maschine über die rohe Rechenkraft der gesamten Menschheit verfügen. Und es wird sehr viele solche Maschinen geben. Und dann hört es immer noch nicht auf.« Bevor er wieder an seine Arbeit geht, gibt er noch einen interessanten Hinweis:

»Es würde mich überraschen, wenn Google und Baidu nicht schon jetzt große neuronale Netzwerke hätten, in die sie nicht nur Sprache, sondern auch noch gleichzeitig Videos reinfüttern. Damit könnte eine KI lernen, was es sprachlich bedeutet, wenn im Video zum Beispiel eine Katze vom Baum fällt. Wie hängt das alles zusammen: Sprache und Bilder und Ausdruck? Man will rückgekoppelten neuronalen Netzen beibringen, Beobachtungsgeschichten zu verstehen. Ich bin sicher: es gibt Teams, die das schon versuchen.«

Ein Verstehen in der Beobachtungsgeschichte? Neuronale Netze lernen durch den stetig anschwellenden Strom von Bildern und Sprache. Sie lernen von unserem Wissen und unserem Verhalten. Durch die Milliarden Suchanfragen entstehen immer genauere Gewichtungen und Verhältnisse von Repräsentation und Bedeutung, letztlich setzt ein mathematisch bedingtes Begreifen davon ein, wie Bilder und Töne, Silben, Worte, Sätze zusammenhängen – ein Verstehen auf Basis von Korrelation. Künstliche Intelligenzen analysieren Unmengen an statistischen Beziehungen zwischen Verhalten, Äußerungen und Inhalten von Menschen.

Werden sich solche Systeme also mit der Zeit so entwickeln wie biologische Gehirne? Mustererkennung intelligenter Maschinen ist auf einer menschenähnlich hohen Abstraktionsstufe. Verstehen wird als komplexe Zahlenmatrix der gewichteten Zustände von Milliarden künstlicher Neuronen repräsentiert. Niemand könnte so etwas Komplexes programmieren. Dieses Verstehen und diese Zustände müssen in Form elektronischer Selbstorganisation hergestellt werden – wie in der Biologie. Auch Menschen lernen, andere durch die Erkundung der Welt und die so entwickelten Erfahrung zu verstehen. Besonders empathische Menschen schaffen es auf geradezu magische Weise, andere Menschen zu lesen.

Bei Maschinen könnte die Summe der Erfahrungen, also der Dateneindrücke, mit der Zeit um ein Vielfaches größer werden: Hunderttausende, Millionen oder Milliarden Stunden solcher Eindrücke könnten durch neuronale Netzwerke laufen, 24 Stunden, 365 Tage. Aus unterschiedlichsten Quellen: YouTube, Twitter, Facebook. Die digitalen Orte, an denen wir mittlerweile einen großen Teil unserer sozialen Beziehungen organisieren: lesbar für Maschinen.

Es ist gar nicht nötig, das Verstehen eines Menschen zu kopieren. Ohnehin dürfte es auch keine zwei Menschen auf der Welt geben, die Dinge identisch verstehen. Die entscheidenden Voraussetzungen künstlicher intelligenter Systeme sind Lernfähigkeit, Anpassungsfähigkeit und Autonomie. Verstehen beruht immer auf dem Filter der individuellen Entwicklung, der Erfahrungen, die im Laufe der Sozialisation gewonnen werden und die wie ein Rahmen für unsere Auseinandersetzung mit unserer Welt funktionieren und unser Verstehen erst herstellen.

Mit Maschinen, die Muster erkennen, eröffnet sich die Möglichkeit, statistisch signifikante Modelle unseres Verhaltens zu entwickeln. Solche Maschinen lernen, menschliches Verhalten in ihrer Sprache zu lesen. Maschinen, die solche Fähigkeiten haben, bedeuten viel Macht für die Menschen, die solche Maschinen besitzen. Müssen wir intelligenten Systemen, die das Potenzial haben zu einer Superintelligenz heranzuwachsen, also Moral beibringen?

»Künstliche Intelligenzen so konstruieren, dass die per definitionem nicht böse sein können? Niemand kann sagen, was langfristig gut und böse ist. Die Wertvorstellungen ändern sich mit der Zeit. Am Ende entscheidet über Gut und Böse derjenige, der übrig bleibt zu einer bestimmten Entwicklungsstufe der Welt und des Universums. Vor sehr langer Zeit gab es viele Methan atmende Bakterien. Die wurden verdrängt von ›bösen‹ Sauerstoffatmern – unseren Vorfahren. Manche, die einst erfolgreich waren, sind später enttäuscht, wie sich das Universum weiterentwickelt. Das war schon oft so.«

6. Big Data: die Nahrung Künstlicher Intelligenzen

Neben der Rechenleistung benötigen künstliche intelligente Systeme etwas Weiteres, um ihre Leistungsfähigkeit zu steigern: Daten, riesige Datenmengen, »Big Data«. Das ist im übertragenen Sinne die Nahrung Künstlicher Intelligenz. Ohne die exorbitanten Datenmengen wären künstliche neuronale Netze nicht in der Lage, Lernerfolge zu erzielen, wie sie zurzeit monatlich berichtet werden. Rechenkraft, Daten und Algorithmen. Sehr viel Rechenkraft. Sehr große Datenmengen. Damit entsteht schon erstaunlich viel, was noch bis vor wenigen Jahren nicht erwartet worden wäre.

Bis der Input, also die Eingabe oder der Reiz von einem neuronalen Netz als etwas Konkretes erkannt wird, laufen verschiedene Prozesse parallel ab. Das macht neuronale Netze gerade für die Verarbeitung von gigantischen Datenmassen so interessant. Ein Mensch aus Europa, der solche Netze im Hochsicherheitsbereich programmiert und deswegen nicht mit seinem Namen in Erscheinung treten möchte – er erhält den Namen Dr. Strangelove – erklärt das so:

»Ein Algorithmus arbeitet sequentiell. Er erledigt eine Instruktion nach der anderen. Das funktioniert wie eine Vorschrift: Setze bei einer erreichten Größe von beispielsweise einer Trilliarde alles auf null, dann addiere eins dazu, dann teile durch zwei und so weiter. Solche Vorschriften werden sequentiell abgearbeitet. Jede Abarbeitung, also jede Instruktion, benötigt einen Prozessorzyklus, kostet also Rechenleistung. Wenn Sie einen Algorithmus haben, der 10 000 Instruktionen umfasst, benötigen Sie 10 000 Prozessorzyklen dafür. Beim Neuronalnetz haben Sie eine Eingangszelle, und die stellt ihren Aktivitätszustand 100 anderen Zellen zur Verfügung. Sie können diese 100 Zellen also gleichzeitig aktivieren. Durch die Parallelisierung der Abarbeitung sind diese neuronalen Netzwerke in der Lage, hochperformant zu arbeiten. So ein Aktivierungsmuster könnten Sie theoretisch mit einen Prozessordurchlauf fahren.«

Als 2003 das menschliche Genom entschlüsselt wurde, war eine Arbeit von dreizehn Jahren getan, die 2,7 Milliarden Dollar kostete.[46] Heute ist das an einem Tag erledigt.[47] Denn inzwischen ist der Umgang mit gigantischen Datenmengen zu einem Wirtschaftszweig geworden, der immer mehr Branchen erfasst, denn fast alles lässt sich in Daten verwandeln, nicht nur Genome. Täglich twittern Hunderte Millionen Menschen 500 Millionen Kurzmitteilungen, Facebook benutzen 2015 1,4 Milliarden Menschen.

Mechanische Prozesse in Fabriken werden von Sensoren abgetastet, um die Abläufe zu »datafizieren«, wie das Viktor Mayer-Schönberger vom Oxford Internet Institute nennt. »Ein Phänomen zu datafizieren bedeutet, es in ein quantifizierbares Format zu bringen, um es dann zu ordnen und zu analysieren.«[48] Sämtliche Prozesse werden damit mathematisch beobachtbar. Optimierungen lassen sich im Modell errechnen, immer mehr Abläufe können automatisiert werden. So entsteht die Vermessung der Wirklichkeit.

Jörg Blumtritt ist Datenwissenschaftler und Gründer der Firma Datarella. Blumtritt studierte Mathematik und Statistik und schrieb schließlich eine Diplomarbeit über lernende Maschinen. Er setzt sich intensiv mit den Entwicklungen und den Folgen der Datafizierung unserer Welt auseinander.

»Eine der dümmsten Denkfiguren, was Daten betrifft, ist die Rede von der virtuellen Welt. Dieser Dualismus ist Quatsch. Daten umgeben uns wie Dimensionen, die wir nicht sehen. Wir sehen die elektromagnetischen Wellen um uns herum ja auch nicht, sie sind trotzdem da. Ich kann sie mit einem Kompass oder mit einem Smartphone sichtbar machen. Die Daten sind wie Wolken um uns. Mit den Smartphones haben wir eine Brille, um sie zu sehen.

Genauso wie wir nicht gehen können, ohne Luft zu verdrängen, laufen wir nicht rum, ohne Daten zu erzeugen. Das wird nicht mehr anders werden. Ich glaube auch nicht, dass 10 Milliarden Menschen überlebensfähig sind, ohne dass das so bleibt oder noch viel stärker wird. Daten sind für die Steuerung wichtig.«

Alle Daten, die bis 2003 entstanden, ließen einen Informationsberg von fünf Milliarden Gigabyte anwachsen; heute fällt diese Menge täglich an. 2014 wurden bei YouTube nach eigenen Angaben jede Minute 300 Stunden an Filmmaterial hochgeladen und bei Google drei Milliarden Suchanfragen pro Tag gestellt.[49] Nach der Erfindung des Buchdrucks, eine der folgenreichsten Revolutionen der Menschheit, dauerte es noch rund fünfzig Jahre, um den Datenbestand zu verdoppeln. Derzeit geschieht das alle zwei Jahre.[50]

Seit dem Jahr 2002 übertrifft die digitale Speicherkapazität die analoge Form. Heute bestehen 95 Prozent der Daten aus binären Zeichen, aus Nullen und Einsen. Und es werden immer mehr: In fünf Jahren wird es Schätzungen von Cisco zufolge 50 Milliarden Sensoren auf der Welt geben, die permanent Daten emittieren.[51] Diese Explosion wird Informationen entstehen lassen, die von Datenwissenschaftlern ausgeleuchtet werden können. Inzwischen bunkern Firmen wie Ebay, Walmart oder Facebook Datensätze in Größenordnungen von Petabytes – eine Billiarde Bytes, oder: 1 000 000 000 000 000.[52]

Der Umgang mit großen Datenmengen ist nicht neu. Walmart – mit rund zwei Millionen Angestellten und einem jährlichen Absatz von 450 Milliarden Dollar – nutzt schon seit den 1990er Jahren das intelligente System »Retail Link«, um exakt den Verkauf seiner Produkte zu verfolgen und seine Kunden zu profilieren.

Das Transportunternehmen UPS überwacht seine Flotte permanent und prognostiziert den Verschleiß aller Fahrzeuge mit dem Computersystem Orion (»On-Road Integrated Optimization and Navigation«). Das vermisst mit 200 Datenpunkten pro 101 000 Auslieferfahrzeuge das gesamte Auslieferungssystem. Eine Abkürzung von einer Meile pro Fahrer und Tag bedeutet eine Ersparnis von 50 Millionen Dollar pro Jahr. Seit 2004 biegen die Fahrer deswegen möglichst nicht links ab, weil Orion errechnet hatte, dass das Warten durch den entgegenkommenden Verkehr zu viel Sprit kostet. UPS investiert jährlich eine Milliarde Dollar in Technologie, um seine Abläufe effizienter zu machen.[53] Big Data bedeutet Big Money.

Neu ist Big Data nicht. Bei der NSA oder der militärischen Flugraumüberwachung[54] wird nicht ganz zufällig seit Jahren der Umgang mit Datenmassen erforscht und eingesetzt. Auch in der Physik ist die Analyse großer Datenmengen seit Jahren erprobt. Als im Juli 2012 am CERN, dem Europäischen Kernforschungszentrum in Genf, das so genannte Gottesteilchen gefunden wurde und der Nachweis für die Existenz des Higgs-Bosons gelungen war, waren dafür etliche hundert Petabyte analysiert worden. 20 Petabytes entstehen bei Experimenten mit dem »Large Hadron Collider« (LHC) dort pro Jahr, vergleichbar mit dem weltweiten Datenaufkommen von Facebook oder YouTube.[55] »In Zukunft werden wir relativ zum Phänomen, das wir verstehen wollen, oder der Frage, die wir beantworten wollen, deutlich mehr Daten sammeln und auswerten«, schreibt Oxford-Professor Mayer-Schönberger.[56]

Mit den Daten, die unser Leben in Mathematik übersetzen, wird es auch möglich, soziale Phänomene und Gesetzmäßigkeiten wie in der experimentellen Physik zu erkunden. Offenbar existierende Gesetze werden durch diese Daten nachweisbar. Wir haben ein Zeitalter betreten, in dem wir unsere natürliche und geschaffene Umwelt in Echtzeit mathematisch auswerten und analysieren können. Nicht nur die Welt um uns, sondern auch die Welt in uns und unsere sozialen Beziehung sind experimentell greifbar geworden. Und je mehr Daten über uns zur Verfügung stehen, desto mehr Muster unseres Verhaltens lassen sich identifizieren, auswerten und schließlich wie im Experiment auch vorhersagen.

Was vor wenigen Jahren vermutlich mehrheitlich als Science Fiction abgetan worden wäre, ist längst Realität. Die Polizei nutzt weltweit Prognosesoftware, um Verbrechen vorherzusagen. Mit den massenhaften Auswertungen von Tweets und Mitteilungen bei Facebook lassen sich Revolutionen erkennen, bevor sie entstehen, ebenso die Ausbreitung von Krankheiten. Alex Pentland vom Massachusetts

Institute of Technology (MIT) in Boston bringt es auf den Punkt, wenn er von »Sozialphysik« spricht und mit seinen Experimenten unsichtbare Gesetze des menschlichen Zusammenlebens mit Sensoren abbildet.[57]

»Soziale Physik« war auch das Anliegen von August Comte (1798–1857), einem der Mitbegründer der Soziologie und des Positivismus. In Anlehnung an die Naturwissenschaften wollte er die Naturgesetze der Gesellschaft entdecken und bereitete damit den Weg für eine »Wissenschaft des Sozialen«. In den letzten hundert Jahren bediente sich der Erkenntnisprozess über die Gesellschaft und den Menschen der Zufallsstichprobe. Eine Hypothese wurde aufgestellt und zu einem bestimmten Themenfeld konnten durch Stichproben Daten empirisch erhoben werden. Die Repräsentativität einer Erhebung wird dadurch erreicht, dass man eine statistische Zufallswahl trifft. Dabei kommt es nicht so sehr auf die Größe der Stichprobe an, sondern auf die Zufälligkeit.

Ab etwa 1 100 Menschen gelten Umfragen mit Ja-Nein-Antworten als repräsentativ.[58] Diese Erkenntnis war einmal bahnbrechend. Sie ermöglichte, das soziale Zusammenleben mit objektivierbaren Zahlen zu untersuchen. Diese Methode sparte Zeit, Geld und Aufwand. Doch mittlerweile erscheint diese Art der Sozialforschung grobkörnig. Je mehr Daten vorliegen und je höher auflösbar daraus Informationen gewonnen werden können, desto unwichtiger könnte die empirische Sozialforschung werden – mit allen Fallstricken.

Warum noch eine Auswahl treffen, wenn Gesamtheiten erfasst sind? Wenn mittlerweile Daten zu sämtlichen Lebensäußerungen von Milliarden Menschen zur Verfügung stehen, warum sollte noch eine komplizierte experimentelle Versuchsanordnung mit Zufallsstichprobe erstellt werden? Es könnte sein, dass die empirische Sozialforschung einmal als ein Konzept in die Geschichte eingehen wird, das für ein knappes Jahrhundert lang den technischen Standards der Zeit entsprach und dann abgelöst wurde.

Mit Big Data lassen sich »automatisiert neue Hypothesen generieren und evaluieren. Dies beschleunigt den Erkenntnisprozess«, so Meyer-Schönberger.[59] Um »Exaktheit« geht es dann gar nicht mehr.

Diese wird zu einem Artefakt, in dem sich ausdrückt, dass zu wenige Daten zur Verfügung standen. Bei Milliarden Datenpunkten spielt die Exaktheit einzelner Daten keine übergeordnete Rolle mehr.[60] Es geht auch gar nicht um Kausalität: mit den Massendaten werden Korrelationen untersucht – Häufigkeitsverteilungen, die auffällig sind, statistische Zusammenhänge zwischen verschiedenen Daten.

Kausalität und Korrelation verführen jedoch schnell zur Verwechslung. Korrelationen jedoch beschreiben immer Wahrscheinlichkeiten und nie konkrete Zusammenhänge. Hierin liegt eine große Gefahr, denn Big Data-Analysen bieten mit viel weniger Aufwand anschauliche Ergebnisse. Doch noch immer braucht es Fragestellungen und Modelle, um diese Daten zu interpretieren. Die Gefahr von Verzerrungen lässt sich also trotz des Anstiegs der Datenmassen nicht bannen. Vielmehr entsteht die Gefahr von Fehlschlüssen, wenn beispielsweise eine hohe Wahrscheinlichkeit für eine Straftat von einer bestimmten Bevölkerungsschicht berechnet wird, weil diese mehrheitlich in einem bestimmten Stadtteil wohnt. Gerade bei komplexen Systemen wie Gesellschaften und sozialen Zusammenhängen können minimale Abweichungen – etwa das fehlende 1 Prozent bei der 99-prozentigen Wahrscheinlichkeit – Kaskadeneffekte auslösen, die sämtliche Berechnungen zunichtemachen. Zudem entstehen Stigmatisierungseffekte und Risiken der Vorverurteilung aufgrund statistisch prognostizierter Zusammenhänge.

Der ehemalige Chefredakteur des amerikanischen Technikmagazins *Wired* sah bereits das Ende der Theorie aufziehen, weil allein die Analyse der Daten Ergebnisse liefere und es deswegen auch keiner Theorie- und Hypothesenbildung mehr bedürfte[61] – nur noch Beobachtung. Doch Ursachen und statistische Häufigkeitsverteilungen sind zwei völlig verschiedene Dinge. Durch die effizienten Methoden der Datenanalyse, werden diese Verfahren im Vergleich zur Ursachenforschung an Bedeutung ständig zunehmen. »In der Zukunft werden weniger jene, die Daten bloß analysieren, Macht haben, als jene, die auch den Zugang zu den Daten haben.«[62]

Die Anreize, die Wirklichkeit zu datafizieren, wachsen permanent. Denn Daten haben es ökonomisch in sich. McKinsey bezifferte 2013 den Gegenwert, der durch öffentlich zugängliche Daten erzeugt werde, auf 2 bis 5 Billionen Dollar.[63] Die Boston Consulting Group geht davon aus, dass sich in Europa 2020 pro Jahr 1 Billion Euro mit persönlichen Daten verdienen lässt.[64]

Wir schreiben SMS, Mails, senden GPS-Signale, telefonieren und erzeugen bei Facebook, Twitter, Google weitere Datenozeane – etwa 1,8 Millionen Gigabyte, oder neun CD-ROMs jeden Tag.[65] Bei den Datenbankanalysten galt die Standardsprache »SQL« (»Structured Query Language«). Sie bezog sich auf strukturierte Daten derselben Art. Heute heißt eine Variante »noSQL« – gefragt sind unterschiedlichste Daten verschiedenster Herkunft und Größe.[66]

Mit dem »Internet der Dinge« verwandeln sich auch unsere Wohnungen in Datenbilder, Radar ermöglicht die Steuerung von Elektronik durch einfache Handbewegungen. Als vermeintliches Nebenprodukt entstehen dabei auswertbare Muster unseres Verhalten in unseren eigenen vier Wänden. Diese werden aufgezeichnet, vermessen, auf Server weltweit verteilt und zum Rohstoff derjenigen, die darüber verfügen: Regierungen und IT-Konzerne, die mit ihrem Wissensvorsprung Monopole bilden konnten. Das Weltwirtschaftsforum erklärte persönliche Daten 2011 zu einer Anlageklasse.[67] Doch was geschieht mit diesen Daten?

Der erst seit wenigen Jahren existente Beruf des »Data-Scientist«, des Datenwissenschaftlers, wurde vom *Harvard Business Review* als »Sexiest Job of the 21st Century« beschrieben.[68] Datenwissenschaftler verstehen wie Hadoop funktioniert, eine Software, die Datenuniversen in kleinere Galaxien aufspaltet und parallel verarbeitet. Mit Hadoop reduzierte beispielsweise Visa die Arbeitszeit, um 73 Milliarden Transaktionen zu checken, von einem Monat auf 13 Minuten. Würden wir nicht die damit einhergehende Ungenauigkeit dieser Verfahren akzeptieren, so Meyer-Schönberger, dann würden 95 Prozent der unstrukturierten Daten ungenutzt bleiben. Nun haben wir »ein Fenster geöffnet, das uns ein Universum an Einsichten ermöglicht«.[69]

Datenwissenschaftler kennen statistische Verfahren, haben gute Kenntnisse in Informatik, verstehen es, Datenmassen zu visualisieren, und darüber hinaus sind sie kommunikativ und in der Lage, Teams zu koordinieren. Bei all dem verlieren sie nie das ökonomische Interesse ihrer meist mächtigen Arbeitgeber aus den Augen. Denn zumeist werden sie von den Oligarchen des digitalen Zeitalters abgeworben, denn Datenwissenschaftler sind rar gesät.

Das Anforderungsprofil ist so komplex, dass es »nur wenige Experten gibt, die dies erfüllen«, so Volker Markl. Er ist Chef des Berlin Big Data Center.[70] Datenwissenschaftler müssten maschinelles Lernen beherrschen, Mathematik sowie Signal- und Sprachverarbeitung – all dies Einsatzbereiche für Systeme Künstlicher Intelligenz. Vor allem in den USA setzte in wenigen Jahren ein Wettbewerb um die besten Leute aus diesem Bereich ein. Google, Facebook, IBM, Amazon: Alle suchen Experten für Künstliche Intelligenz.

Es vergeht auch immer weniger Zeit zwischen der Erhebung der Massendaten, der Analyse und den daraus abgeleiteten Handlungsschritten. So messen bei ICE-Zügen Sensoren die relevanten Fahrdaten der Achse, die Oberflächenbeschaffenheit der Räder und die Temperatur im Radkörper – permanent. Algorithmen werten in Echtzeit die Wahrscheinlichkeit von Verschleiß oder Schäden aus und prognostizieren den idealen Wartungstermin.

»Intelligente Autos« prognostizieren Staus, passen die Geschwindigkeit bei absehbarer Nebelbildung an, vielfältige Funktionen werden überwacht. All dies setzt voraus, dass Daten existieren, die für intelligente Algorithmen lesbar und damit zu verarbeiten sind. In Zukunft werden die Autos selbst fahren und die Sicherheit im Straßenverkehr vermutlich erhöhen.[71] Ein kybernetisches System, das aus der Regeltechnik bekannt ist, bei dem die anfallenden Informationen der Abläufe überwacht und zur Steuerung der internen Prozesse rückgekoppelt werden. Im Idealfall entsteht ein automatisierter Prozess, der sich selbst steuert. Beispielsweise ein völlig automatisierter Verkehr, der den CO_2-Ausstoß senken wird, den Lärm reduziert, die Auslastung von Parkflächen perfektioniert und die Umwelt schont.

Eine wesentliche Funktion der Datenanalysen ist es, Prognosen zu erstellen, um künftige Handlungen danach strategisch auszurichten. Das ist das zentrale Prinzip der Kybernetik. Prognosen sind Wahrscheinlichkeitsaussagen über die Zukunft. Mit Datenmassen lassen sich Verhaltensmuster abbilden, korrelieren und prognostizieren. Das ist gleichermaßen interessant für Konzerne und Regierungen. Gerade in einer immer komplexer werdenden Welt seien Prognosen zur Steuerung unumgänglich. Prognosen dienen der Reduktion von Komplexität und sollen Risiken handhabbar machen. So dienen forensische Prognosen der Abschätzung der Gefährlichkeit von Straftätern. Dreißig US-Bundesstaaten gehen sogar so weit, Straftäter erst dann auf Bewährung freizulassen, wenn die datenbasierte Vorhersagen ihres Verhaltens positiv ausfällt.[72]

Der Informatiker Geoffrey Hinton nennt zwei wesentliche Eigenschaften und Fähigkeiten intelligenter Systeme:

1. Das Erkennen von Mustern: Objekte bei Kameraaufzeichnungen, Gesichter, Ausdrücke oder Sprache. Davon abgeleitet auch das Erkennen von Anomalien, also ungewöhnlicher Muster. Beispielsweise Transaktionen bei Kreditkarten, die auf Betrug hindeuten, aber auch Auffälligkeiten, die von Sensoren in Atomkraftwerken aufgezeichnet werden.
2. Die Prognosen: Die Voraussage von Aktien- und Währungskursen, aber auch die Prognose von Lieblingsfilmen, die zu Empfehlungen beispielsweise bei Amazon führen. Geoffrey Hinton sagt: »Anstatt für jeden bestimmten Zweck Programme von Hand zu programmieren, nehmen wir sehr viele Beispiele und zeigen dem System, was richtig ist. Lernende Maschinen verwenden dann diese Beispiele und erzeugen ein Programm, das den Job macht.«[73]

Unsere Zukunft ist »nackt« geworden, wie es der amerikanische Journalist Patrick Tucker nennt.[74] Diese Entkleidung der Zukunft basiert auf komplexen Modellen, die gigantische Datenmengen der Gegenwart mit statistischen Verfahren in die Zukunft »extrapolieren«. Mit Ergebnissen, die umwerfend sind und gruselig. Voraussage und Prognose der Zukunft basieren auf Mathematik und nicht auf Metaphysik. Sie basieren auf der Leistungsfähigkeit von Software, die sich selbst verändern kann: Künstliche Intelligenz.

Die Datafizierung unseres Lebens transkribiert unser Verhalten in eine Maschinensprache, die uns hochaufgelöst lesbar und prognostizierbar macht. In gewisser Weise können uns intelligente künstliche Systeme zunehmend »verstehen«, weil sie uns analysieren, prognostizieren und mit dem Abgleich – dem Feedback oder der Rückkopplung – von Prognose und tatsächlichem Verhalten immer genauer lernen. Künstliche Intelligenz ermöglicht ihren Inhabern Einsichten über uns und unsere Umwelt, die davor verborgen waren.

Die damit verbundene Fähigkeit, Einfluss auf die Zukunft auszuüben, ist ein Kennzeichen von Machtverhältnissen, vielleicht sogar eine Definition von Macht. Ein Unternehmen, das unser Verhalten erschreckend umfassend prognostiziert, heißt Google. Und Barack Obama ist der erste demokratisch gewählte Regierungschef, der datengetriebenen Wahlkampf organisierte und seine Wähler digital röntgte, um ihr Wahlverhalten vorherzusehen und vorbeugend in seinem Sinne zu beeinflussen. Dazu später mehr.

Diese technologische Entwicklung der Künstlichen Intelligenz ist die historische Folge einer wissenschaftlichen Weltanschauung, die auf genau jenen Prinzipien beruht, deren Ergebnisse wir bei Big Data so bestaunen – die Kybernetik: In ihr spiegelt sich die Auffassung wider, dass die Funktion von Maschinen und Lebewesen auf den gleichen Prinzipien beruhen: auf der Selbststeuerung von Prozessen durch Informationen, Prognosen und Rückkopplungen von Informationen zur erneuten verbesserten Selbststeuerung.

7. Wie Maschinen sehen und verstehen lernen

Im Jahr 2012 fragte sich ein Team von Google-Mitarbeitern um den Stanford-Forscher Andrew Ng, ob künstliche neuronale Netze ohne jede Hilfe eines menschlichen Trainers in der Lage sein würden, Gesichter zu identifizieren. Die Netze sollen nur einen Input von Rohdaten in Form von Bildern erhalten – sonst nichts.[75] Das Projekt war Bestandteil der Entwicklung von »The Google Brain« – der Künstlichen Intelligenz, das im Rahmen des meist öffentlichkeitsscheuen Forschungslabors Google X erfolgte.[76] Andrew Ng wurde vom Technikmagazin *Wired* als Strippenzieher des Projekts »The Google Brain« bezeichnet.[77] Ng ließ sich 2014 vom chinesischen Konkurrenten Baidu für die Entwicklung des »China Brain« abwerben.[78]

Für die Gesichtserkennung verwendete das Team ein künstliches neuronales Netzwerk mit neun Schichten und koppelten dies mit tausend parallel geschalteten Computern mit 16 000 Prozessorkernen. Sie ließen das System mit zufällig ausgewählten Bilder mit einer Größe von 200 mal 200 Pixeln selbständig lernen. Die Bilder wurden aus 10 Millionen YouTube-Filmen gewonnen.

Bei vergleichbaren Versuchen hatten KI-Systeme zuvor gelernt, Kanten und Ecken zu erkennen, doch nun ging es darum, aus dem Pixelnebel – so müssen die Bilder einem System im ersten Moment erscheinen – komplexe Muster wie ein menschliches Gesicht zu erkennen. Sollte das möglich sein, wäre das ein großer Erfolg. Es handelte sich um »Unsupervised Learning« – also um eigenständiges Lernen. Das ausgewählte Testset enthielt 37 000 Fotos, auf denen sich 13 026 Gesichter finden ließen.

Es gelang dem künstlichen neuronalen Netz in den YouTube-Filmen ohne vorherige Anweisungen Menschen und Katzen zu unterscheiden und zu identifizieren. Bei menschlichen Gesichtern erreichte das System eine Genauigkeit von über 80 Prozent – das entsprach einer 70-prozentigen Verbesserung vorhergehender Bestleitungen. Die Genauigkeit, Katzen zu identifizieren, lag bei rund 74 Prozent. »Wir haben dem System nie erklärt, was eine Katze ist. Es entwickelte eigenständig ein Konzept von einer Katze«, sagte der Jeff Dean, Google-Mitarbeiter und Forschungsleiter der Studie der *New York Times*.[79]

Andrew Ng, der die Entwicklungen bei KI meistens nüchtern einschätzt, wollte sich dem Jubel seiner Kollegen nicht anschließen, die betonten, dass das Experiment gezeigt habe, dass die Neuronen von Menschen und Maschinen tatsächlich auf die gleiche Weise lernten. »Unser Netzwerk ist winzig im Vergleich zum visuellen Cortex des Menschen, der millionenfach mehr Neuronen und Synapsen enthält.«

Andere jubelten, dass der komplette visuelle Cortex innerhalb des kommenden Jahrzehnts nachgebaut werden könnte. Der visuelle Cortex, die Sehrinde, ist für die optische Wahrnehmung des Menschen im Komplex des Neocortexes, der Großhirnrinde, zuständig. In Kooperation mit IBM simulierte der Hirnforscher Henry Markram ab 2005 einen Teil des Neocortexes als Computermodell. Auf diesem Pilotprojekt (»Blue Brain«) baute 2013 das »Human Brain Projekt« auf, das ebenfalls von Markram koordiniert wird und von der EU mit über einer Milliarde Euro gefördert wird. Das Ziel ist nun der Nachbau des kompletten menschlichen Gehirns im Computer bis zum Jahr 2023.[80]

Wie Schmidhuber vermutet, arbeitet Google an immer mächtigeren neuronalen Netzen. Das berichtete Jeff Dean dem Journalisten Steven Levy: »Wir haben ein nettes Portfolio und verfolgen kurz-, mittel-, und langfristige Projekte«.[81] Ein Produkt aus Googles Portfolio nennt sich »NIC«. Das steht für »Neuronal Image Caption Generator«. Das ist ein künstliches neuronales Netz, das Bilderkennung mit Spracherkennung kombiniert. Das bedeutet, das Netz ist in der Lage, auf einem Bild die einzelnen Muster zu erkennen und dann sprachlich zu beschreiben.

Bei einem der Bilder entstand folgende Beschreibung: »Eine

Gruppe junger Menschen spielt Frisbee.« Oder: »Eine Person fährt mit dem Motorrad über eine schmutzige Straße.« Oder: »Eine Herde Elefanten trottet über ein trockenes Grasfeld.«[82] Steven Levy schrieb über diese Ergebnisse als »schockierend gut für eine Maschine. (…) Wenn man bedenkt, dass die Maschine das von alleine lernte, Konzepte wie ein Frisbee, Straße und eine Herde Elefanten, das ist sehr eindrucksvoll.«

Auch die Direktorin des Stanford Artificial Intelligence Lab (SAIL), Li Fei-Fei, begann vor einigen Jahren damit, neuronale Netze zu entwickeln und zu trainieren. Sie wurde zu dieser Zeit von ihren Kollegen schräg angeschaut, weil sie mit einem gigantischen Aufwand eine Datenbank mit Bildern für Trainingszwecke aufbaute, die zu dem größten Testsets für neuronale Netze werden sollten. »ImageNet« nennt sich das Projekt, das 2007 begann. ImageNet wurde auch zu einem der größten Arbeitgeber von Amazon Mechanical Turk, wo per Crowdfunding sehr viele Menschen für einfache Tätigkeiten eingekauft werden können. Für Li Fei-Feis Projekt arbeiteten rund 49 000 Mechanical-Turk-Arbeiter aus 167 Ländern daran, die gigantische Datenbank zu ordnen. Sie sortierten fast eine Milliarde Bilder und klassifizierten sie in englischer Sprache. Lernmaterial für Künstliche Intelligenz.

2009 bestand die Datenbank aus 15 Millionen Bildern, die nach 22 000 Kategorien sortiert waren. Beispielsweise wurden 62 000 verschiedene Kategorien von Katzen identifiziert: verschiedene Positionen, Aussehen, Arten. Die fertige Datenbank wurde der Forschung zur Verfügung gestellt. Mit dieser Datenbank wurde ein neuronales Netz mit 24 Millionen Knoten und 15 Milliarden Vernetzungen und sehr viel Rechenpower trainiert. Das Netz entwickelte sich in einer Weise, die wenige erwartet hatten. Im Vergleich dazu arbeiteten Experten wie Yann LeCun – ehemaliger Doktorand von Geoffrey Hinton an der Universität Totonto und heutiger Mitarbeiter in Facebooks Labor für Künstliche Intelligenz – in den 2000er Jahren noch mit Trainingssets, die gerade einmal 100 Kategorien mit maximal 800 Bildern pro Kategorie umfassten.[83]

Mit dem neuen Dataset musste der Computer nicht nur lernen zu sehen, sondern auch Sätze von Menschen »verstehen«. Entwickelt wurde also ebenfalls ein Modell, das Teile visuellen Erkennens von Objekten mit Sprache verbindet. Anfang 2015 stellten Le Fei-Fei ihr Modell erstmals vor. Es ist in der Lage, Bilder mit Sätzen zu beschreiben und dies zugleich mit natürlicher Sprachausgabe zu verbinden.

Als sie in Vancouver im März 2015 ihr Modell vorstellte, verglich Le Fei-Fei das System mit einem dreijährigen Kind. »Die echte Herausforderung wird der Sprung von drei zu dreizehn Jahren sein und dann weit darüber hinaus.« Sie sagte, sie habe bei der Entwicklung dieses künstlichen intelligenten Systems häufig an ihren Sohn denken müssen und an die Welt, in der er einmal leben werde.

»Roboter, nicht Menschen werden in Katastrophengebieten Verwundete retten. Wir werden mit Hilfe der Maschinen neue Spezies entdecken, bessere Materialien erfinden und unentdeckte Grenzen erkunden. Zuerst bringen wir ihnen das Sehen bei, dann werden sie uns helfen, besser zu sehen. Wie werden diese Maschinen nicht nur benutzen, wir werden mit ihnen in einer Weise zusammenarbeiten, die wir uns nicht einmal vorstellen können.«[84]

8. Die aufgetauten Künstlichen Intelligenzen

Auch für die Informatikerin Li Fei-Fei ist »Deep Learning« der Schlüssel zu echter Künstlicher Intelligenz: Tiefenlernen durch mehrschichtige neuronale Netze bereitet den Weg zu dem Grundprinzip des Lernens an sich – die Methode, die Jürgen Schmidhuber in Lugano mit seinen rekurrenten neuronalen Netze entwickelt hat.

Die Erforschung neuronaler Netze ist zugleich einer der Ursprünge von Künstlicher Intelligenz. Der Neurologe Warren McCulloch (1898–1969) und der Mathematiker Walter Pitts (1923–1963) zählen zu den Gründern der KI-Forschung. »Was fehlte, war der überwachte Lernalgorithmus«, sagte Yann LeCun dem US-Technikmagazin *Wired*.[85] Die Entwicklung der so genannten »Back Propagation« geht auf verschiedene Urheber zurück.[86] Doch die beiden, mit dem das besonders häufig in Verbindung gebracht wird, sind Yann LeCun und Geoffrey Hinton – das zumindest suggerieren die Forscher.

Der Einbau eines Feedbacks half dabei, Fehler bei der Informationsübermittlung durch die Netze zu eliminieren. Der »Back-Propagation-Algorithmus« versucht herauszufinden, welche Neuronen in der Zwischenschicht hauptsächlich dafür verantwortlich sind, dass zum Beispiel fälschlicherweise als Ergebnis Ausgabeknoten Nummer 5 statt korrekterweise Ausgabeknoten 9 aktiviert wurde. Wenn er diese Neuronen findet, wird er die Gewichtung dieser Neuronen verändern, also jene Neuronen, die 5 fälschlich identifizierten herunterstufen. Irgendwann pegelt sich ein Gewichtszustand ein, der die Wahrscheinlichkeit einer Fehlklassifizierung minimiert. Durch die »Back Propagation« wurde plötzlich effizientes Lernen möglich, wo früher unerklärliche und merkwürdige Ergebnisse entstanden. Das war im Jahr 1986. Doch die Durchbrüche künstlicher neuronaler Netze kamen erst Jahre später, mit weiteren technischen Verbesserungen – unter anderem an der TU München – und mit der wachsenden Rechenleistung sowie dem enormen Anstieg der Daten, mit denen die Systeme arbeiten könnten. Erst damit erwachte in den 2000er Jahren die Forschung zur Künstlichen Intelligenz wieder aus ihrem Winterschlaf.

Mittlerweile gibt es Streit darüber, wer für diese Erfolge verantwortlich sein soll. Hinton, LeCun und Yoshua Bengio haben ihre Version der Geschichte. Die geht so: 2004 setzten sie ein Programm auf, um neuronale Netze zu pushen. Sie erhielten dafür Unterstützung vom Canadian Institute for Advanced Research (CIFAR) und versammelten Forscher, um die wissenschaftliche Gemeinschaft von der Leistungsfähigkeit ihrer Netze zu überzeugen. Sie trafen sich zu regelmäßigen Workshops und bauten immer größere Netze. Damit hätten sie geholfen, künstliche neuronale Netze zu popularisieren.[87] Das ist zumindest die Geschichte, die Hinton berichtet.[88] Jürgen Schmidhuber von KI-Labor in Lugano beschreibt hingegen etwas differenzierter, wie sich die einzelnen Erfolge in verschiedenen kleinteiligen Stufen seit den 1960er Jahren entwickelten.[89] Er kritisiert eine »Legendenbildung«:

> »Drei relativ sichtbare, von der kanadischen CIFAR unterstützte Forscher (Hinton, Bengio, LeCun), die sich selbst die ›Deep-Learning-Verschwörung‹ nennen, zitieren in ihren Veröffentlichungen vor allem ihre eigenen Arbeiten und versäumen dabei, auf die wahren Erfinder der wichtigsten Verfahren des Feldes hinzuweisen.«

Einer von Hintons Kollegen, mit dem dieser die »Boltzmann-Maschine«[90] entwickelte, ein frühes neuronales Netz, wurde von der US-Regierung angeheuert, um Barack Obamas BRAIN-Projekt voranzubringen.[91] Terrence J. Sejnowski heißt der Mann.

Mindestens 50 Millionen Dollar sponsert die Defense Advanced Research Projects Agency (DARPA) für das BRAIN-Projekt. Die DARPA ist die Forschungsbürokratie des Pentagons. Sie forscht dabei nicht selber, sondern identifiziert Projekte, die sie über Verträge mit Partnern von Universitäten oder der Privatwirtschaft umsetzt.[92] So entstanden »neuronale Interfaces«, die eine Übersetzung von Gehirnströmen ermöglichen, um beispielsweise Prothesen (oder Waffen) durch Gedanken zu steuern.[93] Die DARPA erfand auch das Internet – das Thema erfährt später genauere Beleuchtung.

Deep Learning und neuronale Netze wurden durch die Fortschritte Hintons, Schmidhubers und vieler anderer Neuroinformatiker zu neuem Leben erweckt.

Hinton entwickelte Netze zur Handschriften- und Spracherkennung, die ab 2009 Mobilfunkhersteller neugierig machten. Google stattet sein Android-Betriebssystem mit neuronaler Spracherkennung aus. Die Fehlerquote der Android-Handys sei dadurch um 25 Prozent gesunken, so Hinton gegenüber dem Fachmagazin *Science*. »Für einen solchen Rückgang hätte man früher zehn Jahre Entwicklungszeit veranschlagen müssen. Deep Learning war wie zehn Durchbrüche auf einmal.«[94]

2012 gelang es Hintons künstlichen neuronalen Netzen Wirkstoffe für ein Medikament zu finden. Dazu mussten Datenbanken mit 30 000 Molekülen durchsucht werden, zu denen jeweils Tausende chemischer Eigenschaften verfügbar waren. Die Netze mussten vorhersagen, wie eine Substanz mit 15 Zielmolekülen interagieren würde. Medizin ist ein wichtiger Wirtschaftszweig für Künstliche Intelligenz. Der Konzern IBM hat aus seinem »kognitiven System« Watson, das bereits in Kliniken Ärzten bei der Krebstherapie assistiert, einen eigenständigen, milliardenschweren Geschäftszweig entwickelt.[95]

Auch Hinton gründete 2012 mit Studenten die Firma DNN Research (Deep Neural Networks), spezialisiert auf Sprach- und Bilderkennung. Es dauerte nur ein Jahr, bis Google die Firma aufkaufte und mit ihr Geoffrey Hinton, der nun zur Hälfte als Google-Mitarbeiter tätig ist, die andere Hälfte der Zeit arbeitete er an der Universität Toronto.[96]

Der Konzern ist hungrig auf Künstliche Intelligenz, die Konkurrenz schläft nicht. Google verschluckte 2014 die Firma Nest Labs für einen Preis von 3,2 Milliarden Dollar. Das war einer der teuersten Zukäufe der Konzerngeschichte – und dies für eine Firma, die nicht einmal zweihundert Mitarbeiter hatte. Der Thermostat von Nest Labs ist ein Raumsensor, der vom Verhalten – den Mustern – der Hausbewohner lernt und entsprechend die Temperatur regelt, ohne dass dazu Menschen Rädchen bedienen müssten. Kevin Kelly, einer der Erfinder des Technikmagazins *Wired*, prognostiziert für die Zukunft des Konzerns: »Google wichtigstes Produkt wird nicht mehr die Suche sein, sondern Künstliche Intelligenz«.[97] Über ein Dutzend Firmen, die an Künstlicher Intelligenz arbeiten, kaufte Google in den vergangenen Jahren auf.

Das smarte Verhalten brachte dem Nest-Thermostat übrigens die Amerikanerin Yoky Matsuoka bei: 2007 hatte sie eine Handprothese gebaut, deren Sensoren auf die Impulse des Gehirns reagieren. Die Hand lässt sich also mit den Gedanken steuern. Für diese »Neurorobotik« bekam sie damals 500 000 Dollar Preisgeld des Mac-Arthur-Genius-Awards, der jedes Jahr an eine Handvoll Amerikaner für besondere Leistungen verliehen wird.[98] Bevor Yoky Matsuoka von Nest abgeworben wurde, arbeitete sie bereits bei Google und baute das Forschungslabor »Google X« mit auf. Mittlerweile wurde Matsuka von Twitter abgeworben: für die Abteilung für Künstliche Intelligenz.

Auch Facebook hat ein eigenes KI-Labor aufgebaut. Der Konzern warb dafür Hintons Kollege Yunn LeCun an. »Was Facebook mit Deep Learning anstellen kann, ist unbegrenzt«, sagt der KI-Forscher Abdel-Rahman Mohamed von der Universität Toront zu *Wired*. »Jeden Tag sammelt Facebook die Beziehungsdaten zwischen Menschen. Sie wissen genau, was Menschen den Tag über treiben. Sie wissen, wen sie wählen und welche Produkte sie kaufen.«[99] Mark Zuckerberg wolle mit Künstlicher Intelligenz herauszufinden, was Menschen wirklich interessiert. Er nenne das »Theorie des Geistes«, so Yunn gegenüber *Wired*. Im März 2014 stellte das KI-Labor von Facebook »DeepFace« vor. Das System kann aus einer großen Menschenmenge einzelne Gesichter mit einer Genauigkeit von über 97 Prozent erkennen – Menschen können das nicht besser. Konzerne wie Facebook interessieren sich also für die gleichen Verfahren wie Ermittlungsbehörden: Zwei Jahre zuvor hatte das FBI ein Forschungsprogramm in Höhe von einer Milliarde Dollar aufgesetzt – »Next Generation Identification« (NGI) –, bei dem es um intelligente Gesichtserkennung und biometrische Verfahren geht, wie der *New Scientist* berichtete.[100]

Täglich bekommen Menschen bei Facebook Tausende von Postings, doch sie können nur wenige davon lesen. Ein intelligenter Algorithmus erkennt mithilfe von Deep Learning unsere Vorlieben, um die interessanten Dinge für uns auszusortieren – das Kerngeschäft von Facebook. Damit immer mehr Menschen die Plattform nutzen, müssen deren Interessen immer genauer erforscht werden. Das bedeutet, Maschinen müssen die Muster aller Facebook-Nutzer analysieren. Muster sind in diesem Fall unsere Freunde, unsere Vorlieben, Interessen, ja selbst unsere Gefühle. All dies wird in der Matrix neuronaler Netze und ähnlicher Systeme des Maschinenlernens abgebildet, um vor allem eines zu tun: aus den Mustern darauf zu schließen, was uns als Nächstes interessieren wird. Eine statistische Berechnung der Zukunft, die auf Wahrscheinlichkeitsannahmen beruht.

Was LeCun der *New York Times* sagte, war daher auch nicht überraschend: »Wir sind Prognosemaschinen, und wir verändern die Welt, so wie wir sie uns wünschen. Was sind Gefühle anderes als ein Verzeichnis von Dingen, die wir mögen oder nicht mögen?«[101] Facebook ist mittlerweile eine Bibliothek von Menschen und Dingen, die wir mögen. Die Firma wird das zu nutzen wissen.

9. Intelligente Systeme, die von uns lernen

Es geht längst nicht mehr nur um das Erlernen und Erkennen der menschlichen Stimme und Sprache. Damit dies funktioniert, forschen Menschen wie Hinton, LeCunn, Ng, Fei-Fei oder Jürgen Schmidhuber schon sehr lange. Die großen IT- und Internetkonzerne saugen die KI-Experten aus dem Markt wie ein staubtrockener Schwamm einen Tropfen Wasser.[102]

Jetzt werden die Erfolge marktreif und sichtbar: Microsoft stellte Ende 2012 ein Programm für Skype vor, das Dolmetscher sicher aufhorchen ließ. Es übersetzt gesprochene Wörter simultan vom Englischen ins Chinesisch und bietet auch noch die chinesischen Untertitel an.[103] Es geht dabei nicht nur um das »Erkennen« und »Sehen« von Objekts, Gesichtern oder Katzen, auch nicht nur um Übersetzungen, es geht auch um persönliche Assistenten, die uns kennenlernen, uns analysieren, um uns besser zu verstehen, und das nicht nur in akustischer Hinsicht.

Apple begann beispielsweise mit dem Assistenten »Siri«, Google legte mit »Google Now« nach, Microsoft mit »Cortana« und Amazon mit »Echo« oder »Alexa«. Systeme, die ihren Benutzern assistieren und zugleich von ihnen beziehungsweise von ihren Mustern lernen. Auch die Sprachsoftware, die LeCun für Facebook entwickelt, soll nicht nur die Akzente, spezielle Vorlieben, Interessen seiner Benutzer lernen, sondern auch so etwas wie einen Alltagsverstand entwickeln und als persönlicher Assistent immer menschlicher werden. Deep Learning wird deshalb bald direkt in Chips von Smartphones eingebaut sein.[104] Die mobilen Superrechner in unserer Hosentasche werden dann nicht nur Daten sammeln. Sie werden aus diesen Daten bereits lernen und sich entsprechend an uns anpassen – anschmiegsam, schmeichelnd, liebevoll, unglaublich nützlich.

Künstliche intelligente System sollen lernen, uns zu verstehen. Sie bilden mit den Gewichtungen ihrer Milliarden neuronalen Vernetzungen unser Verhalten ab. Die Grundlage dafür liefern wir selbst: mit unseren Äußerungen, mit dem, was wir sagen, tun, wohin wir uns bewegen, welche Seiten wir im Netz aufsuchen, was wir fotografieren, filmen, dokumentieren. All dies sind Daten, die nicht mehr verpuffen, sondern von nun an permanent ausgewertet werden und die Maschinen nutzen, um von uns zu lernen und uns auszuforschen.

So entstehen personalisierte intelligente Assistenzsysteme,[105] die hoch anpassungsfähig sind und uns einmal besser kennen werden als unsere Freunde.[106] Wollen wir solch einen Assistenten haben, der mit uns spricht, uns Tipps gibt, was wir tun können, basierend auf statistischen Prognosen, die auf Daten beruhen, die uns beschreiben? Prognosen, die lernen und deswegen immer besser werden, weil sie die Ergebnisse – ob wir den Empfehlungen folgen oder eben nicht – rückkoppeln in neue Prognosen, die stets feiner justieren, was uns gefällt und wie wir zu welcher Uhrzeit und an welchem Ort ticken.

Wir finden diese Technik praktisch, weil sie sich unseren Bedürfnissen anpasst. Eine neue Liebe zu finden wird nicht mehr dem Zufall überlassen sein: Dank personalisierter Dating-Plattformen finden künstliche Systeme Partner, die auf unsere Persönlichkeitsprofile abgestimmt sind.[107] Berufliche Netzwerke bieten uns Jobs an, weil die Systeme wissen, dass wir danach suchen und zugleich zu wissen meinen, was wir können – und wozu wir nicht geeignet sind.

Die Kehrseite des Wissens über uns und unsere sozialen Beziehungen entsteht automatisch: Was wir nicht können, welche Schwächen wir haben, wovor wir uns fürchten, was uns gefährlich werden könnte, was wir im Schilde führen: Seitensprünge, Lügen, kleine oder große Betrügereien – dieses Wissen über uns ist im Umlauf. Für diese Informationen besteht ein Markt.

Wie es momentan aussieht, werden die Maschinen immer weiter lernen, aus immer mehr Daten. Wie Andrew Ng sagt: »Deep Learning hat eine Eigenart: Mit je mehr Daten wir es füttern, umso besser wird es funktionieren.«[108] Deswegen ist es so reizvoll, Deep Learning in mobile Geräte zu implantieren. Allein das Mitnehmen führt zu neuen Daten – GPS-Ortung bilden unsere Wege ab, die wir täglich zurücklegen. Ren Wu, Wissenschaftler am Institute of Deep Learning des chinesischen Internetgiganten Baidu, arbeitet an der Frage: »Wie können wir neuronale Netze in mobile Geräte zu möglichst niedrigen Kosten bekommen, um den Konsum anzukurbeln?« Wus Traum ist es, »Künstliche Intelligenz allmächtig und allgegenwärtig zu machen«.[109] Das klingt für einen Konzern, der mit dem chinesischen Militär zusammenarbeitet, ein wenig unheimlich.

10. Intelligenz, Künstliche Intelligenz und »Intelligence«

Der Mathematiker Warren Weaver (1894–1978) gilt als der Erste, der darüber nachdachte, dass Computer auch Sprache übersetzen könnten. Am 4. März 1947 schrieb Weaver einen Brief an den Kybernetiker Norbert Wiener:

> »In voller Anerkenntnis der semantischen Probleme, die sich aus den vielfachen Bedeutungen (von Sprache) ergeben, habe ich mich gefragt, ob es undenkbar wäre, einen Computer zu entwickeln, der übersetzen kann (…). Man stellt sich doch die Frage, ob das Problem von Übersetzungen nicht genauso behandelt werden kann wie jenes der Kryptografie.«[110]

Zwei Jahre später legte Wiener ein Memorandum vor, in dem er seine Ideen niederlegte.[111] Weaver war bei der Rockefeller-Stiftung zwischen 1932 und 1955 für die Sektion der Naturwissenschaften verantwortlich. Mit seiner Hilfe wurde die Entwicklung des digitalen Computers möglich, und er war neben Vannevar Bush der wohl wichtigste Wissenschaftsfunktionär der USA zu dieser Zeit.[112] Weavers Hoffnungen, dass eine Maschine menschliche Sprache übersetzen könne, wurde auch durch einen neuen Ansatz beflügelt, der ihn faszinierte: künstliche neuronale Netze. Er schrieb:

> »Ich bin fasziniert von der Arbeit von McCulloch an solchen Apparaten (…), die wie mikroskopische Analogie des visuellen Kortex des Gehirns funktionieren.«

In den Bell-Laboratorien wurde 1952 erstmals Sprache von Maschinen erkannt. Die Systeme waren allerdings nicht sehr leistungsfähig und konnten nur einzelne Buchstaben verstehen.[113] 1954 übersetzte ein IBM-Computer erstmals menschliche Sprache – sechzig Sätze vom Russischen in Englische. Unter anderem diesen: »We transmit thoughts by means of speech« – »Wir übertragen Gedanken durch Sprache«.[114] Weniger glücklich war die Übersetzung von: »Der Geist ist willig, aber das Fleisch ist schwach« in: »Der Wodka ist gut, aber das Fleisch ist verfault.«[115]

Nach dem Sputnik-Schock im Jahr 1957 – die Russen waren als Erste ins All gestartet, was die USA kalt erwischte – rüstete das Pentagon im Forschungsbereich auf. 1958 gründeten die Militärs die DARPA, die Defense Advanced Research Projects Agency – die Forschungsbürokratie des Pentagons. Wie kaum eine zweite Wissenschaftsorganisation hat sie unsere Welt geprägt: am eindrucksvollsten durch die Entwicklung des ARPAnets (»Advanced Research Projects Agency Network«), dem späteren Internet.[116]

In den 1960er Jahren wurde das ALPAC, das Automatic Language Processing Advisory Committee,[117] gegründet. Es gab verschiedene Versuche – vor allem auch der DARPA –, um Sprache endlich maschinell zu übersetzen, jedoch waren die Rechenleistungen noch zu schwach. Zwischen 1971 und 1976 entstand das Speech-Understanding-Research-Programm (SUR) – eines der größten Forschungsvorhaben dieser Art, an dem sich verschiedene Universitäten beteiligten. Rund tausend Worte verstanden die Maschinen am Ende der Forschungsperiode – so viel wie ein dreijähriges Kind. In den 1970er Jahren entstanden auch die ersten kommerziellen Anwendungen, die ab den 1990er Jahren immer leistungsfähiger wurden.

Ab Ende der 1980er Jahre wurden schließlich die ersten künstlichen neuronalen Netze auch für die Spracherkennung eingesetzt. Und nach den Anschlägen vom 11. September 2001 erhöhte das US-Verteidigungsministerium die Anstrengungen, um abgefangene fremdsprachige Informationen besser auswerten zu können. Die DARPA legte verschiedene Programme auf.[118] Beispielsweise TRANSTAC: »Übersetzungssystem für den taktischen Gebrauch«. Spätestens 2010 konnten sich US-Soldaten mithilfe eines Smartphones, das als Dolmetscher fungierte, in Afghanistan verständigen.[119]

Im Rahmen der Geschichte Künstlicher Intelligenz muss »Intelligence« auch im Sinne nachrichtendienstlicher Aufklärung verstanden werden, wie sie beispielsweise die Central Intelligence Agency (CIA) betreibt oder die Kollegen vom britischen Geheimdienst GCHQ. Im Februar enthüllte der *Guardian* das Programm »Optic Nerve« (»Sehnerv«). Dank dieses Programms können Agenten auf private Webcams zugreifen und intelligente Gesichtserkennungssoftware einsetzen, die Personen identifiziert.[120]

Dass vor allem Geheimdienste ein sehr reges Interesse am Feld Künstlicher Intelligenz haben, ist nicht nur ein Nebenprodukt einer sonst wertfrei entstandenen Entwicklung. Die Forschungsgelder kamen von Beginn an vom Militär, und ideengeschichtlich ist die Erforschung Künstlicher Intelligenz ein Kind des Zweiten Weltkriegs, genauer noch: der Kybernetik.

Heute sind die Fähigkeiten künstlicher neuronaler Netze auch im privaten Sicherheitsgeschäft begehrt. 2008 zum Beispiel wurde das Patent »AISight Behavioral Recognition System« angemeldet.[121] AI steht für »Artificial Intelligence«. John Frazzini, Präsident der Firma, preist dieses System als eine völlig neue »Technologie der Videoüberwachung«: Kameras, die Verbrechen erkennen und sogar vorhersagen – Künstliche Intelligenz. »Im Gegensatz zu herkömmlichen Kameras benötigt unsere Technologie keine Menschen, um die Regeln zu programmieren.«[122] Das smarte Auge »entdeckt und verfolgt die Subjekte, charakterisiert ihr Auftreten, klassifiziert sie, lernt die Muster des Verhaltens, erinnert diese Muster, bemerkt Abweichungen von diesen Mustern und warnt den Benutzer, wenn so etwas passiert, in Echtzeit.«

2005 fing sein Team – Softwareentwickler aus den Bereichen Künstlicher Intelligenz, maschinellem Lernen und theoretischer Physik – mit der Arbeit an dieser Technologie an und benutzt dafür künstliche neuronale Netze.[123] Sie zählten vermutlich zu den Vorreitern in diesem Bereich, was nicht zuletzt damit zusammenhängt, dass John Frazzini vorher als Agent der »Secret Service Financial Crimes Division« tätig war.[124]

Gerade das Aufdecken von »Anomalien« ist ein wichtiges Einsatzgebiet für lernende Maschinen. Betrugsaufdeckung gehört auch zum Portfolio des Behavioral Recognition System.[125] Nach den Bombenanschlägen auf den Boston Marathon im Jahr 2013 wurden die Kameras der Stadt auf »Artificial Intelligence« von Behavioral Recognition System umgestellt. Die intelligenten Maschinen lernen die Verhaltensmuster von Menschen. Nun lassen sich viel mehr Kameras einsetzen, weil künstliche neuronalen Netze nie müde werden. Die Systeme bilden dabei eine Datenbank mit Wissen über Verhalten aus. Auch in Washington, Chicago und in vielen anderen Städten der USA sind sie im Einsatz. »Unser System findet Dinge heraus, auf die Sie nie achten würden«, sagte der wissenschaftliche Verantwortliche der Firma. »Es bringt sich selbst bei, worauf es achten muss, und wir erkennen Muster, die Kriminalität andeuten, schon bevor ein Verbrechen passiert.«

Das gibt es auch in Europa. Neben dem gigantischen EU-Überwachungsprogramm INDECT (»Intelligent Information System Supporting Observation, Searching and Detection for Security of Citizens in Urban Environment«), das intelligente Kameras einsetzen wird,[126] heißt eines der anwenderfreundlichen Projekte »P-React«.[127] Es verspricht eine »günstige Überwachungsplattform mit intelligenten Video- und Audiosensoren, das Kriminalität erkennt, cloudbasiertes Monitoring ermöglicht«. Welche Definition von Kriminalität hier greift, hängt davon ab, was der Algorithmus darunter versteht. Die Ausbreitung dieser Technologie begann übrigens schon in den 1990er Jahren.[128]

Seit 2013 arbeitet der Chip-Gigant Qualcomm nun daran, neuronale Netze direkt in Computerchips zu implantieren. »Zeroth« heißt der Prozessor und ist keine CPU (»Central Processing Unit«) wie bisher, sondern eine »NPU« – »Neural Processing Unit«.[129] Ein Neuro-Chip, dessen Struktur und Funktion sich an denen des menschlichen Gehirns orientiert. Keine Software, sondern Hardware: Das sorgt für noch schnellere Verbreitung. Auch die DARPA oder die EU fördern die Entwicklung solcher Neuro-Chips.[130]

Die Kamera des Smartphones wird zum Auge, der Neuro-Chip zum visuellen Kortex. Ein Traum wird wahr: Die Geburt des Cyborgs, die

Verschmelzung von Organismus und Maschine. Ein Traum, den zuerst ein Mann hatte, der schon als Junge als ein Wunderkind galt: Norbert Wiener, Mathematiker und Mitbegründer der Kybernetik. Eine militärisch inspirierte Weltdeutung, die heute alle Bereiche unserer Gesellschaft durchdringt.

11. Kybernetik: Maschinen und Lebewesen sind auch nur Servomechanismen

Diese Erfindung veränderte das Verhältnis der Menschen zu ihren Werkstücken: Um 250 vor Christus entwickelte Ktesibios von Alexandria eine Wasseruhr, deren Genauigkeit sich mit dem gleichmäßigen Wasserfluss aus einem Behälter einstellte – die vermutlich erste sich selbst regulierende Maschine. Bis dahin galt die Fähigkeit der Selbststeuerung als ein Merkmal von Lebewesen.

Dieser Mechanismus der Regeltechnik, der auf dem Prinzip der Rückkopplung beruht, strahlt eine nahezu biologische Aura aus und stellte sich als sehr folgenreiche Erfindung heraus. Beispielsweise wurde er im Fliehkraftregler wirksam. James Watt (1736–1819) baute das Maschinenelement, das zunächst in Windmühlen im Einsatz war, in die Dampfmaschine, die daraufhin stabil arbeiten konnte.

Anschaulicher noch wird das Prinzip der Rückkopplung bei Cornelis Drebbel (1572–1633). Er entwickelte den Thermostat: ein Gerät, das die Zimmertemperatur misst und zugleich reguliert, indem es den Unterschied zwischen aktueller Temperatur und gewünschter Temperatur steuert. Ist die Temperatur zu hoch, werden die Ventile zum Heizkörper verschlossen, und die Temperatur sinkt, dabei misst der Thermostat ständig die Raumtemperatur und öffnet bei Abweichungen erneut die Ventile, damit die Raumtemperatur konstant bleibt. Dank der Künstlichen Intelligenz von Nest Labs steuert sich der Thermostat heute nicht nur selbst, sondern prognostiziert zudem noch die Wunschtemperatur, indem er die Gewohnheiten der Bewohner misst, lernt und zur Eigensteuerung seiner Prozesse rückkoppelt.

Die Feedback-Steuerung ist eines der wichtigsten Prinzipien der

Kybernetik, und es ist auch kein Zufall, dass aus ihr nur wenige Jahre später die Forschung zur Künstlichen Intelligenz entspringt. Die Kybernetik ist vor allem mit Norbert Wiener (1896–1964) verbunden, einem Wunderkind, das schon mit elf Jahren das College besuchte, mit 19 Jahren in Harvard zum Doktor promovierte und mit 24 Professor wurde. Nach einem kurzzeitigen Intermezzo als Reporter beim *Boston Herald* unterrichtete Wiener ab 1919 Mathematik am Massachusetts Institute of Technology (MIT), wo er, neben zahlreichen internationalen Gastprofessuren, bis zu seinem Lebensende als Mathematikprofessor tätig war.[131]

Wiener sorgte für die Popularisierung eines enorm weitreichenden und mitunter ideologischen Denkmodells.[132] Sein Buch über die Kybernetik erschien 1948 und wurde trotz der harten Kost ein Bestseller. »Wir haben beschlossen, das ganze Gebiet der Regelung und Nachrichtentheorie, ob in der Maschine oder im Tier, mit dem Namen ›Kybernetik‹ zu benennen«, erklärte Wiener programmatisch.[133]

Zuvor schon hatte er mit einer Gruppe von Forschern einen regelmäßigen Austausch initiiert. Ihr gemeinsames Interesse bestand darin, das »Niemandsland zwischen den verschiedenen bestehenden Disziplinen« zu erforschen.[134] Die Idee dieser fachübergreifenden Zusammenarbeit führte ab 1946 zu einer Reihe von Tagungen, die – von der Josiah-Macy-Stiftung gefördert – unter dem Namen »Macy-Konferenzen« in die Geschichte eingingen. Ab 1949 nannten sich die Konferenzteilnehmer schließlich »Kybernetiker«.[135] Mathematiker zählten zu ihnen, Physiker, Chemiker, Biologen, Mediziner, Psychologen, Anthropologen und Elektrotechniker. Sie formten ein systemübergreifendes Denken aus, das Analogien zwischen der mechanischen und der biologischen Welt sucht. Wiener schrieb:

> »Wenn die Schwierigkeit eines physiologischen Problems im wesentlichen mathematisch ist, werden zehn Physiologen, die sich nicht in der Mathematik auskennen, genauso weit kommen wie ein Physiologe, der sich nicht in der Mathematik auskennt.«[136]

Wiener begriff die Informationsverarbeitung von lebenden Organismen und Maschinen nicht als etwas Getrenntes.[137] Alles basiere auf Informationen und deren Steuerung und Regelung. Kybernetik, heißt es im *Lexikon der Neurowissenschaft*, sei »allgemein die Wissenschaft der Steuerung, Regelung und Nachrichtenübertragung«.[138] Die Wissenschaftshistorikerin Lily E. Kay formuliert das so:

> »Information war in einem Bereich angesiedelt, wo sich mehrere militärisch geförderte Forschungsstränge trafen, die Maschinen und lebende Organismen zum Gegenstand hatten: mathematische Kommunikationstheorie, Gehirnmodellierung, Künstliche Intelligenz, Steuerungs- und Kontrollsysteme, Kybernetik, Automatentheorie, Genetik und Behaviorismus.«[139]

1918 lernte der 24-jährige Norbert Wiener den Mathematikprofessor Oswald Veblen kennen, der von dem begabten jungen Mathematiker Notiz genommen hatte. Veblen arbeitete zu dieser Zeit auf dem Schießplatz Aberdeen in Maryland und war dabei, Wissenschaftler für den Ersten Weltkrieg zu mobilisieren. Eine der Aufgaben bestand darin, die Schießgenauigkeit der Artillerie zu verbessern. Der Stellungskrieg in Europa machte das notwendig, denn die Artillerie verursachte rund drei Viertel aller Verluste.

Veblen stellte Teams für die komplizierten ballistischen Berechnungen ein. Dafür brauchte er Norbert Wiener. Ausgerechnet ein als vergeistigt wahrgenommener Mathematiker, der wegen seiner starken Kurzsichtigkeit nicht kriegstauglich war, sollte die Zielgenauigkeit der Flakgeschütze verbessern.[140] Für die Erstellung der Flugbahntabellen bedurfte es enorm vieler Rechenschritte, die überwiegend von Hand gemacht wurden[141] – eine komplexe Aufgabe, denn die wechselnde Dichte der Erdatmosphäre und die Erdrotation mussten kalkuliert werden. So wurde Wiener, der dafür brannte, endlich Kriegsdienst leisten zu dürfen, Ballistiker. Veblens Gruppe sollte die Mathematik revolutionieren. Wiener schrieb:

> »Für viele Jahre nach dem Ersten Weltkrieg ging die überwältigende Mehrzahl der bedeutenden Mathematiker aus den Reihen jener hervor, die die Disziplin des Schießplatzes durchlaufen hat-

ten. Die Öffentlichkeit merkte so zum ersten Mal, dass wir Mathematiker zu etwas nütze waren.«[142]

Veblen spielte auch für die Gründung des Institute for Advanced Study (IAS) in Princeton eine prägende Rolle. Er selbst erhielt dort 1932 die erste Professur für Mathematik, gefolgt von Albert Einstein. Zu dieser Zeit begannen die Nazis mit der »Säuberung« der Universitäten, und viele Wissenschaftler flohen aus Europa in die USA. Ab 1947 übernahm Robert Oppenheimer die Institutsleitung und arbeitete am Bau der Atombombe.

Wegen des Zweiten Weltkriegs wurde Norbert Wiener Mitglied der Statistical Research Group und des Operational Research Laboratory an der Columbia-Universität. Er gehörte auch einem Team am MIT an, das die mathematischen Aspekte der Lenkung und Kontrolle von Luftabwehrgeschützen untersuchte.[143] Zusammen mit seinem Assistenten, dem Elektrotechniker Julian Bigelow, arbeite er an Zielkontrollapparaten. »Wiener näherte sich dem Problem über die Mathematik, während Bigelow versuchte, Wieners mathematische Erkenntnisse in einer automatischen Feuerleitvorrichtung für die Flak zu realisieren«, schrieb der Wissenschaftshistoriker George Dyson.[144]

Die Deutschen hatten zu dieser Zeit die Luftherrschaft inne, und die Peilung der alliierten Flak war mangelhaft.[145] Die hohe Geschwindigkeit der Flugzeuge erschwerte den Abschuss. Notwendig war es, den Punkt zu berechnen, an dem sich das Zielobjekt zu einem späteren Zeitpunkt befinden würde. Also musste die Flugabwehr den Flugweg der gegnerischen Luftwaffe möglichst exakt prognostizieren. Zu dieser Zeit beruhte die bestehende Flugabwehrtechnologie auf mechanisch-kausalen Annahmen, die den Verlauf der Flugbahn geradlinig in die Zukunft vorhersagten.

Wieners und Bigelows Vorhaben bestand in der Konstruktion einer neuartigen mit »Intelligenz« ausgestatteten Flugabwehr. Diese sollte in der Lage sein, den zukünftigen Kurs eines angreifenden Bombers zu prognostizieren und damit eine Art von vorausschauendem Verhalten maschinell zu realisieren.[146] Berechnet werden musste dabei auch die Reaktion des Piloten: Diese würden Ausweichmanöver fliegen, aber auch diese mussten den Gesetzen der Physik gehorchen, denn ab einer bestimmten Geschwindigkeit würde ein Pilot bei zu rasanten Manövern ohnmächtig werden. Zudem konnten Zeitverzögerungen kalkuliert werden, die mit der Bewegung der Flugruder zusammenhingen.

> »Dies alles machte eine Untersuchung des Problems der Vorhersage der Flugkurve notwendig (…). Um die Zukunft einer Kurve vorauszusagen, muss eine gewisse Operation auf ihre Vergangenheit durchgeführt werden.«[147]

Ein wesentlicher Faktor in der Rechnung war also der Mensch. Beide Größen musste Wiener mathematisch übersetzen, um sie zu kalkulieren. Er entwickelte mit Bigelow daraus einen statistischen Rückkopplungsmechanismus.

> »Als wir einmal erkannt hatten, daß die Lösung des Problems der optimalen Vorhersage nur durch eine Verarbeitung der Statistik der Zufallsprozesse, die vorhergesagt werden sollen, zu erhalten war, war es nicht schwer, die ursprüngliche Schwierigkeit in der Theorie zu etwas zu machen, was tatsächlich ein wirksames Werkzeug zur Lösung des Problems der Prognose war.«[148]

Wiener benutzte eine statistische Vorhersagetheorie, um die Bandbreite einzugrenzen, in welchen Graden ein Pilot von der ursprünglichen Flugroute abweichen würde. Er hatte damit ein Modell entwickelt, um bei einem Zufallsprozess die beste Lösung für die Prognose zukünftigen Verhaltens zu berechnen. Jede Lösung für eine sich selbst korrigierende Zielverfolgung musste auf einem Rückkopplungsprinzip beruhen, das nicht nur den Apparat berechnete, sondern auch den menschlichen Anwender des Geschützes.[149] Der von Wiener und Bigelow entwickelte »Anti-Aircraft-Predictor« wurde jedoch nie gebaut.

12. Kybernetik und Krieg

Wieners Modell der Flugabwehr wurde hingegen zu einem Modellfall kybernetischer Funktionsprinzipien. Eine sich automatisch durch statistische Informationen auf das gegnerische Ziel abstimmende Prognosewaffe mit Feedback-Mechanismus. Insgesamt war die Kybernetik eine sehr maskuline Angelegenheit.[150] Der Mix aus militärischer Technowissenschaft, Informationstheorie und Kontrollsteuerung habe »eine schwerfällige neue Metatheorie der Systeme entstehen lassen, bei der es um totale Kontrolle geht«, so der Historiker David Noble.[151]

Die wissenschaftliche Disziplinen sprengende Kooperation, wie sie hier erstmals in den Laboratorien der Militärs des Zweiten Weltkriegs entstanden war, sollte zum Wesenszug der Kybernetik werden. Und auch die Militärs wollten ihren Einfluss nicht mit dem Krieg enden sehen, sondern weiter mitreden. Wie die Wissenschaftshistorikerin Lily Kay schrieb, wollte das Militär »seine zentrale Stellung im Laboratorium und in der akademischen Welt nur ungern aufgeben, und so arbeitete es mit seiner Lobby erfolgreich daran, das Muster kooperativer Forschungsprojekte aus Kriegszeiten beizubehalten«.[152]

Spiritus rector der amerikanischer Militärforschung und des entstehenden militärisch-industriellen Komplexes war Vannevar Bush. Der Ingenieur und damalige Vizepräsident des MIT unterrichtete Elektrotechnik und entwickelte den analogen Computer. Bush war ab 1939 auch Präsident der Carnegie Institution und wurde während dieser Zeit zum einflussreichsten Wissenschaftsfunktionär der Vereinigten Staaten. Er leitete das Office of Science Research and Development (OSRD), das die militärische Forschung während des

Kriegs koordinierte.[153] In dieser Funktion dirigierte er die Arbeit von über sechstausend führenden Wissenschaftlern – inklusive des »Manhattan-Projekts«, bei dem die Atombombe entstand.

Bush entwickelte nach dem Krieg in dem Essay *As we may think* die Idee eines »Memex«, das als Vorbild des Hypertext gilt und als eine architektonische Grundlage des Internets funktioniert. Im selben Text verharmloste er die militärische Tätigkeit der Wissenschaft: »Das war kein Krieg von Wissenschaftlern, das war ein Krieg, an dem alle ihren Anteil hatten.«[154] Freilich war Bush Mitgründer des mächtigen Rüstungskonzerns Raytheon und zudem Direktor des Telekommunikationsriesens AT&T. Er war der Chefarchitekt einer militärisch orientierten Wissenschaftspolitik und wurde zum »Visionär einer neuen technokratischen Weltordnung«, wie Lily Kay formulierte.[155]

Norbert Wiener hatte dazu beigetragen, denn auf Basis seiner Berechnungen zur Flugabwehr hatte er ein auf Statistik beruhendes Prognosemodell geschaffen, das sich auch auf die Nachrichtentechnik übertragen ließ. Das so genannte Rauschen, also die Störungen der Nachrichtenübertragung, konnte durch einen statistischen Filter eliminiert werden, den Wiener und Andrei Kolmogorow parallel entwickelten.

An diesem Problem arbeitete auch Claude Shannon. Seine statistische Kommunikationstheorie ersann er in den Bell-Laboratorien – ebenfalls im Zusammenhang der Mobilisierung für den Krieg. Das Militärische drücke sich auch in der Theorie aus und begrenze diese, wie Lily Kay schrieb:

»Er unterschied drei Ebenen des Kommunikationsproblems: Ebene A, das technische Problem: Wie akkurat können Kommunikationssymbole übertragen werden? Ebene B, das semantische Problem: Wie genau drücken die übermittelten Symbole die gewünschte Bedeutung aus? Und die Ebene C, das Wirksamkeitsproblem: Wie beeinflusst die empfangene Bedeutung Verhalten auf die gewünschte Weise? Diese drei Ebenen entsprechen der dreigeteilten Hierarchie der menschlichen Kommunikation: Syntax, Semantik und Pragmatik.«[156]

Auch Shannon hatte wie Wiener mit seiner Arbeit an der Optimierung von Geschützsteuerungen gearbeitet, zudem war er ab 1941 wie Alan Turing mit Kryptografie befasst. Diese wissenschaftlichen Arbeiten wurden teilweise als geheime Verschlusssache eingestuft – wie bei Alan Turing, dessen theoretische Erfindung des Computers bis in die 1970er Jahren, lange nach seinem Tod, ein Staatsgeheimnis blieb.

Berühmt als der Erfinder des Computers wurde ein anderer: der Mathematiker John von Neumann. Seine Berechnungen von Stoßwellen spielten bei der Entwicklung der Atombombe eine zentrale Rolle. Er arbeitete 1943 an einem Geheimoperation der US-Marine in Großbritannien, nach seiner Rückkehr im Juli 1943 schloss sich das »Projekt Y« an: So lautete der Codename des »Manhattan-Projekts«, für das von Neumann in Los Alamos als mathematischer Berater zu arbeiten begann.

Zur mathematischen Simulation der Ausbreitung von Stoßwellen durch eine atomare Explosion lieferte IBM die Rechenmaschinen. Neumann machte sich mit den Maschinen, die mit Lochkarten arbeiteten, vertraut. Von den ersten theoretischen Modellen bis zum erfolgreichen Test der »Trinity«, der ersten Atombombe, am 16. Juli 1945 in New Mexico, vergingen weniger als zwei Jahre.[157] Am 6. August 1945 warfen die Amerikaner über Hiroshima eine Atombombe mit 13 Kilotonnen Sprengkraft ab, am 9. August eine 20-Kilotonnen-Bombe auf Nagasaki. Wenige Tage später kapitulierte Japan.[158]

Entstanden war bei der Entwicklung dieser Vernichtungstechnologie der ENIAC (»Electronic Numerical Integrator and Computer«) – ein 30 Tonnen schwerer Rechner, der für die Kalkulation thermonuklearer Abläufe ab dem 10. Dezember 1945 eingesetzt wurde.[159] Das Problem des ENIACs war sein zu kleiner Speicher. Die Programmierung dauerte Tage, und Zwischenergebnisse ließen sich auf Lochkarten speichern. Die Berechnung für die Wasserstoffbombe verbrauchte rund eine Million Lochkarten.[160] Die Programmierung erfolgte durch Tausende handgeknüpfter Kabelverbindungen.[161]

John von Neumann ließ den ENIAC umbauen. So entstand am Institute for Advanced Study (IAS) die »IAS-Machine«.[162] Ihr folgte schließlich 1952 der MANIAC (»Mathematical Analyzer, Numerical

Integrator, and Computer or Mathematical Analyzer«), der nur noch 450 Kilo wog.[163] Von Neumann hatte damit einen Computer mit Speicherprogramm entwickelt, den zuvor Alan Turing als Konzept erfunden hatte. Das logische Design des Digitalcomputers ging später als »Von-Neumann-Architektur« in die Geschichte ein.[164]

> »Computer‹ hieß nun: digital (und nicht analog), binär (und nicht dezimal), elektronisch (und nicht elektromechanisch), sequentielle Befehlsverarbeitung (und nicht partielle), intern gespeichertes Programm (und nicht externe Programmierung).«[165]

First Draft of a Report on the EDVAC hieß von Neumanns Veröffentlichung, die den modernen Computer definierte. Die Entwicklung war eine Auftragsarbeit der US-Armee.[166]

Frühere Rechner konnten konkrete Rechenoperationen ausführen. Ihr Design erlaubte zwar eine Umprogrammierung, doch das war ein sehr zeitaufwändiger Prozess, den Ingenieure erledigen mussten. Mit einem gespeicherten Programm wurde die Idee entwickelt, die Computer in unserem heutigen Verständnis hervorbrachten.[167] Dyson betonte:

> »Ohne den Elektronenrechner hätte es keine Wasserstoffbombe gegeben, und umgekehrt beschleunigte der Rüstungswettlauf den Bau des Von-Neumann-Computers. (…) Die numerische Simulation nuklearer Kettenreaktion im Computer löste ihrerseits eine Kettenreaktion in der Informationsverarbeitung aus.«[168]

Jahrzehntelang blieb von Neumann den Militärs verbunden. »Was wir gerade erschaffen, ist ein Ungeheuer, das den Lauf der Geschichte verändern wird, vorausgesetzt es bleibt uns noch eine Geschichte«, schrieb von Neumann und meinte nicht die Bombe, sondern die Leistungsfähigkeit der Rechner.[169] Er sprach sich 1950 auch für Präventivschläge aus:

> »Wenn sie sagen, warum sollen wir sie nicht morgen bombardieren, sage ich: warum nicht heute? Wenn sie sagen, heute um fünf Uhr, sage ich: warum nicht um eins?«[170]

Norbert Wiener wurde demütiger, bereute die Mitarbeit der Wissenschaft am Krieg und erkannte die Gefahren, die von der Kybernetik ausgingen:

»Lange vor Nagasaki und dem öffentlichen Bekanntwerden der Atombombe kam es mir vor, als ob wir hier in der Gegenwart einer anderen sozialen Macht waren, die unerhörten Einfluss zum Guten oder Bösen hin hatte. Die automatische Fabrik und das Fließband ohne menschliche Bedienung sind nur so weit weg von uns entfernt, wie unser Wille fehlt, ein ebenso großes Maß von Anstrengung in die Konstruktion zu setzen wie z. B. in die Entwicklung der Radartechnik im Zweiten Weltkrieg.«[171]

Mit dem Aufsatz *Behavior, Purpose and Teleology* formulierte Norbert Wiener die Prinzipien seines kybernetischen Kontrollsystems sowohl für Stoffwechselprozesse, Servomechanismen und Verhaltensprozesse.[172] Für ihn gab es zielgerichtete Systeme (mit Rückkopplung) und nicht zielgerichtete System (ohne Rückkopplung). Mit »Teleologie« bezeichnete Wiener die »negative Rückkopplung«, bei der »die vom Zielobjekt kommenden Signale dazu benutzt werden, Aktionen einzuschränken, die zu einem das Zielobjekt verfehlenden Ergebnis führen würden.«[173] Viel später sollten diese Prinzipien Merkmal von künstlichen intelligenten Systemen werden.

Servomechanismen beschrieb Wiener als Systeme, die sich mit negativem Feedback selbst kontrollieren – sowohl für Maschinen wie auch Organismen. Ein »qualitativer« Unterschied zwischen Lebewesen und Maschine sei bisher nicht entdeckt worden, so Wiener.[174]

Im Januar 1946 wurde in Anlehnung an Wieners Aufsatz die konstituierende Sitzung der Teleologischen Gesellschaft am Institute for Advanced Study abgehalten. Daraus entstanden die Macy-Konferenzen, und die Kybernetik war geboren. Diese Konferenzen wurden von Warren Weaver und der Rockefeller-Stiftung gesponsert.[175] Weaver half später dabei, das Office of Naval Reseach aufzubauen, das nach dem Krieg zum wichtigsten Sponsor der Wissenschaft wurde. Er saß von Beginn an im Vorstand der RAND Corporation, einem privaten Thinktank, der das Militär beriet. Hier sollten später auch die ersten Computer-Simulationen für das Luftverteidigungssystem SAGE entwickelt wurden.[176] Weaver schrieb über Norbert Wieners Werk »Kybernetik«:

> »So lange es Personen gibt, die Bücher wie diese schreiben können, werde ich meinen Respekt für zentrale Nervensysteme nicht verlieren, noch gewillt sein, sie durch Maschinen zu ersetzen.«[177]

13. Alan Turing und die Maschine, die jedes Problem lösen kann

Der Krieg brachte die Kybernetik hervor und ein Gerät, das nicht mehr nur rechnete, sondern Informationen und Symbole verarbeiten und speichern konnte: eine Maschine, die scheinbar menschliche Denkprozesse nachahmte. Der Computer war anders als alle Maschinen zuvor, weil er zugleich jede Maschine imitieren kann und nicht auf eine Funktion beschränkt ist. Der Computer ist die Universalmaschine. Mit dieser Entwicklung stellte sich zugleich die Frage, ob Denken, wenn es von Maschinen ausführbar ist, nicht selbst auch maschinenähnliche Züge habe.[178] Sind Menschen also Maschinen, oder lassen sich Maschinen erzeugen, die wie Menschen sind?

Diese Fragen stellte sich auch Alan Turing und erfand ein Gerät, das sie mechanisch löste. Das geschah, als er sich mit einem mathematischen Grundproblem befasste. Der Mathematiker Kurt Gödel hatte es zuvor formuliert.[179] Gödels »Unvollständigkeitssatz« besagt, dass es in jedem formalen System Aussagen geben muss, die durch das System selbst formal weder bewiesen noch widerlegt werden können.[180] Er definierte also die Grenzen formaler Systeme und ließ die Ungewissheit in die Strenge der Mathematik. Jeder mathematische Beweis beruht demnach auf Annahmen, die durch den Beweis selbst nicht bewiesen werden können. John von Neumann schrieb:

> »Was Gödel in der modernen Logik geleistet hat, ist einzigartig und monumental. (…) Ein Markstein, der in Raum und Zeit weithin sichtbar stehen bleiben wird.«[181]

Von Gödel ausgehend entwickelte Alan Turing seine »Turing-Maschine«. Das war keine tatsächliche Maschinen, sondern das Konzept des Computers, den John von Neumann schließlich baute und mit dem zunächst er statt Turing berühmt wurde.

Turing war 24 Jahre alt, als am 12. November *On computable Numbers, with an Application to the Entscheidungsproblem*[182] veröffentlichte. Als »Entscheidungsproblem« bezeichnete er die Frage, ob es eine Regel gibt, mit der man für jede Formel entscheiden kann, ob sie wahr ist oder nicht. Er löste diese Frage, indem er Mathematik mit einer mechanischen Herangehensweise kombinierte. Er entwickelte das Modell einer symbolischen Maschine und bewies, dass es das von ihm untersuchte Entscheidungsverfahren nicht geben kann. Er lieferte also einerseits einen komplizierten mathematischen Beweis ab. Doch was viel wichtiger und einflussreicher werden sollte, war das praktische Verfahren, das er erfunden hatte, um diesen Beweis durchzuführen: Turing hatte formal definierte, was ein Algorithmus ist.

So funktioniert die Turing-Maschine: Sie hat einen Lesekopf und liest Zeichen, die auf einem Papierband in einzelnen Feldern stehen. Abhängig davon, was die Maschine unter dem Lesekopf liest, bewegt sie sich nach rechts oder nach links, oder überschreibt das Zeichen durch ein anderes Zeichen. Die Turing-Maschine beherrscht nur drei Operationen: lesen, schreiben, bewegen. Turing hatte damit eine formale Beschreibung geliefert, wie ein Algorithmus funktioniert. Er beschrieb eine Vorschrift, die mechanisch und ohne zu denken ausgeführt werden kann. Ein Prozess, den auch eine Maschine ausführen könnte. Sie musste nur gebaut werden.

Zu dieser Zeit wurden die benötigten Kalkulationen von menschlichen »Computern« erfüllt. So wurden die zumeist weiblichen Rechnerinnen bezeichnet, die rein mechanische Zahlenarbeit leisteten. Sie folgten strikten Regeln, in welcher Reihenfolge Rechenoperationen ausgeführt werden mussten. Bereits vor Erfindung des Computers war das technische Rechnen »sehr gut programmiert«, wie Konrad Zuse schrieb.[183]

Ein menschlicher Rechner, der nach genau definierten Regeln vorgeht, die sich in einfachste Elemente aufspalten lassen, verhält sich wie eine Turing-Maschine: eine Formalisierung von Handlungen durch abstrakte Symbole, die das »Denken« steuern. Letztlich muss nur die Vorschrift, also der Algorithmus, abgearbeitet werden, die zur Lösung des Problems vorgeschrieben ist. Ein Problemverständnis ist nicht nötig, nur die Kenntnis der Regeln und deren Anwendung.[184] Sobald eine Turing-Maschine aktiviert ist, bewegt sie sich nach der Vorschrift auf dem als unendlich lang konzipierten Band hin und her. Sie liest die Zeichen, überschreibt sie oder lässt sie stehen, bewegt sich ein Feld weiter nach rechts oder links, bis die Vorschrift abgearbeitet ist.[185]

Turings Artikel gilt als Meisterwerk, weil er Theorie und Praxis verband – eine Kombination, die Turing während des Kriegs lernte, als er die Verschlüsselungsmaschine der Deutschen, die Enigma, knackte. Für dieser Arbeit wurde 1943 ein Gerät gebaut, das »Colossus« hieß und dem eine Serie folgte. Das war der erste elektronische Computer der Welt. 1946 baute Turing seinen eigenen Computer: Die »Automatic Computer Engine«.

Turing begründet 1936 die Informatik, bevor es einen Computer gab. Er »befreite« die Rechenmaschinen, die bis dahin in ihrer Konstruktion – der Hardware – gefangen waren. Künftig würden sie von einem Programm gesteuert, das flexibel war und nahezu unbegrenzt. Mit einer Turing-Maschine lassen sich prinzipiell alle mathematischen Operationen berechnen.[186] Mit einer derart einfachen Vorschrift lässt sich ein Universum bauen.

Mit Turing explodierte nicht nur die Komplexität, die Maschinen annehmen konnten. Er veränderte damit die Welt wie kaum ein anderer bis heute. Die weitreichenden Folgen, die mit der Entwicklung des Computers einhergehen werden – die umfassende Vernetzung von Menschen, die globale Überwachungsarchitektur, um nur die aktuellen gesellschaftlichen Phänomene zu nennen –, zeigen, dass die Turing-Maschine zu einer Herrschaftsformel geworden ist. Alan Turing schrieb:

> »Es ist möglich, eine einzige Maschine zu erfinden, die dazu verwendet werden kann, jede berechenbare Folge zu berechnen«.[187]

Dieser Gedanke der Berechnung sollte auch auf Menschen und Gesellschaften angewendet werden. Turing bewies, dass komplexem Verhalten keineswegs komplexe innere Zustände zugrunde liegen müssen.[188] Er »setzte die Unterscheidung zwischen Zahlen, die etwas bedeuten, und Zahlen, die etwas tun, außer Kraft. Unser Universum war danach nicht mehr dasselbe«, schrieb der Wissenschaftshistoriker George Dyson.[189]

Mit diesen neuen Möglichkeiten sollten sich Steuerungs- und Kontrollwünsche von Militärs und Politik verknüpfen, die heute vor allem im Wahnsystem der NSA, aber auch ihrer Partner und Konkurrenzdienste ebenso sichtbar werden wie in den vielfältigen Formen des Data-Minings und der Big-Data-Analysen. Alle zielen darauf ab, unser Verhalten zu röntgen, um Profitstrategie zu realisieren.

»Die klassische, mechanische Maschine ist die Verkörperung eines bestimmten Algorithmus. Dieser Algorithmus ist in Stahl gegossen und erstarrt. Bis zum Verschleiß kann diese Maschine immer wieder nur denselben Algorithmus abarbeiten. Die modernen Computer hingegen sind die materielle Umsetzung eines formalen Systems.«[190]

Gehorchten die mechanischen Maschinen den Gesetzen der Kinematik, also der physikalischen Lehre der Bewegung, folgen elektronische Computer der Logik programmierter Kommunikation. Nicht mehr die Bewegung steht im Mittelpunkt, sondern die Information darüber, in welchem Zustand sich die jeweiligen Teile befinden.[191] Diese Veränderung greift die Kybernetik auf. »Die heutigen Automaten imitieren, ohne zu gleichen. Die Imitation des Computers ist abstrakt, unsichtbar. Er simuliert nicht Gesten oder Bewegungen, sondern Denken«, schrieb die Schweizer Soziologin Bettina Heintz.[192]

Mit seinem Konzept schloss sich für Turing schon 1950 die Frage an: »Können Maschinen denken?«[193] In dem Beitrag, den er zu dieser programmatischen Aufgabenstellung schrieb, definierte er die Bedingungen, um zu überprüfen, wann sich eine Maschine intelligent verhält: den »Turing-Test«. Eine Testperson unterhält sich dabei per Tastatur mit zwei ihr unbekannten Gesprächspartnern: Der eine ist ein Mensch und der andere eine Maschine. Wenn der Mensch die Unterscheidung nicht korrekt treffen kann, wer Maschine, wer Mensch ist, galt für Turing diese Maschine als intelligent.

Für ihn war allein die Imitation von Intelligenz hinreichend, um »Künstliche Intelligenz« zu definieren. Vor allem auch deswegen, weil bis heute kein Einvernehmen darüber besteht, was das ist: Intelligenz. Also entwickelte er erneut einen sehr praktischen Ansatz, in dem ein intelligentes Wesen die Wahl treffen sollte.[194] Doch konnte eine intelligente Maschine wirklich gebaut werden, obschon niemand verstand und bis heute versteht, wie Intelligenz entsteht? 1948 schrieb Turing:

> »Der Unwille, sich die Möglichkeit einzugestehen, dass es für die Menschheit Rivalen im Bereich der Intelligenz geben könnte, ist unter intellektuellen Personen ebenso weit verbreitet wie bei Ungebildeten: Sie haben mehr zu verlieren.«[195]

14. Automaten, Roboter, Militär

Die Idee, künstliche Wesen zu erschaffen, reicht bis in die antike Mythologie zurück und füllt etliche Bücher. Ob Androiden, Humunculi oder Golems, sie wurden im surrealistischen Eifer eines Jean Paul, etwa in *Titan* ab 1800, bei E. T. A. Hofmanns 1814 erschienenen *Die Automaten*, bei Shelleys *Frankenstein oder der moderne Prometheus* entwickelt.[196] Und die moderne Variante kybernetischer Mischwesen formulierte die amerikanische Historikerin und Biologin Donna Haraway mit ihrem *Cyborg Manifest*.[197]

Grundsätzlich ist die Frage nach dem Unterschied zwischen menschlich gestalteter und vorgefundener Natur entscheidend für die Entstehung der modernen Wissenschaft: Es ist die Auseinandersetzung zwischen Religion und Aufklärung, zwischen einer nicht hinterfragbaren Natur Gottes, einer heiligen Ordnung und dem Erkenntnisinteresse der Wissenschaft, zwischen Geist und Materie. René Descartes beschäftigte sich im 17. Jahrhundert mit den Grundlagen rationaler Wissenschaft. »Die experimentelle und systematische Methode sollte gewissermaßen die ›Wildheit‹ im Menschen wegerklären, ihn letztlich als durchschaubaren Funktionszusammenhang darstellen.«[198]

Die Naturwissenschaft sollte als glaubhaftes Weltbild der Religion entgegentreten. Ihre Rationalität, die sich in mathematischen und physikalischen Gesetze ausdrückte, die viel später mit dem Computer materialisiert werden würden, war das Bollwerk gegen Aberglauben. Zugleich wirkt ihre Suche nach universalen Gesetzen und ihre Anmaßung, den inneren Zusammenhalt der Welt und des Universums finden zu können, selbst wie eine moderne Religion: nicht hinterfragbar, rein und Ordnung stiftend. Rationalität hat auch etwas Hypnotisierendes, erscheint als von außen kommend, ein höheres Prinzip repräsentierend, ist dabei jedoch selbst ein Konzept, konstruiert und gleichermaßen hinterfragbar. Indem jedoch Wissenschaft suggeriert, ein höheres Strukturprinzip zu finden, stabilisiert sie unsere Gesellschaft.[199] Dies ist zugleich ein funktionales Merkmal aller Religionen. So interpretierten der französische Soziologe Emile Durkheim oder seine Kollegen Peter L. Berger und Thomas Luckmann Religion: als ein soziale Ordnung stiftendes Phänomen, das in allen Gesellschaften erscheint und daher eine grundlegende Funktion für soziale Systeme haben muss.[200]

Vielleicht erklärt das einen Teil der Faszination der Kybernetik, die mit dem universellen Anspruch antritt, grundlegende Prinzipien zu finden, die für Lebewesen und Maschinen gleichermaßen gelten. Und das erklärt auch das Interesse, das kybernetische Geräte auslösen, die sich selbst steuern. Bei den Automaten und künstlichen Menschen liegt das auf der Hand: Sie bevölkerten zur Unterhaltung der Menschen die Jahrmärkte und wurden zum Gegenstand von Filmen wie Fritz Langs *Metropolis* oder von Geschichten wie *Opilek* des tschechische Dichters Karel Capek. Er schuf den Begriff »robot« 1917, gebildet aus dem alttschechischen »robota«, was so viel wie Fronarbeit bedeutet. 1942 nannte Isaak Asimov solche Maschinen dann »Roboter«.[201] Was damals an den Automaten menschlich erschien, waren deren Bewegungen und deren Körper, die dem Menschen nachempfunden wurden.

Heute übernimmt das am erfolgreichsten Boston Dynamics. Die Firma stellt Roboter wie den »Atlas« her, der bei Katastrophen eingesetzt werden soll und mit seinen 150 Kilo Stahl stark an den Terminator erinnert, wenn er sich bei der »DARPA Robotics Challenge« mit Werkzeugen Zutritt zu verschlossenen Häusern verschafft.[202] »Cheetah« ist ein Raubkatzen nachempfundener vierbeiniger Roboter, der 46 Kilometer pro Stunden schnell ist. Das »Legged Squad Support System« dient als eine Art Lastenesel, der im Gebirge kraxeln kann und für militärische Zwecke entwickelt wurde.[203] Doch selbst nach Ansicht der DARPA verhalten sich Roboter wie Atlas allerdings noch ziemlich unintelligent.[204] Dennoch: »Roboter, in welcher Form auch immer, sind nahezu vom ersten Tag an ein Teil der DARPA-Kultur gewesen. Während des Vietnamkrieges arbeitete die Agency bereits an unbemannten Flugobjekten.« So heißt es in der Eigenwerbung.[205]

Tatsächlich haben Roboter mittlerweile die Fabrikhallen verlassen und die soziale Welt betreten. Manche sind dabei mit einem fragwürdigen Ziel ausgestattet. Im November 2012 erließ das amerikanische Verteidigungsministerium eine Direktive, die den Test, die Entwicklung und den Einkauf »autonomer Waffensysteme« regelt: Roboter, die töten.[206] Mittlerweile hat sich aus verschiedenen Menschenrechtsorganisationen das »Internationale Komitee gegen Roboter-Waffen« formiert, das mit Kampagnen wie »Stopp Killer Robots« auf die Gefahren autonomer Waffensysteme aufmerksam machen möchte, die selbst entscheiden, ob sie Menschen töten.[207]

Die Firma Boston Dynamics wurde als eine Firmenausgründung des MIT entwickelt, sie erledigte Auftragsarbeiten für das US-Militär und bekam viel Geld von der DARPA. 2013 wurde sie von Google geschluckt, ebenso die Firmen Redwood Robotics, Holomni, Meka Robotics und ein weiteres Dutzend Robotikunternehmen.[208]

Historisch betrachtet reißt die Kybernetik die Grenzen zwischen Natur und Maschinen mit statistischen Modellen ein. Die ganze Welt lässt sich nun im Modus von Kontrolle, Rückkopplung und mathematischer Informationsverarbeitung beschreiben. Ein Modell, so universell wie der Computer selbst. Für Norbert Wiener war der lebende Organismus ohnehin eine Maschine: »Die neuere Untersuchung der Automaten, ob aus Metall oder Fleisch, ist ein Zweig der Kommunikationstechnik.« Das galt auch für mentale Prozesse:

»Wir beginnen einzusehen, dass solche wichtigen Elemente wie Neuronen, die Atome des Nervenkomplexes unseres Körpers, ihre Arbeit unter fast den gleichen Bedingungen wie Vakuumröhren verrichten.«[209]

Mit den Theorien von Norbert Wiener und seinen Kollegen entfaltet sich ein Techno-Weltbild, in dem Schaltkreise elektronischer Computer, kognitive Prozesse und biologische Regulations- und Reproduktionsmechanismen zur Grundlage werden, um die Konstruktion von Automaten als Organismen voranzubringen.[210]

Stuart Russell und Peter Norvig zählen zu den profiliertesten KI-Forschern der Gegenwart. Russell arbeitet als Professor an der Universität Berkeley in San Francisco, Norvig war Chef der KI-Abteilung der NASA und ist mittlerweile Forschungsdirektor von Google. Die beiden schrieben gemeinsam das Standardwerk über Künstliche Intelligenz.[211] Darin stellen sie fast erstaunt fest, dass Wieners kybernetische Ansichten ihrem Verständnis von Künstlicher Intelligenz zum Verwechseln ähnlich sei. Die Kybernetik war der Urschleim, aus dem sich die Künstliche Intelligenz herausdifferenzierte.

Die Forschung begann offiziell im Jahr 1943 mit dem Neurologen Warren McCulloch und dem Mathematiker Walter Pitts. Ersterer hob später mit Norbert Wiener die »Macy Konferenzen« aus der Taufe. Pitts und McCulloch beschrieben 1943 erstmals künstliche Neuronen: die »McCulloch-Pitts-Zelle«. Sie konnte durch die Aktivierung von anderen Neuronen bereits an- oder ausgeschaltet werden. Die Zelle war ein mathematisches Konzept und entsprach in der Neurobiologie einem Aktionspotenzial, das eine Nervenzelle bei einer Änderung ihres Zustands aussendet. McCulloch und Pitts zeigten, »dass jede berechenbare Funktion von einem Netzwerk von Neuronen berechnet werden kann«.[212] Sie orientierten sich an der Arbeit Alan Turings. Ihnen war klar, dass entsprechend gestaltete neuronale Netzwerke auch lernen könnten.

Für ihre Arbeit begeisterte sich der junge Harvard-Student Marvin Minsky. Er fragte seinen Kommilitonen Dean Edmonds, ob dieser mit ihm auf Basis neuronaler Netze eine künstliche Ratte bauen wolle. Edmonds war als Physiker versiert und machte mit. 1951 entstand so der SNARC (»Stochastic Neural Analog Reinforcement Calculator«) – das vermutlich erste künstliche neuronale Netzwerk in einem Computer. Gemeinsam mit John McCarthy (Dartmouth College), Nathaniel Rochester (IBM) und Claude Shannon (Bell Telephone Laboratories) prägten Minsky und seine Kollegen bei einer Konferenz in Dartmouth 1956 schließlich den Begriff »Künstliche Intelligenz«.[213]

Die finanzielle Unterstützung kam von der Rockefeller-Stiftung. In ihrem Antrag für die Fördergelder schrieben sie:

»Wir schlagen vor, dass eine zweimonatige, zehnköpfige Untersuchung der künstlichen Intelligenz durchgeführt wird. (....) Die Studie soll auf Grundlage der Vermutung durchgeführt werden, dass jedes Merkmal des Lernens oder der Intelligenz überhaupt im Prinzip so genau beschreibbar ist, dass eine Maschine es simulieren kann. Es wird der Versuch gemacht werden, herauszufinden, wie man Maschinen baut, die Sprache verwenden, abstrahieren und Begriffe bilden, die Arten von Problemen lösen, welche derzeit dem Menschen vorbehalten sind, und die sich selbst vervollkommnen.«[214]

Von den Konferenzteilnehmer ausgehend entfaltete sich die Institutionalisierung eines neuen Forschungsbereichs, der nahezu ausschließlich vom amerikanischen Militär finanziert werden würde.

McCarthy gründete 1962 das Labor für Künstliche Intelligenz der Stanford University – gesponsert von der DARPA.[215] Er entwickelte den Programmiersprachentyp LISP, der als eine wichtige Sprache speziell für Künstliche Intelligenz gilt. Er half auch, das KI-Labor am MIT aufzubauen. In diesem Zusammenhang entstand 1963 dort das »Project MAC« (dafür gab es verschiedene Lesarten: »Mathematic And Computer«, »Multiple Access Computer, »Machine Aided Cognitions«, »Man and Computer«). Das Projekt widmete sich der Erforschung von Computern, initiierte die Gründung der ersten Forschungseinrichtungen für Künstliche Intelligenz und setzte Impulse für die Entstehung der ersten Institute für Informatik in den USA. Das MAC-Projekt wurde ebenfalls von der DARPA finanziert. Hieraus entstanden auch wichtige Konzerne der IT-Industrie wie Digital Equipment Corporation.[216]

Für die Vergabe der Gelder war der MIT-Psychologe Joseph Carl Robnett Licklider (1915–1990) zuständig, genannt J. C. R. – ein äußerst wichtiger Zeitgenosse. Er war zwischen 1962 und 1964 bei der DARPA Chef der Abteilung Command and Control Research, später Information Processing Techniques Office. Danach wurde er selbst

Direktor des Projekt MAC. Für Marvin Minsky wurde Licklider zum Mentor. Anfang der 1960er gründete Minsky mit dessen Unterstützung im Projekt MAC eine Gruppe zur Erforschung von Künstlicher Intelligenz, woraus 1970 ein eigenes Labor entstand – mit Minsky als Direktor.

Eine Phase der Euphorie begleitete die KI zu Beginn. »Der programmierte Computer und der menschliche Problemlöser sind beide Spezies, die zur Gattung ›informationsverarbeitende Systeme‹ gehören«, schrieb Herbert A. Simon, ein weiterer Prominenter der KI-Forschung.[217] Er initiierte die Entwicklung so genannter »Expertensysteme«, eine eigene Klasse von Systemen Künstlicher Intelligenz.

Seit den 1950er Jahren entwickelte er ein Programm, das bestimmte logische Probleme lösen konnte. Simon baute den »General Problem Solver« (GPS): eine Maschine, die in der Lage sein sollte, konkrete Informationen so zu prozessieren, wie dies ein Mensch tut. Ein System, das Probleme und Fragestellungen als eine Frage der Symbolverarbeitung definierte. Für seine Grundlagenarbeit, die Aufschlüsse über die menschliche Entscheidungsfindung lieferte, erhielt Simon 1978 den Wirtschaftsnobelpreis. Expertensysteme, die für spezifische Aufgaben entwickelte wissensbasierte Entscheidungen von Experten treffen können, zählten zu den ersten erfolgreichen KI-Anwendung.

An künstlichen neuronalen Netzen forschte der Psychologe Frank Rosenblatt. Er entwickelte Ende der 1950er Jahre das »Perceptron«: ein Netz, das auf einem raumfüllenden IBM-Rechner lief und aufgrund seiner rasanten parallel arbeiten Rechnerleistung bereits simple Muster visuell erkennen konnte.[218] Die heutige Architektur künstlicher neuronaler Netze fußt auf Arbeiten von Kunihiko Fukushima (geboren 1936), einem Elektrotechniker vom Fuzzy Logic Systems Institute Iizuka in Japan. Er baute künstliche neuronale Netze wie das »Cognitron« (1975) und das »Neocognitron« (1979). Das Letztere war ein mehrschichtiges neuronales Netz, das flexibel reagieren und bereits Handschriften entziffern konnte – prinzipiell das Modell, nach dem auch heute verfahren wird.[219] Auf Fukushima beziehen sich bis heute viele Forscher wie LeCun, Hinton oder Schmidhuber.

Nach der Euphorie folgte eine Phase, in der die Forschung stagnierte – der sogenannte KI-Winter setzte ein. Die Rechenleistungen, die nötig gewesen wären, existierten noch nicht, um mit Erfolgen aufwarten zu können. Im Zuge der Studentenproteste gegen den Vietnamkrieg wurden zudem in den USA die Richtlinien, nach denen das Verteidigungsministerium seine Forschungsgelder verteilte, verschärft, um die Antikriegsproteste an den Universitäten zu beruhigen.[220] Mitte der 1980er Jahre jedoch war die DARPA wieder der größte Finanzier der Informatik an amerikanischen Universitäten.[221] Sie hatte 1983 ein 10-Jahres-Programm, »Strategic Computing Initiative« (SCI), gestartet, um die Forschung zur Künstlichen Intelligenz zu pushen. Es hatte ein Volumen von einer Milliarde Dollar.

Ab 1992 setzte ein Nuklearwaffentest-Moratorium ein, das dazu führte, Atomwaffentests im Computer zu simulieren. Und dies führte wiederum dazu, dass viel Geld in die Entwicklung von Hard- und Software floss. Für die komplexen Simulationen wurden die schnellsten Rechner der Welt gebaut, historisch vergleichbar mit der Entstehung des Computers, der für den Bau der Atombombe benötigt wurde. Und mit den komplexen Simulationen ergab sich die Notwendigkeit, den Umgang mit gigantischen Datenmengen weiterzuentwickeln.[222] Hier fing das Thema Big Data an.

Von außen wirkt das Feld der Künstlichen Intelligenz mit seinen Verästelungen und Ansätzen unübersichtlich: über die Erforschung der Spieltheorie, die für die Modellierung »künstlicher Agenten« wichtig wurde, die menschliches Verhalten simulieren sollten, zur Schwarmintelligenz, über die Robotik bis hin zu den grundlegenden Fragen mathematischer Logik oder die Erforschung der Funktionsweise des Gehirns mit dem Ziel, es im Computer zu emulieren – oder Mixturen all dieser Ansätze. Neurowissenschaftler, Informatiker, Mathematiker, Physiker, Linguisten und Psychologen arbeiten hierbei eng zusammen, es bildeten sich verschiedene Gruppen. Manche, die pragmatischer kleinteilige Ansätze erforschen, andere, die das Ziel verfolgen, eine »Artificial General Intelligence« zu bauen, dem Menschen ebenbürtige Intelligenz.

Die einzelnen Entwicklungsstränge zu rekonstruieren würde hier den Rahmen sprengen.[223] Bernhard Schölkopf vom Max-Planck-Institut für Intelligente System, der zuvor Direktor am Max-Planck-Institut für biologische Kybernetik war, resümiert:

> »Die Kybernetik ist der Schwenk von der Umwandlung von Energie hin zur Verarbeitung von Informationen. Die Umwandlung von Energie führte zur Industriellen Revolution, die Verarbeitung von Informationen ist eine Revolution, die bereits seit sechzig Jahren stattfindet. Nun jedoch haben wir erstmals mit Konzernen wie Google Unternehmen, die mit Informationen handeln. Zudem existiert nun die Rechenleistung, die es ermöglicht, diese Informationen auch auszubeuten. Das ist ein Paradigmenwechsel. Alles, was wir machen, ist in der Tradition der Kybernetik. Die kommt nicht ausschließlich aus dem Westen. In Russland gab es auch sehr wichtige Entwicklungen. Die führende Theorie des maschinellen Lernens stammt aus Moskau.«

15. Laborversuche an künstlichen Ratten

Es lohnt sich, noch einmal zurückzublicken auf Marvin Minsky und sein erstes künstliches neuronales Netz. Denn SNARC simulierte das Verhalten einer Laborratte, die durch ein Labyrinth laufen musste[224] – der wohl erste Tierversuch mit einem Roboter auf Basis eines neuronalen Netzes. Minskys Vorbild waren die realen Tierversuche der Verhaltenspsychologie. Er war vor allem inspiriert von Burrhus Frederic Skinner, einem der Begründer des Behaviorismus, der in Harvard unterrichtete und dessen Tierversuche zur Entdeckung der »operanten Konditionierung« führten. Er ging davon aus, dass mit den richtigen Methoden Verhalten sowohl kontrolliert als auch prognostiziert werden könne – wie die ballistischen Berechnungen von Norbert Wiener.

Skinner gehörte auch zu dem interdisziplinären Zirkel, der sich in Cambridge um Norbert Wiener traf. [225] Er arbeitete während des Kriegs für das Militär und wollte Tauben zu militärischen Zwecken konditionieren. Daraus wurde nichts, aber er entwickelte seine Versuche zur operanten Konditionierung. Sein Ziel war es, Verhalten bei Tieren zu programmieren. Er wollte belegen, dass ein Verhalten erzeugt werden kann, wenn es belohnt wird. Eine Verstärkung bestimmten Verhaltens kann zu dessen Ausprägung führen. Das war die Idee des »Reinforcement-Learning«.

Für ihn war jede menschliche Lebensäußerung als eine Reaktion der äußeren Umwelt zu erklären: Wer die Umwelt und die äußeren Reize kontrollierte und veränderte, kontrollierte und veränderte auch das Verhalten. Er hielt nichts von Erklärungsansätzen, die Verhaltensweisen als innerlich motiviert begriffen wie die Psychoanalyse Sigmund Freuds. Skinner und die von ihm begründete Denkschule betrachtete den menschlichen Geist als etwas, das nicht zu ergründen war und auch nicht ergründet werden musste. Er interessierte sich für die Mechanik der Verhaltensgenese und -steuerung.

Der Mathematiker Marvin Minsky war von Skinner fasziniert, weil dieser seine Versuche nach so streng wissenschaftlichen Methoden kontrollierte. So entstand die »Skinner-Box«: ein Kasten, in dem das Versuchstier völlig isoliert war und bei dem sich alle äußeren Reize exakt kontrollieren ließen. Skinner brachte Tauben und hungrige Ratte dazu, bestimmte Verhaltensweisen zu zeigen, die dafür mit Nahrung belohnt wurden. Er konnte bei den Tieren das Verhalten programmieren. »Ich bewunderte Skinner für seine so klaren Theorien und sein systematisches Vorgehen«, sagte Minsky in einem Interview.[226] Dem Magazin *New Yorker* erzählte er 1981, wie er anfangs zweifelte, ob er seine Neuronen zum »Denken« bekäme:

>»Da müssten elektronische Neuronen mit Synapsen verbunden werden (…). Die Synapsen müssten nach verschiedenen Wahrscheinlichkeiten leitfähig sein. Um erfolgreich zu sein, mussten sie die Wahrscheinlichkeiten ändern. Dafür benötigten sie wiederum Feedbacks und Schleifen in ihren Schaltungen, damit die Maschine die vorausgegangenen Wege erinnern konnte (…). Ich dachte, wenn ich je so eine Maschine baue, müsste ich ihr auch beibringen können, durch ein Labyrinth zu laufen – wie eine Ratte.«[227]

Minskys Ziel war es, eine Maschine zu bauen, die lernen konnte. Minskys Maschine simulierte die Funktionsweise eines Netzes von vierzig Neuronen mit je sechs Vakuumröhren und einem Motor. Zur Steuerung der verbauten Schaltungen im Netz verwendeten Minsky und der Physiker Dean Edmonds den Flugkompass eines B-24-Bombers. Minsky gab später ohne Umschweife zu, dass sein Versuch mit einer künstlichen Ratte von der US-Luftwaffe finanziert worden war.[228]

Die Ratte zeigte zunächst völlig zufällige Bewegungen, und irgendwann lernte das elektronische Netzwerk aus diesen Bewegungen und den Rückkopplungen, wenn eine richtige Wahl für einen Weg getroffen worden war. Dafür hatte er nach Skinners Modell eine »Beloh-nung« eingebaut, die darin bestand, dass die Wiederholung dieser Wahl vereinfacht wurde – eine elektronische Konditionierung.

Minsky hatte damit das umgesetzt, was die Kybernetik im Kern ausmachte: Er arbeitete interdisziplinär und verschmolz die verhaltenspsychologischen Ansätze Skinners mit mathematischen Modellen der Statistik, mit Erkenntnissen der Neurowissenschaft, der Physik und der Elektrotechnik. Auf diese Weise gingen auch andere vor, und es entstand ein regelrechter kybernetischer Zoo.[229]

> »Mehrere Ratten interagierten auch miteinander. Wenn eine einen guten Weg fand, tendierten die anderen dazu, ihr zu folgen. Wir waren begeistert, wie aus so einem winzigen Nervensystem so komplexe Verhaltensmuster hervorgehen konnten. Ich war allerdings so naiv anzunehmen, dass ein ausreichend großes Netz mit genügend Speicher-Feedback dazu führen würde, dass dieses Netz die Fähigkeit entwickeln würde, sich Dinge mental vorstellen zu können.«

Minsky erzählte, nach seinem Versuch habe er Briefe von Studenten bekommen, die vorschlugen, anstatt Intelligenz zu programmieren, ein Nervensystem zu bauen, das diese Fähigkeit entwickeln würde. »Ich hielt das für eine schlechte Idee, denn das würde tausende oder Millionen Neuronen voraussetzen. Die Arbeit, um so eine Maschine zu bauen, konnte ich nicht leisten«, sagte Minsky 1981.[230]

Skinner verhalf Marvin Minsky nicht nur zum Bau des ersten neuronalen Netzes, das eine Ratte im Labyrinth simulierte, Skinner stellte Minsky auch seinem künftigen Förderer Licklider vor, der Mittel des amerikanischen Verteidigungsministeriums lockermachte und die Erforschung Künstlicher Intelligenz mit Geldern der Militärs ermöglichte. Minsky schrieb Ende der 1960er Jahre ein Buch, in dem er sich kritisch mit dem »Perceptron« von Frank Rosenblatt auseinandersetzte, einem einfachen künstlichen neuronalen Netz.

Mit diesem Buch legte der Pionier Minsky ironischerweise für viele Jahre den Ansatz auf Eis, dass künstliche neuronale Netze ein erfolgversprechender Weg sein könnten.[231]

16. Deep-Q-Network erkundet die Welt

Marvin Minsky wollte ein lernendes System entwickeln. Wie viele seiner Kollegen glaubte er, Intelligenz entstehe auf Grundlage einfacher Elemente, die sich zu einem komplexen Ganzen durch Lernen entwickeln würden. Viele Versuche, Intelligenz nach bestimmten Merkmalen zu modellieren, scheiterten nicht zuletzt deswegen, weil nicht jedes Wissen des Menschen explizit und damit konstruierbar ist. Viele Fähigkeiten, selbst jene von Experten in streng abgezirkelten Wissensgebieten, beruhen zum Teil auf einer Art implizitem Erfahrungsschatz, der schwer zu benennen und daher kaum nachzubilden ist. Der Schlüssel zur Intelligenz besteht womöglich in der Fähigkeit, Systemen selbstorganisiertes Lernen beizubringen. Das erklärt auch die Euphorie der Experten, die gebannt auf die adaptiven und lernfähigen künstlichen neuronalen Netze der Gegenwart blicken.

Ein besonderes Ereignis war eine Publikation aus dem Jahr 2015: Drei Jahrzehnte nach der Entwicklung von SNARC spielt das künstliche neuronale Netz »Deep-Q-Network« plötzlich Atari-Spiele.[232] Das System lernte 49 Computerspielklassiker des Atari 2600. Ohne jede Programmierung, ohne je zuvor Instruktionen bekommen zu haben, wie welches Spiel funktioniert, was die Ziele der einzelnen Spiele sind, welche Strategie gefragt ist, worum es überhaupt geht bei dieser Pixelwolke. Denn Deep-Q-Network erhielt als Input über seine Sensoren nur das Bild, das sich zeigt, wenn ein Mensch seinen Atari an den Fernseher anschließt und spielen würde.

All die Spiele wie Pacman, Space Invaders, Breakout, Road Runner, Tennis, Boxen oder James Bond bestehen aus einer Sequenz von Bildern, die aus einzelnen Pixeln zusammengesetzt sind. Das ist das, was auch Spieler am Bildschirm sehen. Doch jedes Spiel beinhaltet Regeln, Funktionen, Aufgaben, Höhepunkte, Rätsel, die zu lösen sind. Die Spielstrategie des Erfolgs muss erkannt und ausgeführt werden: Niemand teilte diese Regeln Deep-Q-Network mit. Das neuronale Netz erlernte diese nur durch Versuch und Irrtum, indem es mit der Pixelwelt interagierte – eigenständig und das in wenigen Stunden.

Die Autoren schreiben: »Bemerkenswerterweise scheinen Menschen und andere Lebewesen Probleme auf Basis eines harmonischen Systems aus verstärktem Lernen[233] und einer Hierarchie der sensorischen Bearbeitung zu lösen«. Deep-Q-Network arbeitet sich als ein »intelligenter Agent« durch die für ihn zunächst völlig unstrukturierte Umgebung der Spiele. Ein Agent, der ohne jede Vorgaben sowohl Objekte der jeweiligen Spiele erkennen, seine Umgebung erkunden und beobachten muss. Aus der Interaktion mit den sich verändernden Mustern seiner Umwelt leitet Deep-Q-Network ein Regelverständnis ab und strebt schließlich danach, die Spiele zu gewinnen. Der Agent erreicht bei rund der Hälfte der Spiele ein Niveau, das über dem von Menschen liegt.

> »Das Netzwerk ist in der Tat dazu fähig, längerfristige Strategien zu entwickeln (zum Beispiel *Breakout*: der Agent lernt die optimale Strategie, die darin besteht, zuerst einen Tunnel an der Seite einer Mauer zu graben, was dazu führt, dass der Ball von hinten eine große Anzahl von Blocks zerstört)«.[234]

Deep Q-Network ist ein »Geschöpf« des KI-Labors von DeepMind – der Firma, die von Google 2014 geschluckt wurde. Drei der Autoren der Studie waren zuvor Mitarbeiter in Jürgen Schmidhubers KI-Labor im Schweizer Lugano. Dort wurden nach Schmidhubers Aussage auch die ersten reinen Reinforcement-Lernsysteme für hochdimensionale visuelle Eingaben entwickelt. Deep-Q-Network hat also »Vorfahren«.[235] Schmidhuber sagt:

> »Wenn ich ein künstliches System bauen möchte, das wie ein Kind lernen soll, mit der Welt umzugehen, brauche ich ein prädiktives

Weltmodell, beispielsweise implementiert als ein rückgekoppeltes neuronales Netz. Dies schaut sich an: was hatte ich bisher für Aktionen und Eingaben? Es versucht dann Vorhersagen zu machen: Was passiert, wenn man gewisse Aktionssequenzen ausführt? Wie werden sich meine weiteren Eingaben ändern? Werde ich Schmerz erleiden oder dem Ziel näher kommen? Dann gibt es noch das zweite Element, den Steuerer: Der nutzt das Weltmodell, um Aktionsreihen zu entwickeln, die dazu führen, dass etwas Wünschenswertes passiert. Diese Aktionen führen wieder zu neuen Eingaben für das prädiktive Weltmodell.«

Es ist ein intelligentes System von Information, Steuerung, Feedback, neuer Information – Kybernetik. Schmidhuber ist überzeugt, dass ein solches System im Prinzip »lernen kann, durch Versuch und Irrtum immer zielgerichteter zu werden, dabei immer klüger seine Umwelt zu erforschen, um immer effizienter seine Probleme zu lösen. Im Prinzip ist durch die Forschungen am IDSIA jetzt schon klar, wie das in theoretisch optimaler Weise geht. Zumindest aus rein mathematischer Sicht fehlt nichts Fundamentales mehr, obwohl aus praktischer Sicht noch einiges zu tun bleibt.«

Deep-Q-Network lernte, sich in seiner virtuellen Umgebung der verschiedenen Atari-Spiele zurechtzufinden. Die Spiele und deren Strategien mögen vergleichsweise simpel erscheinen – obschon ein Kleinkind kaum in der Lage wäre, so erfolgreiche Spielstrategien zu entwickeln, wie dies Deep Q-Network nach wenigen Stunden gelang. Das Bemerkenswerte an der Leistung dieses neuronalen Netzes ist jedoch weniger die konkrete Leistung als vielmehr die hohe Anpassungs- und Lernfähigkeit.

Der Test dieses künstlichen Agenten in verschiedenen Spieleumgebungen könne als eine Brücke in die reale Welt funktionieren, sagt Demis Hassabis, einer der Gründer von DeepMind. So wie auch die reale Welt prinzipiell aus einer zunächst unbekannten Umwelt besteht, deren Muster ein Kind – oder ein künstlicher Agent – in der Interaktion lernt und versteht. Man werde sich zunächst auf das Kerngeschäft konzentrieren, so Hassabis, beispielsweise intelligente Assistenten.

»Stellen Sie sich vor, Sie bitten Google um so komplexe Dinge wie: Bitte organisiere mir eine Rucksackreise durch Europa.«[236]

Für Deep-Q-Network gab es keinerlei Programmierung, die bei der Problemstellung half oder diese vorstrukturierte. Der künstliche Agent musste sich in einem für ihn gänzlich neuen Universum bewegen, die dort geltenden Gesetze erkennen, die Aufgaben identifizieren und schließlich Strategien entwickeln, um die anstehenden Probleme zu lösen. Doch wieso agiert dieser Agent überhaupt? Was treibt ihn an? »Beobachten, agieren und Belohnungen«, heißt es im Aufsatz der Entwickler.

Deep-Q-Network ist darauf programmiert, seine interne Belohnungsfunktion zu maximieren. Schmidhuber weist darauf hin, dass die Ergebnisse von DeepMind keineswegs deren »Erfindung« seien. Vielmehr existiere diese Technologie bereits seit etwa zwanzig Jahren. Selbst Neugier und Kreativität lassen sich in die von Schmidhuber entwickelten Lernsysteme implementieren. Er beschreibt das so:

> »Immer wenn man eine neue Regelmäßigkeit entdeckt hat, die vorher unbekannt war, gibt es ein internes Belohnungssignal. Jedes Mal, wenn das System etwas dazulernt, entsteht also ein neues internes Freudensignal. Das ist nur eine reelle Zahl. Der Steuermechanismus versucht ständig, die zu erwartende Summe dieser Signale zu maximieren. Es versucht ständig, mehr Freude zu empfinden, dadurch, dass es Aktionen erfindet, die dazu führen, dass es Neuigkeiten – also nicht zufällige, bisher unbekannte Regelmäßigkeiten – entdeckt.«

Das ist die Grundlage von »Reinforcement-Learning« – ein Modell, das von Skinner entwickelt worden war. Auch Russell und Norvig weisen in ihrer Arbeit auf die Verhaltensforschung bei Tieren hin, auf deren Grundlage das Reinforcement-Learning basiert.[237] Deep-Q-Network wurde konditioniert wie die Ratten in Skinners Labor.[238] Jetzt ist es bei Video-Pinball von keinem Menschen mehr zu schlagen.

Auch Alan Turing hatte eine ähnliche Idee, wie es erreichbar wäre, tatsächlich eine intelligente Maschine zu bauen:

»Was wir brauchen, ist eine Maschine, die aus Erfahrungen lernen kann. (…) Die Möglichkeit, ihre eigenen Befehle ändern zu lassen, liefert den Mechanismus dafür.«[239]

Er mutmaßte, dass es möglich sei, eine Maschine zu bauen, die aus einfachen Einheiten mit der Zeit ein äußerst komplexes Verhalten entwickeln könnte. Die Maschine müsste sich so modifizieren, dass sie das »einfachste Modell eines Nervensystems« benutzen würde, um immer komplexer zu werden.

»Schritt für Schritt könnte man der Maschine erlauben, ›Wahlen‹ oder ›Entscheidungen‹ zu treffen. Unter Umständen wäre es möglich, sie so zu programmieren, dass ihr Verhalten das logische Ergebnis relativ weniger allgemeiner Prinzipien würde. Wenn diese genügen würden, wäre ein Eingreifen nicht mehr nötig, und die Maschine wäre ›erwachsen‹ geworden.«[240]

Bernhard Schölkopf vom Max-Planck-Institut für Intelligente Systeme schrieb für die Zeitschrift *Nature* eine Analyse zur Leistung von Deep-Q-Network. Das Reinforcement-Learning spielt eine »zentrale Rolle«, um Lernprozesse nachzubilden, die denen des menschlichen Gehirns gleichen. Deep-Q-Network eignet sich Strategien und Regeln nur aufgrund einer internen Belohnungsfunktion an. Entwickelt sich hier eine künstliche Lebensform? Schölkopf meint dazu:

»In Teilaspekten ja. Das System lernt im Prinzip eine komplizierte nichtlineare Funktion und die bestimmt das Verhalten des Systems. Wenn wir das übertragen, entspricht das Lernen. So ähnlich ist es mit dem menschlichen Lernen im Prinzip auch.«

Man könnte also eine mathematische Funktion als eine Lebensform bezeichnen?

»Zumindest kann sie Teilaspekte darstellen. Die meisten Biologen würden nicht sagen, dass das Leben ist. Ein Ingenieur könnte sagen: Ein Thermostat ist wie ein einfaches Lebewesen. Er nimmt die Temperatur wahr und führt Aktionen aus. Aber ein Thermostat lernt nicht.«

Auch John von Neumann entwickelte eine formale Theorie eines Automaten, der sich wie ein Lebewesen verhält. Der Automat sollte aus möglichst einfachen Elementen konstruiert sein. Von Neumann orientierte sich an Merkmalen der Genetik. Er entwarf Pläne für ein Modell, »in dem ein Automat sich in einem Reservoir mit ungefähr einem Dutzend elementarer Teile befand, die er dann sortierte und nach Instruktionen zu einer Nachkommenschaft zusammenbaute«, so die Historikern Lily Kay.[241]

Eine Art evolutionäre Maschine. In *Theory of Games and Economic Behavior* entwickelte von Neumann die Theorie sich selbst reproduzierender Automaten.

> »Trifft die Annahme zu, kann die Existenz eines ausreichend komplizierten, zur Selbstreproduktion fähigen Systems zur Entstehung komplizierter Systeme führen und mit einer nicht zu vernachlässigenden Wahrscheinlichkeit zu dem, was wir Leben nennen.«[242]

George Dyson schrieb:

> »Das Paradoxe an künstlicher Intelligenz ist, dass jedes System, das einfach genug ist, um verständlich zu sein, nicht kompliziert genug ist, um sich intelligent zu verhalten, und dass umgekehrt jedes System, das kompliziert genug ist, sich intelligent zu verhalten, nicht ohne weiteres zu verstehen ist. Als aussichtsreichsten Weg zur Entwicklung einer künstlichen Intelligenz schlug Turing vor, eine Maschine mit der Neugier eines Kindes zu bauen, in der sich die Intelligenz erst entwickeln werde.«[243]

17. Die Programmierung von Menschen

Burrhus Frederic Skinner entwickelte nicht nur Versuche, um das Verhalten von Laborratten zu programmieren, er interessierte sich auch für die Steuerung menschlichen Verhaltens. Entscheidend bei der Entwicklung aller Lebewesen waren seiner Auffassung nach die äußeren Reize der Umwelt. Alles Verhalten ist das Resultat der Umwelt, in die ein Lebewesen hineingeboren wird. Der Mensch lernt durch Reize und Reaktionen – Input und Output – und wird so zu dem, was er ist.

Einen freien Willen oder Autonomie erachtete Skinner als unwissenschaftlichen Hokuspokus, als Mythologie:

> »Weil wir unfähig sind zu verstehen, wie und warum sich eine Person so verhält, wie sie es tut, übertragen wir das auf eine innere Person«. Fälschlicherweise glaubten wir daran, dass der Mensch »die Dinge selbst initiiert und herstellt. Und indem er sich so verhält, tut er nichts anderes, als es die Griechen taten, wenn sie vom Göttlichen sprachen. Heute sagt man stattdessen: Der Mensch ist autonom.«[244]

Für Skinner war eines der Merkmale eines freiheitlichen Menschenverständnisses also nichts anderes als unwissenschaftlicher Aberglaube. So wie er Tauben programmierte, für ihr Futter bestimmte Verhaltensweisen zu zeigen – »in 10 bis 15 Minuten bekomme ich eine Taube dazu, eine perfekte Acht zu vollführen«[245] –, entwickelte er Modelle, um auch Menschen zu programmieren.

Als der Zweite Weltkrieg zu Ende ging, führte Skinner ein Gespräch mit seinem Schwiegersohn. Es sei eine Schande, dass nach einem solchen historischen Ereignis das bisherige Leben einfach fortgeführt werden sollte, als sei nichts geschehen. Etwas Neues müsste ausprobiert werden[246] – eine neue Gesellschaft. Eine solche Gesellschaftsutopie entwarf Skinner schließlich in einem Roman, den er nach Henry David Thoreaus Klassiker *Walden* als *Walden Two* benannte.[247] Skinners *Walden Two* blieb dabei keine Fiktion: Es gab verschiedene Umsetzungen von seiner Kommunardenutopie in der Realität.[248]

Mit *Walden Two* übersetzte Skinner seine Verhaltenspsychologie in eine politische Utopie, wie er es sah. Dabei entstand das Szenario einer verhaltensmodulierten Zerrwelt, in der Harmonie und Ordnung alles Chaos und Unheil tilgen sollten. Durch die ausgeklügelte Verhaltenskontrolle, so die Idee, würde die Zivilisation – angesichts der schrecklichen Erfahrungen des Zweiten Weltkriegs – in Zukunft nicht mehr abgleiten in die Barbarei, zu der Menschen fähig waren.

Genaue Verhaltenskontrollen ermöglichten eine friedvolle Gemeinschaft, eine neue Art des experimentell kontrollierten Zusammenlebens in einer Kommune von etwa tausend Menschen. Er entwarf damit ein Gegenmodell zum Kommerz, zu einer unübersichtlich gewordenen und in seinen Augen vermutlich irrationalen Welt. Eine Gesellschaft, in der Werte galten und nicht Gewinnsucht herrschten.

In *Walden Two* führen die Bewohner permanent Experimente durch, die das Zusammenleben testen und evaluieren sollen, um die optimalen Bedingungen zu finden, nach denen sich die Kommune organisieren musste. In Skinners Kommune müssen alle arbeiten, aber nur wenige Stunden. Es existiert keine gewählte Regierung. Das erwünschte Verhalten wird durch ein Belohnungssystem organisiert. Der Erzähler in *Walden Two*, T. E. Frazier, sagt:

»Das Wichtigste ist, dass wir unsere Leute dazu ermutigen, jede Gewohnheit und jeden Brauch daraufhin zu beobachten, ob Verbesserungen möglich sind. Eine experimentelle Haltung, die wir unentwegt und bezogen auf alles entwickeln – das ist alles, was wir brauchen. Die Lösungen für jede Art von Problemen werden sich auf nahezu wundersame Weise finden.«[249]

T. E. Frazer – das Alter Ego von Skinner – betont:

»Wenn ich nur ein Idee hätte, eine fixe Idee, dann ließe sich das mit ›Kontrolle‹ ausdrücken. Die Kontrolle des menschlichen Verhaltens. Schon bei meinen ersten Experimenten war da ein rasendes Verlangen zu dominieren. Ich erinnere mich an die Wut, die ich verspürte, wenn eine Vorhersage falsch verlief. Ich hätte die Labortiere anschreien können: ›Verhalte dich, verdammt nochmal! Verhalte dich, wie du dich verhalten sollst!‹«[250]

Labortiere und Menschen funktionierten für Skinner nach den gleichen mechanisierbaren Prinzipien. Ein Bewusstsein, das sich ebenso wenig wie der freie Wille experimentell nachweisen und kontrollieren lässt, war für Skinner eine Variable, die er vernachlässigen konnte. Auch bei Alan Turing konnte sich eine Maschine nur intelligent »verhalten«. Der Turing-Test bewertet Intelligenz danach, wie gut diese imitiert wird. »Denken ist nur ein Wort für ein großes Unterfangen, das mit Verhalten zusammenhängt«, sagte auch Edward Feigenbaum, der das Labor für Künstliche Intelligenz der Universität Stanford gründete.[251]

Skinner übertrug sein Verhaltensmodell auf die Erziehung von Kindern. Er entwickelte das so genannte »programmierte Lernen«, indem er den Lernvorgang in Teilschritte aufspaltete und die einzelnen Lernschritte durch Belohnungen – so genannte »Token« – »vertiefte«. Er ließ auch eine »Teaching Machine« bauen, einen mechanischen Apparat, bei dem Lernerfolge automatisiert belohnt wurden.[252] Das sofortige Feedback sei effektiver und die Kinder würden besser motiviert, so Skinner. Kybernetische Pädagogik.

Nach dieser Form der »operanten Konditionierung« mit einem Belohnungssystem werden bis heute Menschen »dressiert« – vor allem jene, die sich dem schwer entziehen können: psychisch Kranke, Auffällige und Inhaftierte. Skinner selbst schrieb:

»Verhalten kann durch die Veränderung der Konsequenzen dieses Verhaltens verändert werden – das meint ›operante Konditionierung‹. Psychisch Kranken und Behinderten wird dies ein besseres Leben ermöglichen, die Zeit und Energie von Lehrern und Schülern kann gespart werden, wir hätten eine sozialere und angenehmere Welt, die Menschen würden effektiver arbeiten und dies genießen«.[253]

Tatsächlich führte das manipulative Potenzial seiner Theorie zu gravierendem Missbrauch – auch in Deutschland.[254]

Skinners Übersetzung seiner Psychologie in ein politisches System wurde zwar heftig kritisiert und mit Huxleys *Brave New World* und Orwells *1984* verglichen. Dennoch wurde er zu einem der einflussreichsten Psychologen des 20. Jahrhunderts. Seine Bücher verkauften sich millionenfach.[255]

Später breitete er seine politischen Ideen weiter in dem Buch *Beyond Freedom an Dignity* aus. »Mein Buch ist der Versuch zu demonstrieren, was schiefgehen kann, wenn aus Individualität und Freiheit ein Fetisch gemacht wird«, sagte er zu Reportern.[256] Im *Time Magazine* von 1971 hieß es folglich:

»Skinner glaubt, dass sich menschliches Verhalten so exakt voraussagen und formen lässt wie eine chemische Reaktion. Der Weg dahin führt über eine ›Verhaltens-Technologie‹«.[257]

1976, dreißig Jahre nach dem Erscheinen von »*Walden Two*«, schrieb Skinner im Vorwort zu seinem Megabestseller:

»Entweder wir tun nichts und sehen damit einer elenden und wahrscheinlich katastrophalen Zukunft entgegen, oder wir nutzen unser Wissen über das menschliche Verhalten und entwickeln ein soziales Umfeld, in dem wir produktiv und kreativ leben, ohne unsere Chancen zu verspielen, damit jene, die uns nachfolgen, die Möglichkeit haben, das Gleiche zu tun. So etwas wie Walden Two wäre dafür kein schlechter Start.«[258]

Die Verhaltenspsychologin Alexandra Rutherford resümiert: »Skinners nachhaltigster Erfolg war es, die Veränderung menschlichen Verhaltens so zu behandeln, wie jedes andere technologische Problem auch.«[259]

Steuerung, Feedback und Kontrolle: Die Kybernetik begriff von Beginn an ihre Grundelemente als universale Prinzipien. Die Kybernetik leitet sich begriffsgeschichtlich von »kybernetes«, der Steuermannskunst, ab. Platon definierte Politik als »Kybernetik des Menschen«, für Aristoteles beschrieb die Kybernetik eine »göttliche Weltregierung«.[260] Der Kulturwissenschaftler Josef Vogl beschrieb, wie der Elektrophysiker André-Marie Ampère den Begriff für die Wissenschaft nutzbar machte und wie er ihn verstand:

> »Dazu gehört die Erhaltung der öffentlichen Ordnung wie die Finanzierung des Staates; dazu gehört die Verwaltung der Individuen wie die Optimierung ihres Verkehrs. Werden damit verschiedene Aktionsweisen des Staates bezeichnet, so sind es im Grunde drei Aspekte, die diese cybernétique zur ›allgemeinen Steuerungs- bzw. Regierungskunst‹ (art de gouverner en général) machen. So zielt sie erstens auf eine umfangreiche Erhebung von Wissen, mit dem sich der Staat als Datenbank für die Besonderheiten eines Landes, seiner Bevölkerung und der komplexen Relationen von Menschen und Dingen definiert. (…) Zweitens ist Ampères Kybernetik eine Interventionsform, eine Aktions- und Reaktionsweise, mit der man Störungen beseitigt und Verbesserungen verfolgt. (…) Drittens schließlich ist das Maß dieser Lenkung durch die Koordinate eines Wohlstands gegeben, an der sich die ›allgemeinen Verhaltensregeln‹ (règles générales de conduite) des Staates orientieren. Eine ruhelose behördliche Aufmerksamkeit (attention) verbindet sich hier mit der Idee einer kontinuierlichen Steuerung und diese wiederum mit einem Kurs, der sich auf die Einhaltung eines individuellen wie allgemeinen Wohls – was immer das sei – verpflichtet.«

Auch Wiener übertrug das Modell auf das soziale Zusammenleben selbst. »Die Gesellschaft konnte betrachtet werden als ein System, das auf der Grundlage von Informationsverarbeitung nach Selbst-Regulation strebte«, schrieb der Historiker Fred Turner.[261] Bereits bei der ersten Macy-Konferenz 1946 stand fest, dass die Sozialwissenschaften mit Erkenntnissen der Neurowissenschaften und den Prinzipien der gerade entstehenden Computer verknüpft werden sollten.

Es entstand ein »>menschenwissenschaftliches‹ Feld von Psychiatrie, Anthropologie und Soziologie«.[262]

Skinner selbst hatte an Treffen mit Norbert Wiener teilgenommen – dem »Wien-Zirkel im Exil« –, bei denen diskutiert wurde, wie die Sozialwissenschaften in die Kybernetik eingebunden werden konnten, wie die Steuerungslogik der Regeltechnik beim Verständnis von sozialen Systemen helfen könnte. In der Soziologie entstand die Systemtheorie, deren prominentester Vertreter Niklas Luhmann wurde. Er bezog sich in seiner Theorieentwicklung häufig auf den Physiker und Philosophen Heinz von Foerster, einen Freund Norbert Wieners und Warren McCullochs und einer der Architekten der Kybernetik.[263] Allerdings hatte von Foerster die klassische Kybernetik hinter sich gelassen und selbst zum Gegenstand der Betrachtungen gemacht.[264]

Recht schnell entdeckten auch Managementtheoretiker den Reiz, der sich mit den Möglichkeiten der Steuerung und Organisation von Institutionen und Betrieben verband. Doch es ging auch noch größer: Der chilenische Präsident Salvador Allende ließ sich davon überzeugen, die Wirtschaft seines Landes kybernetisch von Maschinen steuern zu lassen.

18. Chile wird von Computern regiert[265]

Norbert Wiener beschrieb mit statistischen Modellen, wie Kontrolle und Stabilität sowohl bei der Zielerreichung von gegnerischen Flugzeugen erreichbar war, wie auch in der elektronischen Informationsübermittlung auf diese Weise Störgeräusche herausgefiltert werden konnten. Indem er die Flugabwehr als Kommunikations- und Verhaltenssysteme definiert hatte, »bei denen ein System sowohl menschliche als auch Maschinenbestandteile umfaßte, war die Konzeption des Cyborg geboren. Der kybernetische Organismus – eine heterogene Konstruktion, zum Teil Leben, zum Teil Maschine – keimte in der akademisch-militärischen Kriegsmatrix und reifte in den Praktiken zur Erhaltung der nationalen Sicherheit während des Kalten Kriegs«, wie Lily Kay festhielt.[266]

Stafford Beer bekam Norbert Wieners Buch 1950 in die Hände, und es veränderte sein Leben. Der britische Unternehmensberater schrieb Wiener einen Brief, in dem er ihm darlegte, wie die Kybernetik auf die Stahlindustrie angewendet werden könnte. Wiener, der sich mit dieser Materie nicht auskannte, lud Beer ein, ihn am MIT zu besuchen. Beer vertiefte sich in die Kybernetik, ließ sich schließlich von Warren McCullochs Studien zu künstlichen neuronalen Netzen inspirieren. Wegen seiner kybernetischen Managementtheorie, die er dann in *The Brain of the Firm* ausarbeitet, nannte ihn Wiener später »Vater der Management-Kybernetik«.[267]

Der britische *Guardian* charakterisierte Beer als Wissenschaftler, Managementguru, politischen Denker. Seine Ideen über die Ähnlichkeiten zwischen biologischen und technischen Systemen machten ihn zu einem gefragten Berater von britischen Unternehmen und Politikern.[268] Der Kulturwissenschaftler Claus Pias beschreibt Beer als eine »Mischung zwischen sozialistischem Dandy und schwärmerischem Ingenieur«, der durch Großbritannien, Jugoslawien, Israel oder Südafrika reiste und dort die Stahl- und Werft- oder Eisenbahnbetriebe rationalisierte, zugleich malte und dichtete. Beer habe als Erster einen Computer für Managementprobleme entwickelt und 1966 das Stockbroker Computer Answering Network (SCAN): den ersten kommerziellen Datendienst, der Börsenmakler in England über Computerterminals verband.[269]

Beer hatte für United Steel, die größte Stahlfirma in Großbritannien, gearbeitet, bevor er Leiter von SIGMA, Science in General Management, einem französischen Beratungsunternehmen, wurde. 1962 erhielt SIGMA einen Auftrag des Direktors der chilenischen Stahlindustrie. So kam Beers Firma in Kontakt mit dem Land. Bei den chilenischen Partnern arbeitete ein junger Student der Ingenieurwissenschaften, der anfing, Beers Bücher zu lesen – Fernando Flores, ein politisch engagierter Mann, den Salvador Allende mit 28 Jahren zum technischen Leiter der Corporación de Fomento de la Producción (CORFO) machte. Das war die staatliche Entwicklungsagentur, die von Allende beauftragt worden war, im Zuge seiner sozialistischen Revolution die Wirtschaft zu verstaatlichen.

Fernando Flores lud Stafford Beer 1971 nach Santiago de Chile ein. Er wollte ihn dafür gewinnen, ein kybernetisches Steuerungsmodell zu entwickeln, das dabei helfen sollte, die komplizierte Transformation der Wirtschaft zu managen. Denn in Chile herrschten politische und ökonomische Instabilität.[270] Schon Ende 1971 hatte die Regierung alle großen Minen verstaatlicht. Besitzer von kleineren Firmen machten sich Sorgen, und ausländische Investoren fürchteten ihre Enteignung. Der Staatsapparat hatte zugleich eine wachsende Zahl von Branchen zu kontrollieren, mit Tausenden von Arbeitern. Die Inflation schoss in die Höhe.[271]

Beer begeisterte sich für das kybernetische Vorhaben der Chilenen und traf schließlich im November 1971 in Santiago ein. Er bildete vor Ort und in London Teams, an die er zur Lektüre *The Brain of the*

Firm verteilte. Während der nächsten Monate arbeitete Beer daran, der chilenischen Gesellschaft ein »Nervensystem« zu implantieren, das als »CyberSyn« tituliert wurde.

Historisch verdankt die Kybernetik Chile zwei enorm wichtige Wissenschaftler: Humberto Maturana und Francisco Varela. Der Biologe Maturana hatte mit Warren McCulloch und Walter Pitts in Harvard zusammengearbeitet, bevor er zurück nach Chile ging. Gemeinsam mit Varela schrieb er über Maschinen und Lebewesen und arbeitete dort sein bis heute weit verbreitetes Konzept der Selbstorganisation aus, das Anwendung in verschiedensten Wissenschaftszweigen fand: die »Autopoiesis«. Maturana und Varela unterrichteten auch die Teammitglieder von CyberSyn.[272]

»CyberSyn« stand für kybernetische Synergie. Das Modell bestand aus verschiedenen Komponenten, die erst in ihrer Summe das politisch-ökonomische Nervensystem Chiles perfekt machen sollten. Zentral war Beers Gesamtkonzept: das »Viable System Modell«, ein System der Selbstregulation, das aus fünf Einzelsystemen bestand, welche die Funktion des Gesamtsystems steuern und regulieren sollten. Beer orientierte sich dabei an der Funktionsweise des menschlichen Nervensystems.

Die unteren Systeme (1 bis 3), die dem Nervensystem entsprachen, bezogen sich auf die tägliche Produktion der einzelnen Fabriken im Land. Die oberen Level (4 bis 5) entsprachen der höheren Gehirnfunktion. Hier sollten die Gesamtsteuerung der Wirtschaft überwacht werden.[273]

System 2, das dem Rückenmark entsprach, verband die einzelnen Produktionsindices mit einer mittleren Steuerungseinheit: dem System 3. Ein »algedonischer Alarm«[274] wurde ausgelöst, wenn die Parameter der staatlichen Wirtschaftsleistung aus dem Ruder liefen. Wenn diese nicht von den lokalen Steuerungseinheit 3 gelöst werden konnte, wurden die höheren Systeme 4 und 5 aktiviert. Zuerst sollte also die Basis die Kontrolle haben, erst wenn diese die Probleme nicht lösen konnte, griff das höhere Management. In diesem Modell sollte sich die politische Wunschvorstellung einer basisdemokratischen Mitbestimmung ausdrücken.

CyberSyn bestand aus dem »Cybernet« und dem Computerprogramm »Cyberstride«. Das »Cybernet« entsprach der sozialistischen Variante des Internets. Es speiste sich aus fünfhundert Telefaxgeräten, die an die staatlichen Unternehmen und Fabriken des Landes verteilt worden waren, um ein stetiges Informationsnetz aufzubauen. So sollte in Echtzeit die statistische Auswertung der ökonomischen Kennziffern möglich werden. »Cyberstride« aggregierte die Daten wie bei Börsenindices und kontrollierte sie selbsttätig. Bei Auffälligkeiten wurde ein weiteres System 3 aktiviert, das eine Nachricht an den entsprechenden Manager oder den Leiter der Fabrik schickte.[275] Entwickelt wurde Cyberstride von einem der führenden Informatiker Chiles und einem Team britischer Berater aus London. Im August liefen die Daten von 26 Prozent aller verstaatlichten Betriebe aus rund hundert Industriezweigen ein.[276]

Dank eines statistischen Berechnungsverfahrens konnte Beer Anfang 1973 die Prognosefähigkeit von Cyberstride deutlich verbessern. Das Programm wurde dadurch »richtig clever«, wie Beer schrieb.[277] Berechnet wurde die Eintrittswahrscheinlichkeit von Güterproduktionen mithilfe der Bayes'schen Statistik, ein Verfahren, das bis heute in der Künstlichen Intelligenzforschung maßgeblich ist.[278] Laut Russell und Norvig konnten mit dem Ansatz viele Probleme intelligenter Systeme überwunden werden.[279] Cyberstride, erklärte Beer, habe mit dem neuen Verfahren sogar die Unsicherheiten der Vorhersage in bestimmten Kennziffern ausgedrückt. »Das ist es, was ich damit meine, wenn ich von einer quasi-intelligenten Maschine spreche«, so Beer.[280]

Das nächste Element war der »Opsroom«, der Operationsraum:

»In einem Kontrollzentrum, das die militärische Bezeichnung Opsroom trug, sollten Beraterteams nicht nur die Entscheidungen des Computers laufend verfolgen können, sondern an einer besonderen Simulationseinheit, dem ›Future System‹, auch die Auswirkungen von Umprogrammierungen der Wirtschaft (…) an Realdaten spielerisch explorieren können.«[281]

Den Opsroom, das Gehirn, stellte sich Beer als eine »Entscheidungsmaschine vor, in der Menschen und Equipment in einer symbiotischen Beziehung stehen, um ihre unterschiedlichen Kräfte zu verstärken und in einer neuen Synergie erweiterter Intelligenz zu vereinen. Sie müssen reden und ihre Entscheidungen treffen. Zu diesem Zweck brauchen sie Hintergrundinformation, und ich muss wohl nicht lange erklären, dass es hier keine Akten, Berichte oder Memos der letzten Beratungen gibt. Papier ist von diesem Ort verbannt.«[282] Der Raum, den Allende nur drei Tage, bevor das Militär am 11. September 1973 gegen ihn putschte, in den Präsidentenpalast verlegen wollte, wurde 1972 zwar als Prototyp gebaut, kam jedoch nie zum Einsatz.[283]

Neben dem Opsroom bildete »CHECO« (Chilean Economy) den letzten Pfeiler (Systeme 4 und 5): »der Simulator, der der chilenischen Regierung als eine Art experimentelles Labor dienen sollte« und der mithilfe von Jay Forrester vom MIT entwickelt worden war, wie die Informatikerin Edene Medina in ihrer minutiösen Rekonstruktion des Projekts CyberSyn erklärte.[284]

Am 21. März 1972 produzierte der Computer seinen ersten Bericht. »Cyberstride funktioniert wirklich. Das Ganze war eigentlich unmöglich, aber wir haben es hingekiegt«, schrieb Beer.[285]

Im Oktober kam das System anders als erwartet zum Einsatz. Vierzigtausend Lastwagenfahrer streikten und gefährdeten Allendes Regierung. Flores baute eine Einsatzzentrale auf und nutzte das Cybernet. Aufgrund der per Telefax eintreffenden Daten konnten zweihundert loyale Lastwagenfahrer an den entscheidenden Stellen eingesetzt werden. Sie stellten den Transport lebenswichtiger Güter sicher und die Krise konnte überwunden werden.[286]

Als eine »Fanfare für effektive Freiheit« bezeichnete Beer sein Projekt 1973. Allende erhoffte sich von seiner Staatsmaschine auch eine verbesserte Mitbestimmung. Denn das Projekt »Cyberfolk« sollte den Glücklichkeitsindex der Bevölkerung in Echtzeit messen und rückkoppeln.[287] Claus Pias nannte das »die Partizipation elektrifizierter Politik«:

»Noch während die Leute den Parlamentsreden am heimischen Fernseher folgen, drehen sie ihren (diesmal analogen) Glücksknopf in den roten oder grünen Bereich. Über das Telefonnetz werden die wechselnden Spannungen übertragen, gesammelt, gemittelt und sofort als Balkendiagramm in das Fernsehbild und auf dem Monitor des Redners eingeblendet. Ein Kreisschluss beginnt: Der Politiker weiß, dass die Leute wissen, dass er weiß – und die Leute wissen, dass der Politiker weiß, dass die Leute wissen, dass er weiß… – und so weiter. Gute Politik ist fortan die, die dem Volk ein gutes Gefühl gibt – ein Gefühl im grünen Bereich, falls es schon Farbfernseher besitzt.«[288]

Beer schrieb:

>»Wir wollten das bürokratische Planungssystem vergessen, das in Monaten und Jahren die Normen und Ziele festlegt und eine kontinuierliche und anpassungsfähige Entscheidungsfindung implantieren, in der die menschliche Voraussicht so weit reichte, wie die Echtzeitinformationen es zuließen. Vor allem wollten wir die Kybernetik anwenden, um Computer wie intelligente Maschinen einzusetzen anstatt als gigantische Datenbanken mit toten Informationen.«[289]

Doch das Experiment schlug fehl. Salvador Allende weihte den Operationsraum im Februar 1973 ein, aber das CyberSyn konnte die Daten nicht schnell genug verarbeiten – die Echtzeitsimulation blieb damals noch ein Traum. Für das Projekt wurde Rechenzeit auf nur einem der Hochleistungsrechner der Regierung, einem IBM 360/50, bereitgestellt. Die Maschine verarbeitete die Daten mit einer Verspätung von 48 Stunden.[290]

Das ganze System wurde auch Beer zu bürokratisch. »Falls wir wirklich ein neues Regierungssystem wollten, sieht es nicht danach aus, als würden wir es bekommen«, schrieb er frustriert.[291] Mit dem Sturz von Allende im September 1973 war Projekt CyberSyn beerdigt. Stafford Beer zog sich später für mehrere Jahre als Eremit in einer steinernen Hütte in Mid Wales zurück.[292]

Zwei Informatiker, die sich mit der Geschichte von Künstlicher Intelligenz in Chile beschäftigten, nannten CyberSyn ein gutes Beispiel, das zeige, wie Künstliche Intelligenz und Kybernetik außerhalb der Wissenschaft zum Einsatz gekommen seien.[293] CyberSyn sollte das Thermostat der Gesellschaft sein. Eine Gesellschaft, kybernetisch regiert mit den Daten ihrer Mitbürger: Information, Feedback, Steuerung. Eine Symbiose von Gesellschaft und Maschine. Ein Großrechner sollte einen Teil der chilenischen Gesellschaft als eine Echtzeitsimulation nachbilden. Auch für Beer ging es nicht nur um einen Versuch:

»Experimente sind nicht so leicht zu rechtfertigen, wenn wir über soziale Institutionen reden. Wissenschaftler unternehmen soziale Experimente mit Tierpopulationen, die sie für Modelle von menschlichen Populationen verwenden – aber die Diskrepanzen sind riesig. Daher ist wahrscheinlich eine Computersimulation das beste experimentelle Werkzeug.«[294]

Doch das utopische linke Projekt geriet bald in den Ruch des genauen Gegenteils. CyberSyn sei kein Unterfangen der Freiheit, sondern eines der totalen Kontrolle, ein totalitäres System. CyberSyn wurde mit George Orwells *1984* verglichen. Der *New Scientist* schrieb:

»Beer hat jetzt die Chance, seine Theorien in großem Ausmaß in der Praxis zu testen – ein Computersystem, das die gesamte Wirtschaft Chiles überwacht. Wenn das gelingt, hätte Beer eine der mächtigsten Waffen der Geschichte entwickelt. (…) Das System könnte der Regierung Allende eine beispiellose Macht verleihen«.[295]

Beer kybernetisches Regierungsmodell scheiterte daran, den Fluss der Datensätze nicht in Echtzeit bewältigen zu können. Erst Jahrzehnte später verwirklichte Singapur die Echtzeitsteuerung eines Staats mit Künstlicher Intelligenz. So wie sich Fernando Flores 1971 Stafford Beer nach Chile holte, ließ ein Mitarbeiter des Verteidigungsministeriums von Singapur einen Berater einfliegen – einen Nuklearphysiker und Vizeadmiral der US-Marine, der sehr viel von Simulationen verstand.

John Poindexter war zugleich Chef des Information Awareness Office (IOA) der DARPA, das wegen der Ereignisse des 11. September 2001 gegründet worden war. Poindexter entwarf das umfassendste

Überwachungsprogramm der USA. Die Enthüllung über die Ausmaße dieses Programms führte 2003 dazu, dass es offiziell eingestellt werden musste. Tatsächlich wurde es nie eingestellt, sondern von einer anderen Agentur weitergeführt: der National Security Agency (NSA). Über Teile dieses Programms erfuhr die Öffentlichkeit im Jahr 2013 von Edward Snowden.

19. Psychotricks, die uns steuern sollen

Was haben Stafford Beer und Burrhus Frederic Skinner mit unserer Gegenwart zu tun? Die Skinner-Box und Beers kybernetische Regierung sind die Prototypen von digitalen Verhaltensmess- und Steuerungsmaschinen, die heute unser Zusammenleben prägen, die uns auslesen und uns dabei in ihre Modelle von Automaten pressen. Dieses Menschenbild erzeugen zum Beispiel die einflussreichen Vertreter der »Behavioral Economics«: die Verhaltensökonomen, deren Expertisen in den letzten Jahren sehr gefragt sind.

Der Vordenker ist der amerikanische Verhaltenspsychologe Daniel Kahneman. Menschen seien irrational, und deswegen sei es ethisch vertretbar, ihnen an der richtigen Stelle unter die Arme zu greifen, behauptet er. Wo am besten angesetzt werden kann, am Unterbewusstsein, hat er untersucht und akribisch seziert, wie Menschen Entscheidungen treffen. Kahneman erhielt für diesen Röntgenblick, der das Interesse von Politikern und Werbetreibenden gleichermaßen weckt, konsequenterweise auch den Nobelpreis für Ökonomie. Sein Buch *Thinking, fast and slow* (*Schnelles Denken, langsames Denken*), das seine jahrzehntelange Arbeit komprimiert, lässt sich wie eine Gebrauchsanweisung zur Manipulation lesen. Es wurde ein Megabestseller.

Passgenau zu dieser sich ausbreitenden Ansicht, dass die Autonomie des Menschen fehleranfällig ist, fügt sich der Ansatz, dass wir viel weniger unergründlich sind, als wir lange meinten. Denn mithilfe von Big Data lassen sich Bilder von Spuren sichtbar machen, die unsere Datenausdünstungen hinterlassen. Diese Bilder sind unsere dokumentierten Verhaltensweisen, die uns im Fluss der Ereignisse oftmals gar nicht bewusst werden. Nun lassen sie sich auslesen, Zeitreihen bilden, Entwicklungsverläufe darstellen, um zu rekonstruieren, warum wir uns zu Zeitpunkt W so und nicht anders entschieden und anstatt Produkt X Produkt Y gekauft oder lieber Politiker Z gewählt haben. Das sind kostbare Daten aus dem Versuchslabor der Wirklichkeit, das uns umgibt.

Viele dieser mathematischen Abbilder zeigen uns als notorische Wiederholungstäter. Ständig tun wir das Gleiche, die Muster unseres Alltags über Monate berechnet und übereinandergelegt, ergeben ein Bild von uns, das die Routinen offenlegt. Wie Kornkreise im Maisfeld bildet sich der Alltagstrott unseres Lebens ab, das tatsächlich sehr geordnet aussieht: Meistens stehen wir zur gleichen Zeit auf, vollführen dabei sehr ähnliche Rituale, lesen die gleichen Medien, bewegen uns auf nahezu identischen Strecken zur Arbeit und kommen danach zu Hause an und tun dann oft auch noch das Gleiche.

Wir sind nicht so einmalig, wie wir lange dachten – und es existieren Potenziale der Optimierung. Wir unterscheiden uns nicht so fundamental von anderen – eine Annahme, die mit der Hochauflösung unserer Verhaltensmuster durch Big Data-Analysen Auftrieb erhält. Es existieren gewisse Bandbreiten, Typen, dennoch verhalten wir uns so vorhersehbar, wie es die intelligenten Empfehlungsmaschinen von Amazon, die Suchalgorithmen von Google und der Kokon der Newsfeeds von Facebook demonstrieren.

Und der Datenstrom, von dem Stafford Beer nur träumen konnte und den Geheimdienste, Regierungen und Konzern freudig auswerten, wird weiter anschwellen. Der Konzern Cisco schätzt, dass bis 2020 fünfzig Milliarden Sensoren Daten emittieren.[296] Der geheimdienstnahe IT-Gigant Huawei aus China schätzt, dass bis 2025 hundert Milliarden intelligente Sensoren aus diversen Gerätschaften unser Leben vermessen werden.[297] Aus unseren Wohnungen und Häusern werden Kühlschränke mit Servern kommunizieren, die Tausende Kilometer entfernt unsere Daten absaugen: Sie analysieren, was wir essen und zu welcher Uhrzeit, ob es zu viele Kalorien hat und wie ausgewogen die Nährstoffzusammensetzung ist. Es werden Rückschlüsse auf unsere Gesundheit möglich. Sprachgesteuerte Smart-TVs werten unser Fernsehgewohnheiten aus, profilieren unsere Konsumidentität, wissen mit feinsensorischen Mikrofonen aufgrund der Tonlagen unserer Stimmen wie wir wann gelaunt sind. Thermostate verraten, wann wir zuhause sind und Sex haben und wie lange.

Unser digitales Nervensystem wird komplexer. Wie Axone, Neuronen und Synapsen in unseren Gehirnen: Je mehr wir unsere Gesellschaften und Beziehungen digital koordinieren, desto größer wird unsere Abhängigkeit von intelligenten Maschinen, die die technische Voraussetzung sind, mit diesen Datenmengen umzugehen.

Wer die intelligentesten Maschinen besitzt, um unser Verhalten zu entschlüsseln, dem erwächst eine ungeahnte Macht. Wenn zwischen unserem Verhalten, das zunehmend datafiziert wird, den variablen Reizen und unseren Reaktionen ein messbares Feedback besteht, dann können permanente Experimente unternommen werden, mit denen wir noch genauer klassifiziert werden. Variationen der Stimuli sind möglich und erzeugen neue Ergebnisse. Diese Versuche lassen sich permanent und günstig durchführen. Dafür benötigen die Datenwissenschaftler Künstliche Intelligenz.

Wir emittieren auch deswegen immer mehr Daten, weil die mathematisch ausgefuchsten Anreizsysteme genau darauf abzielen, dass wir dies tun. Wir sollen möglichst lange bei Facebook bleiben oder bei Twitter. Mit dem Daumen die Tweets und Fotos scrollen, immer ein neues Bild, eine neue Information. Und mit jedem dieser Bilder und jeder dieser Informationen ist die Möglichkeit inbegriffen, dass es sich für uns lohnen könnte: tolle Infos, lustige Videos, wichtige Nachrichten. Je länger wir bei Facebook sind, desto mehr Daten erzeugen wir dort, die ausgeleuchtet werden können.

Das wollen alle: dass wir uns in digital erzeugten Umgebungen »verhalten«, weil bei Verhalten stets Daten entstehen, die wieder in Echtzeit messbar werden, immer mehr über uns verraten und eine noch genauere Steuerung von Werbung oder sonstigen Manipulationen ermöglichen. Hier ein Like, dort ein Re-Tweet und ein weiterer Stein wird dem Mosaik unseres Datenselbst hinzugefügt. Eine perfekte Skinner-Welt: Daten preiszugeben gegen eine Belohnung, nämlich eine Dienstleistung, die vermeintlich kostenlos ist.

20. Werbung für die Nerven: Neuromarketing

Komplex kalkulierte Methoden der psychologischen Aufmerksamkeitssteuerung, die individuell maßgeschneidert werden, machen aus U-Bahn-Passagieren hypnotisierte Wesen, deren konzentrierte Gesichter von den Displays ihrer Smartphones erstrahlen, während im Hintergrund Algorithmen die entstehenden Daten aggregieren.

Natürlich haben wir einen freien Willen und könnten uns bewusst dagegen entscheiden. Aber wir entscheiden uns nicht dagegen. Ist es tatsächlich noch eine offene Frage, ob wir ein Konto bei Facebook, Twitter oder Google haben und deren Angebote nutzen wollen, oder repräsentieren die entstandenen IT-Oligarchen nicht vielmehr die systemrelevante Infrastruktur, die unser Sozialleben organisiert?

Bislang funktioniert das Modell hervorragend: Die Belohnungen sind passgenau und individualisiert auf uns eingestellt, die Manipulationsmöglichkeiten nehmen wir in Kauf, weil das Ausmaß verborgen bleibt. Aber die Überwachung ist nur ein Aspekt des kybernetischen Modells. Die Überwachung ist die Information, Feedback und Steuerung werden zumeist vernachlässigt.

Jugendliche spielen vermeintlich kostenlose Games und werden dabei analysiert wie in einem Versuchslabor: Ihre Reaktionsgeschwindigkeit, die Erschütterungen, die das Smartphone aufzeichnet, und die Bewegungen lassen sich mit Feedbacks aus dem Spielverlauf korrelieren, Fusionen mit anderen Daten des Smartphones erzeugen Modelle, die Kategorisierungen von bestimmten Gemütszuständen ermöglichen. Die Spielehersteller können heute am besten unsere Gefühle prognostizieren und somit Anreize so platzieren, dass Spiele zu einem Rausch werden. Das machen sie hochindustrialisiert – die Spieleindustrie ist ein gigantischer Markt: Der IT-Branchenanalyst Gartner bezifferte das Marktvolumen 2013 auf 92 Milliarden US-Dollar und prognostiziert für das Jahr 2015 einen Anstieg auf 111 Milliarden Dollar.[298]

Diese Branche hat mit dazu beigetragen, dass die Grafikchips immer günstiger produziert werden. Die Hochleistungschips eignen sich perfekt für den Einsatz bei künstlichen neuronalen Netzen. Insgesamt konnte die Leistungsfähigkeit von Rechnern extrem gesteigert und damit demokratisiert wurden. Nicht nur die Besitzer von Supercomputern können komplexe Technologien einsetzen. Im Silicon Valley entstehen permanent Startups, die das ebenfalls in ein erfolgreiches Wirtschaftsmodell mit neuronalen Netzen umsetzen: etwa die Firma Clarifi aus New York, deren neuronale Netze Videos »verstehen«, die also inhaltlich beschreiben können, was in diesen Videos geschieht. Toll für die Werbung.[299]

Intelligente Algorithmen errechnen heute den idealen Zeitpunkt für die Aufmerksamkeit und die Kaufbereitschaft von Kunden. So arbeitet beispielsweise das Unternehmen MediaBrix, das sich auf die Werbung bei mobilen Spielen spezialisiert hat und genau weiß, wann Spieler eine »Belohnung« brauchen – und inzwischen zu den Marktführern zählt. Die Firma will in der »Spielmechanik« den exakten Punkt identifizieren können, wann die Kaufbereitschaft am höchsten ist. Das nennt sich »Breakthrough-Moments« (BTMs) und bezieht sich auf den Moment, an dem ein Spieler gerade ein Ziel erreicht hat, oder kurz davor ist. Der richtige emotionale Zeitpunkt erhöhe die Wahrnehmung einer Marke um 500 Prozent und die Sympathie für Werbung, die emotional exakt getaktet sei, um 50 Prozent, sagt Ari Brandt, der Gründer von MediaBrix.

> »Durch unsere Kommunikation mit den Spieleentwicklern wissen wir exakt, wenn Spieler diese Gefühle entwickeln. Darauf aufbauend haben wir eine Reihe von Produkten entwickelt, um jeden Spieler ins Visier zu nehmen. Das ist die Geburt emotional basierter Werbung.«[300]

Ein Beispiel: Für die Fastfood-Kette Arby's wurde eine Werbung konzipiert, die darauf basiert, dass Spielern eines populären Spiels zum richtigen Zeitpunkt eine kostenlose Erweiterung der Spieleausstattung angeboten wurde, wenn sie sich einen Werbefilm von Arby's ansahen. Der Erfolg der Kampagne wurde in der Branche gefeiert: Die Markenwahrnehmung des Fastfood-Anbieters erhöhte sich um rund 320 Prozent.

Laut MediaBrix spielen etwa 250 Millionen Menschen Spiele auf ihren Smartphones. 2016 werden nach Berechnung des Branchendiensts eMarketer rund 70 Prozent aller Amerikaner solche Spiele spielen, die dann vielleicht offen für »Belohnungen« sein werden.[301] Ende 2014 erweiterte MediaBrix sein Angebot durch sensorisch erfahrbare Werbung.

»Wir haben das emotionale Targeting (Zielfindung) jetzt gekoppelt mit neuen sensorischen Eigenschaften. Das ermöglicht digitalen Werbern auf einmalige Weise, die Gefühle von Konsumenten nahezu organisch zu stimulieren, was für die Konsumenten eine positive Erfahrung ist und sich für die Werbetreibenden auszahlt. Diese sensorische Erweiterung durch Geräusche und haptische Eindrücke unterstützen MediaBrix' Mission, Werbung noch menschlicher zu gestalten.«[302]

Die Firma holte sich Beratung von Roger Dooley, der das Buch *Brainfluence. 100 Ways to Persuade and Convince Consumers with Neuromarketing* veröffentlicht hat – hundert Wege, um mit Neuromarketing die Konsumenten zu manipulieren. Dooley schreibt auch regelmäßig für das Magazin *Forbes* einen Blog über »Gehirn und Verhalten«.[303]

Werbung, die gleichzeitig Gefühlslagen durch Vibration und Geräusche stimuliert: Das interessiert nicht nur die Spieleindustrie. Facebook baute mobile Spiele in sein Netzwerk ein. 2013 spielten durchschnittlich 375 Millionen Menschen solche Spiele über Facebook.[304] Neue Erkenntnisse über emotionale Zustände der Facebook-Nutzer erfreuen den Konzern.

Die Firma Rocked Fuel aus Kalifornien entwickelt mithilfe von Künstlicher Intelligenz Prognosen über die beste Werbung zum richtigen Zeitpunkt und verdiente damit im Jahr 2014 rund 400 Millionen Dollar. Ihre Software passt sich dem Konsumentenverhalten an und verändert sich. »Marketing, das lernt«, lautet der Werbeslogan: »Unsere hungrigen Roboter lieben Big Data.« Menschen können bei Werbung immer nur bestimmte Fragestellungen entwickeln, die Künstliche Intelligenz von Rocked Fuel stelle hunderte solcher Fragen mit einem Wimpernschlag. Tausende von Parametern würden berücksichtigt, um zu beantworten: »Wie wird der Konsument auf die Werbung reagieren?«

Anpassungsfähige prognostische Manipulationstechnologien, die von Experten programmiert werden. In der Firma arbeiten nach eigener Aussage Wissenschaftler, die zuvor Raketentechnologie entwickelt haben.[305] Das ermögliche es, hochspezialisierte Kampagnen zu fahren, die auf genau berechnete Zielgruppen abheben. »Der richtige Konsument, zur richtigen Zeit«, heißt es: »Wir können in Echtzeit reagieren.« Eine Technik, die auch Politiker im Wahlkampf begeistert.

All dies sind digitale Experimente, die auf Big Data und Künstlicher Intelligenz beruhen – Versuche wie in einer Skinner-Box, die jedoch hunderttausendfach durchgeführt werden, damit die Mechanik immer genauer justiert werden kann. Die Fernsehwerbung war eine Einwegkommunikation, die Wirkung eher ein Zufallsprodukt, basierend auf empirischen Messungen, mit Ergebnissen, die erst viel später vorlagen und nur die Vergangenheit abbildeten. Heute sind die Umfragen, die unseren Puls messen, live und basieren nicht nur auf Stichproben: Es können Experimente mit Millionen Menschen durchgeführt werden. Interesse daran haben Konzerne, Geheimdienste und Politiker – die Experten für Information, Kontrolle und Steuerung.

Der Mediziner Iwan Pawlow erhielt den Nobelpreis 1904, weil er Hunde dazu brachte, auf einen bestimmten Reiz einen bestimmten Reflex zu zeigen. Der Hund wurde darauf abgerichtete, dass eine Glocke die gleiche physiologische Reaktion auslöste wie ein Knochen: nämlich den Speichelfluss. Wenige Jahre später hielt John Broadus Watson seine Antrittsvorlesung an der Columbia-Universität und machte gleich zu Beginn klar, was die von ihm gerade begründete

Verhaltenspsychologie erreichen solle: »Das theoretische Ziel ist die Vorhersage und die Kontrolle von Verhalten.«[306]

Skinner perfektionierte dies und zeigte, wie komplexe Verhaltensmuster durch Feedback-Reaktionen der Umwelt entstehen und geformt werden können. Ein bestimmtes Verhalten lässt sich durch Belohnung verstärken und vorhersagen. Die Skinner-Box, die er entwickelte, war ein ausgetüftelter Automat für Verhaltensmessung und -steuerung, eine »operante Konditionierungskammer«.

Ein Rekorder zeichnete die Reaktionen auf die gegebenen Stimuli auf und ermöglichte, die folgende Reaktionsrate zu prognostizieren. Mit diesen Daten konnte Skinner seine Methoden weiter verfeinern. Er entwickelte dafür Pläne, nach welchen Intervallen und nach welcher Anzahl der Verstärkung des Verhaltens welche Reaktion auftrat. Daraus bildete er verschiedene Kategorien von Verhaltensmustern. Die Verstärkung von Verhalten – also die Gabe von Futter – wurde in der Kammer mechanisch gesteuert, je nach Plan nach einem unterschiedlichen Schema. So mussten Tauben in der Skinner-Box beispielsweise Knöpfe betätigen, wenn Lichter aufleuchteten, und erhielten dann Futter. Die Aktivität wurde belohnt, das Verhalten wiederholte sich.[307]

Dieses Belohnungsmodell ist heute die Grundlage zur Programmierung künstlicher neuronaler Netze, die »Reinforcement-Learning« betreiben. Auch die Spieleindustrie machte sich das zunutze. Bei Skinners Tauben zeigte sich: Wenn die Futterausgabe so eingestellt wurde, dass erst nach einer zufälligen Anzahl von Betätigungen des Knopfs Futter gegeben wurde, drückte die Taube häufiger auf den Knopf. Skinner selbst machte darauf aufmerksam, dass dieses Konditionierungsmodell auch für die Hersteller von Glücksspielautomaten interessant sein könnte. In Las Vegas nahm man den Hinweis dankend entgegen.

21. Wie sich die Sehnsucht, Daten preiszugeben, programmieren lässt

Wie bei Tierversuchen arbeiten die Profis der Spielsucht mit dem Aufbau von Spannung und der Entspannung durch Belohnung. Wenn die Taube die Taste zur Futterausgabe gedrückt hatte, entstand Spannung, bis die Ausgabe des Futters erfolgte. Zu wenig Belohnung und die Taube tat gar nichts mehr, zu viel hingegen führte auch zu einer geringeren Häufigkeit des Verhaltens. Diese Erkenntnisse halfen dabei, Spielsucht zu programmieren. John Hopson beantwortete in seinem Artikel »Behavioral Game Design«, wie man Spieler mithilfe Skinners Versuche dazu bringen konnte, »für immer« zu spielen.[308]

Ebenso verhalten sich Spieler in Las Vegas, wie die Anthropologin Natasha Schüll vom MIT herausfand. Sie erforschte fünfzehn Jahre lang das Suchtverhalten an Spielautomaten.[309] Wenn an die Spieler zu hohe Gewinne ausgeschüttet werden, ist der Unterschied zu dem bisherigen Geschehen so groß, dass sie eine Art Pause benötigten und folglich das Spiel abbrachen. Am effektivsten sei es, häufiger kleinere Belohnungen an die Spieler auszuzahlen. So bleiben die Spieler am längsten an den Automaten, sagte Schüll dem Technikmagazin *The Verge*.[310]

Die Firma Harrah erfand das »Total-Rewards-System«, das die Spieler an den Automaten überwacht und als Belohnungssystem konzipiert ist. Die Spieler bekommen die »Total-Rewards-Karte« und müssen diese in die Maschinen stecken, bevor das Spiel beginnt. Von diesem Moment an werden alle Wetten, alle Spielzüge, jeder Automat und jede Art von Spiel gespeichert. Alle, die je gespielt haben, landen in einer Datenbank und können aggregiert werden. Die größte Datenbank besitzt der Unterhaltungskonzern Caesars Entertainment, ihr Wert wird auf eine Milliarde Dollar geschätzt. Die Belohnung der Spieler besteht in Vergünstigungen, sie blieben länger an den Automaten und in den Casinos.

Bei Caesars arbeitet ein ganzes Team daran, das Belohnungssystem immer feiner zu tunen. Die Karten können als Parkscheine oder in Restaurants benutzt werden, gespeichert wird das komplette Konsumverhalten der Total-Rewards-Kunden, welche Show, welches Getränk oder welche Art von Hotel sie besuchen, ihre Adressen, ihr Alter, ihr Geschlecht. Entwickelt hat das System ein Harvard-Professor. Einige Spieler sollen sich gefragt haben, ob vielleicht weniger sie Blackjack oder an den »einarmigen Banditen« spielten als vielmehr diese Geräte mit ihnen.[311]

Siebenhundert IT-Mitarbeiter bei Caesars bauen diese Bonusprogramme, Geld- und Prämiensysteme, von denen sich rund 45 Millionen Menschen konditionieren lassen. Caesars unterscheidet neunzig demografische Typen, auf die spezifische Bonussysteme zugeschnitten werden, die sie besonders glücklich machen. In den Kasinos identifizieren Kameras mit Gesichtserkennungssoftware verschiedene Spielertypen nach emotionaler Befindlichkeit. Die Firma gibt für ihre Psychoarchitektur jährlich einen dreistelligen Millionendollarbetrag aus.[312]

In den Kasinos sollen die Spieler in die »Maschinenzone« geraten. So wird der Zustand bezeichnet, in dem das Zeitgefühl verloren geht und sie eins werden mit ihrer Maschine. Das ist ein Glückszustand, den der ungarische Psychologe Mihály Csíkszentmihályi als »Flow« definiert hat. Er entsteht, wenn eine Aktivität ein kleines Ziel hat, das klar definiert ist; zudem muss die Aktivität durch ein Feedback zurückgekoppelt werden, und es sollte einen Ansatz von Wettkampf geben.

Flow ist ein Glücksgefühl, das wir empfinden, wenn wir Dinge unglaublich gerne tun. Das ist der Zustand, der eigens für Spieler designt wurde.[313] Diesen Zustand sezieren professionelle Verhaltensökonomen, die für die Spieleindustrie die Konditionierungsarchitektur entwickeln, um uns mit psychologischer Raffinesse permanent bei der Stange zu halten. Bill Davidow, ehemals Vizepräsident der Verkaufs- und Marketingabteilung von Intel, beschrieb das so:

>»Wir betreten das Zeitalter des Skinner-Marketings. Künftige Anwendungen benutzen Big Data, Ortungsdaten, Karten, sie verfolgen uns im Internet, Datenflüsse entstehen durch Mobiltelefone und tragbare Geräte, die in die Hände von Marketingexperten gespült werden, die nicht länger unsere innersten Bedürfnisse herauskitzeln wollen, sondern unser Verhalten programmieren. (…) Dank Skinners Arbeit und immer mehr Forschung von Psychologen, Neuro-Wissenschaftlern und Verhaltensökonomen, wissen wir heute ganz genau, wie die Anreize und das Belohnungssystem designt werden müssen, um die Chemie unseres Gehirns auszutricksen und menschliches Verhalten zu programmieren. (…) Facebooks ›Like‹- und Twitters ›Tweets‹-Knöpfe sind über das gesamte Internet verteilt. Belohnungen, die unvorhersehbar auftreten, triggern den Dopaminausstoß in den Glückszentren unseres Gehirns und veranlassen uns dazu, ständig im Internet nach den besten Preisen zu suchen, bei Ebay-Auktionen erfolgreich zu bieten oder die Knöpfe in den Casinos zu betätigen.«[314]

Davidow stellte fest:

>»Die entscheidende Frage wird es sein, wie viele Hunderte Millionen von uns anfällig für das sind, was sich in meinen Augen als das mächtigste Marketinginstrument der Geschichte erweisen wird.«

Skinner hatte ein ausgefeiltes System entwickelt, das bis heute weit verbreitet ist. In einem Interview in seinem Büro in Harvard sprach Skinner 1988 von der Revolution der Verhaltenspsychologie, die ihren Siegeszug angetreten habe. »Der Angriff der Verhaltensforschung auf die Introspektion (der Psychoanalyse) war total erfolgreich.«[315]

22. Warum uns unsere Smartphones hypnotisieren

Was Facebook, Glücksspielautomaten und »Kammern zur operanten Konditionierung« gemeinsam haben, ist der Mechanismus, bei dem auf einen simplen Eingabereiz ein schnelles Feedback in Form einer Belohnung erfolgt. Schlecht prognostizierbare Belohnungen erhöhen den Drang, weiter auszuprobieren, und verleiten dazu, dass sich Menschen von dieser Beschäftigung gefangen nehmen lassen.[316] Smartphones und die mobilen Anwendungen sind in gewisser Hinsicht kleine Glücksspielautomaten. Das ist einer der Motoren, der dazu verleitet, weiter zu »liken«, erneut Geld in den Automaten zu stecken oder – bei Tauben – wieder gegen einen Knopf zu picken. Es folgt vielleicht eine Sympathieerwiderung, der Jackpot wird geknackt oder die Fütterung beginnt. Auch wenn dieser Mechanismus vielleicht nicht neu erscheint, kann er nun in einer ganz anderen Dimension angewendet werden.

2014 luden Menschen täglich 1,8 Milliarden Fotos auf so genannte »Real-Time-Plattformen« wie Flickr, Snapchat, Instagram, WhatsApp und Facebook hoch – allein auf Facebook entfielen dabei 1,1 Milliarden Bilder, Tag für Tag.[317] Das verdeutlicht das Ausmaß, in dem wir in Echtzeit interagieren und mit unserem »Verhalten« Daten emittieren. Es entsteht ein permanenter Strom, der uns umspült und mit sich reißt.

Milliarden Suchanfragen bei Google, die das Monopol auf unser Wissen kuratieren. Der »Social Graph« bei Facebook bildet unsere Beziehungsgeflechte ab – nach außen mit den Namen der Freunde und Bekannten, nach innen als Mathematik. 2012 waren eine Milliarde Menschen bei Facebook registriert, mit 100 Milliarden sozialen Verbindungen. Nur drei Jahre später verzeichnete das Netzwerk einen Zuwachs um weitere 400 Millionen Nutzer.

Twitter ist kein Dienst für Kurznachrichten, sondern ein Seismograf menschlichen Befindens. Aus rund einer halben Milliarde Tweets lassen sich automatisiert unsere Stimmungen ablesen – nach Regionen oder Themen sortieren, je nach Interesse. Es entstehen zwischen Bedeutungsäußerungen und sozialen Geflechten mathematische Beziehungen, die sich als Winkel zwischen Vektoren ausdrücken lassen und wieder zurückübersetzbar sind in Modelle konkreter Gemütszustände.

Mit Massendaten entwickeln Hedgefonds wie Derwent Capital oder MarketPsych Anlageprodukte und verkaufen ihre Einsichten über psychische Zustände der Massen gewinnbringend weiter.[318] Die amerikanische Firma IMS Health ist seit rund sechzig Jahren im Gesundheitsmarkt tätig und nutzt Daten aus hunderttausend Quellen. Auch 2 500 Ärzte aus Deutschland arbeiten mit dem Konzern zusammen und tauschen Krankendaten aus.[319]

Doch mit intelligenten Maschinen ist viel mehr auswertbar: Künstliche intelligente Systeme können »verstehen«, was wir Freunden schreiben, es inhaltlich zusammenfassen, auswerten – und das milliardenfach. Das gilt nicht nur für schriftliche Äußerungen, sondern für jegliche Information und Medien, auch für den Inhalt von Filmen, die wir mögen oder teilen. Sämtliche Kommunikation wird verstanden werden und fügt sich zu einem Gesamtbild unserer Persönlichkeit oder zu anderweitigen Objekten des Interesses. Es lässt sich herausfinden, wie bestimmte soziale Schichten organisiert sind, Religionsgemeinschaften, Gruppierungen oder Netzwerke, die als verdächtig eingestuft werden: Regierungskritiker, Gegner von fragwürdigen Privatisierungsvorhaben oder Freihandelsabkommen, die Freiheiten einschränken, Occupy-Aktivisten wurden bereits so überwacht. Mit den neuen Technologien lassen sich Muster sehr genau prognostizieren, und wer sich dafür interessiert, wie sich Menschen in Zukunft verhalten, wird darauf Einfluss nehmen. Unbemerkt.

Die Frage, ob ich ein nikotinsüchtiger Kneipengänger bin, der gerne

über die Stränge schlägt, ein risikobehaftetes Sexualleben führt, un-
pünktlich und schnell gelangweilt ist, sich Autoritäten nicht anpassen
will, Probleme hat, seine Rechnungen zu zahlen, und gerne Pornos
schaut, kann dann interessant werden, wenn die Personalabteilung
der Firma diese Daten abfragt, bei der ich mich eben mit einem son-
nigen Lebenslauf beworben habe. Der Datenwissenschaftler Jörg
Blumtritt beschreibt, wie das Wissen um diese Technik bereits das
Verhalten von Kindern verändert.

> »Ich versuche vorauseilend mich richtig zu verhalten. Ich sehe mich
> ja nicht nur selbst in dem Datenspiegel, sondern auch alle anderen,
> meine Kollegen, die Personalabteilung. In dem Moment, wo ich das
> weiß, verhalte ich mich anders. Ich vermeide es, Dinge zu tun, die
> schlecht ankommen. Das ist bei Kindern und Jugendlichen schon
> ganz stark ausgeprägt: dieses ständige Bewusstsein, auf Instagram
> sichtbar zu sein. Man fängt an, sich wie ein Promi zu verhalten.
> Immer gewahr, dass da irgendwo der Paparazzo sitzt.«

Mit dem Wissen über solche Verfahren werden wir unser Verhalten
anpassen. Das Problem: Mit den Datenuniversen werden für die Inha-
ber intelligenter Analysemethoden Verhaltensweisen sichtbar, die uns
gar nicht bewusst sind und deren Kenntnis uns verschwiegen wird.
Spürbar werden hingegen die Konsequenzen sein, weil die Analysemethoden und deren Nachfrage sich rasant ausbreiten und immer
tiefere Datenerkenntnisse hervorbringen.

Der Autor Wolfie Christl hat eine sehr aufschlussreiche Studie über
die kommerzielle Überwachung im Alltag verfasst.[320] Er bietet auch
einen Überblick über ein verbreitetes Psychomodell, mit dem wir
klassifiziert werden. Das »Big-Five-Modell« oder »Fünf-Faktoren-
Modell«[321] gilt als eines der führenden Kategorisierungsinstrumente,
das weltweit zur Klassifikation unserer Persönlichkeiten anhand von
Metadaten eingesetzt wird. Es bricht unser Verhalten auf fünf elementare Persönlichkeitsmuster herunter, nach denen wir sortiert
werden: Neurozentrismus, Extraversion, Offenheit für Erfahrungen,
Verträglichkeit, Gewissenhaftigkeit. Zu jeder Kategorie gibt es genauere Beschreibungen.

Nokia hat gezeigt, wie nur auf Basis von Metadaten – also ohne Selbstauskünfte, die wir darüber hinaus freiwillig tätigen – die unterstellten und modellierten Charaktereigenschaften identifizierbar werden. So sind Rückschlüsse auf die emotionale Stabilität anhand der Häufigkeit möglich, mit der ein Benutzer auf eine Kalender-App zugreift, oder anhand der Dauer von Telefongesprächen, der Anzahl der SMS, der Wortlänge der SMS, der Anzahl der Telefongespräche oder der Anzahl nicht angenommener Telefongespräche.[322]

Alles wird in die vorgefertigten Psychoschablonen gepresst, selbst Nicht-Verhalten wird bewertet. Das »Fünf-Faktoren-Modell« soll für verschiedenste Altersgruppen und Kulturen gültig sein. Ohnehin: Die wissenschaftliche Genauigkeit und die Verwendung solcher Modelle wird von technikgläubigen Startups oder Politikern vermutlich kaum hinterfragt. Modelliert werden wir im Hintergrund und ohne die Chance, das Gegenteil zu beweisen. Der entscheidende Punkt ist die Häufigkeit, mit der solche Experimente ausprobiert werden können, und die Anzahl der Probanden: Milliarden Menschen. So lassen sich mit intelligenten Lernverfahren die Modelle immer feiner justieren, passgenau formt sich ein Datenskelett unserer Psyche. Je nach Interessenslage des Nachfragenden lassen sich die zu beleuchtenden Eigenschaften auswählen.

Microsoft beispielsweise hat untersucht, wie sich unsere Persönlichkeit anhand der Webseiten ermitteln lässt und anhand der Suchmaschinen, die genutzt werden. Die Gefühlslage lässt sich auch identifizieren, indem Forscher messen, in welchem Rhythmus und mit welcher Dynamik die Tastatur bedient wird. Messbar wird durch die Menge der Fehler – die Benutzung der Löschtaste –, die Pausen oder die Mausbenutzung auch, inwieweit die Benutzer nervös, unschlüssig, zuversichtlich, traurig, entspannt oder müde sind. Allein mit WLAN-Protokollen und GPS-Informationen lässt sich der Aufenthaltsort von Menschen mit einer Genauigkeit von 1 000 Metern voraussagen, bei Korrelationen mit den Daten von Bekannten schrumpft der Radius auf 20 Meter. Auch zu welchem Zeitpunkt sich Menschen voneinander trennen werden, ist prinzipiell berechenbar. Krankheiten, Erfolge, Dramen – all diese Ereignisse lassen sich mathematisch ausdrücken, messen, korrelieren und modellieren. Die Verantwortung für die Fehler, die dabei entstehen, wird schwer adressierbar sein.

Das Anliegen, die Verhaltensweisen von anderen Menschen zu formen, ist zu einer »Obsession bei den Technologiefirmen geworden«, schreibt die *Technology Review*, die eigens ein Sonderheft zum modernen Manipulationsmarketing veröffentlicht hat. Menschen sollen nicht nur beeinflusst, sondern auch verändert werden.[323] Vor allem das rasante Wachstum von mobilen Apps auf dem Smartphone habe diesen Ansatz so attraktiv gemacht, weil zwischen dem Verhalten der Kunden und dem Anbieter ein direkt messbares Feedback besteht.

Nir Eyal wird als einer der einflussreichsten kommerziellen »Verhaltensformer« bezeichnet. Er ist darauf spezialisiert, Produkte zu entwerfen, die unsere Gewohnheiten ändern sollen. »Gewohnheitsbildung« (»Habit-Forming«) oder »Verhaltensdesign« nennt sich sein Ansatz, der sich ebenfalls der Verhaltenspsychologie von Burrhus Frederic Skinner bedient. Eyal lernte sein Handwerk an der Universität Stanford und arbeitete zuvor in der Spieleindustrie, gründete und verkaufte mehrere Startups und ist nun ein äußerst erfolgreicher Berater.[324] Eyals Blog wird von 25 000 Menschen abonniert, er schreibt für die Magazine *TechCrunch* und *Psychology Today*. Eyal erklärt Firmen wie Expedia, Hewlett-Packard, die *New York Times* oder Samsung, wie Menschen dazu gebracht werden, süchtig zu werden – was er selbst jedoch abstreitet.

Auf dem Skinner-Anreiz-Modell basierten auch unzählige Apps. Bei Schrittzählern und Gesundheitsapps gibt es Formen der Selbstvermessung, die auf ähnlichen Effekten aufbauen und einen Regelkreis von Messen, Verhaltensänderung und Belohnung bei Zielerreichung erzeugen. Daraus ist eine Art Bewegung entstanden, die mit tragbaren Messgeräten – den so genannten »Wearables« –, also Schlafgurten, Pulsuhren oder Höhenmessern, Verhaltensdaten erheben und damit eigene physiologische Datenbanken ihrer selbst anlegen.

Diese so genannten »Self-Tracker« oder »Quantified Self« machen das nicht aus Gründen des Lifestyles – bei ihnen geht es um eine technologisch ermittelte Selbsterkundung von Körperparametern. Self-Tracker testen permanent die Auswirkungen von Feinjustierungen von Körperparametern, auch mit Blut- und Gentests. Sie entwickeln Verhaltenspläne zur exakteren und effizienteren Steuerung der eigenen Körperfunktionen. Die Visualisierung der Daten auf Online-Plattformen dient der eigenen Motivation – eine technologisch vermittelte Form der Selbstkonditionierung. Der Körper ist zu einem intimen Forschungsgegenstand geworden, dessen Geheimnisse durch die Datenerhebung entzaubert werden sollen. Mit den Körpersensoren entsteht eine dauerhafte Kontroll- und Feedbackschleife zur Selbstoptimierung.

Manche machen dies auch, weil sie überzeugt sind, so Aspekte von Krankheiten oder Krankheiten selbst beeinflussen zu können – mit dem Nebeneffekt des ebenso dauerhaften Datenausstoßes. Hersteller von Gesundheitsapps haben großes Interesse daran, dass dies zu einem weit verbreiteten Lifestyle wird. Denn Körperdaten sind höchst lukrativ, beispielsweise um Risikoklassifikationen zu erstellen, die von Versicherungskonzernen nachgefragt werden. Mit diesen Wearables werden auch zunehmend Mitarbeiter von ihren Arbeitgebern ausgestattet. Das ist die psychologische Anreizmechanik, damit sie sich mehr bewegen – und damit Konzerne günstigere Konditionen von den Versicherungen bekommen, denn diese Daten werden weiterverkauft. In Brandenburg wurde das bereits genutzt, um Arbeitslose zur körperlichen Ertüchtigung zu bewegen.[325]

Könnte der Missbrauch mit den Daten verhindert werden, wäre ihre Verwendung wichtig für die Gesellschaft, meint Jörg Blumtritt:

> »Wenn ich meine medizinischen Daten zur Verfügung stelle, ist das unglaublich wertvoll für die Allgemeinheit. Es gibt wenig gute Daten von gesunden Menschen über längere Zeiträume. Es gibt in der Regel nur punktuelle Daten von Menschen, die krank geworden sind. Es muss also im Interesse der Gesellschaft sein, sich selbst zu tracken, das Genom zur Verfügung stellen. Wenn ich aber Angst haben muss, dass ich dann keine Lebensversicherung mehr bekomme, weil ein genetischer Defekt in meinem Genom liegen könnte, dann ist das nicht richtig. Dann bestrafe ich jemanden, der für die Allgemeinheit einen großen Dienst erweist. Also muss ich es schlicht verbieten.«

Das Problem bleibt vermutlich der Missbrauch solcher Informationen. Demnächst werden wir nicht nur den permanenten Echtzeitstrom von Social Media und sonstigen mobilen Surfverhalten als eine Art endloses Turing-Band über unser Smartphone einlaufen lassen. Künftig kommt eine weitere Dimension hinzu: Eine neue Datenebene wird entstehen, die von intelligenten Maschinen abtastbar sein wird. Eine noch umfassendere Architektur der Aufmerksamkeitsmodulation wird uns digitale Beglückung bescheren: neue Welten als 3-D-Hologramme oder Erweiterungen unserer Realität durch eine Daten-Realität. Augmented Reality und Virtual Reality entstehen und mit ihnen nach individuellen Wünschen erbaute Welten. Sensorisch werden sie erfahrbar.[326]

Für die Ingenieure unserer künftigen Gewohnheiten sind solche Technologien ein Segen. »Jetzt verschwinden die Interfaces und das eröffnet alle Möglichkeiten für neue Trigger.[327] Ich glaube, wir sehen hier eine goldene Ära der Verhaltensformung anbrechen, die den Menschen helfen wird, bessere Leben zu leben«, sagte Eyal der *Technology Review*.[328]

Der Informatiker Jaron Lanier spricht von »Sirenen-Servern«. Homer, schreibt er, warnte davor, nicht dem Ruf der Sirenen zu folgen, weil ihre Gesänge die Seefahrer ins Unheil führten. In einer zunehmend digital vermittelten Realität können wir dem Gesang der Sirenen nicht widerstehen:

»Sirenenserver sammeln Daten im Netzwerk, für die sie meist nichts bezahlen müssen. Die Daten werden mit den leistungsfähigsten Computern analysiert, die von Spezialkräften gewartet werden. Die Ergebnisse der Analysen werden geheim gehalten, aber dazu genutzt, die übrige Welt zum eigenen Vorteil zu manipulieren.«[329]

Auch Lanier bezeichnet das Vorgehen von Google und Facebook in einem Interview als »klassische kybernetische Kontrolle«. Das Internet habe er von Beginn an kritisch gesehen:

»In den frühen Neunzigern waren viele von uns besorgt, dass digitale Netzwerke Instrumente der sozialen Kontrolle werden könnten. Wir hatten das schon verstanden. Wir kannten Skinners Experimente. Uns war klar, dass, wenn alle über digitale Netzwerke interagieren, man damit Verhalten manipulieren könnte. So subtil, dass es für die Nutzer kaum spürbar wäre: Dem ganzen Projekt wohnte von Anfang an eine enorme Versuchung zum Machtmissbrauch inne.«[330]

Tatsächlich hatten Konzerne niemals zuvor so viele Informationen über Individuen. Sie hätten »schon jetzt die Fähigkeit, jeden zu beeinflussen, etwa ob und wen die Menschen wählen. In den Händen der Falschen könnten sie ein machtvolles Werkzeug werden, etwas, wovon Diktatoren früher nur geträumt haben. Und es gibt keinerlei Kontrolle.«

Wen das stört und wer deswegen womöglich die Verbindung zu Facebook kappt, muss jedoch gegebenenfalls mit negativen Konsequenzen rechnen. Denn für manche Psychologen reicht dieser Verzicht aus, um darin eine soziale Störung zu erkennen.[331] Vielleicht werden solche Annahmen als Wert in algorithmischen Berechnung der Kreditwürdigkeit integriert – wir würden das vermutlich nicht erfahren.

Auch Regierungen entdecken den Wert unbewusster Verhaltensmuster für ihr Business: als Instrument zur Steuerung der Entscheidungen ihrer Bürger. Die Grundlage für diesen psychopolitischen Ansatz liefert die »Verhaltensökonomik«. Die Verhaltensökonomen grenzen sich ab vom Modell des »Homo oeconomicus«, das die Marktteilnehmer als »rationale Agenten« vorstellt. Der Homo oeconomicus handelt, um seinen Nutzen zu maximieren, trifft also stets rational abgewogene Entscheidungen. Nicht nur nach Auffassung der Verhaltensökonomen widerspricht das der empirischen Wirklichkeit. Denn Menschen handeln keineswegs immer rational und abgewogen, vielmehr existieren psychologische Effekte, die Rationalität sogar ausschließen. Viele Entscheidungen bauen auch auf Verhaltensmustern auf, die wir nicht bewusst steuern. Nach dieser Auffassung treffen Menschen unbewusst irrationale und – nach Lesart der Verhaltensökonomen – daher falsche Entscheidungen.

Auf dieser Annahme fußt eine Psychopolitik, die Menschen »helfen« möchte, die Fehler mithilfe einer entsprechend gestalteten »Entscheidungsarchitektur« zu korrigieren. Eine Politik der unterbewussten Steuerung lässt sich als Manipulation definieren – unabhängig davon, wie tief die Eingriffe in die Entscheidungen reichen und wie gemeinnützig die Ziele erscheinen. Eine wiederkehrende Verteidigung dieser Politik lautet, dass Entscheidungen nie frei von anderen Einflüssen getroffen werden können. Das trifft zu, jedoch muss politisches Handeln in einer Demokratie nachvollziehbar und transparent bleiben und die Autonomie ihrer Bürger schützen.

23. Psychopolitik: wie uns Entscheidungsarchitekten von Autonomie befreien möchten

Ist es zu riskant, sich ausschließlich auf menschliche Erfahrungen oder gar Intuition zu verlassen? Sollten Menschen in einer immer komplexeren Welt noch Entscheidungen treffen, die nicht datenbasiert sind? Zumal fehlerhafte Entscheidungen – etwa nicht eingehaltener Impfschutz – Rückkopplungseffekte auf andere Menschen haben, sich ausbreiten können wie in einem Dominospiel? Ist es ethisch vertretbar, mit der eigenen Gesundheit individuell zu verfahren, wenn die Folgen alle schultern müssen? Ist es akzeptabel, nicht die Schritte zu messen, um mit dieser Technik das tägliche Soll zu erreichen? Dürfen wir Blutdruck, Fett- und Zuckerwerte tatsächlich außer Acht lassen, wenn deren Überwachung und daraus abgeleitete Verhaltensänderungen die Kosten im Gesundheitssystem erheblich senken? Ganz grundsätzlich gefragt: Dürfen Menschen überhaupt noch von sich behaupten, rationale Entscheidungen treffen zu können, wenn Künstliche Intelligenzen konsultiert werden können?

Der in Hongkong gemeldete Investor Deep Knowledge Ventures glaubt das nicht und ernannte 2014 eine Künstliche Intelligenz zu einem seiner Aufsichtsräte. »VITAL« heißt das System, das »Validating Investment Tool for Advancing Life Sciences«. Es gilt als gleichwertiges Mitglied in dem Aufsichtsgremium. Die Firma, die auf Investitionen in Biotechnologie spezialisiert ist, prognostiziert mit VITAL die Entwicklung von Firmen in diesem Sektor.[332] Hongkong scheint fern – aber auch die Schweizer Großbank UBS heuerte die israelische Firma Sqreem Technologies an, um ihre Klienten mithilfe Künstlicher Intelligenz zu beraten.[333]

Können Menschen angesichts der Daten- und Komplexitätsexplosion rationale Entscheidungen treffen? Diese Frage beschäftigte schon Herbert A. Simon, als er in den 1950er Jahren an dem Expertensystem »General Problem Solver« (GPS) arbeitete. Ein Kollege von Simon, der ebenfalls die Entscheidungsfindung von Menschen als Psychologe untersuchte und dessen Arbeit 2002 mit dem Wirtschaftsnobelpreis auszeichnet wurde, heißt: Daniel Kahneman.[334]

Auf dessen Forschungen baut die heutige Psychopolitik auf, die Bürgern mit der richtigen »Entscheidungsarchitektur« die Mühsal abnehmen möchte, selbst eine Wahl zu treffen. Kahneman geht davon aus, dass alle menschliche Wahrnehmung und kognitive Verarbeitung von zwei unterschiedlichen Systemen erfasst wird:

»System 1 arbeitet automatisch und schnell, weitgehend mühelos und ohne willentliche Steuerung. System 2 lenkt die Aufmerksamkeit auf die anstrengenden mentalen Aktivitäten, die auf sie angewiesen sind, darunter komplexe Berechnungen. Die Operationen von System 2 gehen oftmals mit dem subjektiven Erleben von Handlungsmacht, Entscheidungsfreiheit und Konzentration einher.«[335]

System 1 erzeugt Eindrücke, Intuitionen, Absichten und Gefühle. In der Regel übernimmt System 2 diesen Input.

»Im Allgemeinen vertraut man seinen Eindrücken und gibt seinen Wünschen nach, und das ist in Ordnung – für gewöhnlich.«[336]

Die Ausnahmen, in denen das nicht so gut ist, beschreibt Kahneman enorm kenntnisreich, basierend auf unzähligen Experimenten, die er in den Jahren seiner Forschungstätigkeit als Psychologe durchführte.

»Da System 1 automatisch operiert und nicht willentlich abgestellt werden kann, lassen sich intuitive Denkfehler oftmals nur schwer verhindern.«[337]

Bei einem Versuch sollten Probanden beispielsweise die Ballwechsel zwischen Spielern in einem Film zählen. Sie waren so darauf konzentriert, dass sie einen Gorilla, der durch das Bild lief, nicht sahen. Mit verschiedenen Versuchen konnte Kahneman bestätigen, wie er selbst behauptete, »dass Menschen, die einen mentalen Sprint laufen, faktisch blind werden können«. Das System 2 hatte die ganze Energie für die Berechnung aufgebracht. Die Tätigkeit der Rechenleistung, welche die menschliche Wahrnehmung trübe, ließe sich ebenfalls sehen. »Ganz ähnlich wie der Stromzähler außerhalb Ihres Hauses oder Ihrer Wohnung geben die Pupillen zuverlässig Aufschluss über die laufende Verbrauchsrate mentaler Energie.«[338] Die Pupillen weiteten sich um 50 Prozent. Menschen seien wie Stromzähler, wie Maschinen. Zudem sehr bequeme Maschinen, die stets den Weg des geringsten Widerstandes wählten: »Faulheit ist tief in unserer Natur angelegt«, schrieb der Nobelpreisträger.[339] Diesen faulen Maschinen sollte »geholfen« werden.

Unsere Aufmerksamkeitssteuerung, die sich so negativ auf unsere Entscheidungsfindung auswirken kann, habe sich im Zuge der Evolution herausgebildet, um das Überleben zu sichern. Menschen, die kognitiv anstrengende Aufgaben erfüllen, »treffen auch eher egoistische Entscheidungen, verwenden sexistische Ausdrücke und fällen in sozialen Situationen oberflächliche Urteile«.[340] Was sich wie ein roter Faden durch Kahnemans Buch zieht: »Viele Menschen vertrauen ihren Intuitionen allzu sehr.«[341]

Für Kahneman sind wir »Assoziationsmaschinen«. Das Maschinelle zeige sich in automatisierten Reaktionen auf bestimmte Reize. Das bezeichnet er als »Priming-Effekt« (Bahnungseffekt). Wir müssten uns »mit der befremdlichen Vorstellung abfinden, dass unsere Handlungen und Emotionen durch Ereignisse geprimt werden können, deren wir uns nicht einmal bewusst sind«. Werde Probanden das Wort »Essen« gezeigt oder akustisch dargeboten, würden sie das Wortfragment »So_p« eher als »Soup« (Suppe) vollenden, denn als »Soap« (Seife).

Forscher maßen heimlich die Zeit, die Probanden benötigten, um einen Flur entlangzugehen. Menschen, die dabei altersbezogene Wörter bilden sollten, seien langsamer gegangen. Hier prägten die »Gedanken ein Verhalten, langsames Gehen, das mit Betagtheit assoziiert ist. All dies geschieht unbewusst.«[342] Und Menschen, die einen Bleistift zwischen Nase und Oberlippe klemmten und dann einen Cartoon bewerten sollten, fanden diesen lustiger – weil durch den

Bleistift ein Lächeln erzwungen wurde. Genau andersherum verhielt es sich, wenn ein Stirnrunzeln im Experiment erzeugt wurde.

»Studien über Priming-Effekte führen zu Entdeckungen, die unser Selbstbild, bewusste und autonome Urheber unserer Urteile und Entscheidungen zu sein, infrage stellen.«

Die Autonomie ist eine Erfindung, die schon Skinner entlarvte und für die er mit *Walden Two* das Allheilmittel dagegen anbot. Die Gefahr fehlerhaften Verhaltens aufgrund der Anmaßung einer Autonomie könne schließlich negative Entscheidungen zur Folge haben.

Allerdings gilt für alle Entscheidungen das Risiko, dass sie falsch sind. Es existiert keine frei von Einflüssen treffbare Wahrnehmung und Entscheidung, außer in der experimentellen Laborsituation, in der Verhaltensforscher Störfaktoren ausschalten oder kontrollieren könnten.

Kahneman kommt schließlich zu einer Lösung: Nämlich das Priming auszunutzen, um Menschen zu besseren Entscheidungen zu verhelfen. Vor allem weil Menschen nach Kahnemans Ansicht »von Natur« aus faul seien, würde umgekehrt das Gefühl der Mühelosigkeit den Eindruck von Wahrheit entstehen lassen.

»Menschen können einige der oberflächlichen Faktoren, die Wahrheitsillusionen erzeugen, überwinden, wenn sie stark dazu motiviert sind. Doch bei vielen Gelegenheiten wird das faule System 2 den Vorschlägen von System 1 folgen und weiterziehen.«[343]

Daher könnten »Manipulationen, die die Flüssigkeit der kognitiven Verarbeitung erhöhen (Priming, klare Schriftart, vorhergehende Darbietung von Wörtern)« die Neigung steigern, Assoziationen herzustellen, die gar nicht vorhanden sind – etwa die Assoziation, dass Google nicht böse handelt: »Don't be evil«, lautet das Unternehmensmotto. Oder dass Facebook basisdemokratisch agiert, weil es als Netzwerk aufgebaut ist.

Immer wieder hebt Kahneman auf Marketingaspekte seiner Forschung ab. Wenn die Analysen von Datenwissenschaftlern darauf abzielen, unbewusste Verhaltensweisen offenzulegen, die es möglich machen sollen, Werbung noch effektiver einzusetzen, dann liefert

Kahneman dazu den theoretischen Überbau: der Mensch als defizi-täres Wesen, das paternalistischer Fürsorge bedarf – zum Wohle aller.

Ein Defizit sei auch, dass Menschen nur schwer mit Korrelationen und Kausalitäten umgehen könnten: »Wir sind offensichtlich von Geburt an darauf eingestellt, Eindrücke von Kausalität zu haben. (…) Sie sind Produkte von System 1.« Allerdings sei »Kausalität« selbst ein Modell zur Erklärung von Zusammenhängen, das durch unsere Kultur vermittelt werde und keiner biologistischen Deutung bedürfe. Das Problem bestehe darin, dass »Menschen dazu neigen, kausales Denken unsachgemäß anzuwenden, nämlich auf Situationen, die statistisches Denken erfordern. (…) Leider ist System 1 dieser Denkmodus nicht zugänglich.«[344]

Unser defizitäres Selbst neige dazu, Geschichten zu glauben, die plausibel klingen, oder erzeuge diese Geschichten, auch wenn dafür die faktische Grundlage fehle. »Wenn Informationen knapp sind – was häufig der Fall ist –, fungiert System 1 als eine Maschine für ›Urteilssprünge‹.«[345] Wir treffen voreilige Schlüsse. Wir selbst seien eine »Maschine für voreilige Schlussfolgerungen«.[346] System 1 sei »völlig unempfindlich für die Qualität und Quantität der Informationen, aus denen Eindrücke und Intuitionen hervorgehen«.[347]

Es existierten auch so genannte »Framing-Effekte: Verschiedene Darbietungsweisen derselben Information rufen oftmals unterschiedliche Emotionen hervor. Die Aussage ›Die Überlebenswahrscheinlichkeit liegt im ersten Monat nach der Operation bei 90 Prozent‹ ist beruhigender als die äquivalente Aussage ›Die Sterblichkeit liegt innerhalb des ersten Monats nach der Operation bei 10 Prozent‹.«[348]

Kahneman hat auch eine Idee, »wie man die Intuition diszipliniert«: die Bayes'sche Statistik[349] – eine der wichtigen Grundlagen für intelligente künstliche Systeme. Kahneman möchte in seinem Buch auch die »Feindseligkeit gegen Algorithmen« überwinden.

>»Der Vorteil von Algorithmen verstärkt sich, wenn die Entscheidungen folgenreich sind. (…) Glücklicherweise wird die Ablehnung von Algorithmen vermutlich in dem Maße zurückgehen, wie sie im Alltagsleben eine immer größere Rolle spielen werden.«[350]

24. Nudging: legale Manipulations-instrumente für Politiker

Kahneman nennt Cass Sunstein einen »Freund, den ich sehr bewundere«. Das überrascht nicht: Sunstein ist ein treuer Jünger Kahnemans, der dessen Ideen Barack Obama als nützliches Werkzeug verkaufte. Denn Sunstein wurde Leiter von Obamas Amt für Informationspolitik und Regulierung. Er hatte gemeinsam mit Kahnemans anderem Freund, dem Verhaltensökonom Richard Thaler, ein Buch geschrieben mit dem Titel *Nudge* – »Anstupser«.

Sunstein und Thaler gelten als Begründer des »libertären Paternalismus«. Dahinter verbirgt sich eine ideologisch erklärbare Politmechanik, »wonach es dem Staat und anderen Institutionen erlaubt ist, Bürger zu solchen Entscheidungen anzustoßen, die ihren eigenen langfristigen Interessen dienlich sind«, schrieb Kahneman.[351]

So wurde im US-Kongress beispielsweise der »Save-more-tomorrow-Plan« durchgesetzt. Der dient dem Vermögensaufbau, den Firmen ihren Mitarbeitern anbieten können. Dabei wird dem Arbeitgeber erlaubt, bei einer Gehaltserhöhung auch den Teil des Einkommens zu erhöhen, der für die eigene Vorsorge gespart wird. Die Erhöhung der Sparquote erfolgt quasi automatisch. Diese »Automatik bringt die Trägheit von System 2 mit den langfristigen Interessen der Arbeitnehmer zusammen«.[352]

Fußend auf Kahnemans psychologischen Studien entlarven Sunstein und Thaler den Menschen als viel weniger rational, als er von der ökonomischen Theorie des Homo oeconomicus entworfen wurde. Diesem »Econs« stellen sie ihr Bild des »Humans« entgegen, des Menschen, der nur vermindert zurechnungsfähig ist und oft falsche Entscheidungen trifft.

>Ein Econ liest und versteht das Kleingedruckte eines Vertrages, ehe er diesen unterzeichnet, während Humans dies für gewöhnlich nicht tun.«[353]

Sunstein und Thaler verstehen sich als »Entscheidungsarchitekten«. Schon in ihrer Einleitung nehmen sie die Kritik an ihrem Ansatz, der in Großbritannien, Südkorea oder Deutschland von der Politik in die Praxis umgesetzt wurde, vorweg: »Wir beharren konsequent auf Entscheidungsfreiheit«, schreiben sie. Zugleich sei es für »Entscheidungsarchitekten legitim, das Verhalten der Menschen zu beeinflussen, um ihr Leben länger, gesünder und besser zu machen«.[354] Denn »der menschliche Entscheidungsprozess ist ebenfalls alles andere als perfekt«.[355]

Die Steuerungsarchitektur für menschliches Verhalten sei legitim, weil Entscheidungen von Menschen nie frei von Einflüssen getroffen werden könnten. So reiche es schon, Menschen nach ihren Absichten zu befragen, um bestimmte Verhaltensweisen zu fördern. »Wenn man Menschen am Tag vor der Wahl fragt, ob sie vorhaben zu wählen, kann man die Wahrscheinlichkeit, dass sie es tatsächlich tun, um bis zu 25 Prozent steigern«.[356] Das entspreche dem Phänomen der »Bahnung«. Die Autoren schreiben:

>Information, Gruppenzwang und Bahnung können problemlos für Schubser in die richtige Richtung (…) eingesetzt werden.«[357]

Ohnehin sei es so:

>Wenn die Betroffenen nicht wissen, wie ihre Entscheidungen ihr Leben beeinflussen werden, dann ist es keine Hilfe, wenn sie eine Vielzahl von Optionen haben. (…) Hier kann ein Nudge willkommen sein.«[358]

Der Energieverbrauch lässt sich beispielsweise senken, wenn Kunden eine Glaskugel bekommen, die rot leuchtet, wenn der Verbrauch hoch ist, und grün, wenn er niedrig ist: Steuerung durch Feedback. Diese

Technik wird auch in Dänemark eingesetzt. Die libertären Paternalisten sind strikt gegen strenge Gesetze: Statt Alkohol zu verbieten, gestalten sie das Design der Entscheidungssituation. Der »Nudger« also »würde die Spirituosen in die hinteren Ecken der Geschäfte verbannen und dadurch Impulskäufe einschränken (…). Oder er würde für das Anbringen gut sichtbarer und möglichst abschreckender Etiketten plädieren«, schreibt der Ökonom Jan Schnellenbach.[359]

Der Psychologe Gerd Gigerenzer, Direktor der Abteilung Adaptives Verhalten und Kognition am Max-Planck-Institut für Bildungsforschung in Berlin, kritisiert den »libertären Paternalismus«. Er nennt ein Beispiel: Frauen über 50 Jahren wird in vielen Ländern der EU mittlerweile automatisch ein Termin für eine Vorsorgeuntersuchung zugeschickt. Sie müssen nicht mehr selbst tätig werden. Dieses Nudging erhöhe zwar die Rate der Untersuchungen, doch die Erklärung, die Hintergründe und Fakten gehen durch diese Automatisierung von Politik verloren. Das habe zur Folge, dass Frauen in Russland mittlerweile mehr über diese Vorsorgeuntersuchung wüssten als in der EU, schreibt Gigerenzer. »Das Ziel des Terminhinweises ist es, die Rate zu erhöhen, nicht das Verstehen«, kritisiert er.[360] Lernen und Aufklären fielen weg, denn Nudging setze an unterbewussten Verhaltensweisen an. Gigerenzer weist darauf hin, dass mit dem Steuerungsansatz des Nudging die Ursachen gesellschaftlicher Probleme beim Einzelnen abgeladen würden.

Für eine banale Regelung, die problemlos durch Erklärungen zu erreichen wären, nehmen Politiker in Kauf, wesentliche Prinzipien einer freiheitlichen Rechtsstaatlichkeit zu zerbröseln: die Anerkennung und der Respekt vor der Autonomie der Menschen. Nur konsequent ist daher das Buch, das Sarah Conly 2013 schrieb: *Against Autonomy* heißt es, »Weg mit der Autonomie«. Es ist kein Zufall, dass Cass Sunstein es als ein »aufschlussreiches« Werk ausführlich in *The New York Review of Books* würdigte.[361] »Wenn Menschen sich selbst hohen Risiken aussetzen, dann reicht es nicht, die Wahlfreiheit zu feiern und die Konsequenzen zu ignorieren«, schreibt er in seinem Resümee.

Gerd Gigerenzer kommt zu dem Ergebnis, der »libertäre Paternalismus setzt eine Technokratie von Experten voraus, die wissen, was das Beste für uns ist, um uns zu steuern«.[362] Viele der Fehler, die Kahneman, Sunstein und Thaler als biologische Naturgesetze im menschlichen Verhalten ausmachen, basieren tatsächlich auf einer Unkenntnis statistischer Zusammenhänge. Gigerenzer plädiert daher für Aufklärung und mehr Bildung zur Statistik. Zu lernen, Risiken richtig zu bewerten, würde nahezu alle der genannten menschlichen Schwächen, auf die sich Kahneman und seine Schüler konzentrieren, ausgleichen – ganz ohne Psychosteuerung.

»Was geschieht, wenn die Tabakindustrie oder die Fastfood-Industrie Milliarden in Nudging investiert – nur in die entgegengesetzte Richtung? Menschen anzustupsen, ohne sie aufzuklären, bedeutet, die Öffentlichkeit zu infantilisieren.«[363]

Cass Sunstein implementierte als Leiter des Amts für Informationspolitik das Nudging in der US-Politik unter Barack Obama. James Cameron führte 2010 eine »Nudging-Einheit« ein. Das so genannte »Behavioural Insights Team« ist beim Büro des Premierministers angedockt und entstand mithilfe der Beratung von Richard Thaler.

Politik ohne Widerstände – davon träumen offenbar manche »Volksvertreter«. Die Beratung ist in Großbritannien mittlerweile auf Dauer eingestellt und aus dem Regierungsteam entstand eine florierende Consulting-Agentur. David Camerons Regierung wurde vom House of Lords bereits gerügt, weil sie lieber auf Nudging setzen würde, statt bestimmte Formen der Werbung für ungesunde Nahrung zu verbieten. Aber auch die Dänen setzen auf Nudging, ebenso die Australier und die Südkoreaner.

Auch in Deutschland ist beispielsweise für das Justizministerium Nudging ein Thema. Minister Heiko Maas betet das Werbegeplapper der Berater nach: »Nudging ist der kluge Mittelweg zwischen staatlicher Bevormundung und Tatenlosigkeit«, glaubt der Sozialdemokrat.[364] Das neue »Debatten- und Meinungsforum« des Ministeriums eröffnete Cass Sunstein. Dessen Thema ist »Nudging: die Kunst der Entscheidungshilfe«.[365] Auch der vom Justizministerium eingesetzte Sachverständigenrat für Verbraucherfragen erörtert, wie Nudging weiter eingesetzt werden kann. In diesem Rat sitzt allerdings auch Gerd Gigerenzer.

Angela Merkel implementierte Nudging in der Politik und rief 2015 eigens eine Projektgruppe »Wirksam regieren« ins Leben. Als Berater stattete Sunstein der Bundesregierung 2013 einen Besuch ab. Die *FAZ* schrieb: »Der liberale Paternalismus ist lautlos und entzieht sich damit häufiger der öffentlichen Debatte. Politiker dürften diese Eigenschaft eher anziehend finden. Das Konzept des liberalen Paternalismus lädt geradezu ein zum politischen Missbrauch.«[366] Das glaubt auch Gigerenzer, weil Nudging bereits zur Manipulation eingesetzt wurde.

> »Die Manipulation der Rangliste der Treffer bei den Suchergebnissen zu politischen Kandidaten verdeutlicht, wie demokratische Wahlen beeinflusst werden können. Für Nudging ergibt sich daraus eine neue politische Dimension.«[367]

Nudging und digitale Manipulation lassen sich gut kombinieren.

25. Facebooks Menschen-experimente

Menschen, die besonders extrovertiert sind, haben ein höheres Bedürfnis, belohnt zu werden, stellt Michelle Zhou fest. Sie leitet die User Systems and Experience Research Group von IBM in Almaden in Kalifornien.[368] Für Werbekunden ist dieses Wissen bares Geld wert. Es wird gewonnen aus Milliarden Tweets und Facebook-Kommunikationen, die unsere Gefühle messbar machen. Dazu gibt es schon seit einigen Jahren so genannte Social-Media-Decoder, die dabei helfen, Menschen emotional zu sezieren.[369]

2014 waren 1,4 Milliarden Menschen monatlich bei Facebook aktiv und erzeugten Daten für die mächtigen Mathematiker, die sehr häufig im Silicon Valley ansässig sind und zu den reichsten Menschen der Welt zählen.[370] Der durchschnittliche amerikanische Benutzer verbringt 20 Stunden im Monat in der Facebook-Maschine, 30 Millionen Unternehmen haben hier Zweigstellen eröffnet, allein mit mobiler Werbung schöpft dieses Informationskonglomerat 1,6 Milliarden Dollar pro Quartal.[371] Wenn man bei Facebook die Bühnenausstattung zur Seite räumt, die Scheinwerfer ausschaltet, die Kulissen wegschiebt, dann wird eine Metrisierungsmaschine von unvorstellbaren Ausmaßen sichtbar. Daten von Menschen: reinste Ware, Beziehungsgeflechte, Zeiten, Orte, demografische Muster, Kaufverhalten, Hobbys, Interessen.

Facebook bietet seinen Bewohnern die Auswahl von sechzig Geschlechtern an. Von Menschenrechtsgruppen wurde das als liberal missverstanden und begrüßt; tatsächlich ermöglicht das eine genauere Profilbildung mit weiteren Kategorien, weiteren Schaltern.

Facebook weiß mehr über uns als wir selbst oder unsere besten Freunde. Und das gilt für alle der rund 1,4 Milliarden Nutzer. Das ist keine Übertreibung oder Rhetorik. Eine Studie von Youyou Wu und Michal Kosinski von der Universität Cambridge hat dies ganz konkret nachgewiesen, auf Grundlage eines Datensatzes von rund 86 000 Facebook-Usern.[372]

Allein die Sympathiebekundung für Bilder oder Nachrichten bei Facebook, die »Likes«, ermöglichen es, die ethische Zugehörigkeit, die politische Einstellung, Religion, Beziehungsstatus, Geschlecht, sexuelle Orientierung, Nikotin-, Alkohol- und Drogenkonsum zu errechnen.[373] Es ist nicht einmal nötig, selbst Facebook zu nutzen, um emotionale Zustände mithilfe von Facebook zu ergründen. Das funktioniert auch über Freunde, die bei Facebook ein Konto besitzen.[374] Facebook kann sogar berechnen, mit wem wir uns mit hoher Wahrscheinlichkeit in Zukunft befreunden werden, wie die *Washington Post* feststellte.[375] Zudem schneidet Facebook bei Millionen von Webseiten mit, wer, wo, wann und wie surft und was anklickt. Das verbirgt sich hinter der Einbettung eines Facebook- oder Twitter-Knopfs auf den diversen Seiten im Internet – eine Art Fernbedienung zur Überwachung, die auf den meisten Seiten automatisch aktiviert ist.[376]

Facebook bietet zudem seinen Nutzern die Möglichkeit, selbst Auskunft zu geben über ihren emotionalen Status. Dazu gibt es eine riesige Palette an Piktogrammen: lachende, weinende Gesichter, welche mit Herzen, es gibt Biergläser, Torten, Küsse – eine ganze Bandbreite an »Emoticons«, die nicht nur nett gemeint sind, sondern dem Konzern neue Erkenntnisse bei seinen Menschenversuchen ermöglichen – ;-) –, worauf einige Experten hinweisen.[377]

Die Eliteuniversität Stanford hat ein eigenes Labor, das Persuasive Tech Lab, das Manipulation durch elektronische Kommunikation erforscht.[378] Gegründet wurde das Labor von dem experimentellen Psychologen B. J. Fogg.[379] Er hat die so genannte »Captology« entwickelt, die den Computer als Beeinflussungsmaschine versteht.[380] Eine Manipulation definiert er als den Versuch, »Verhalten, Gefühle oder Gedanken über einen Sachverhalt, ein Objekt oder eine Aktion zu schärfen, zu vertiefen oder zu verändern«.[381] Fogg bietet »Boot-Camps« an, in denen Interessierte in zwei Tagen alles Nützliche über Manipulation lernen können. Er arbeitet nämlich nur zur Hälfte an der Universität, die andere Hälfte unterstützt er Unternehmen bei »Innovationen«. Sein Schwerpunkt ist, laut eigener Darstellung, Menschen mit Social Media zu beeinflussen.[382]

2007 baute Fogg eigens eine Gruppe auf, die sich ausschließlich mit der »Psychologie von Facebook« befassen sollte. 75 seiner Studenten entwickelten für Facebook Apps, die nach nur zehn Wochen 16 Millionen Nutzer hatten. Die Psychotechnologie von Fogg schien zu funktionieren, wie die *New York Times* berichtete.[383] Facebook bot sich den experimentellen Psychologen an, denn bei der Plattform handelt es sich um das größte Labor für soziale Experimente der Geschichte. Ein Facebook-Mitarbeiter, Cameron Marlow, berichtete der *Technology Review* 2012 begeistert über die Fähigkeit von Facebook, die Gesellschaft zu ergründen:

> »Zum ersten Mal haben wir ein Mikroskop, das uns nicht nur erlaubt, soziales Verhalten sehr genau zu untersuchen, was wir nie zuvor konnten, vor allem aber erlaubt es uns, Experimente mit Millionen Benutzern zu machen.«[384]

Mit den Daten von Facebook und mithilfe intelligenter Algorithmen ließen sich Bevölkerungsgruppen, Bezirke oder gar Nationen als Gefühlslandschaften abbilden – in Echtzeit. Eine Art Puls.

Eine der größten Herausforderungen sei es, herauszufinden, wie sich Ideen von wenigen Individuen über Millionen verbreiten, so Marlow. Wer das verstehe, kenne die Formel für die perfekte Werbung. Zwei Jahre später konnte der Konzern einen Erfolg melden, der jedoch von der Öffentlichkeit gänzlich anders interpretiert wurde: Der Konzern hatte einen Menschenversuch gestartet und feierte dessen Ergebnisse ganz unbefangen in einer amerikanischen Fachzeitschrift.

Seit Sommer 2014 achtet die Presseabteilung von Facebook allerdings penibel darauf, nicht mehr mit Experimenten in Verbindung gebracht zu werden. Facebooks smarte Geschäftsführerin Sheryl Sandberg musste ganz laut und öffentlich »sorry« sagen für ein Experiment an den Benutzern, das viele Menschen empörte.[385] Die Entschuldigung bezog sich allerdings auf die Kommunikation, weniger auf das Experiment als solches. Der Wissenschaftler Adam Kramer, der die Studie leitete, hatte einen saloppen Kurzeintrag geschrieben und über Facebook verbreitet, in dem er sein Experiment als völlig harmlos darstellt.

Die Versuchsanordnung des Menschenexperiments war schon 2012 aufgestellt worden. Die Forscher um Adam Kramer hatten überlegt, ob sie gezielt die Gefühle der Facebook-Nutzer manipulieren könnten – natürlich zum Wohle aller und um noch besseren Service anzubieten –, wie er später rechtfertigte. »Die Auswirkungen für die User waren minimal«, so Kramer.[386]

So erarbeiteten die Privatforscher ein Labordesign, bei dem sie den Nachrichtenstrom von Facebook, den so genannten News-Feed, manipulierten. Das Experiment wurde an 689 000 Menschen durchgeführt,[387] die zwei Versuchsgruppen bildeten: Bei der einen wurde der Nachrichtenstrom so verändert, dass mehr negative Nachrichten erschienen, bei der anderen Gruppe mehr positive Nachrichten. Das Experiment war erfolgreich: Allein der Inhalt des Nachrichtenstroms veranlasste die positive Gruppe dazu, eher positive Inhalte weiterzuverbreiten und umgekehrt. Facebook hatte demonstriert, dass der Konzern in der Lage war, gezielt Menschen zu beeinflussen – ohne besonderen Aufwand. Lediglich eine Variation der Algorithmen und damit ein sehr schönes Ergebnis aus Sicht von Mark Zuckerberg und den Sozialingenieuren aus dem Facebook-Labor. Sie hatten den Effekt von »Emotional Contagion« beweisen können – von »emotionaler Ansteckung«.

Diese Versuchsanordnung war offenbar selbst den Herausgebern der seit 1915 erscheinenden Zeitschrift *Proceedings of the National Academy of Sciences of the United States of America* (PNAS), die das Experiment veröffentlichte, zu viel. Chefredakteur Inder M. Verma äußerte in einem vorangestellten Editorial seine ethischen Bedenken und drückte seine Sorgen über das fragwürdige Verständnis der Facebook-Forschung aus. Denn Facebook hatte seine Versuchspersonen nicht darüber informiert, dass sie Teil eines Laborexperiments sein würden. Facebook betonte, dies sei mit den Geschäftsbedingungen des Konzerns vereinbar. Und darauf berief sich auch die renommierte Cornell University, die bei dem Experiment mitgewirkt hatte: Weil sie Auftragsarbeit für Facebook geleistet hätten, würden die eigenen ethischen Standards nicht greifen.[388] Mitarbeitern der Universität wurde später untersagt, mit Reportern des *Atlantic* über diese Versuche zu sprechen.[389]

Für Facebook war das Ergebnis spannend, weil der Konzern seine Anleger mit permanentem Wachstum erfreuen muss. Gut gelaunte Facebook-User bleiben dem Netzwerk eher treu. Besonders wichtig an dem Ergebnis: Die Manipulation ließ sich managen, ohne direkt mit den Manipulierten interagieren zu müssen – alles geschah geräuschlos und unbeobachtet. Wir werden vermutlich nicht erfahren, welche Ziele der Konzern mit dem Experiment tatsächlich verfolgt hat.

»Emotionale Ansteckung« bedeutet, dass unser Verhalten allein durch die Tonalität der Äußerungen unserer Bekannten und Freunde manipulierbar ist. Diese Erkenntnis ist auch eine Grundlage der Massenpropaganda, wie sie von Edward Bernays konzipiert wurde, von dem sich später Joseph Goebbels inspirieren ließ, um die Propaganda der Nationalsozialisten zu perfektionieren.[390]

Nach dem Facebook-Experiment äußerte Clay Johnson, der für Barack Obama 2008 den Social-Media-Wahlkampf geleitet hatte, die Befürchtung, dass auf derartige Weise womöglich Wahlen manipuliert werden könnten.[391] Das ist etwas scheinheilig, denn Barack Obama nutzt wie kein zweiter demokratischer Politiker diese Manipulationsmöglichkeiten für seine Zwecke. Danah Boyd, Gründerin des Thinktanks Data & Society formulierte schlicht und treffend, was Facebook mit solchen Experimenten bezweckt: »Es geht nicht um Forschung. Es geht um Macht.«[392]

Um eine Macht, die am Unterbewusstsein ansetzt. Wie sollen wir uns gegen eine Technik wehren, deren Wirkung wir nicht bemerken? Selbst die Kenntnis ändert nichts am Manipulationspotenzial, deren Ziele und Effekte allenfalls die Programmierer der intelligenten Algorithmen abschätzen können, die für uns die Nachrichtenströme verändern und entscheiden, was uns interessiert oder was uns interessieren soll.

Facebook ist das wichtigste Netzwerk der Welt. Google die wichtigste Suchmaschine – in Deutschland mit einem Marktanteil von über 95 Prozent (weltweit 75 Prozent), der nächst größere Konkurrent, Bing, kommt nur auf 2,5 Prozent.[393] Hinter diesen Zahlen verbirgt sich eine Bewusstseinsindustrie mit nicht zu unterschätzender politischer Macht.

26. Natürlich können Facebook und Google Wahlausgänge entscheiden

Das Management von Google kann den Wahlausgang nicht nur beeinflussen, sondern entscheiden, sagt Robert Epstein, ein renommierter amerikanischer Verhaltenspsychologe. Er erforschte den Suchalgorithmus von Google. Demnach schauen sich 90 Prozent der Menschen nur die erste Trefferseite von Google an und rund 50 Prozent orientieren sich allein an den ersten beiden Ergebnissen einer Suchanfrage.[394] Das hat weitreichende Implikationen. Es braucht nur eine geringe Veränderung des Algorithmus, und ein Ereignis oder ein bestimmter Politiker lösen sich in Nichts auf – oder werden im Gegenteil sehr präsent. Epstein spricht vom Suchmaschinen-Manipulationseffekt: »Search Engine Manipulation Effect« (SEME).

Bei Tests mit insgesamt rund 4 600 Teilnehmern in Indien und den Vereinigten Staaten konnte Epstein belegen, wie einflussreich die Entscheidung ist, was als Treffer bei einer Suchanfrage des Konzerns weit vorne steht. So seien bei den indischen Wahlen 20 Prozent der unentschlossenen Wähler zugunsten eines Kandidaten beeinflussbar gewesen; bei einer Kontrollgruppe seien es gar 60 Prozent gewesen. Epstein vermutet, 99 Prozent der Teilnehmer hätten keine Ahnung, dass sie manipuliert wurden.

»Das Google-Management entscheidet schon heute über den Ausgang von Wahlen in aller Welt«, glaubt der Forscher.[395] Nach seinen Schätzungen kann durch die Reihenfolge, in der Politiker in den Suchergebnissen auftauchten, durchschnittlich ein Viertel der unentschlossenen Wähler beeinflusst werden. »Was wäre aber, wenn man das Tag für Tag und zugeschnitten auf den Internet-Nutzer tun würde«, fragte der Wissenschaftler. Epstein forderte daher eine strenge Regulierung und auch Überwachung von Suchfunktionen, die im Zusammenhang mit Wahlen stehen. Denn: »Wir gehen davon aus, dass Suchmaschinen-Manipulation mit an Sicherheit grenzender Wahrscheinlichkeit bereits jetzt Wahlausgänge auf der ganzen Welt beeinflussen.«[396]

Wie Google ist auch Facebook zu einem politischen Machtfaktor geworden. Bei der Wahl von George W. Bush waren in Florida 537 Stimmen wahlentscheidend – das entspricht 0,01 Prozent, so Jonathan Zittrain, Professor für Internationales Recht an der Harvard Law School: »Facebook kann Wahlen entscheiden, ohne dass es je jemand herausfinden könnte.«[397] Nur anhand der »Likes« bei Facebook lässt sich exakt bestimmen, wer welche Wahlpräferenzen hat. Das ermöglicht es, diese Präferenzen mit dem Nachrichten-Feed in die eine oder andere Richtung beeinflussen zu können. Von den durchschnittlich 1 500 Nachrichten, bekommen die Benutzer 300 Nachrichten zu sehen.[398] Tatsächlich ist vielen Menschen, die Facebook nutzen, nicht bewusst, dass der Nachrichtenstrom kuratiert und bearbeitet wird. Eine qualitative Studie von Forschern der Universitäten Michigan, Illinois und State California bezifferte die Quote der Ahnungslosen auf 62 Prozent.[399]

Seit einigen Jahren hat Facebook in den USA eine Schaltfläche installiert, mit der Benutzer anderen mitteilen können, dass sie wählen gehen (»I'm a voter«), und seit einigen Jahren experimentiert Facebook damit, was daraus ableitbar ist. Zu den Kongresswahlen 2010 etwa veränderten sie die »I'm-voting-Schaltfläche« bei rund 60 Millionen amerikanischen Facebook-Benutzern, um zu testen, welche Auswirkungen dies haben könnte. Zwei Gruppen mit jeweils 600 000 Teilnehmern wurden als Kontrollgruppe herangezogen: Eine Gruppe sah nur die Schaltfläche, diese Benutzer wussten nichts über das Wahlverhalten ihrer Facebook-Freunde, die andere Gruppe bekam überhaupt keine Informationen zum Thema Wahl.

Zwei Jahre nach der Wahl veröffentlichte der Konzern seine Forschungsergebnisse im Magazin *Nature* und konnte abgleichen, wie ihr »Tool« funktionierte. Die Studie trug den Titel »Das 61-Millionen

Menschen-Experiment zu sozialer Beeinflussung und politischer Mobilisierung«.[400] Es ging darum zu zeigen, wie sich Wahlverhalten mit Facebook anheizen lässt. »Die Ergebnisse belegen, dass (Facebook-)Nachrichten direkt das Wahlverhalten von Millionen Menschen beeinflussen.« Darüber hinaus »beeinflussten die Nachrichten nicht nur die Benutzer selbst, sondern auch deren Freunde und die Freunde deren Freunde. Der Effekt von sozialer Übermittlung war sogar größer als der Effekt der Nachricht selbst«, heißt es in der Studie und: »Politische Mobilisierung funktioniert.« Insgesamt gingen 340 000 Menschen mehr zur Wahl. Facebook nennt sein Instrument selbst »Wähler-Megafon«.[401] Prinzipiell könnte Facebook also bestimmte Wähler mit bestimmten politischen Überzeugungen zur Wahl ermutigen oder, subtiler noch, bestimmte Wähler zu Zeiten aktivieren, in denen die Aufmerksamkeit für das Thema höher ist.

Der Datenwissenschaftler Jörg Blumtritt erklärt, wie Datentechniker Wählerpräferenzen analysieren:

> »Wir verwenden Textvektoren. Ich nehme einen Text und zähle, wie oft jedes Wort vorkommt. Das mache ich beispielsweise für zwei Texte. Dann kann ich anhand der Häufigkeiten schon Ähnlichkeiten feststellen, ohne dass ich den Text verstehen muss. Jedes Wort ist eine Dimension in einem vieldimensionalen Raum, und wie oft das Wort vorkommt, entspricht den Koordinaten in der Dimension. Man kann nun den Winkel zwischen den Vektoren messen. Und je ähnlicher die Worte sind, desto kleiner ist der Winkel. Das funktioniert extrem gut und nennt sich Cosinus-Vektor-Distanz. Das ist ein Verfahren, mit dem man ohne Kenntnis der Sprache einen Text analysieren kann. Man kann die Ähnlichkeit von Wahlprogrammen mit Tweets oder Blog-Posts vergleichen. So kann man schauen, wie ähnlich eine Timeline bei Twitter mit bestimmten Parteiprogrammen ist. Das funktioniert gut. Völlig unabhängig davon, ob man bestimmte Stichworte besonders häufig verwendet. Es ist eher der Stil der Wahlprogramme. So lässt sich also die Parteipräferenz erschließen.«

Die Möglichkeiten, bestimmte Wähler in bestimmter Weise zu beeinflussen, liegen auch in der Hand von Facebook. Denn der Konzern ist mittlerweile das Medium, über das sich beispielsweise die Amerikaner mehrheitlich über politische Nachrichten informieren, wie die *Washington Post* schreibt. Angesichts der Manipulationsmöglichkeiten und der subtilen Beeinflussung durch Facebook sei die Demokratie gefährdet.[402]

Tatsächlich will der Konzern selbst zum wichtigsten Nachrichtenverbreiter werden. Er kooperiert mit Medienkonzernen weltweit, auch in Deutschland beteiligen sich Medienkonzerne, die dem Netzwerk kostenlos ihre Nachrichten und Berichte zur Verfügung stellen, so genannte »Instant Articles«. Die *FAZ* bemerkte dazu, dass die »Presse aus Angst vor dem Tod kollektiv Suizid begeht. Morituri te salutant! Please like us on Facebook.«[403] In einer Reaktion auf die Kritik ließ Facebook eine Studie erarbeiten, welche die ideologische Diversität des Konzerns »belegt«. Streng wissenschaftlich – und von Facebook bezahlt.[404]

27. Die Entstehung der kybernetischen Politik

Mit den »Instant-Artikeln« müssen die Bewohner von Planet Facebook ihren privatwirtschaftlichen Staat nie mehr verlassen. Die Artikel sind nicht einmal mehr verlinkt zum Entstehungsort. Facebook wird zu einem Kokon, das ein Leben in einer Blase möglich macht. Es wird immer komfortabler.

Verschiedene Universitäten und Publizisten untersuchen diesen Blaseneffekt und gehen der Frage nach, inwieweit die Personalisierung von Informationen, die zunehmend maßgeschneidert werden, wie eine Echokammer wirken. Manche erklären damit etwa die drastische Polarisierungen zwischen Demokraten und Republikanern in den USA, die ausgeprägt ist wie nie zuvor. Menschen mit verschiedenen Ansichten erhalten dank intelligenter Algorithmen verstärkt nur noch jene Nachrichten, die zu ihrer Weltanschauung passt.[405] Man erhält weniger News oder Mitteilungen von Freunden, mit denen man selbst nicht einverstanden ist, wie die Techniksoziologin Zeynep Tufekci und der Autor Eli Pariser schreiben.[406]

Das führe dazu, dass sich Republikaner und Demokraten immer weniger verstehen und immer mehr unterscheiden. Es bildeten sich Informations- und Interessenscluster, nach denen Menschen einsortiert und mit den entsprechenden Informationen versorgt würden. Das würde zu einer höheren Zufriedenheit jener führen, die vermeintlich genau die Informationen erhielten, die sie interessierten. Die Wahrnehmung der Welt werde so immer mehr polarisiert, und es entstünden Verständnisprobleme zwischen den verschiedenen Gruppen, da die eigene Weltauffassung durch die algorithmische Zuteilung der Informationen verstärkt werde.

»Seitdem in den USA der Wahlkampf datengetrieben geführt wird, ist das Land noch stärker polarisiert. In Amerika gibt es auch kaum noch Wechselwähler. Da passiert irgendwas.«

Mit den technologischen Möglichkeiten verändert sich schließlich auch die politische Mechanik. Ein Phänomen, das vor allem in den USA zu beobachten ist, weil dort die Entwicklung am weitesten fortgeschritten ist. Sasha Issenberg berichtete 2012 für *Technology Review* in einer Serie über Obamas Wahlkampf, der Politik in Mathematik verwandeln ließ und damit siegte.[407] Einer der Männer, die Obama zur unerwarteten Wiederwahl 2012 verhalfen, hieß Dan Wagner. Ein Wirtschaftsberater, der in Chicago Ökonometrie studiert hatte und bereits zur Wahl im Jahr 2008, mit gerade 24 Jahren, von Obamas Team abgeworben worden war.

Bereits für diese Wahl hatte Barack Obama eine beispiellose Datenerfassung der Wähler veranlasst. In den entscheidenden Staaten führten von Obama angeheuerte Call-Center-Mitarbeiter wöchentlich fünf- bis zehntausend Kurzinterviews durch, um Wähler zu identifizieren, die ausschlaggebend sein würden. Sein Team entwickelte ein Punktesystem, das jeden einzelnen Wähler als Unterstützer oder Ausfall klassifizierte. Zusammen mit den Umfragen, Daten aus den Wählerverzeichnissen und Konsumentendaten von Daten-Brokern errechneten intelligente Algorithmen Prognosen zum individuellen Wahlverhalten. Tausende von Freiwilligen machten sich auf den Weg zu den Leuten, bei denen die Chance bestand, dass sie Obama wählen würden. Auch diese Daten flossen erneut in das System ein und verfeinerten es.

Nach der Wahl blieb Dan Wagner bei den Demokraten. 2009 hatte er angefangen, mit den bestehenden Daten Experimente zu machen. Es gelang ihm nun, Wahlergebnisse vorauszusagen und Wahlausgänge von einzelnen Politikern zu berechnen. Alles Wahrscheinlichkeiten, jedoch mit einer enorm hohen Trefferquote. Als eine außerordentliche Wahl durchgeführt wurde, um einen vakant gewordenen Kongresssitz im Upstate New York neu zu besetzen, gelang es Wagner, das Wahlendergebnis mit einer Abweichung von nur 150 Stimmen vorauszusagen – lange vor dem Wahltag. Als Ted Kennedy starb und ein Platz im Senat für Massachusetts frei wurde, schätzten die Umfragen, dass Martha Coakley mit hoher Sicherheit gewinnen würde. Wagners Team prognostizierte jedoch korrekt den Republikaner Scott Brown als Sieger.

Basierend auf dem Datenmaterial aus dem Wahlkampf von 2008 ließ Wagner ein Programm aufsetzen, mit dem eine genaue Vermessung und Analyse der Wähler möglich werden sollte. Die Polit-Software hieß »Survey Manager«, »Umfragemanager«. Die Daten-Doktoren, die nach 2008 weitermachten, ließen ein telefonisches Umfragesystem von Siemens kaufen, das 1,2 Millionen Umfragen täglich ermöglichte. In einer Datenbank von Hewlett-Packard sollten die bestehenden Daten der Partei mit über 150 Millionen Wählern mit jenen Daten kombiniert werden, die neu für die Wahl 2012 erhoben wurden.

Zum Start des Wahlkampfes 2012 kannten die Kampagneros jeden Namen der 69 456 897 Menschen, die Obama 2008 gewählt hatten. Immer mehr Daten kamen nun hinzu. Es wurde möglich, die Nichtwähler zu profilieren, um herauszufinden, welche von diesen am ehesten Obama wählen würden. Listen mit Personen wurden erstellt, die persönlich kontaktiert werden sollten. Darauf standen nicht nur die Namen und Telefonnummern, sondern diese Listen waren auch nach einer Reihenfolge der Beeinflussbarkeit sortiert.[408]

»Sie nahmen das schwierigste Ziel in Angriff: Die Einstellung der Wähler zu verändern«, schrieb Issenberg. Sie erreichten es, weil sie nicht nur Klassen von Wählern erfassten, sondern Daten über jeden einzelnen Wähler. Sie beschafften sich Daten aus Registern, aus Datenbanken der Partei und kauften von kommerziellen Anbietern. Mit diesem Datenfundus konnte experimentiert werden, wie welche Wähler auf verschiedene Botschaften reagierten. So wurden Experimente mit E-Mails gemacht, bei denen verschiedene potenzielle Wähler verschiedene Ansprachen zu den gleichen politischen Sachgebieten bekamen. Mit den ausgewerteten Reaktionen konnten die Wähler, die interessant sein würden, noch genauer identifiziert und beeinflusst werden. Ein Mitarbeiter berichtete: »Wir konnten auch Leute überzeugen, die niedrige Punktwerte der Zustimmung hatten, indem wir sie ganz spezifisch ansprachen.« Der Journalist Christoph Kucklick schrieb:[409]

»Wer sich mit seinem Facebook-Konto auf Obamas Website registrierte, gab seine Freunde für Wagners Algorithmen frei, die errechneten, welcher der Freunde überzeugbar war (…). Die Kampagne war eine rauschender Erfolg: Knapp 80 Prozent der Angesprochenen konnten ihre Freunde für Obama gewinnen.«

Werbung in Massenmedien wurde gezielt nach geografischen Regionen eingesetzt. Es wurden genau die Kanäle und Sender bedient, bei denen Obamas Leute wussten, dass die Wählergruppen, die sie avisiert hatten, auch zusahen oder zuhörten. Dazu wurde eine Software entwickelt, die »Optimierer« hieß. Sie spaltete jeden Tag in 96 Zeitabschnitte und half dabei, genau zu definieren, zu welchen Zeiten, welche Kanäle zum besten Preis-Leistungs-Verhältnis mit Werbung bespielt werden mussten. Der »Optimierer« berechnete dies, und Obamas Leute entwickelten fünfhundert maßgeschnittene Werbeeinheiten. Statt klassischer Analysen konnte Obama das Abstimmungsverhalten experimentell für einzelne Wähler ergründen und beeinflussen. Er ließ eine Art Wahlsimulation laufen, die ihm half, die Kräfte so zu bündeln, wie er es brauchte.

Die avisierten Wähler – insgesamt 15 Millionen – erhielten Anrufe und Besuche von Obamas freiwilligen Helfern. Selbst die Texte, mit denen diese an der Tür angesprochen wurden, waren zuvor persönlich zugeschnitten – und optimiert. Dafür waren eigene Apps entwickelt worden, die es möglich machten, die Aussagen der Wähler sofort auf Obamas Server zu streamen. So sollten diese Informationen erneut in die Modellierung einfließen. Jede Nacht wurden auf diese Weise 66 000 Hochrechnungen gefahren[410] – eine Feedback-Schleife zur Optimierung. Während Norbert Wieners Berechnungen Jagdflieger als Ziele avisierten, ließ Barack Obama künftige Wähler anpeilen. Er führte den ersten kybernetischen Wahlkampf.

Seine Strategen setzten dreihundert Statistiker, Programmierer und Datenanalytiker ein. Sein »Datenteam wurde innerhalb kürzester

Zeit eines der größten des Landes – und kostete über den gesamten Zeitraum der Wahl mehr als 100 Millionen Euro«, schrieb Christoph Kucklick.[411] »Obamas Team testete immer wieder jedes Element der offiziellen Wahl-Website und machte sie so zur besterforschten Spendenseite aller Zeiten.« Mit Romney hatte nie eine Chance. Obama gewann mit fünf Millionen Stimmen Vorsprung, obwohl er vor der Wahl als der Verlierer galt.

Das politische Marketing hinkte in den USA üblicherweise dem kommerziellen Marketing hinterher, schrieb die *New York Times*. »Aber der (Wieder-)Verkauf des Präsidenten, 2012, war eine ganz andere Nummer.«[412] Künftig wird in den USA die Rechenleistung und die Verfügbarkeit über die intelligenteren Systeme mitentscheiden, wer Wahlen gewinnt oder, in der Lesart der *New York Times*, wer Wahlen verkauft.

Jörg Blumtritt ist fasziniert von Obamas Techno-Wahlkampf. Bei einer wichtigen Big-Data-Konferenz im Jahr 2013 stellte Blumtritt fest, dass Republikaner gezielt versuchten, Datenwissenschaftler zu rekrutieren, um bei künftigen Wahlkämpfen technologisch mitzubieten. Blumtritt sagte: »Die ganze Community ist natürlich komplett demokratisch. Jetzt haben die Republikaner auch 50 Data-Scientisten.« Insgesamt werde der Wahlkampf immer stärker davon abhängen, wie genau die Wähler geröntgt werden.

> »Man kann nicht sagen, ob das gut oder schlecht ist. Unheimlich einerseits, andererseits wird viel stärker auf einzelne Wähler eingegangen. Negativ ist das Manipulative, das Gegenteil einer authentischen Politik. Das ist nah am imperativen Mandat, wenn ich genau das mache, was mir meine Wähler sagen. Schwer zu sagen, wohin das geht.«

Organisiert hatte Obamas Daten-Wahlkampf Jim Messina – ein Mann, der auch von britischen Konservativen wie James Cameron als politischer Berater gefragt ist. »Wir werden jeden einzelnen Punkt in dieser Kampagne messen«, hatte Messina vor der Wiederwahl versprochen – und Recht behalten.[413]

Messina gilt als einflussreicher Strippenzieher in Washington, zu seinen Freunden zählt Eric Schmid, der CEO von Google. Der verstorbene Apple-Gründer Steve Jobs soll Messina den Rat gegeben haben, dass keine Wahlen mehr ohne Facebook und Twitter zu gewinnen seien. Messina beherrscht auch die alte Schule und ist nicht besonders zimperlich. 2011 boxte er einen Demokraten mit homophoben Ressentiments durch.[414] Mittlerweile haben auch die deutschen Sozialdemokraten Interesse an Messinas Fähigkeiten geäußert.[415]

Trotz einiger Unterschiede im Zugang zu den Daten: Ein Wahlkampf, wie ihn Obama führte, wäre auch in Deutschland möglich. Obschon die USA andere Datenschutzrichtlinien haben, lassen sich Daten beispielsweise von kommerziellen Anbietern kaufen. Acxiom gilt als einer der größten Datenhändler der Welt. In seinen Datenbanken sortieren sich über 500 Millionen Menschen mit 1 500 Angaben zu jedem von ihnen. Rund 44 Millionen davon kommen aus Deutschland. Auch die Post, Otto und Bertelsmann haben umfassende Datenbanken, in denen Wissen schlummert, das Macht repräsentiert.

Wie der Informatiker Markus Morgenroth schrieb, bietet Acxiom Prognosedienstleistungen an und kann bereits die Wahrscheinlichkeit vorhersagen, ob ein Kunde beispielsweise seinen Vertrag bei seinem Mobilfunkhersteller kündigen will. Denn manche Versicherer schließen Kunden mit hoher »Stornierungsneigung« aus.[416]

Der Journalist Patrick Tucker erläuterte, das Acxiom grundsätzlich das Verhalten von Konsumenten prognostizieren kann. Dafür hat der Konzern seine 500 Millionen Kunden in siebzig Konsumentenkategorie aufgeteilt. Acxiom »verkauft Sie als ein Teil einer Gruppe, die gemeinsame Charakteristiken aufweisen. (…) Acxiom weiß, wie viele Menschen in jedem einzelnen Cluster zu jedem beliebigen Moment zu erreichen sind: per Smartphone, Internet-Werbung, Fernsehwerbung.«[417] Die Rechner sind in der Lage, in wenigen Minuten 700 Millionen Rohdaten zu verarbeiten. Und Acxiom ist nur einer von sehr vielen, sehr unterschiedlichen kommerziellen Anbietern für den Datenhandel.[418]

Wer die Daten besitzt oder sich den Zugang dazu leisten kann, bekommt die Möglichkeit, Prognosen zu erstellen, die eine Wahlneigung für bestimmte politische Gruppierungen oder Parteien ermitteln.

28. Die Simulation der Gesellschaft

Der *Economist* schätzt, dass im Jahr 2020 80 Prozent der erwachsenen Bevölkerung Smartphones besitzen werden.[419] Und die Ingenieure unserer Zukunft entwickeln rasant neue Technologien, die alles noch komfortabler machen. So werden die Sensoren in unseren Wohnungen künftig nicht mehr mit Kabeln den nötigen Strom bekommen, sondern per WLAN. Die Universität von Washington in Seattle entwickelt die Technik, die sich »Power-WiFi« nennt.[420]

Projiziert auf eine Weltkarte blinken an immer mehr Orten die Punkte, die unsere Smartphones aussenden. Man kann heranzoomen auf Kontinente, Länder, Städte und einzelne Straßenzüge: Die sich bewegenden Punkte sind Menschen, die Daten emittieren, dank GPS. Die blinkenden Punkte lassen sich mit anderen Daten in Beziehung setzen, mit Äußerungen bei Twitter oder Facebook, mit Suchanfragen. Die mathematische Datenauswertung macht Verhaltensweisen von Menschengruppen sichtbar. Die Ausbreitung einer Grippe, die Entstehung von Aufständen oder Revolutionen, Verkehrsstaus in den Metropolen oder Massenpaniken in Mekka lassen sich berechnen oder voraussagen. Bei Twitter beispielsweise war Ebola schon drei Tage vor der offiziellen Entdeckung der Seuche in Nigeria ein Thema.[421]

In den USA fing Alex Pentland, Professor des MIT Media Lab, damit an, mithilfe von Sensordaten Gesetzmäßigkeiten zu erforschen. Jedoch keine physikalischen, sondern soziale Gesetze, wiederkehrende Muster und Regelmäßigkeiten, die zwischen Individuen auftreten. Sein Labor forscht nicht nur praktisch im Bereich der Kybernetik – hier entwickeln Physiker, Neurologen, Elektrotechniker, Informatiker, Soziologen und Künstler Schnittstellen zwischen Mensch und Computer, neuronale Interfaces, molekulare Maschinen, Künstliche Intelligenz, Biomechatronik oder Bionik. 100 Prozent der Forschungsgelder stammen aus der Privatwirtschaft.

Das MIT Media Lab gilt als brodelnde Küche für die kybernetische Technologie der Zukunft. Hier untersuchen die Wissenschaftler, wie sich Datenbrillen auswirken und was sich mit den anfallenden Daten anfangen lässt, andere fahnden nach Daten, die auf suizidales Verhalten hindeuten, es entstehen dreidimensionale Simulationen von Gesprächspartnern, mit denen die emotionale Interaktion zwischen Menschen und Maschinen erforscht wird oder wie sich aus millionenfachen Äußerungen in sozialen Medien Gerüchte und Falschinformationen automatisch detektieren lassen.[422] Alex Pentland:

>Ich lebe in der Zukunft. Das Massachusetts Institute of Technology (MIT), wo ich arbeite, ist das Zentrum des Universums der Innovationen (…), das MIT Media Lab, meine intellektuelle Heimat, ist wahrscheinlich der weltweit führende Ort, um live in der Zukunft zu leben.«[423]

Pentland erforscht wie ein kybernetischer Physiker in der sozialen Welt die millionenfache Interaktion von Menschen. Sein Elektronenmikroskop zeichnet Daten auf, die Verhaltensmuster von Tausenden Probanden freiwillig zur Verfügung stellen, um soziale Dynamiken sichtbar zu machen. Wochenlang zeichnen eigens von ihm entwickelte »Sociometric Badges« mit ihren Sensoren Bewegungen und Körpersprache auf, erfahren mit ihren Mikrophonen von Interaktionen mit anderen; Gespräche oder Videos bleiben dabei privat. Dutzende Forschungsgruppen und auch die Privatwirtschaft nutzen diese »Sociometric Badges«, um ebenfalls der sozialen Physik auf die Spur zu kommen, etwa wie sich Angestellte zu bestimmten Zeiten an bestimmten Orten verhalten.[424] Das soll dazu dienen, bislang nicht bekannte Optimierungspotenziale zu erkennen.

Alex Pentland ist einer der Väter der »Wearables«, der tragbaren Geräte und Minicomputer, die uns messen und die Google in Kooperation mit einem Hersteller bereits in Kleidungsstücke einbaut.[425]

Pentland entwickelt auch Apps, die in Kombination mit den vielen Sensoren des Smartphones ganz dicht an der realen Welt sind. Daten darüber, was Probanden im Internet suchen, wann sie wo und in welchen Situationen Anrufe oder SMS erhalten oder welche Apps sie wann und wo bedienen. Die Bluetooth-Verbindungen und WLAN sind genauso interessant wie der Batteriestatus. »Reality-Mining« nennt Pentland das.

>»Heute formieren sich binnen Minuten virtuelle Menschenmengen, die sich aus Personen zusammensetzen, die aus allen Teilen der Welt kommen.«

Um unsere neue Welt zu verstehen, sei es nötig zu erforschen, »wie Millionen Menschen voneinander lernen und wie sie Meinungen untereinander beeinflussen«.

>»Wir können nicht mehr über uns selbst als einzelne Individuen nachdenken, die sorgfältig gewägte Entscheidungen treffen; wir müssen die Dynamik sozialer Effekte berücksichtigen, die unsere individuellen Entscheidungen beeinflussen und ökonomische Blasen erzeugen, politische Revolutionen und die Internetwirtschaft.«[426]

Pentlands soziale Physik bildet die Beziehungen zwischen Informationen und Ideen zwischen Menschen mathematisch ab. Er ist der Vorreiter für das, was heute die Oligarchen der Internetwirtschaft millionenfach täglich mit den Daten ihrer Nutzer unternehmen.

Pentland erzeugt Datenwelten, in denen menschliches Verhalten sichtbar wird, um darin verborgene Ordnungen zu entdecken – vergleichbar mit den Schwarmmustern von Heringen, Kranichen oder Staren. Der Unterschied besteht darin, dass es ihm nicht nur um räumliche Bewegung geht, sondern auch um die »Bewegung« von Ideen, also einer nicht materiellen Größe von höchster Relevanz: der Information. Das Wissen, wie sich Informationen ausbreiten, ist eine Voraussetzung, um menschliches Verhalten zu prognostizieren.

So wie unter dem Mikroskop rote und weiße Blutkörper sichtbar wurden, zeichnen sich nun die Datenmuster unseres Sozialverhaltens ab, die zuvor wie in einer anderen Dimension verborgen waren. Pentland dazu:

>Das ermöglicht uns die Produktivität einzelner Gruppen, von Abteilungen in Unternehmen oder sogar ganzer Städte zu prognostizieren. (…) Die Maschine, die unsere soziale Physik antreibt, heißt Big Data.«[427]

Er spricht auch von »lebenden Laboren«, in denen jegliches Verhalten von Sensoren abgetastet und auf die Server weitergeleitet wird, um in der Maschine Erkenntnisse zu erzeugen, die uns noch so neu sind wie einmal Höhlenbewohnern das Feuer. Pentland behauptet, dass soziale Phänomene auf Millionen kleinster Interaktionen bestehen, die sich zu Effekten wie die Finanzkrise auswachsen können. Daher müssten die Mikromuster verstanden werden, um solche Krisen zu verstehen.

>Wenn wir eine Art Gottesauge hätten, einen Rundumblick, dann würden wir vielleicht ein tatsächliches Verständnis davon erhalten, wie Gesellschaft funktioniert.«[428]

Ihm geht es darum, eine Gesellschaft zu entwickeln, in der sich Krisen, ethnische Konflikte, religiöse Gewalt, politische Sackgassen, Korruption und »gefährliche Konzentrationen von Macht« durch den Einsatz von Technik identifizieren und verhindern lassen.

Pentlands Ansatz verfolgt auch der Soziophysiker Dirk Helbing von der Eidgenössischen Technischen Hochschule in Zürich.[429] Helbing ist darüber hinaus in einer Mission unterwegs, seit einigen Jahren schon: Er reist um den ganzen Globus, um für eine Sache zu werben, die unsere Gesellschaft vor drohendem Ungemach verschonen soll. »Die Maschine, die die Zukunft voraussagen würde«, schrieb der *Scientific American* im Dezember 2011 über Helbings Weltsimulator:

>Helbings System würde nicht nur den Bereich Finanzen oder Politik simulieren. Es würde vielmehr alles auf einmal simulieren – eine Welt in der Welt –, es würde Antworten auf die härtesten Fragen von Politikern ausspucken, die man sich vorstellen kann.

Das Kernstück dieses Projekts, der ›lebende Welt-Simulator‹, würde versuchen, auf globalem Niveau Ökonomien, Regierungen, kulturelle Trends, Epidemien, Landwirtschaft, technologische Entwicklungen und mehr zu modellieren – mit reißenden Datenströmen, ausgefuchsten Algorithmen und so viel Hardware, wie nötig ist.«[430]

Dirk Helbing will eine Weltsimulation bauen, die aus verschiedenen Komponenten bestehen soll. Dafür habe er ein Netzwerk von ähnlich gesinnten Forschern in ganz Europa aufgebaut – Helbing schreibt von dreihundert wissenschaftlichen Institutionen und rund zweitausend Forschern aus dreißig Ländern.

Die Entwicklung eines »planetaren Nervensystems« sei dringend nötig. Darunter versteht der Forscher die Milliarden Sensoren, die wir mit dem Smartphones in den Hosentaschen tragen, die bald von weiteren aus unseren Wohnungen ergänzt werden. 2013 hätte Helbing das Projekt, das »FuturICT« heißt, fast verwirklicht und von der EU die Fördersumme in Höhe von 500 Millionen Euro erhalten – doch das Human-Brain-Projekt seines Kollegen Henry Markram erhielt schließlich den Zuschlag. Die EU fördert nun statt einer Simulation der ganzen Welt ein menschliches Gehirn im Superrechner.

Helbing geht es um eine europäische Künstliche Intelligenz, deren Struktur sich an europäischen Werten orientieren soll: dezentral, partizipatorisch, plural, sozio-divers, den Datenschutz achtend. Die Bürger selbst hätten entscheiden sollen, welche Echtzeitdaten sie der Plattform zur Verfügung stellen, die sich zu einem »planetaren Nervensystem« auswachsen sollte. Mit diesen Daten und der Assistenz eines intelligenten Systems sollten Regierungen in die Lage versetzt werden, bessere Entscheidungen in einer komplexen und ultravernetzten Welt zu treffen.

Dirk Helbing, der Mathematik und Physik studiert und in theoretischer Physik promoviert und habilitiert, untersucht mathematische Gesetzmäßigkeiten sozialer Phänomene und entwickelt Methoden, um mit künstlich modellierten »Agenten« soziologische Phänomene zu erklären. Er entwickelt Modelle zur Simulation »künstlicher Gesellschaften«. An der ETH Zürich leitet er den Bereich Computational Social Science, eine Art Informatik der Sozialwissenschaften.

Dort untersuchte er beispielsweise die physikalischen Muster, die bei Massenpaniken entstehen – Phänomene, die sich zwischen den Individuen abspielen und Effekte erzeugen, die über das individuelle Verhalten hinausgehen. Auf Basis seiner Arbeiten wurden architektonische Veränderungen in Mekka entwickelt, um die Wallfahrt sicherer zu machen. Jeder Muslim soll bekanntlich in seinem Leben einmal dorthin pilgern. Die Pilgerreise »Hadsch« dauert mehrere Tage, und es kommen Millionen Menschen. Jahrelang starben bei Massenpaniken Hunderte von Menschen. Gruppeneffekte, die sich bereits vor einer Panik identifizieren und steuern lassen. Helbing analysierte dazu Videos mit erhöhter Geschwindigkeit und entdeckte physikalische Mechanismen: auftretende Stopps und Driftbewegungen etwa. Wie bei Stoffwechselprozessen könnten Systeme lange stabil erscheinen, bis sie plötzlich kollabierten.

Ähnlich verhält es sich bei »Crowd-Desastern«, bei Effekten von Massenpanik, die systembedingt entstehen und nicht individuell. Mit ähnlichen Verfahren simulierte Helbing auch Staus und erkannte Indikatoren, die sich zu Mustern ausweiten und dann im Phänomen Stau münden, den niemand individuell verursacht, sondern der in der Dynamik komplexer Systeme begründet liegt.

Ähnlich soll das Projekt FuturICT funktionieren. Im planetarischen Nervensystem bilden sich die Daten der Bevölkerung ab. Aus sozialen Medien, Tweets, SMS, Telefongesprächen und Metadaten bildet sich die globale Gemütslage der Welt ab – anonymisiert, dezentral gesteuert und von Supercomputern zu einem Simulationsmodell fusioniert, das Regierungen beraten soll. Eine Simulation, die es ermöglichen soll, sozioökonomische Szenarien durchzuspielen. So wie Stafford Beer die Steuerung der verstaatlichten Betriebe in Chile entwickelte, doch mit dem Unterschied, dass dieses System global funktionieren soll.

Helbing will eine 3-D-Simulation unserer Welt. Das System sollte den Menschen als Steuereinheit in einer überkomplexen Welt dienen. Es soll aber nicht zentral von einer Regierung gesteuert werden, sondern als international verteiltes System funktionieren. In seiner Vorstellung würden »die Bürger selber entscheiden, welche Sensoren sie in ihren Häusern, Gärten und Büros betreiben wollen, welche Sensorinformationen sie für andere öffnen (digital entschlüsseln) wollen, für welchen Zweck und wie lange. Die Bürger würden ihre Informationsströme also selber kontrollieren.«[431] Systeme, die von oben gesteuert würden, reduzierten die Diversität und Pluralität. Aber genau das sei für das Ökosystem Gesellschaften erforderlich, für Innovationen, kollektive Intelligenz, Zufriedenheit und Motivation.

Er reist nach Südkorea, Singapur, Helsinki, an die amerikanische Ostküste oder nach China, um für dieses Modell zu werben, denn er weiß, dass es andere Modelle gibt, in die sehr viel Geld und Energie investiert wird. Von der NSA etwa oder von Baidu, dem Suchmaschinenriesen aus China, der in Kooperation mit dem chinesischen Militär an der Entwicklung Künstlicher Intelligenz forscht. Helbing glaubt, dass eine europäische, transnationale und dezentrale Künstliche Intelligenz einem zentral gesteuerten Modell überlegen wäre. Es sei ein Ansatz, der kulturell passfähig und demokratisch sei, mit individueller Autonomie und Entscheidungsfreiheit vereinbar, basierend auf den Prinzipien von Selbstorganisation und kollektiver Intelligenz. Denn auch die zentral gesteuerte globale Überwachung von Geheimdiensten konnte bisher keine Krisen verhindern:

> »Während man nach dem 11. September 2001 den Terrorismus bekämpfte, wurde man von einer globalen Finanzkrise überrascht. Während man diese einzudämmen versuchte, geschah der Arabische Frühling. Während man die Energiekonzepte in Folge des Atomunfalls in Fukushima umzustellen versuchte, schlitterte man in eine Ukrainekrise. Während man dieser zu begegnen versucht, breitet sich der Islamische Staat aus.«[432]

Die globale Vernetzung und die wechselseitigen Abhängigkeiten unserer sozialen Welt ergäben ein komplexes System, das zunehmend instabiler werde, weil bereits kleine Effekte große Wirkung entfalten. Helbing nennt das Kaskadeneffekte. Der Fehler bestehe in der blinden Datenhörigkeit, doch nötig seien neben Rohdaten wissenschaftliche

Methoden. Deswegen fordert der Physiker ein Forschungszentrum wie das CERN, um unser Sozialleben zu erforschen. Die Daten und die Technologien dafür existierten.

Das sieht auch Alex Pentland so. Er untersuchte beispielsweise mit Daten der Online-Handelsplattform eToro wie Börsen-Trader agieren. 2011 analysierte sein Team 1,6 Millionen solcher Trader und von diesen rund 10 Millionen Finanztransaktionen. »Wir können tatsächlich sehen, wie soziales Lernen geschieht«, stellte er fest.[433] Er konnte darstellen, wie erfolgreich verschiedene Typen von Tradern agieren, je nachdem wie stark diese mit anderen kooperieren oder gänzlich allein handeln. Diese Interaktion zwischen verschiedenen Tradern repräsentiert für Pentland den Fluss von Ideen. Dabei waren schließlich jene Händler am erfolgreichsten, die auf Diversität setzten, auf eine Mischung aus Einzelhandeln und Kooperation. Diese Händler erzielten 30 Prozent mehr Gewinn im Vergleich zu einzeln agierenden Kollegen. Zwischen dem Herdenverhalten von Menschen und Isolation entstand das, was Pentland »soziales Lernen« nennt.

Mit dem »Fluss der Ideen« beschreibt Pentland, wie sich Ideen innerhalb eines sozialen Netzwerks verbreiten. Anhand dieses Idealzustands ließen sich Produktivität und Kreativität von Netzwerken, etwa Unternehmen, prognostizieren. Auf diese Weise könne man soziale Netzwerke steuern.[434] Was passiert etwa, wenn der Fluss zwischen den Individuen nicht so ist, wie er mathematisch ideal wäre?

> »Wir stellten fest, dass sich der Ideenfluss zwischen Individuen schärfen lässt, wenn wir ihnen kleine Belohnungen gaben oder sie anstubsten (»Nudges«), das brachte isolierte Händler dazu, mehr mit anderen zu interagieren, und solche, die zu stark vernetzt agierten, sich dort weniger zu engagieren.«[435]

Die Steuerung von Menschengruppen auf Basis von Datenmodellen nennt Pentland das »Managen des Ideenflusses«. Pentland hat folgerichtig eine Firma gegründet, die auf das »tunen« eines solchen Ideenflusses spezialisiert ist. Menschen handeln für Pentland wie »Maschinen, die Ideen verarbeiten«.

Während der Psychologe Daniel Kahneman an den einzelnen Menschen heranzoomt, macht der soziale Physiker Alex Pentland das Gegenteil: Er benutzt ein Weitwinkel, um im Massenverhalten Muster zu erkennen, die Aufschluss darüber geben, wie sich Ideen ausbreiten, wie Menschen andere Menschen beeinflussen und wie dieser Prozess als Ganzer beeinflussbar und berechenbar wird.

> »Wie Wirtschaftsnobelpreisträger Daniel Kahneman es vielleicht formuliert hätte: Wir können bewusst darüber nachdenken, in welchem Fluss der Ideen wir mitschwimmen wollen, aber die Prägung durch diese Ideen werden unser Verhalten und unsere Vorstellungen in einer Weise verändern, die unterbewusst geschieht. (…) Wir fanden heraus, dass Menschen ihre Umgebung ändern, um ihr Verhalten in die Richtung zu ändern, in die sie geprägt werden.«[436]

Für Pentland gibt es daher zwar keine individuelle Rationalität, jedoch eine kollektive. Er wie auch Helbing identifizieren in den sozialen Mustern eine Art kollektive Intelligenz. »Ich bin überzeugt, dass wir uns den Strom der Ideen als einen Schwarm kollektiver Intelligenz vorstellen können«, so Pentland.[437]

Auf dieser Grundlage hat er ein Netzwerkschema entwickelt, anhand dessen Personen identifiziert werden können, die besonders starken Einfluss auf das Gruppenverhalten entwickeln und damit auch auf das individuelle Verhalten. Pentland nennt diese Menschen »charismatische Verbinder«. Von diesen Personen, die in der grafischen Abbildung des Netzes die meisten Knotenpunkte auf sich vereinen, geht mehr Einfluss aus als von anderen. Ihre Wirkung auf das Verhalten anderer ist laut Pentland acht Mal höher.[438] Anhand der Zahl der direkten Interaktionen einzelner lässt sich also deren Potenzial zur Beeinflussung anderer ablesen und prognostizieren. »Das bedeutet, dass sich die effektivsten Netzwerkanreize auf die Personen konzentrieren sollten, die die engsten Verbindungen und meisten Interaktionen mit anderen aufweisen.«[439]

Pentland geht es bei seiner Arbeit darum zu zeigen, wie »Gesellschaften als Ganze« gesteuert werden können. Er nennt das »die Mathematik des sozialen Einflusses«. Er entwickelte dazu eine mathematische Formel, welche die Binnenverhältnisse zwischenmenschlicher

Interaktion ausdrückt und Wahrscheinlichkeitsannahmen über die Ausbreitung von Verhaltensweisen darstellt.[440]

»Wir müssen unsere neuen Technologien nutzen, um ein ›Nervensystem‹ zu entwickeln, das dabei hilft, die Stabilität von Regierungen, Energie und des öffentlichen Gesundheitssystems auf der ganzen Welt aufrechtzuerhalten. Unsere gegenwärtigen Feedback-Technologien sind bereits in der Lage, eine dynamische Reaktionsfähigkeit zu gewährleisten, die komplizierte moderne Gesellschaften benötigen.«[441]

Die Firma Sense Network, die Pentland mitgegründet hat, entwickelt beispielsweise Karten, die Bewegungen von vielen Millionen Personen in Echtzeit abbilden. »Diese Verhaltensdemografie ermöglicht Vorhersagen von Konsumverhalten, finanziellen Risiken oder politischen Ansichten, die mehr als vier Mal so akkurat sind wie bisherige geografische Demografie.«[442] Mit diesen Mustern, so Pentland, »können wir eine Gesellschaft entwickeln, die sich viel besser managen lässt«.[443]

29. Intelligente Flugabwehr, intelligente Menschenabwehr

Der Ursprung der Idee, die Welt im Computer nachzubauen, in Simulationen, die unsere Realität plan- und steuerbar erscheinen lassen, führt erneut in die Forschungslabors des US-Militärs. Simulationen kriegerischer Strategien, Berechnungen und Planspiele gegnerischer Schachzüge auf dem Spielfeld der Bedrohungsszenarien der Ost-West-Konfrontation des Kalten Kriegs: Hier gedeiht die Forschung zur Künstlichen Intelligenz. 1983 startete ein zehnjähriges Sonderprogramm der DARPA, das Künstliche Intelligenz zur Superwaffe des 21. Jahrhunderts entwickeln sollte. Das alles begann mit einem kolossalen Computersystem, dessen Entwicklung mehr Geld verschlingen sollte als das Manhattan-Projekt zum Bau der Atombombe, wie Historiker Paul N. Edwards feststellte.[444]

Es handelte sich um das kontinentale Luftabwehrsystem SAGE (»Semi-Automated Ground Environment«), an dem Ingenieure und die neu entstehenden Berufsgruppe der Programmierer bereits ab 1946 zu arbeiten begannen. Es entstand aus einer Kooperation zwischen US-Luftwaffe, dem MIT Radiation Laboratory und IBM. SAGE baute auf dem Flugsimulator Whirlwind auf. Der unterschied sich von allen bisherigen Computersystemen jener Zeit, »da er ein Gerät erforderte, das als Echtzeit-Regelmechanismus anstatt als Stapel abarbeitende Rechenmaschine genutzt werden würde«, wie Edwards schrieb. Das System sollte »die Automatisierung von Überwachungsaufgaben des Luftverkehrs, der Luftverteidigung, der Kommunikation, der Logistik und praktisch jedes weiteren größeren militärischen Betätigungsfelds« übernehmen.[445]

Whirlwind war von Jay Forrester am MIT entwickelt worden, dem Mann, der später auch für Stafford Beer bei der Konstruktion eines Regierungssimulators für CyberSyn mitwirkte. Und Whirlwind war auch der erste Computer, der Daten in Echtzeit verarbeiten konnte. Eine Kommission von Truman beschrieb 1950 das System der Luftverteidigung selbst als einen »Organismus«.[446]

Doch 1949 schockierten die Russen die Amerikaner mit ihrem ersten Atombombentest, zugleich demonstrierten sie eine Langstreckenrakete mit einer Reichweite bis in die USA. Aus Whirlwind wurde also ein Projekt von wesentlich größerer Dimension: SAGE. Das System benötigte ebenfalls eine Echtzeitsimulation und deswegen konnte es auf Whirlwind aufbauen.[447]

Der Luftwaffenkommandeur Hoyt Vandenberg erklärte den Befehlshabern der Streitkräfte, dass »die Situation eine Dringlichkeit und Priorität ähnlich des Manhattan District Projects erfordere«.[448] Und mit dem Ausbruch des Koreakriegs 1950 öffneten sich wieder die Schleusen für militärische Forschungsgelder. George Valley, Chefwissenschaftler der Air Force und Physiker am MIT Radiation Lab, erkannte, dass die Frage der Luftverteidigung eine Frage der Rechenleistung sein würde. Aus diesem Grund bauten die Amerikaner eine riesige Computeranlage.

Im Falle eines sowjetischen Bombenangriffs sollten die Computer Abfangjäger teilautomatisch dirigieren und die Abwehr koordinieren. Dieser Plan wurde als »Semi-Automated Ground Environment« beziehungsweise SAGE bezeichnet. Die erste SAGE-Einheit war 1958 im Einsatz und verwendete IBM-Computer, die auf Whirlwind-Prototypen aufbauten. Monströse Maschinen:

»1961 waren alle 23 Sektoren des SAGE-Systems betriebsbereit. Die Kosten lagen zwischen 5 und 12 Milliarden Dollar (…). Jede SAGE-Leitstelle war in einem fensterlosen, bunkerähnlichen, viergeschossigen Gebäude untergebracht, das ein etwa zwei Morgen (…) großes Grundstück einnahm. Die Betonwände waren zwei Meter stark und konnten somit größeren Detonationen widerstehen. Die gesamte zweite Etage wurde von dem zur Sicherheit noch einmal duplizierten Computer eingenommen. Jeder Computer wog 270 Tonnen und beanspruchte 1 900 m², wobei in den 70 Schränken etwa 58 000 Vakuumröhren installiert waren. Bildschirmkonsolen und Fernmeldeausrüstung beanspruchten noch einmal 1 900 m² an Geschossfläche. Für die Versorgung des Rechners, der Kühlung und der Telefon-Schaltanlage mit Strom war jedes Center mit einem eigenen Kraftwerk ausgestattet.«[449]

Laut Edwards generierte der Computer Abfangkoordinaten und leitete diese automatisch an die Jagdpiloten weiter. Die Jagdflugzeuge flogen selbstständig in die Nähe des unbekannten Eindringlings. Letzten Endes kontrollierte SAGE sogar Luftabwehrraketen und andere Waffensysteme. »Das Ziel war nicht weniger, als ein Netzwerk digitaler Computer aufzubauen, die die Radarüberwachung des Luftraumes mit einer zentralen Kommandostruktur orchestrieren«, stellte der Militärhistoriker Alex Ronald fest.[450] Das Projekt wurde zur Kernaufgabe des MIT Lincoln Laboratory in Lexington.

SAGE wurde für IBM zudem das technologische Sprungbrett zur Massenproduktion von Computern. Der Konzern verdiente nicht nur rund 500 Millionen Dollar allein mit diesem Projekt in den 1950er Jahren, die Forschungs- und Entwicklungstätigkeit für dieses komplexeste Computersystem brachte IBM sogar etwas noch Wertvolleres: Know-how, so Robert Everett, der das System mitentwickelte.[451]

Judy Clapp war eine der wenigen Frauen bei SAGE. Gerade Frauen, so Clapp, galten am MIT als besonders gewissenhaft und kamen daher als Programmiererinnen in Betracht, obschon sie die Ausnahme blieben. IBM stand einmal für »Internation Business Machines«, doch nach SAGE erkannte der Konzern, dass Computer viel mehr sein konnten als simple Rechenmaschinen: Mit ihnen konnte man interagieren, es ließen sich Welten abbilden und Realitäten konstruieren. SAGE, so Judy Clapp, war damit auch der Vorläufer der Spieleindustrie und das erste Computersystem, das interaktiv funktionierte. Es gab einerseits die eintreffenden Radarsignale, gleichzeig saßen die Techniker an den Bildschirmen und konnten mit Lichtpistolen feindliche Objekte markieren und Veränderungen vornehmen – und dies alles in Echtzeit. »Das war wie ein Servomechanismus, der Dinge kontrollierte, erhielt, zurückgab und adjustierte«, so Clapp.[452] »Das hat uns die Augen geöffnet«.[453]

Das System erzeugte im riesigen Maßstab das informationstechnische Bindeglied zwischen Menschen und Maschine, wie es Wiener mit seiner Flugabwehr erdacht hatte. Die Techniksoziologen Eric Lettkema und Martin Meister schrieben:

> »Als ein zur Selbstadaption fähiger Servomechanismus wurde nicht mehr länger das isolierte Gerät, sondern das Gesamtsystem aus der Kanone selbst, der Kalkulationsapparatur, der Sensorik (…) sowie des menschlichen Schützen betrachtet. (…) Wiener selbst hatte rückgekoppelte ›Mensch-Maschine- Systeme‹ als eine Art ›Spezies übergreifendes‹ Gesamtsystem begriffen.«[454]

Für den Historiker Paul N. Edwards verkörperte das SAGE-Lagezentrum eine »Welt, die sich mittels digitaler Berechnung und Kontrolle als lenkbar, kohärent und rational darbot. (…) Der Globus als ein Container, in welchem jeder Kampf an jedem Ort ein Surrogat für das epische Duell zwischen Kapitalismus und Kommunismus, Gut und Böse, Licht und Dunkelheit darstellte.«[455] Auch für den Historiker Philip Mirowski begann mit dem Lagezentrum SAGE unser informationstechnisches Zeitalter: »Die Kontrollcenter sind der Kern, von dem aus sich unsere Computer-Kultur entwickelte«, schrieb er.[456]

SAGE wurde zur Schablone für viele weitere Projekte, eines der bekanntesten war Ronald Reagans Raketenabwehrsystem SDI – auch als »Star-Wars« bezeichnet. SAGE wurde das »größte militärische Forschungs- und Entwicklungsprogramm seit dem Manhattan-Projekt«, schrieb Militärhistoriker Roland.[457] Luftraumüberwachung stellte sich als eine klassische Domäne für Künstliche Intelligenz dar. Auch künstliche neuronale Netze eigenen sich dafür.

Dr. Strangelove, der Mensch, der solche Dinge im Hochsicherheitsbereich entwickelt, beschreibt, wie das heute funktioniert:

> »Wenn sie ein Flugziel identifizieren wollen, dann strahlen sie es mit dem Radar an, und es kommt eine Rückstrahlsignatur zurück.

Diese Signatur kann unter Umständen verschattet sein, weil ein Hindernis im Weg steht. Zudem bewegt sich das Fahrzeug, das den Radar ausstrahlt. Es entsteht also eine neue Rückstrahlsignatur. So bekomme ich weitere Messungen. Die Entscheidung, was ich da sehe, kann ich nicht von einem Schnappschuss abhängig machen, sondern ich muss eine Sequenz messen. Wenn ich jetzt im dritten oder vierten Schritt so eine Messung mache und bekomme eine Radarrückstrahlsignatur und möchte die mit den Messungen vorher in Übereinstimmung bringen, dann brauche ich einen Speicher. Etwas, was mit herkömmlichen ›Deep Learning‹ nicht möglich war. Rekurrente Netze haben eine Art von Speicher eingebaut, und zwar dergestalt, dass die Aktivierung der Zellen nicht nur von der aktuellen Messung abhängt, sondern im Idealfall auch von den Messungen davor. «

Die kybernetische Maschine folgt mit Feedbacks aus Radarsignaturen dem Zielobjekt. Auf diese Weise lassen sich unterschiedliche Strategien entwickeln. Bereits seit Ende der 1990er Jahre setzte das Militär dafür Künstliche Intelligenz ein, wie Dr. Strangelove erklärt:

»Die Angreifer versuchen primär, Ihre Luftverteidigung auszuschalten. Was diese Systeme damals bereits erlernt hatten, sind ›Spielzüge‹ von Strategien. Wenn sich beispielsweise beim Ausfall eines Steuergeschützes eine Lücke auftut und der Angreifende versucht, in diese Lücke reinzugehen, wird man hochenergetische Radarstrahlung auf diesen Angreifer richten, um ihm zu signalisieren, dass er geortet und als Ziel erfasst wurde. In so einer Situation reagieren Piloten und versuchen, diesen Leitstrahl abzuschütteln. Da gibt es eine begrenzte Anzahl verschiedener Manöver, die er fliegen kann. Je nach Flugzeugtyp sind manche dieser Manöver wahrscheinlicher als andere. Aber der Witz ist der, dass der eigentliche Zweck dieser Strahlrichtung darin besteht, den Piloten dazu zu verleiten, in ein anderes Segment zu fliegen, wo eine aktive Verteidigungswaffe existiert. Das bedeutet, dass diese Systeme Strategien gelernt haben, Pilotenaktionen zu manipulieren. Und das funktioniert ziemlich gut.«

30. Digitale Manipulation und Propaganda der Militärs

Manipulation und Täuschung gehören zur militärischen Grundausstattung. Unsere gegenwärtige Informationstechnologie bietet dafür ideale Bedingungen, nicht zuletzt, weil die wichtigste Informationsstruktur unserer Gegenwart, das Internet, vom Militär erfunden wurde. Ganze Einheiten existieren, die ausschließlich dafür zuständig sind, soziale Medien zu infiltrieren und für Propagandazwecke und Manipulationsstrategien zu nutzen. Dieses Geschäft betreiben Militärs und Agenten sehr vieler Nationen.

Die »Hasbara-Brigaden« sind eine Cyber-Einheit des israelischen Außenministeriums, die orchestriert Propaganda auf Nachrichtenportalen verbreiten.[458] Eines der vielen Programme der Israelis heißt »Conceptus«. Damit können gefälschte Identitäten bei Facebook, Twitter oder anderen sozialen Plattformen gesteuert werden, um Nutzer auszuspähen. Das Programm wird laut dem Nachrichtenmagazin *Spiegel* vor allem in Krisengebieten eingesetzt. Das System empfehle den Anwendern, wie er die virtuellen Profile nutzen könne, um erfolgreich zu täuschen. Die Direktorin des israelischen Rüstungskonzerns IAI, Esti Peshin, erklärte, das System lerne aus den Entscheidungen der Menschen und werde so immer besser: »Das ist der wirklich coole Teil des Programms.«[459] Der coole Teil ist Künstliche Intelligenz zur Steuerung diverser virtueller Identitäten.

Russlands Präsident Wladimir Putin setzt so genannte »Trolle« ein – Hunderte von bezahlten menschlichen Manipulateuren –, die von den Propagandaprofis der »Agentur zur Analyse des Internets« aus Sankt Petersburg gesteuert werden. Ihre Aufgabe: Meinungen über sämtliche Kanäle im Internet im Sinne des Kremls zu schüren.[460] Mitarbeiter verfassen Kommentare bei Nachrichtenportalen, sie analysieren die politischen Einstellungen, um zielgenau vorzugehen. Und ihnen steht dabei viel Geld zur Verfügung: rund 10 Millionen Dollar allein für diese Firma 2014.[461]

Die deutsche Bundeswehr errichtete 2007 die Einheit »Computer Netzwerk Operationen« (CNO), deren Aufgabe im »Wirken im Cyber-Raum« besteht und die von Bonn aus verschleiert im Internet agiert.[462] Das deutsche Militär wie auch der Bundesnachrichtendienst arbeiten überdies an einer Echtzeitüberwachung der sozialen Medien.[463] Ebenso wie das Bundesamt für Verfassungsschutz, »um große Datenmengen automatisiert aufbereiten und systematisch analysieren zu können«, setzt die Behörde auf »intelligente Werkzeuge«, wie *Netzpolitik.org* berichtete. Denn nach Auskunft des Verfassungsschutzes heißt es:

> »Der Konsum von im Internet angebotenem Propagandamaterial kann z. B. Radikalisierungsprozesse initiieren oder beschleunigen. Eine zentrale Rolle nehmen dabei so genannte ›Soziale Netzwerke‹ wie Facebook, Twitter oder YouTube ein, die auch von verfassungsschutzrelevanten Personenkreisen genutzt werden.«[464]

Die britischen Kollegen des Geheimdienstes GCHQ wollen digitale Propaganda nicht nur bekämpfen, sondern aktiv erzeugen. Das brachten Teile der Snowden-Enthüllungen zum Vorschein. Das Programm heißt »Squeaky Dolphin«. Darin geht es um die Echtzeitüberwachung von YouTube, Facebook und Twitter zum Zweck der Propaganda. Überschrift: »Psychologie: eine neue Art der Signalentwicklung.«[465] Zuständig für die »systematische Verbreitung und Diskreditierung von Gegnern auf sämtlichen Kanälen im Internet« ist die Einheit JT-RIG (»Joint Threat Research Intelligence Group«). Neben der Verbreitung von Falschinformationen – so genannte »False Flag Operations« – nutzt die Einheit vor allem psychologische Techniken, um die Gegner sozial zu zerstören.

Haarklein wird aufgelistet, wie man »Zielobjekte diskreditiert«: indem man ihnen Fallen stellt, ihre Fotos in sozialen Netzwerken manipuliert. Auch gegen Unternehmen sind diese Techniken im Einsatz. Detailliert wird ausgeführt, mit welchen psychologischen Tricks Einzelne oder Gruppen unterwandert und verunglimpft werden.[466] Eine Matrix teilt die wissenschaftlichen Felder auf, die für die systematische Zersetzung angegangen werden müssen: Psychologie, Ökonomie, Anthropologie, Soziologie und Geschichte, Biologie und Politologie. Auf das Aufmerksamkeitsmanagement von Menschen wird ebenso eingegangen wie auf die »Schachzüge der Täuschung«. Eine Art Gebrauchsanweisung zur Manipulation: »Überzeugungen ausbeuten«, »erzeuge psychologischen Stress«, »simuliere Verhalten«. Auch auf das »Fünf-Faktoren-Modell«[467] der Psychologie, das von Konzernen genutzt wird, um uns besser zu klassifizieren, setzen die Geheimdienste ein.

An automatisierter Propaganda arbeitete auch die DARPA. Die Pentagon-Forscher veröffentlichten 2011 ihr Programm »Social Media in Strategic Communication« (SMISC) – eine Ausschreibung für ein Social-Media-Überwachungspaket, das keine Wünsche offenlässt. Inbegriffen: Propaganda ausfindig machen und Propaganda erzeugen. In der Projektbeschreibung der DARPA heißt es zur »generellen Strategie«: »SMISC will ein automatisiertes und semi-automatisiertes Werkzeug zur Unterstützung von Operationen und Techniken für den systematischen Gebrauch von Sozialen Medien auf Datenebene« sein.[468] Im DARPA-Jargon heißt das:

»1. Erfassen, klassifizieren, messen und verfolgen von (a) Formationen, Entwicklungen und Verbreitung von Ideen und Konzepten (memes) und (b) zielgerichteter oder irreführender Informationen und Desinformationen. 2. Erkennen von Strukturen von Beeinflussungskampagnen und Beeinflussungsoperationen in sozialen Medien und Foren. 3. Identifizieren von Teilnehmern und Vorsätzen und Messen von Effekten von Beeinflussungskampagnen. 4. Gegenmaßnahmen gegen identifizierte gegnerische Beeinflussungsmaßnahmen.«

Eine Steuerungstechnik, um »Unruheherde« zu kontrollieren. Eine digitale Propaganda-Intelligenz, die in Echtzeit arbeitet. Denn durch soziale Medien entstünden »völlig neue Phänomene, die es erfordern, soziale Interaktionen in einer neuen Weise zu überdenken«, heißt es. Die bestehenden Werkzeuge seien auf »gut Glück« und »primitiv«. Nötig seien »systematisch automatisierte und teilautomatisierte Methoden zum Klassifizieren, Messen, Tracken und Beeinflussen von Ereignissen in sozialen Medien«. Zum Management ist noch notiert, dass all die Überwachung in einer kontrollierten Umgebung stattfinden muss, »wo große Datenmengen gesammelt werden und Experimente unternommen werden«.[469] Das Budget für das Projekt bis Ende 2014: 42 Millionen Dollar.

SMISC funktioniert wie SAGE, bloß werden keine Flugkörper oder Kampfflieger erfasst, verfolgt und »semiautomatisch« eliminiert, sondern Menschen bei Twitter, Facebook und anderen Plattformen. Die gleichen mathematischen Prinzipien, mit denen sich eine größere Anzahl von Robotern kollektiv steuern lässt, lassen sich auch anwenden, um Gruppenverhalten von Menschen in sozialen Medien zu steuern. Das demonstrierte eine Studie des Forschungslabors der US-Luftwaffe.[470]

In digitalen Ökosystemen treiben sich mittlerweile recht viele künstliche Wesen herum, die mit uns interagieren – oft als Maschinen unerkannt. Es existieren ganze Armeen von Software-Robotern, so genannten »Bots«. Forscher der Indiana-Universität haben sie untersucht.[471] Bots in sozialen Medien sollen möglichst genau menschliches Kommunikationsverhalten imitieren. Während einige harmlos erscheinen, gibt es »schädliche designte Bots, mit dem Ziel der Beeinflussung und Täuschung«, stellten die Forscher fest. »Dies Bots führen in die Irre, manipulieren Diskurse in sozialen Medien mit Gerüchten, Span, Fehlinformationen.« Bei den US-Wahlen 2010 »wurden soziale Bots eingesetzt, um einige Kandidaten zu unterstützen und andere zu verunglimpfen«. Bei Wahlen in Mexiko 2012 nutzte eine der Parteien zehntausend automatisiert agierende Twitter-Bots, um Themen und Wähler zu manipulieren.[472] Dies stelle eine »neue Herausforderung« dar, für die bisher »keine Antikörper« existierten. Auch beim Hochfrequenzhandel spielten Bots eine manipulative Rolle, indem sie den Marktwert von Unternehmen durch gezielte Informationen und Gerüchte beeinflussten. Die Bots bei Twitter würden »immer raffinierter«, manche seien in der Lage, »das Verhalten von tatsächlichen Personen zu ›klonen‹«. Manche Forscher schätzten, dass 2013 von 35 Prozent der Follower der damals 500 Millionen Twitter-Benutzer keine Menschen waren.[473]

Der Rüstungskonzern Raytheon bietet bereits eine intelligente Software namens »Riot« (Aufstand) an, die Aufstände, Unruheherde oder Unruhestifter überwachen soll. Dabei gibt es als Bedienungsoberfläche einen Suchschlitz wie bei Google, wo einfach der Name der Zielperson eingegeben werden muss.[474] Schon kann die Analyse, Überwachung und Manipulation beginnen. Es existieren unzählige weitere Programme, Einheiten verschiedener Staaten und Verbündeter wie der NATO, die Cyber-Armeen und Abteilungen zur psychologischen Kriegsführung und Propaganda zu ganz unterschiedlichen Zwecken einsetzen.[475] Für die US-Marines wurde eigens ein Handbuch über richtiges Verhalten in sozialen Medien veröffentlicht.[476]

Selbst Prominente raten offen zur »kognitiven Infiltration« sozialer Netzwerke, um »Verschwörungstheoretiker« auszuschalten. Empfohlen hat dies der Verhaltensökonom und »Anstubser« Cass Sunstein. Er schrieb 2008 in einem Fachartikel – bevor ihn Obama zum Chef seines Büros für »Information and Regulation« machte:

»Regierungsagenten (und ihrer Verbündeten) könnten in Chat-Räume, soziale Netzwerke oder tatsächliche Gruppen eindringen, um die Verbreitung von Verschwörungstheorien zu unterwandern, indem sie Zweifeln an Fakten oder logischen Implikationen sähen.«[477]

Sunstein bewegt sich damit in unguter geistiger Tradition: Denn auch die Staatssicherheit der DDR wandte solche Maßnahme an, die ebenfalls von Psychologen entwickelt worden waren. Die Ostagenten rubrizierten dies unter dem Begriff »operativer Vorgang«. Die ehemals geheime Verschlusssache des Ministeriums für Staatssicherheit Nr. 100/76 aus dem Jahr 1976 verdeutlicht, was ein operativer Vorgang bezwecken sollte:

»Systematische Diskreditierung des öffentlichen Rufes auf der

Grundlage miteinander verbundener wahrer, überprüfbarer sowie unwahrer, glaubhafter, nicht widerlegbarer und damit ebenfalls diskreditierender Angaben; systematische Organisation beruflicher und gesellschaftlicher Misserfolge zur Untergrabung des Selbstvertrauens einzelner Personen; Erzeugung von Misstrauen und gegenseitigen Verdächtigungen innerhalb von Gruppen.«[478]

Im heutigen Militärjargon heißen operative Vorgänge »Psyops«: psychologische Operationen. Das Handbuch für unkonventionelle Kriegsführung definiert Psyops: »geplante Operationen, um gezielte Informationen und Hinweise für ein fremdes Publikum zu verbreiten, um deren Gefühle, Motive, sachlichen Erwägungen oder, ultimativ, das Verhalten fremder Regierungen, Organisationen, Gruppen oder Individuen, zu beeinflussen«.[479]

Die weltweite Propagandamaschine ist riesig: Eines der herkömmlichen Instrumente Russlands, die Sendeanstalt Russia Today, hat ein Budget von rund 300 Millionen Dollar und rund 1 700 Beschäftigte.[480] In China befanden sich 2003 insgesamt 2,262 Fernsehstationen, 119 Tageszeitungen, 9,074 Periodika und 1,123 Verlage unter Aufsicht des Propagandaministeriums.[481] Die Chinesen überwachen den Internetverkehr mit ihrer »Großen Firewall« mit einem Personalaufwand von schätzungsweise hunderttausend Zensoren, wie der *Economist* berichtete.[482] Der *Guardian* schätzte 2008 die Zahl der bezahlten Meinungsmacher, die beispielsweise Kommentare in Foren zu Artikeln im Internet lancieren, auf dreihunderttausend.[483] Und in den USA schließlich beschäftigte allein das Pentagon 2009 etwa 27 000 Fachleute für Public Relations mit einem Jahresetat von rund 4,7 Milliarden Dollar.[484]

31. Wie Sigmund Freuds Neffe Wirklichkeit erzeugt

Edward Bernays, ein Neffe von Sigmund Freud, erfand die »Public Relations«. So nannte er nach dem Zweiten Weltkrieg sein Geschäftsfeld, das er zuvor schlicht als »Propaganda« bezeichnet hatte.[485] Doch weil Joseph Goebbels sich von Bernays' Techniken inspirieren ließ und »Propaganda« zu einem Herrschaftsinstrument der Nationalsozialisten machte, änderte er die in Verruf geratene Begrifflichkeit.

Der Historiker Stuart Ewen beschrieb minutiös, wie Bernays den Beruf der »Öffentlichkeitsarbeit« entwickelte, eine Spezies, die sich darauf kapriziert, Erzählungen zu erzeugen, die als Realität verkauft werden.[486] Nach den Erfahrungen zweier Weltkriege war Bernays nämlich überzeugt, dass das menschliche Naturell gefährlich sei und sich Massen leicht zum Bösen verführen ließen – die Deutschen waren dafür das beste Beispiel. Insofern war Bernays die Demokratie suspekt, weil sie ihm unkontrolliert erschien. Er ging davon aus, dass die Massen von einer Elite gelenkt werden müssten, um die Gesellschaft vor einem Abdriften ins Chaos zu bewahren.

»Der durchschnittliche Amerikaner besucht nur sechs Jahre lang die Schule. Doch angesichts sich verschärfender Krisen und Entscheidungen, die gefällt werden müssen, können Führungspersönlichkeiten nicht darauf warten, dass die Fakten von allen verstanden werden. In manchen Fällen müssen demokratische Führer ihre Aufgabe erfüllen, indem sie Meinung erzeugen.«[487]

Für Bernays waren deswegen PR und Propaganda eine »angewandte Sozialwissenschaft«. Sein Grundmodell: »Eine hochgebildete Klasse von meinungsbildenden Taktikern arbeitet kontinuierlich, analysiert das soziale Terrain und steuert die öffentliche Meinungsbildung.«[488] Hier folgte Bernays Gustave Le Bon, der 1895 mit *Psychologie der Massen* einen Klassiker veröffentlicht hatte. Auch ihm war die Demokratie nicht geheuer:

>»Bisher wurden die Kulturen von einer kleinen, intellektuellen Aristokratie geschaffen und geleitet, niemals von den Massen. Die Massen haben nur Kraft zur Zerstörung. Ihre Herrschaft bedeutet stets eine Stufe der Auflösung. Eine Kultur setzt feste Regeln, Zucht, den Übergang des Triebhaften zum Vernünftigen, die Vorausberechnung der Zukunft, überhaupt einen hohen Bildungsgrad voraus.«[489]

Bernays fürchtete ebenso wie Le Bon das Triebhafte des Menschen. Als Sigmund Freuds Neffe war er zudem überzeugt davon, dass das Zügellose des Menschen zivilisiert werden müsse. Er sagte:

>»Intelligente Menschen müssen verstehen, dass Propaganda das moderne Instrument ist, mit welchem wir für Produktivität kämpfen und Ordnung in das Chaos bringen.«[490]

Propaganda und PR hatten historisch gesehen eine politische Steuerungsfunktion. Dank seines Onkels Sigmund Freud wusste Bernays, dass wirksame Propaganda Emotionen erzeugen und am Unterbewusstsein ansetzen musste – und dies nicht nur während des Kriegs, sondern auch darüber hinaus: So wurde er von unzähligen Konzernen des erstarkenden Amerikas angeheuert, um in einer gemeinsamen Anstrengung den Konsum der Bevölkerung anzukurbeln. Im »American Way of Life« sollte er die politische Freiheit mit der Freiheit zum grenzenlosen Konsum verknüpfen.

Aus der »Masse« von Le Bon entstand mit der Verbreitung der Massenmedien die »Öffentlichkeit«. Stuart Ewen dazu:

>»Wenn die Masse eine Zusammenballung von Menschen war, bei der stets die Gefahr bestand, dass sie sich jeden Moment von der Straße erheben würde, war die Öffentlichkeit etwas eher Hypothetisches, bestehend aus Einzelnen, die voneinander getrennt

waren. Während sich die Masse durch Aktion definierte, beruhte die moderne Öffentlichkeit eher auf dem passiven Konsum von Informationen, auf Fakten oder Dingen, die nach Fakten klangen. Während die Masse als etwas Gefährliches angesehen wurde, von Irrationalität getrieben, war die Öffentlichkeit – als ein Publikum von Zuhörern – zugänglich für Ideen, für Rationalität, für die Verführbarkeit durch faktischen Beweise.«[491]

Es musste also dafür gesorgt werden, diese Meinung zu kontrollieren.

1917 erließ Woodrow Wilson die Order, eine Propagandaabteilung zu schaffen: das Committee on Public Information (CPI). Hier fing auch Edward Bernays an zu arbeiten, nachdem er zuvor Enrico Caruso ins rechte Licht gerückt hatte. Die Institution wurde auch »Haus der Wahrheit« genannt und sollte »den Geist der Massen lenken«. Das CPI wurde auf Anraten des einflussreichen Journalisten Walter Lippmann gegründet, um »eine Welt zu schaffen, die sicher ist für die Demokratie«. Die »öffentliche Meinung« erschien nun als etwas, das Menschen mobilisieren und bearbeiten konnten.[492]

Bis heute tun dies Spin-Doktoren, indem sie vermeintlich objektive Studien in der Presse lancieren, um bestimmte Meinungen und Erzählungen zu erzeugen. Experten und Studien: Das wirkt um ein Vielfaches stärker als schöne Werbung. »Wenn Neuigkeiten einmal als etwas erschienen, das da draußen existiert und darauf wartet entdeckt zu werden, sind sie heute viel mehr ein Produkt, das hergestellt werden muss«, schrieb Bernays.[493]

So wie sich heute MIT-Forscher Alex Pentland und seine Kollegen dafür interessieren, wie sich der »Fluss der Ideen« in sozialen Netzwerken von Millionen Menschen ausbreitet, begannen nach dem Zweiten Weltkrieg die Sozialingenieure der Public Relations, die Bevölkerung mithilfe der entstehenden Marktforschung zu analysieren. Wie Pentland ging es auch Bernays darum, herauszufinden, von wem aus sich Ideen verbreiteten. Wer die Multiplikatoren identifizieren und beeinflussen konnte, war in der Lage, sehr viele Menschen zu beeinflussen.

Die Konzerne entwickelten ein großes Interesse am modernen

Konsumenten, der gerade im Entstehen begriffen war. Werbeprofis entwarfen den einzigartigen Bürger, der seine Individualität mit den Produkten zum Ausdruck bringen konnte, die von den Fertigungshallen der Konzerne in Massenproduktion vom Fließband rollten. Die Werbung lud Konsumgegenstände emotional auf, und ganze Abteilungen entstanden, die Daten erhoben, den Markt erforschten und Kampagnen entwickelten. So ließ sich der Absatz über das nur lebensnotwendige Maß hinaus ankurbeln: Autos dienten nicht der Überbrückung von Entfernungen – die Meinungsingenieure machte daraus Symbole der Freiheit.

Auch Regierungen nutzten die neuen Instrumente. Mit Umfragen ließ sich der Puls der Bürger messen und mit passgenauen Entscheidungen politisches Kapital erwirtschaften. Schon in den 1930er Jahren hatte George Gallup aus diesem Grund sein berühmtes Umfrageinstitut gegründet. »Meinungsumfragen produzierten kühle mathematische Informationen, die gleichzeitig enormen emotionalen Einfluss ausübten«, schrieb Stuart Ewen.[494]

Bundeskanzlerin Angela Merkel nutzt das ihr unterstellte Bundespresseamt wie kein deutscher Kanzler vor ihr, um den Deutschen den Puls zu fühlen: Durchschnittlich alle zweieinhalb Tage lässt sie eine Umfrage erheben. Dabei ist es dem Kanzleramt wichtig, die Ergebnisse und den Gegenstand dieser Umfragen geheim zu halten. Der *Spiegel* bemerkte dazu:

> »Das Herrschaftswissen aus der Demoskopie verschafft Merkel einen bemerkenswerten Informationsvorsprung gegenüber der politischen Konkurrenz. Einige Umfragen stehen im Verdacht, dass sie viel mehr den Parteiinteressen dienen als der Regierungsarbeit.«[495]

Walter Lippmann stellte fest: »Die empirische Kunst der Politik fußt größtenteils auf der Kreation von Meinung durch die bewusste Ausnutzung des Unterbewusstseins und nichtrationaler Impulse.«[496] Die heutigen Verhaltensökonomen sehen das sicher ebenso künstlerisch.

Für Edward Bernays ließen sich Nachrichten, die Menschen beeinflussen sollen, nach bestimmten Regeln herstellen:

»Die Konzeption von Ereignissen und Umständen, die Routinen durchbrechen, ist eine Basisfunktion, um ein öffentliches Bewusstsein herzustellen. (...) Ereignisse mit Nachrichtenwert entstehen gewöhnlich nicht zufällig. Sie werden mit einem bestimmten Zweck geplant, um Ideen oder Handlungen zu beeinflussen.«[497]

Eines seiner frühen propagandistischen Meisterwerke war die Kampagne »Fackeln der Freiheit«. Zur traditionellen Osterparade wagte plötzlich eine Gruppe junger Frauen das bis dahin Unmögliche: Sie fingen kollektiv in der Öffentlichkeit an zu rauchen, was Frauen zu dieser Zeit nicht gestattet war. Dutzende von Fotografen hielten das historische Ereignis fest, das am kommenden Tag nicht nur bei der *New York Times* die Titelseite bestimmte. Was wie ein spontaner Ausdruck der Emanzipation erschien, war eine Inszenierung von Bernays, der dafür von British American Tobacco bezahlt wurde.

Bernays wurde unermesslich reich, und an seinen Lippen hingen die mächtigsten Menschen dieser Zeit. In einer BBC-Dokumentation erklärte Bernays, dass ihm eines klar geworden sei:

»Wenn man Propaganda für den Krieg benutzen kann, kann man Propaganda auch für den Frieden benutzen. Nach den Deutschen war Propaganda ein Schimpfwort. Ich suchte nach einem neuen Wort, und so erfanden wir die Public Relations.«[498]

32. Das Pentagon erfindet das Internet

Nachdem die Russen am 4. Oktober 1957 die Amerikaner mit Sputnik geschockt hatten, beschloss US-Präsident Dwight D. Eisenhower, dass er sich von solchen Dingen nicht mehr überraschen lassen wollte. Er ließ das Verteidigungsministerium neu organisieren und veranlasste 1958 die Gründung der ARPA, der »Advanced Research Projects Agency«, die später DARPA hieß – einer Einrichtung, die künftig die avancierteste Forschung der Welt beauftragen, steuern und überwachen sollte. Ganz zu Beginn konzentrierte sich die ARPA auf die Weltraumforschung, doch das sollte noch im selben Jahr zum größten Teil die Raumfahrtbehörde NASA übernehmen.

Bobby R. Inman, ehemaliger Direktor der National Security Agency (NSA) und stellvertretender Direktor der CIA, nannte die DARPA die »Kronjuwelen der Elite der Verteidigungsforschung und die erfolgreichste Behörde der Regierung«.[499] Die DARPA beobachtete die Entwicklung von Nukleartechnologie, widmete sich der Materialforschung und der Elektrotechnik, ließ Sensoren, Ortungs- und Überwachungstechnologien wie das GPS erfinden. Zugleich interessierten sich ihre Mitarbeiter für Verhaltensforschung und Informatik.

In diesem Zusammenhang entstand 1963 das Project MAC, das sich der Erforschung von Computern widmete und zur Gründung der ersten wissenschaftlichen Institute für Künstliche Intelligenz führte, ebenso zu den ersten Instituten für Informatik in den USA. Zuständig für diese Entwicklung war der MIT-Experimentalpsychologe Joseph Carl Robnett Licklider. Seit 1963 trug er bei der ARPA auch den Titel »Director for Behavioral Science and Command and

Control«. Command and Control stand für die sich entwickelnde Computerwissenschaft.[500]

Mit dem Projekt MAC wurde 1963 erstmals das »Time-Sharing« umgesetzt, das hieß, Rechenzeiten an den teuren und noch seltenen Maschinen wurden zwischen verschiedenen Forschern geteilt. Bereits Mitte der 1960er Jahren entstand aus dem Projekt MAC auch die erste Online-Gemeinschaft – ein Vorläufer dessen, was sich später durch das Internet ausbreiten sollte.[501] »Das war ein Standardziel der DARPA-Manager: einerseits nützliche Technologien für das Militär zu entwickeln und andererseits längerfristig das Ziele zu verfolgen, wissenschaftliche Gemeinschaften aufzubauen, die kontinuierlich Dinge entwickeln konnten«, schrieb der Historiker Michael Aaron Dennis.[502]

Schon 1962 diskutierte Licklider am MIT die Vision eines »galaktischen Netzwerks« von Computern, die dezentral miteinander kommunizieren könnten.[503] Diese Idee sollte später zur Entwicklung des ARPAnets führen, das 1990 zum Internet wurde. Die DARPA bezeichnete später Lickliders Bemühungen als das »vielleicht erfolgreichste Forschungsprogramm in der Geschichte«.[504]

Die Blaupause für Lickliders Idee hatte SAGE geliefert. Dort hatte Licklider bereits die Interaktion von Mensch und Maschine erforscht – ein Thema, das er schon während des Zweiten Weltkriegs in Harvard untersucht hatte. Mensch und Maschine würden zusammenwachsen, davon war er überzeugt: »Ich hoffe, dass in nicht allzu vielen Jahren menschliche Gehirne und Computer sehr eng miteinander gekoppelt sein werden«, hatte er in einem Konzeptpapier 1960 geschrieben. Es trug den Titel *Mensch-Maschine-Symbiose*.[505]

Trotz aller technischen Innovationen, die das Flugabwehrsystem SAGE mit sich brachte – ein wichtiges wissenschaftliches und militärisches Problem blieb bestehen: die Frage, wie Computer Daten über große Entfernungen verschicken und miteinander kommunizieren konnten. Bei SAGE liefen die Daten der Radarmessungen ein, wurden zur Kommandozentrale weitergeleitet und von dort zum Luftwaffenstützpunkt. Das System nutzte dazu eigene Kabel, die über Land verliefen. Das System war geschlossen und zentral. Das Potenzial vernetzter, dezentraler Computersysteme war jedoch viel weitreichender, vermutete Licklider.

Im April 1963 überzeugte er das Pentagon zur Gründung des Information Processing Techniques Office (IPTO) innerhalb der DARPA, das er im gleichen Jahr auch leiten sollte.[506] Der Auftrag des IPTO lautete, die Entwicklung von Computern zu beschleunigen. Dies war bis zur Gründung der DARPA eine Aufgabe der Airforce gewesen. Um Informationen zwischen den Centern auszutauschen, duplizierten Mitarbeiter die Daten – ein langsames und aufwändiges Verfahren. Licklider wollte das durch eine bessere Vernetzung ändern, und so kümmerte er sich um Kooperationspartner bei der RAND Corporation in Santa Monica und dem MIT in Cambridge.

Verwirklichen sollte das ARPAnet jedoch nicht Licklider, der nach einem Wechsel zu IBM wieder an das MIT ging, um das Projekt MAC zu leiten. Für das ARPAnet zuständig am IPTO war ab 1966 Larry Roberts, der die auf Akustik spezialisierte Beratungsfirma Bolt, Beranek & Newman (BBN) an Bord holte, um das Netz aufzubauen. Bei BBN arbeitete Robert Kahn, der später selbst das IPTO leiten sollte. Sein Spezialgebiet waren Computer-Netzwerke.[507] Das IPTO hatte siebzehn Computercenter unter Vertrag, die vernetzt werden sollten. Die DARPA steuerte dafür eine Million Dollar bei.[508]

Mithilfe der Telefongesellschaft AT&T wurden Telefonleitungen für das Netz verlegt. Der Datenaustausch dieser Leitung, die dauerhaft bestand, wurde über gestückelte Datenpakete organisiert. Das sollte Stabilität der Übertragung gewährleisten. Die Idee dieser Übertragungsvariante erdachten die RAND Corporation und die University of California in Los Angeles (UCLA). Den Austausch der Daten regelte zunächst der »Interface Message Processor« (IMP), den Robert Kahn mitentwickelt hatte. Parallel entstand diese Technologie auch in Großbritannien.

Die ersten beiden Knotenpunkte, die das ARPAnet 1969 verband, waren die University of California und das Stanford Research Institut (SRI).[509] Von nun an erweiterte sich das Netz monatlich, Ende 1971 hatte es bereits neunzehn Knotenpunkte. Ray Tomlinson von BBN entwickelte im gleichen Jahr das erste E-Mail-Programm, das zur wichtigsten Anwendung des ARPAnets werden sollte. Es war die Geburt des @-Zeichens. Bis zum Jahr 1977 waren unzählige Rechner mit dem ARPAnet verbunden: unter anderem das MIT, Stanford, die RAND Corporation, BBN, Harvard, Carnegie, die NSA und das Pentagon.[510]

Vor allem auch militärisch war das Netzwerk sehr interessant: »Wie könnten militärische Kräfte, die sich bewegten, in Kontakt mit dem Hauptcomputer bleiben? Wie könnte ein Kommandierender sein Hauptquartier verlegen, ohne dabei offline zu gehen? Wie könnten Schiffe zur See oder Flugzeuge in der Luft in den Genuss der Vorteile solcher Großrechner kommen? Aus diesen Gründen fing das IPTO in den frühen 1970er Jahren an, über kabellose Netzwerke nachzudenken«, so der Militärhistoriker Alex Roland.[511]

Um die Übertragung per Satelliten kümmerte sich Robert Kahn, der Anfang der 1970er zum IPTO wechselte, das er zwischen 1979 bis 1985 auch leitete. Er entwickelte 1974 das »Transmission Control Protocol« (TCP) und das »Internet Protocol« (IP) – die bis heute gültige Architektur des Internets. 1982 wurden alle militärischen Rechner auf diese Protokolle umgestellt. Das militärische MILNET trennte sich vom ARPAnet, das ein Jahr später zum neuen Protokoll wechselte.[512] Für die DARPA war das die Geburt des Internets.[513] Der Historiker Michael Dennis schrieb:

> »Das ARPAnet war mehr als ein Vorläufer des Internets. So entwickelte sich der technologische Kontext, aus dem eine ganze Generation von Informatikern erwuchs. (…) Natürlich konnte nicht einmal die DARPA voraussehen, was das Internet einmal werden würde.«[514]

Der historische und gesellschaftliche Kontext dieser Generation von Informatikern waren Krieg und Militär. Nicht nur die Menschen, die diese Technik entwickelten, prägten diese Logik, auch die Technik beherbergte dieses militärische Kalkül: Unsere heutigen Computer, die Art und Weise, wie wir heute kommunizieren, das Internet, die Interaktivität heutiger Anwendungen und ihre Echtzeitumsetzung – all diese Aspekte, die wichtige Teile unserer Gegenwart ausmachen, entstammen der militärischen Forschung. Und die verfolgte damit ein Ziel: Informationen und Rückkopplungen von Informationen zur Steuerung des Gesamtprozesses.

Norbert Wiener hatte eine militärische Notwendigkeit zu einem universalen Prinzip erkoren und dessen Übertragbarkeit hatte sich als beispiellos erwiesen. Nach denselben Prinzipien, nach denen die Kontrollzentren der Luftverteidigung funktionieren, organisieren wir heute sehr viele Bereiche unserer sozialen Welt.

Bis vor wenigen Jahren glaubten noch viele Menschen, dass das Internet ein Instrument der Freiheit sei, soziale Netzwerke ausschließlich demokratisierende Effekte haben würden. Und viele Menschen wundern sich inzwischen, dass exakt die gleiche technische Architektur, die so viel Gutes bietet, als Instrument der globalen Überwachung eingesetzt wird.

Tatsächlich wäre es historisch naiv anzunehmen, diese globale, interaktive Echtzeit-Steuerungseinheit – das Internet – hätte nur als unglücklichen Nebenaspekt jene Überwachungs- und Manipulationsfertigkeiten hervorgebracht, die wir viel ernster nehmen sollten, als wir es gegenwärtig tun. Sie sind vielmehr das Kernelement. Militärische Technologien wie Überwachungskameras oder Drohnen sickern immer tiefer in zivile Lebensbereich ein und erobern unsere Welt.

Am deutlichsten verkörpert die DARPA dieses Verschmelzen von zivilem Sektor und Militär: Die Pentagon-Forscher arbeiten stets mit Universitäten und Firmen zusammen und entwickeln die Projekte zumeist als »Dual-Use«: Sie können wie die Atomkraft beispielsweise militärische und zivile Aufgaben erfüllen. Das selbstfahrende Auto, das vermeintlich von Google erfunden wurde, entstammt der DARPA-Forschung, Google Maps nutzt wiederum auch das US-Militär, und Siri ist eine Weiterführung einer DARPA-Erfindung.

Die Grenzen zwischen Konzernen und Militär verschwimmen in den USA ebenso wie in China. Der chinesische IT-Riese Huawei beispielsweise ist selbst für die NSA nicht mehr eindeutig zuordenbar: Er sei ein Gebilde, das »ökonomische, geheimdienstliche und militärische Einflüsse sowie eine militärische Infrastruktur in einer

Organisation vereint«, heißt es in NSA-Dokumenten, die Snowden dem *Spiegel* zur Verfügung stellte.[515]

Aus Sicht privatwirtschaftlicher Kontraktoren der NSA wie dem Beratungsunternehmen Booz Allen Hamilton, wo Edward Snowden arbeitete, ist die NSA eine ökonomische und militärische Infrastruktur. Und Booz Allen Hamilton wird selbstverständlich auch von ehemaligen Agenten geführt. So war der stellvertretende Vorsitzende des Konzerns, John Michael McConnell, früher Chef der NSA. Unter George W. Bush amtierte er als Director of National Intelligence und damit als direkter Berater des Präsidenten.[516] Übrigens: Eine Dienstleistung von Booz Allen Hamilton sind auch Computersimulationen.[517]

Das ARPAnet verschwand 1989 von der Bildfläche und ging im Netz der »National Science Foundation« (NSF) auf, dem NSFnet. Das wiederum mündet ebenfalls im heutigen Internet. Die Explosion des Netzes wurde jedoch erst möglich, weil eine Gruppe von Forschern am schweizerischen CERN das »Hypertext Transfer Protocol« (HTTP) und das »World Wide Web« (WWW) erfanden.[518] Maßgeblich hierfür war Timothy John Berners-Lee, der heute einen Lehrstuhl am MIT für Informatik und Künstliche Intelligenz (CSAIL) innehat.[519] Durch die Einführung des Mosaic-Browsers, den 1994 Netscape kaufte, explodierte die Nutzerzahl, und das Internet wurde zum wichtigsten Kommunikationsmedium.

33. Künstliche Intelligenz: die Superwaffe

Robert Kahn, der die Internetarchitektur miterfand, machte sich an die Arbeit, um aus Computern eine Superwaffe zu entwickeln.[520] So wie Licklider war er offenbar davon überzeugt, dass einer der wichtigsten Schlüssel zur militärischen Vorherrschaft mit Künstlicher Intelligenz in Verbindung stehen würde. 1983 setzte er ein Programm auf, um die Forschung und Entwicklung künstlicher intelligenter Systeme mit einer bis dato nie erreichten finanziellen Ausstattung zu versehen. Die von ihm ins Leben gerufene »Strategic Computing Initiative« (SCI) bekam für den Zeitraum von zehn Jahren eine Milliarde Dollar, um intelligente Systeme für das Militär zu entwickeln.

Diese »Strategische Computer-Initiative« wurde von manchen mit SDI in Verbindung gebracht, der »Strategischen Verteidigungsinitiative« von US-Präsident Ronald Reagan.[521] SDI war als Raketenabwehrsystem konzipiert, das mit »Star-Wars« verglichen wurde, weil anfangs überlegt worden war, Laserwaffen im Weltall einzusetzen, um ballistische Atomraketen der Russen zu neutralisieren. »SCI wurde im Kongress nur drei Wochen nach Präsident Reagans Star-Wars-Rede am 23. März 1983 verkündet.

Das Ursprungsdokument identifizierte Raketenabwehr als eine »militärische Funktion, die automatisierte Systeme voraussetzte«, schrieb der Militärhistoriker Alex Roland.[522] Robert Cooper, der damalige Chef der DARPA, hatte dem Ursprungsdokument zur SCI den Untertitel gegeben: »Ein Programm zur Entwicklung von superintelligenten Computern zur Anwendung kritischer Verteidigungsprobleme.« Schon zu Beginn seiner Amtszeit hatte Reagan deutlich gemacht, dass er die Sowjetunion eindämmen wolle. Er verdoppelte innerhalb von fünf Jahren die Verteidigungsausgaben.[523] Davon profitierten auch die DARPA und die von ihr aufgesetzte SCI.

Der Zusammenhang zwischen den enormen Investitionen in Künstliche Intelligenz und der hochtechnisierten Raketenabwehr von SDI wurde offiziell stets abgestritten, ist jedoch offensichtlich. SDI hätte als Steuerungstechnologie genau solche intelligenten Systeme benötigt, wie das Stockholm International Peace Research Institute (SIPRI) 1987 feststellte.[524] Gleichzeitig ging es auch darum, den Anschluss an Japan nicht zu verlieren, das 1981 mit seinem »Fifth Generation Computing Project« eine öffentlich-private Initiative unternommen hatten, um den Vorsprung in der Computertechnologie auszubauen. Das Projektvolumen der Japaner belief sich auf 500 Millionen Dollar über einen Zeitraum von zehn Jahren.[525] Die strategische Ausrichtung der US-Verteidigungsforschung sollte sich folglich auf die Entwicklung von Mikroelektronik und Künstliche Intelligenz konzentrieren.

Kahn hatte ein Schaubild entworfen, das seine Ziele logisch darstellte – eine symbolische Pyramide, an deren Spitze die »Hauptziele« benannt wurden: »Entwicklung einer breiten Basis von Maschinen-Intelligenz, um die nationale Sicherheit und die ökonomische Stärke zu erhöhen.« Die nächste Stufe stellten die »militärischen Anwendungen« dar: Dazu zählten autonome Systeme, Pilotenassistenz, Gefechtsmanagement. Die nächste Stufe beschrieb die dafür nötigen intelligenten Fähigkeiten: Sprach- und Bilderkennung, Navigation, Expertensysteme, Planung und Beratung. Die Basis für dieses Modell bildeten Computernetzwerke.[526] So sollte eine »neue Klasse von superintelligenten Computern« entstehen, die in der Lage sein würden, »neue militärische Kapazitäten freizusetzen«.[527]

Bei der Konzeption hatte Kahn die militärische sowie die ökonomische Verwertbarkeit mitgedacht. Zur »technologischen Führerschaft« zählten: taktische Waffen (Robotik, Simulationen, Sensoren, Kampfressourcen-Management) und strategische Planung (Gefahrenauswertung, Warnsysteme). Gestützt werden sollte diese militärische Führerschaft von »Firmenausgründungen« – eine Spezialität der DARPA, der Kernorganisation des amerikanischen »militärisch-industriellen Komplexes«. »Die DARPA funktionierte hier wie das Auge des Orkans, und sie tut es immer noch«, notierte Alex Roland 2002.[528]

Intelligente Maschinen sollten die militärische Signalverarbeitung im Schlachtfeld deutlich verbessern. Simulationen sollten entwickelt werden, die dezentral und in Echtzeit funktionierten.[529] Ein wissensbasiertes, militärisches Planungs- und Beratungssystem sollte entwickelt werden, das menschliche Sprache in Echtzeit verstehen könnte, selbst in der lauten Umgebung eines Flugzeugcockpits. Die Leute, die Kahn für diese Entwicklung engagierte, sind namentlich nicht bekannt, kamen aber aus der »ARPA Community«.[530]

Als zentrales Feld der Künstlichen Intelligenz identifizierte Kahn die Entwicklung von Expertensystemen. »Andere Bereiche von Künstlicher Intelligenz gestatteten Maschinen das Sehen, Hören oder die Sprachübersetzung, Expertensysteme aber ermöglichten Maschinen das Denken.«[531] Expertensysteme würden Militärs bei der »Entscheidungsfindung unter unsicheren Bedingungen« helfen. Das »Marine-Gefechtssystem« sollte »Schlussfolgerungen über Feinde oder eigene Kräfte ermöglichen, Angriffsoptionen generieren, Simulationen für diese Operationen erarbeiten, Operationspläne erstellen und Erklärungen bieten«.[532] Dafür sollte es mit einem militärischen Regelsystem ausgestattet werden, das zwanzigtausend Fälle kennt und eine Billion Operationen pro Sekunde durchführt.

Doch Robert Kahns Ziel war ein Expertensystem, das wie eine Hülle für diverse Probleme einsetzbar war und nicht nur auf bestimmte Aufgaben beschränkt blieb – ein System, das stets auch neue Inhalte prozessieren konnte. Kahn nannte das ein »generisches Expertensystem«. Dieses System erachtete er als Voraussetzung, um eine echte Intelligenz herzustellen, die sehen, hören und reagieren konnte. Um die enormen Ausgaben für die SCI vor dem Kongress zu rechtfertigen, prognostizierte er die Ausweitung intelligenter Technologien in der Privatwirtschaft und damit einen ökonomischen Wachstumsschub.

Die Ziele, die Kahn als Bedingungen für den Bau einer Superintelligenz definierte, werden heute erreicht: Sprach- und Bilderkennung, autonome Systeme. Und selbst das »generische Expertensystem«

wurde mit IBM Watson, benannt nach dem Firmengründer, wahr. Die amerikanische Vorherrschaft in der Informationstechnologie ist zum Treibstoff der globalen Ökonomie geworden. »Die Nation, die das Feld der Informationsverarbeitung dominiert, wird den Schlüssel zur Weltherrschaft im 21. Jahrhundert besitzen«, schrieb Robert Kahn.[533]

34. Das kognitive System Dr. Watson

»Expertensysteme sind wissensbasierte Informationssysteme auf der Grundlage der Mikroelektronik, die interaktive Lösungen bzw. Lösungsvorschläge für eingeschränkte Klassen von Problemen erzeugen«,[534] heißt es in einer Definition. Anwendung fanden solche Systeme lange Zeit vor allem in Gebieten, die durch eine Mischung aus vorstrukturierten Entscheidungsabläufen sowie aufwändigen Berechnungen gekennzeichnet waren. Das Wissen von Experten galt als am besten strukturiert und damit am leichtesten zu simulieren. Später jedoch sollte mit IBM Watson ein Expertensystem entwickelt werden, dass der Statik des Wissens gar nicht bedurfte. IBM Watson kann sprechen, ist adaptiv und lernt.

Die früheren Expertensysteme fußten auf einer Datenbasis, die mit Wissensbeständen gefüllt wurde und aus der Schlussfolgerungen mithilfe logischer Wenn-dann-Regeln erzeugt wurden. Auf diese Weise konnte das System DENDRAL von Edward Feigenbaum von der Uni Stanford aus spektrografischen Daten bereits Moleküle erkennen.[535]

Das erste Expertensystem schufen der bereits erwähnte Herbert Simon und Allen Newell. Simon, der sowohl Psychologie wie später auch Informatik an der Carnegie-Mellow-Universität unterrichtete, untersuchte, wie Menschen Probleme lösen, und wollte diese Erkenntnis nutzen, um Expertensysteme zu entwickeln. 1959 schufen er und Newell im Auftrag der RAND Corporation den »General Problem Solver«, Watsons Vorläufer.[536]

Das System basierte auf einem Satz von Wissen und einem Satz von Regeln, die als Strategie der Problemlösung fungierten. Das Programm stellte zur Problemlösung bestimmte Heuristiken auf, um die Anzahl möglicher Problemlösungen zu reduzieren. Simon hatte dazu die Theorie der »eingeschränkten Rationalität« entwickelt, die erklärt, wie Menschen Entscheidungen fällen.

Simon ging wie sein Kollege Daniel Kahneman davon aus, dass Menschen nicht ausschließlich rational handeln und es teilweise auch gar nicht können, weil ihnen mitunter die erforderlichen Informationen fehlen. Menschen müssen daher unter Bedingungen von Unsicherheit handeln. Sie treffen dann Entscheidungen auf heuristischer Grundlage, das heißt, sie wenden Faustregeln an, die bei der Entscheidungsfindung helfen. Simon verknüpfte ökonomische und psychologische Modelle mit solchen der Mathematik und Statistik. Dafür erhielt er 1978 den Wirtschaftsnobelpreis.[537]

Menschen seien einfach nicht ganz zurechnungsfähig. Deswegen könnte zutreffen, was die Chief Executive Officer (CEO) von IBM, Gini Rometty, im Frühjahr 2015 prophezeite:

»In der Zukunft wird jede Entscheidung der Menschheit mithilfe kognitiver Systeme wie Watson erfolgen.«[538]

Watson dürfte das ausgereifteste »kognitive System« der Gegenwart sein. Natürlich möchte IBM gerne, dass Watson künftig mitredet, denn der Konzern hat rund eine Milliarde Dollar in das System investiert.[539]

Watson ist eine Frage-Antwort-Maschine, die im Jahr 2011 das Quizduell *Jeopardy* gewann, damit eine Million Dollar kassierte und kurzzeitig berühmt war. Antworten auf Wissensfragen klingen nicht besonders schwierig und nicht nach einem übermäßig intelligenten System. Allenfalls ein schlauer Schachcomputer, Datenbankwissen, könnte man meinen. Allerdings ist das »kognitive System«, wie IBM Watson sich nennt, nicht an das Internet angeschlossen, arbeitet nicht nach starren Regeln und funktioniert auch sonst nicht wie eine Datenbank, in die Suchbefehle eingegeben und indexierte Dokumente ausfindig gemacht werden können. Watson ist anders.

Ein Beispiel für die Fragen, die Watson bekam:

»Im Mai 1898 feierte Portugal den 400. Jahrestag der Ankunft dieses Entdeckers in Indien.«

Bei *Jeopardy* werden Antworten präsentiert, und der Ratende muss die dazu passende Frage stellen. Wie sollte bei einer reinen Datenbanksuche nun die Suchanfrage aussehen? Wichtig dabei: Es darf nur das zutreffende Ergebnis ausgespuckt werden. Menschen wären gewiss in der Lage, eine solche Suchanfrage an eine Datenbank zu stellen, aber wie würde dies bei einer Maschine funktionieren? Denn es dürfen dabei nicht wie bei der Google-Trefferliste mehrere verschiedene Ergebnisse angeboten werden, sondern nur ein einziges korrektes Ergebnis, formuliert als Frage – andernfalls gewinnt im Quizduell der Gegner.

Erforderlich ist also nicht nur die statistisch gute Reihung von Möglichkeiten, die mit lernenden Algorithmen sehr gut zu erreichen sind. Ein gewisses semantisches Verstehen von Sprache ist ebenso notwendig: Watson muss den Inhalt seines Wissenssystems, also seiner Datenbank, irgendwie semantisch repräsentieren – und zwar nicht nur den Inhalt der Fragen, sondern auch den Inhalt der Datenbestände. Zudem muss Watson schlussfolgern können. Beispielsweise könnte er in der Datenbank ein Textfragment finden, das so lautet:

»Im Mai kam Gary in Indien an, nachdem er seinen Jahrestag in Portugal gefeiert hatte.«

Ein reiner Datenbank-Watson könnte nun zu dem Ergebnis kommen, dass genügend Stichworte übereinstimmen: »Mai«, »Indien«, »Portugal«, »Jahrestag«. Der Output wäre: »Wer ist Gary?«

Der kognitive Watson würde in der Datenbank auch ein Textfragment finden, das so lautet:

»Am 27. Mai 1498 landete Vasco da Gama am Strand von Kappad.«

Außer »Mai« existieren keine Übereinstimmungen. Ein Datenbank-Watson hätte diesen Satz als irrelevant eingestuft. Der kognitive Watson aber identifiziert einen Datenbanktreffer von hoher Evidenz. Das System »versteht«, dass mit einem Jahrestag ein Jubiläum

»gemeint« ist, es folgert also von Mai 1898 auf Mai 1498. Es kann durch milliardenfache Beziehungsnetze ein statistisches Verhältnis der Wörter »Ankunft« und »landen« identifizieren. Durch »spatiale« Informationen – geografische Beziehungsnetze – »begreift« Watson, dass sich der Strand von Kappad in Indien befindet. Die Entscheidungsalgorithmen des »kognitiven Systems« erkennen anhand der Bewertungen aller Schlussfolgerungen eine hohe Treffersicherheit und die Sprachausgabe wählt vermutlich die korrekten Soundbytes die so lauten:

»Wer ist Vasco da Gama?«

Diese Frage und die als korrekt belohnte Antwort erlernt das System zur weiteren Verbesserung ähnlicher Muster in der Zukunft.

Watson ist eine Frage-Antwort-Maschine, die Hypothesen generiert, Hypothesen und Evidenzen bewertet, daraus Schlussfolgerungen zieht und aus diesen Schlussfolgerungen wieder ein Ranking anbietet von verschiedenen Antworten, die final bewertet werden.[540] Prinzipiell kann Watson auf diese Weise jede inhaltlich bewertbare Wissensfrage beantworten. Je mehr Wissen er sich aneignet, desto besser wird diese Fähigkeit.

Watsons Wissen beruht auf einem semantischen Netz, das wie ein Gerüst aufgebaut ist und die Beziehungen von Wörtern und Fakten zueinander mathematisch abbildet. Milliarden Verästelungen, ein Baumdiagramm, bestehend aus sehr vielen Baumdiagrammen, das sich zu einem semantischen Verständnis von Sprache auffächert und somit inhaltliche Zusammenhängen erkennt.

Dr. Strangelove, der Mensch, der im Hochsicherheitsbereich tätig ist, beschreibt den Unterschied zwischen dem »kognitiven System« und künstlichen neuronalen Netzen so:

»Bei Watson ist ein sprachprozessierendes System dabei, also ein System, das auf ›Semantic Webs‹ (semantischen Netzen) aufbaut. Das sind keine neuronalen Netze wohlbemerkt, das sind wirklich Netze, die Gerüstbeziehungen abbilden. Ein neuronales Netz hat keine Gerüstbeziehungen, das hat einen Aktivierungszustand und sonst nichts. Und so ein semantisches Netz, das bildet jetzt so was ab wie bei Thesaurus. Solche Beziehungsnetzwerke: Ein Schiff ist ein Körper, der schwimmt. Und dann: Die Queen Mary ist ein Körper der schwimmt. Die Queen Mary ist also ein Schiff.«

Für jede Hypothese, die Watson intern prüft, durchsucht er enorme Datenbestände. Dabei entstehen zunächst Millionen von möglichen Antworten, die zu der Frage passen könnten. Nachdem Watson offensichtlich falsche Antworten aussortiert hat, sucht er in seiner Datenbank in der gleichen tiefschürfenden Weise nach weiteren Hinweisen zu den verbleibenden Antworten, die alle nach Wahrscheinlichkeit sortiert werden.

Algorithmen bewerten nun die Treffer nach verschiedenen Parametern auf Zuverlässigkeit. Es bleiben Hunderte von Antworten übrig, die erneut von Algorithmen überprüft und sortiert werden. Es entstehen Evidenzen für bestimmte Antworten. Durch intelligente Lernverfahren profitiert Watson von ähnlich gestellten Fragen und kann somit erneut die Ergebnisse gewichten. So ergibt sich eine Rangliste möglicher korrekter Antworten. Watson entscheidet, ob er in der Lage ist, eine richtige Antwort zu geben. Die Fragen, die Watson in der Quizshow beantworten konnte, lassen sich übertragen auf viele weitere Wissensgebiete.[541]

Zwischen 2011 und 2013 wuchs Watson Geschwindigkeit um 240 Prozent.[542] Und seit 2014 baut IBM Watson zu einem universellen und cloudbasierten Beratungssystem aus, in das der Konzern eine Milliarde Dollar investiert und für das mehr als zweitausend Mitarbeiter arbeiten: das IBM-Watson-Ökosystem.[543]

Das Memorial Sloan Kettering Krebszentrum ist eine der ersten Kliniken, die Watson als Expertensystem zur Krebsdiagnostik nutzen.[544] Das System analysiert Hunderttausende von Fachartikeln und trifft Diagnosen zu bestimmten Symptomen, zugleich liefert es verschiedene mögliche Interpretationen und die wichtigsten Dokumente, auf denen seine Expertise aufbaut. Der Arzt sieht dies beispielsweise auf einem iPad und kann die einzelnen Dokumente aufrufen und überprüfen.

Watson wird immer mehr medizinisches Wissen ansammeln. Ein Wissen, das auf millionenfachen unstrukturierten Daten basiert, die er permanent aus diesem Sektor erfasst und so aus bereits Gelernten neue Hypothesen entwickelt. Zugleich wird das System von Medizinern geschult. Mehrere Krebsforschungszentren in den USA und Kanada nutzen IBM Watson bereits für die Gentherapie, bei der das System die DNA der Patienten analysiert. »Angesichts der Datenflut werden wir künftig Watson oder vergleichbare Systeme benötigen. Menschen können das nicht«, sagt ein Onkologe vom Lineberger Cancer Center in North Carolina.[545] Bei dem sehr gut untersuchten Krebsgen p53 finden alle daran arbeitenden Forscher etwa einen neuen Ansatzpunkt für Therapien pro Jahr. Watson analysierte laut *New York Magazine* sämtliche zu dem Gen erschienen siebzigtausend Veröffentlichungen und identifizierte sechs neue Ansätze.

Der Psychologe Daniel Kahneman hatte beschrieben, wieso Menschen aufgrund ihrer beiden Systeme permanent Fehler begehen: Sie lassen sich von falschen Annahmen leiten und verhalten sich mitunter äußerst irrational. Sie sind geradezu angewiesen auf die intellektuelle Unterstützung durch einen Watson. Es wundert daher wenig, dass sich Kahneman das System vorstellen ließ, bei IBM-Konferenzen erscheint und in Werbevideos auftritt.[546]

Big Data in der Medizin wird auch von politischer Seite gefördert. Präsident Obama startete eine Initiative zur »präzisen Medizin«, die auf intelligenter Datenanalytik basiert. »Das ist eine Revolution und ich bin so froh, dass ich hier im Weißen Haus an dieser Initiative mitwirken darf. Das ist eines der größten Ereignisse in der Medizin«, sagt Jo Handelsman, ehemalige Yale-Professorin für Molekularbiologie und nun eine der Direktorinnen für die Abteilung Wissenschaft und Technologie im Weißen Haus.[547]

Neben Watson sind längst andere Unternehmen in das Riesengeschäft mit der Medizin eingestiegen, die aus einem gänzlich anderen Business kommen: die Rüstungskonzerne Lockheed Martin oder Northrop Grumman. Sie verdienen nicht nur damit, Leben zu töten, sondern sorgen sich auch um Gesundheit. Beides sind Schwergewichte der Branche: Lockheed beschäftigt über hunderttausend Mitarbeiter und verwendet intelligente Technologien der Raketenabwehr zugleich zur Diagnose von Sepsis.[548]

Die Schnittmenge zwischen Rüstungsindustrie, Medizintechnik und Watson: »Artificial Intelligence«. Die Militärkonzerne führen »Künstliche Intelligenz« als eigene Sparte in ihrem Portfolio. Northrop Grumman stellte beispielsweise SAdIE (»Synthetic Adaptable Intelligent Entity«) vor, eine »anpassungsfähige künstliche Entität«, die sprechen kann und laut Eigenwerbung als virtueller Assistent komplexe Aufgaben wahrnimmt.[549] IBM Watson wurde auch von einer US-Behörde unter Vertrag genommen, um als Berater bei der Behandlung von Kriegsveteranen zu helfen.[550]

IBM Watson analysiert nicht nur Krankheiten oder Genome, sondern auch Konsumenten anhand semantischer Analysen von Milliarden Twitter- oder Facebook-Äußerungen. Diese werden mit Hypothesen von psychologischen Modellen nach bestimmten Mustern sortiert, sodass Auftraggeber sehr weitreichende Profile von Kunden erhalten. Beispielsweise die Gruppe aller Singles, die in einem bestimmten Bezirk leben, als politisch aufgeschlossen gelten und in den nächsten drei Monaten ein Haus erwerben wollen. Bis zum einzelnen Kunden lässt sich das herunterrechnen, und das prinzipiell nach allen vorstellbaren Suchanfragen, wie diese Profile aussehen sollen.[551]

IBM arbeitet auch mit Facebook zusammen, um dessen ausgereifte Methoden der Kundenprofilierung mit den Fähigkeiten von Watson zu kreuzen – damit Werbung noch »intelligenter« ansetzen kann.[552] Mit Twitters Datenanalysten kooperiert IBM seit 2014 ebenso wie mit Apple. Denn Apple bietet mit der Apple Watch die Sensoren, die zu den Kunden führen.[553] Apple stellte bereits ein »ResearchKit« vor, mit dem Universitäten, Forschungseinrichtungen oder Kliniken eigene Apps entwickeln können, um Daten für weitere Studien zu Fitness und Gesundheit zu erheben – gekoppelt mit Watson.

Für Polizisten wurde eine App entwickelt, um Informationen, die sie an einem Tatort vorfinden, mit Datenbanken abzugleichen, die an IBM Watson angeschlossen sind. Mit nur wenigen Anhaltspunkten entwickelt IBM Watson Hypothesen und Schlussfolgerungen, die auf großen Wissensbeständen fußen – alles in Echtzeit. IBM i2 Coplink nutzen in den USA bereits 5 300 Polizeieinheiten. Das System hat nach Angaben von IBM Zugriff auf rund 1,3 Millionen polizeiliche Dokumente.[554]

Der Science and Technology Facilities Council, eine britische Regierungsorganisation zur Förderung der Naturwissenschaften, will mit Watson kooperieren, um »avancierte Softwarelösungen für Probleme der realen Welt zu finden, die in der Wissenschaft, der Industrie und bei der Regierung auftauchen«.[555] Von der 475-Millionen-Dollar-Kooperation finanziert IBM 300 Millionen Dollar. Der Beratungsriese Deloitte arbeitet mit dem Watson Ökosystem, um beispielsweise die Folgen von finanziellen Regulierungen zu antizipieren, die Watson anhand von Verordnungen oder Gesetzen inhaltlich bewertet.[556]

Banken, Ölkonzerne, Versicherer: Rund 75 Branchen in siebzehn Ländern sind bereits Partner des »kognitiven Systems«.[557] Ein Reporter des *New York Magazine*, der sich mit den Watson-Forschern von IBM in New York traf, fand Menschen vor, die sehr persönlich über das System redeten. »Watson funktioniert bereits als erstes Beispiel der Beziehung zwischen Menschen und intelligenten Maschinen«, stellte er fest.

Es stellt sich die Frage, wie sich »kognitive Systeme« entwickeln können, wenn sich die Leistungsfähigkeit von Computerchips mit dem Moore'schen Gesetz alle 18 Monate verdoppelt? In einem künstlichen Ökosystem, das aus Daten besteht, deren Bestand sich etwa alle zwei Jahre verdoppelt, können solche Systeme stetig mehr lernen – ohne zu vergessen. Künstliche Intelligenz wird künftig »jede sprachlich ausdrückbare Wissensfrage beantworten können«, wie auch Facebook-Chef Mark Zuckerberg sagt.[558]

Watson gleicht jenem »generischen Expertensystem«, das sich Robert Kahn, der Mann aus dem Pentagon, der das Internet miterfand, zum Ziel seiner Milliardenoffensive erkor. Kahn sah dies als die Grundlage einer echten »Artificial General Intelligence« an. IBM Watson vergleichen manche der beteiligten Forscher bereits mit einem Kind. Eines jedoch, dass enormes medizinisches Faktenwissen in sich vereint, zudem Allgemeinwissen aus Bibliotheken, Zeitungsarchiven, Verordnungen, Videomaterial, Daten von Interaktion mit Menschen,

Sprache, visuelle Eindrücke, Rohdaten und vieles, vieles mehr. Was aber bedeutet ein »kognitives System«, das jenseits konkreter und streng definierter Regeln wie ein Universalexperte funktioniert, der prinzipiell sämtliche Wissensstände erlernen und anwenden kann?

Um Menschen noch besser zu verstehen, könnte Watson das schriftlich formulierte Wissen der Psychologie, der Soziologie und überhaupt sämtlicher Sozialwissenschaften erfassen. Ließe sich neben medizinischen Fortschritten auch unser Zusammenleben verbessern? Solche Fähigkeiten wären von großem Interesse und könnten dem Gemeinwohl sehr nützlich sein. Parallel jedoch wären auch Konzerne brennend daran interessiert, um Produkte und Absatzmärkte zu »optimieren«. Regierungen, die bereit sind, Menschen global zu überwachen, dürften als Erste solche Fähigkeiten in Anspruch nehmen.

Bereits in den 1950er Jahren beauftragte die CIA psychologische Menschenversuche in einem enormen Ausmaß. Die Programme dauerten bis in die 1970er Jahre und verfolgten buchstäblich das Ziel, Menschen zu steuern. Eines der weitreichendsten Projekte hieß »MKUltra«.[559] Laut Oberstem Gerichtshof der USA bestand MKUltra aus 149 Einzelprogrammen, an denen sich 80 Institutionen und 44 Schulen, Universitäten, Krankhäuser, Gefängnisse sowie 185 nichtstaatliche Forscher beteiligten.

Die CIA nutzte für ihre Auftragsforschung Tarnorganisationen. Die Agenten wollten einen Weg finden, um die Gedanken von Menschen zu kontrollieren. Dazu waren alle Mittel recht: Sie erprobten extremen Stress, Hypnose, Medikamente, psychoaktive Substanzen wie LSD, den Einsatz radioaktiver Strahlung und Folter. Der Zweck der Forschung wurde verheimlicht, die Probanden wussten nicht, worum es ging, auch die Universitäten waren zum Teil ahnungslos. Als Versuchspersonen wurden sowohl hochbegabte Studenten wie auch Insassen von Gefängnissen oder Hospitälern ausgewählt. Ein Ziel war laut CIA, die »Effektivität der Substanzen bei Individuen aller sozialen Schichten zu testen, von niedrigen und hochrangigen, von Amerikanern bis Ausländern.«[560] Erst 1975 kamen die Menschenversuche durch die Kommission des Senators Frank Church an Licht: Die Church-Kommission des US-Kongresses sollte die Vorfälle aufklären – was schwerfiel, weil die CIA zahlreiche Dokumente vernichtet hatte.

Die Geschichte sollte sich wiederholen. 2015 veröffentlichten einige kritische amerikanische Psychologen einen sechzigseitigen Bericht, in dem sie interne Mails enthüllten, welche die Zusammenarbeit des Dachverbands der American Psychological Association – eine der weltweit größten Verbände für Psychologen – mit der CIA, dem Weißen Haus und dem Pentagon publik machte.[561] Es ging darin um die Unterstützung der CIA bei den menschenrechtswidrigen Verhörmethoden, also die Folterung von Gefangenen durch Regierungsmitarbeiter, die ihre Opfer teilweise bis zur Bewusstlosigkeit gequält hatten. Im Dezember 2014 veröffentlichte der US-Senat einen 6 700 Seiten starken Bericht, der diese CIA Folter-Praxis aufarbeitete. Die beteiligten Psychologen verdienten rund 81 Millionen Dollar mit ihrer sachkundigen Unterstützung.[562]

35. Emotionale Maschinen

Geoffrey Hinton macht sich mittlerweile Gedanken darüber, ob künstliche neuronale Netzte sich Gedanken machen. In der Wissenschaftszeitschrift *Nature* veröffentlichte er einen Artikel über »Deep Learning«, in dem er von »Thought-Vectors« schrieb, von »Gedanken-Vektoren«.[563] Vektoren sind Zahlenketten. Dem britischen *Guardian* sagte er, ihm sei klar, dass diese Beschreibung kontrovers klinge. Doch er glaube, »es ist möglich, Gedanken als Vektoren abzubilden«.[564]

Mit jeder Schicht eines künstlichen neuronalen Netzes erhöht sich die Abstraktion dessen, was das Netz mit seinen Gewichtungszuständen repräsentiert. Das Foto eines Elefanten wird also mit jeder Schicht abstrakter in seine Einzelteile zerlegt, damit das System den Elefanten erkennt. Für Bernhard Schölkopf vom Max-Planck-Institut für intelligente Systeme klingt die Definition des »Thought-Vectors« plausibel. Er sagt:

> »Jeder Layer[565] hängt von dem Layer davor ab, durch den die Informationen hereinkommen. Man kann also sagen, jeder Layer ist eine Repräsentation dessen, was gerade bearbeitet wird. Nur dass die Repräsentation zunehmend vom Input der Sensordaten entfernt ist. Der vorletzte Layer lässt sich dann durchaus als ein ›Thought-Vector‹ – also eine Zahlenkette – beschreiben, weil er alle vorhergehenden Verarbeitungen repräsentiert.«

Für Hinton ist diese Arbeit der Schlüssel, damit diese Systeme natürliche Sprachen und logisches Denken erlernen. Mit den »Thought-Vectors« lassen sich Wörter also als komplexe Zahlenketten repräsentieren, die sie innerhalb eines sprachlichen »Bedeutungsraums« einnehmen. In dieser Hinsicht funktioniert der »Thought-Vector« auch bei verschiedenen Sprachen. »Wenn sie den Vektor für Paris nehmen und den Vektor für Frankreich abziehen und jenen von Italien hinzufügen, erhalten sie Rom«, erklärte Hinton dem *Guardian*. Auf ähnliche Weise ließe sich dem intelligenten System auch Ironie beibringen. Was Bernhard Schölkopf für abwegig hält, ist für Hinton nur noch eine Frage von einigen Jahren: Dann werden Menschen zu Künstlichen Intelligenzen eine Beziehung aufbauen wie zu Freunden.

Damit so etwas möglich wird, dürfen Maschinen nicht wie tote Geräte erscheinen. Sie müssen Emotionen erwecken können, und dazu benötigen sie selbst ein Konzept von Emotionalität. Aus diesem Grund lernen intelligente Systeme, menschliche Gefühle zu lesen. Das Verfahren ist also invers angelegt: Maschinen lernen von Menschen Emotionen, damit Maschine auch selbst Emotionen emulieren lernen.

Dieser Teilbereich der Künstlichen Intelligenz nennt sich »Affective Computing«. Grundsätzlich handelt es von der Suche nach Mustern, die sich als Emotionen decodieren lassen. Ein Verfahren untersucht Sprachmuster, also die spezifische Verwendung bestimmter Worte und deren Beziehung zueinander, aber auch die Art, wie wir sprechen: Pausen, Rhythmen, Intonation, Lautstärken. Auf Grundlage psychologischer und linguistischer Modelle klassifizieren künstliche neuronale Netze konkrete Emotionen aus den erhobenen Inputdaten. »Affective Computing« sucht nach Indikatoren, die Rückschlüsse auf Gefühle erlauben, die unabhängig von Kulturen oder Sprachen gültig sind.[566]

Die deutsche Firma Psyware hat eine KI-Software entwickelt, die anhand der Stimmmuster Persönlichkeitsprofile errechnet. In dem Startup arbeiten Psychologen, Informatiker und Linguisten. Eine Reporterin der *FAZ* besuchte das Unternehmen und schrieb:

»Was sie geschafft haben: anhand einer Sprachaufzeichnung von wenigen Minuten Dauer ein Persönlichkeitsprofil eines Menschen zu erstellen, das zu neunzig Prozent an das herankommt, was Psychologen mit verschiedenen Testverfahren in tagelanger Arbeit herausfinden, wenn sie diesen Menschen nach allen Regeln der Kunst auseinandernehmen.«[567]

Die Ergebnis seien objektiver als jene, die Psychologen liefern würden, »denn wie wir sprechen, das können wir kaum bewusst steuern, sobald wir länger als ein paar Minuten reden«, sagte der Entwickler. Gemessen werden »Wortverwendungshäufigkeiten«, »Verwendung von Wortarten«, »persönliches Sprachprofil«, »eigene Antriebsquellen«, »typische Persönlichkeitseigenschaften« oder »Widerstandskraft bei Belastungen«. Das Ziel des Entwicklers sei »kein geringeres als Maschinen dieses Wissen einzupflanzen. Sie sollen verstehen lernen, wie der Mensch funktioniert.«

Damit Künstliche Intelligenz wirklich mit Menschen interagieren kann, »braucht die Maschine ein Modell von dir«, sagte David Ferrucci, Chefentwickler für semantische Analysen bei IBM Watson.[568] Das System wird deswegen darauf geschult, mit Fragen Informationen über seine Gesprächspartner zu generieren, die dabei helfen sollen, Modelle zu entwickeln, die das Gegenüber abbilden. So soll eine individualisierte Ansprache entstehen. IBM arbeitet weiter daran, Watson »emotionale Intelligenz beizubringen«. Dafür wurde eigens ein Subunternehmen angeheuert.

Watson hat auch Japanisch gelernt, um mit dem IT-Riesen SoftBank Group eine strategische Partnerschaft zu entwickeln. Denn SoftBank hat 100 Millionen Kunden und zudem »Pepper« entwickelt, einen Roboter, der mit Gesichtserkennung Emotionen errechnen und darauf reagieren kann. Er wirkt deswegen »menschlicher«. Bei seiner Markteinführung im Juni 2015 in Tokio war »Pepper«, der weniger als 2 000 Dollar kostet, bereits nach einer Minute ausverkauft.[569]

Der Ansatz von »Affective Computing«, der versucht, Gefühle visuell zu detektieren, ist erfolgsversprechend. Denn unsere Gesichter sind der Spiegel unserer Gefühle. Einen wesentlichen Beitrag zu dieser Forschung leistete der Psychologe Paul Ekmann, der in den 1960er Jahren anfing, nonverbale Ausdrucksformen zu analysieren. Er entwickelte daraus einen fünfhundert Seiten starken Gefühlsatlas von Gesichtsausdrücken, der auf der Kombination von 46 individuellen

»Aktions-Abschnitten« des Gesichts beruht: das so genannte »Facial Action Coding System« (FACS), das seit Jahren Informatiker in der Computeranimation verwenden, aber auch Polizisten.

Rosalind Picard, Professorin am MIT Media Lap, ist die Pionierin der emotionalen Informatik. Schon 1995 schrieb sie laut dem Magazin *New Yorker* einen Aufsatz, indem sie argumentierte, dass Maschinen nur intelligent werden können, wenn sie auch Emotionen verstehen und entwickeln.[570] Kameras rastern dafür feinkörnig jede noch so kleine Muskelbewegung, und Gesichtserkennungssoftware entgeht keiner von Tausenden unterschiedlicher Mikroausdrücke, die signalisieren, ob wir depressiv, euphorisch, gelangweilt oder konzentriert sind. Auch Menschen reagieren unterbewusst auf diese winzigen Körperzeichen. Das Ergebnis dieser Wahrnehmung beschreiben wir als Einfühlungsvermögen oder Empathie. Das ist nach Ansicht einiger Forscher die Basis von emotionaler Intelligenz. Forscher der University of Southern California haben bereits einen virtuellen Therapeuten entwickelt, der mit Gesichts- und Spracherkennungssoftware den emotionalen Zustand eines Patienten erkennen und sich darauf einstellen kann.

Für die Konzerne verbinden sich mit der emotionalen Informatik die Möglichkeit personalisierter Werbung nicht nur im Internet, sondern auch im Supermarkt: Gesichtserkennungssoftware identifiziert die Menschen an den Regalen, vergleicht dies mit den hinterlegten Persönlichkeitsprofilen, die Daten-Broker anbieten, liest den aktuellen emotionalen Status ab und berechnet so individuelle Preise, die in Echtzeit auf elektronischen Preistafeln erscheinen. Dynamische Preissysteme existieren bereits in Deutschland.[571]

Spielzeughersteller entwickeln auf ähnliche Weise Geheimdienstaufklärung für das Kinderzimmer: Die Firma Elemental Path bietet »CogniToys« an. Zur Produktpalette gehört auch ein Plüsch-Dino, der Kindern Fragen beantworten kann. Das Gerät greift dabei auf die Cloud des IBM-Watson-Ökosystems zurück. Eltern können verschiedene Erfahrungsebenen einstellen, damit alles jugendgerecht bleibt.[572]

Die Firma ToyTalk bietet künstliche »Freunde« als App-Download.

Populär ist *The Winston Show*.[573] »Charaktere für echte Konversation« warten auf anregende Gespräche mit Kindern zwischen 6 bis 8 Jahren. Es gibt eine ganz Reihe solcher künstlicher Freunde – oder besser künstlicher Agenten –, die darauf brennen, dass der Datenaustausch beginnt. Zum Umgang mit den Daten steht in den Geschäftsbeziehungen, dass diese aufgezeichnet werden, auch akustisch, teilweise transkribiert, ausgewertet, ebenso E-Mails der Eltern und Stimminformationen. Es werden Metadaten gespeichert und gegebenenfalls an Dritte weitergegeben, grundsätzlich werden »in vielerlei Hinsicht« Daten erhoben: Namen, Telefonnummern, demografische und persönliche Daten, die Liste ist seitenlang. *The Winston Show* wurde mit dem Emmy ausgezeichnet.

Mattel hat den Prototyp einer Barbie entwickelt, die nicht nur schön blond ist, sondern auch tolle Ohren hat und Gespräche im Kinderzimmer aufzeichnet. Ein KI-System, das es auf Kinderdaten abgesehen hat: bares Geld. Die Abhör-Barbie wurde 2015 ebenfalls mit einem Preis geehrt: Sie erhielt den Big Brother-Award, gemeinsam mit dem deutschen Bundesnachrichtendienst.[574]

Ein Google-Hase, für den der Konzern das Patent hält, hat neben Mikrofonen in den Ohren zusätzlich noch Kameraaugen, die optische Daten bei der Interaktion erheben. Auch ein Teddy ist konzipiert. Die Spielzeuge sollen mit Gesichtserkennungs- und Spracherkennungssoftware ausgestattet werden.[575]

Früher setzten Behörden Lügendetektoren ein, um aus dem Schweißfluss oder der Herzfrequenz auf die Gemütslage zu schließen. Heute übernimmt das intelligente Software, die auch Finanzbetrug aufdecken kann. Die israelische Firma Nemesysco bietet diese Dienstleistung an.[576] Nach Ansicht des Datenwissenschaftlers Jörg Blumtritt eignet sich diese Technik auch für andere Felder:

> »Da gibt es Technik, um Betrüger digital zu finden. Ich kenne jemanden, der das anbietet. Aus Service-E-Mails können die aufdecken, dass bestimmte Fälle mit hoher Wahrscheinlichkeit betrügerisch sind. Betrügerische Reklamationen für Versicherungsfälle etwa. Dann bekommt man als Sachbearbeiter in der Versicherung

einen Hinweis: Das könnte ein kritischer Fall sein. Man hat dann viel mehr Zeit, sich um einen Fall zu kümmern, als wenn man alle Fälle überprüfen müsste. Das ist natürlich ein kritisches Thema, wenn ich herausfinde, welche Präferenzen jemand hat, sobald er sich äußert. Man könnte jetzt damit auch Gesinnungskontrolle machen. Das ist heikel.«

Die amerikanische Homeland-Security ging einige Schritte weiter und entwickelte das umstrittene FAST-System: »Future Attribute Screening Technology«. Aus der Kombination verschiedener Verfahren analysiert diese Technologie nicht nur die Persönlichkeit, sondern gibt auch noch an, welche Gefahren von dieser Persönlichkeit in Zukunft ausgehen. In einem mobilen Labor, das wie ein Lastwagen aussieht, werden Menschen datentechnisch durchleuchtet. Einsatzorte sind große Menschenansammlungen, Flughäfen oder Grenzen.[577] Menschenrechtsgruppen kritisierten das als Psycho-Pre-Crime.[578]

36. Verbrechen verhindern, bevor sie geschehen

»Wer die Vergangenheit kontrolliert, kontrolliert die Zukunft: wer die Gegenwart kontrolliert, kontrolliert die Vergangenheit«, schrieb George Orwell. Heute wird versucht, die Zukunft zu kontrollieren, um die Gegenwart zu beherrschen. Polizeibehörden auf der ganzen Welt machen das. Sie betreiben »Predictive Policing« – vorbeugende Polizeiarbeit. Sie warten gar nicht mehr, bis ein Verbrechen geschehen ist, sie greifen ein, bevor es begangen wird.

Intelligente Software, die dabei hilft, wird zum Beispiel in Oberhausen hergestellt. Dort hat Thomas Schweer, studierter Soziologe und selbstständiger Kriminologe, ein solches System mitentwickelt. »Precobs« heißt es, »Pre Crime Observation System«. Das Programm berechnet, wo in Zukunft ein Wohnungseinbruch geschehen wird. Er sagt, bei der Polizei in Zürich seien die Verbrechensprognosen von Precobs zu 80 Prozent zutreffend gewesen, wobei die Messung nicht einfach ist.[579]

Als Schweer anfing, das System zu entwickeln, fütterte er ein Statistikprogramm mit bestimmten Typen von Straftaten. Dann stellte er fest, dass das »nächste Delikt zwei Tage später nur 200 Meter entfernt auftrat«. Ein Muster wurde sichtbar, das auf der kriminologischen Theorie der »Near Repeats« basiert: Bei Wohnungseinbrüchen schlagen die Täter unter bestimmten Voraussetzungen wieder in der Nähe zu.

Mit zwei befreundeten Programmierern verbrachte Schweer Abende und Wochenenden mit Precobs, bis die erste Version 2009 in Duisburg vier Wochen lang getestet wurde – mit Erfolg. Wenn in

München ein Polizist heute Precobs einsetzt, erscheinen der Ausschnitt eines Stadtviertels, einzelne Straßenzüge, ein gestrichelter Kreis, mehrere Rechtecke in grün, gelb, blau und rot. Die rot markierten Flächen zeigen, wo demnächst mit hoher Wahrscheinlichkeit Einbrecher zuschlagen werden. Precobs rechnet – eine Software, die Geodaten verknüpft und Hotspots, also Brennpunkte der Kriminalität, identifiziert. Die Karte mit roten Fähnchen hat damit ausgedient. Hinzu kommt nun der Faktor Zeit, denn aus manchen Verbrechensdaten der Vergangenheit lassen sich mit statistischen Modellen die Taten der Zukunft extrapolieren. Mittlerweile setzen verschiedene Bundesländer seine Software ein, um schneller zu sein als das Verbrechen und es zu verhindern, bevor es geschieht, wie *Netzpolitik. org* berichtet.[580]

Schon im August 2005 verwendete die Polizei des Memphis Police Department das Programm »Blue Crush« des Marktführers IBM, um Verbrechen vorherzusagen. Nach eigenen Angaben wurden bereits am ersten Tag mithilfe des Systems 67 Drogendealer festgenommen. Die Kriminalitätsrate soll in Memphis um 30 Prozent gesunken sein.

Die Polizei in Chicago nutzt Daten aus sozialen Netzwerken. 14000 vermeintliche Gangmitglieder überwachen so die Beamten. Der Algorithmus spuckt eine Liste mit etwa 400 Personen aus. Die gelten als potenzielle Gefährder und bekommen einen Warnanruf der Polizei: Man möge doch bitte kein Verbrechen begehen.

Und das New York City Police Department (NYPD) verwendet das gigantische »Domain Awareness System«: eine Echtzeitüberwachungsanlage mit rund viertausend intelligenten Kameras, Straßensensoren und Kennzeichenlesegeräten. Die intelligente Optik detektiert auffälliges Verhalten. Neben den Straßenzügen eines kleinen Planquadrats, die der Polizist in der Bedienoberfläche sieht, sind die passenden Straßenkameras eingeblendet und zeigen das aktuelle Geschehen; die Zeit lässt sich 30 Tage zurückfahren. Wahlweise können einzelne Personen mit Gesichtserkennung gesucht werden oder Menschen mit bestimmten Eigenschaften – etwa Afroamerikaner mit rotem Pullover am Broadway.[581]

Entwickelt hat das System übrigens Microsoft. Das NYPD wird am

Weiterverkauf der Polizeimaschine mit 30 Prozent beteiligt. Je mehr Kameras und Sensoren Daten einspeisen, desto besser funktioniert die Prognose von Situationen, die zuvor als Gefahr definiert wurden.

Oberhausen, München, New York – wie wäre es mit der ganzen Welt?

37. Die totale Information

John Poindexter wusste, was man mit Künstlicher Intelligenz alles anstellen kann. Der Mann, der tief in die Iran-Contra-Affäre verstrickt war, diente Ronald Reagan als Sicherheitsberater.[582] Das waren glorreichen Zeiten: SDI und die Strategische Computerinitiative von Robert Kahn wurden angeschoben, viel Geld floss ins Militär.

Nach den Anschlägen vom 11. September 2001 war John Poindexters Rat wieder gefragt. Er gab ihn gerne und gründete innerhalb der DARPA das Information Awareness Office (IAO), dessen Direktor er selbst wurde.[583] Das Wappen des IAO zeigt eine Pyramide. An ihrer Spitze prangt ein riesiges Auge, von dem Strahlen ausgehen, die einen Globus überwachen, darunter steht: »Scientia potentia est« – »Wissen ist Macht«.

Um künftig nie mehr von Terroristen überrascht zu werden, sollten die Amerikaner technologisch aufrüsten. Das Mittel dazu: das Programm »Total Information Awareness« – das ultimative Hightech-Überwachungssystem, das von zwölf weiteren Überwachungsprogrammen flankiert wurde.[584] Die Pentagon-Wissenschaftler beschrieben das Programm 2002 so:

»Das Ziel des Total-Information-Awareness-Programms (TIA) ist es, die Fähigkeit der Vereinigten Staaten zu revolutionieren, um fremde Terroristen zu bemerken, zu klassifizieren und zu identifizieren – und ihre Pläne zu entschlüsseln – und die USA dazu zu befähigen, vorbeugend und rechtzeitig die richtigen Maßnahmen zu ergreifen, um terroristische Anschläge zu vereiteln.«[585]

Aus diesem Grund sei nun ein System zu entwickeln, das Warnungen ausgeben sollte – spätestens eine Stunde, nachdem der Schwellenwert für ein Gefahrensignal überschritten wurde. Zugleich sollte die Software »90 Prozent der Muster von bekannten terroristischen Anschlägen« lernen. Auf einem DARPA-Schaubild ist vermerkt, die »Total Information Awareness« erfordere, »Einzelne zu überwachen und herauszufinden, wie sie in Modelle passen«. Mit »Modellen« sind offenbar verschiedene Kategorien von Persönlichkeitsprofilen gemeint.

Das System hatte eine zusätzliche Funktion: Es sollte Analysten ermöglichen, mit den Daten zu experimentieren. »Hypothesen aufstellen, testen und Theorien sowie Strategien über mögliche Zukünfte entwickeln«: So sollten »Entscheidungsträger die Auswirkungen gegenwärtiger und künftiger Politik effektiver auswerten können, um den künftigen Kurs zu bestimmen«.[586] Ein Beratungssystem für Politiker, das auf Echtzeitsimulation beruht.

Zur »Strategie« des TIA heißt es, eine »Serie von wachsend leistungsfähigen Prototypen« solle einem »Stresstest« unterzogen werden. Das Ganze sei einsatzfähig für Operationen in »relevanten Umgebungen, mithilfe von Echtzeit und Feedbacks, um die Konzepte der Operation zu verbessern«. Die zu entwickelnden Prototypen dieser Programme sollten »leicht zu installieren« sein, mit »Dokumentation und Quellcode«, damit andere »Dienste in die Lage versetzt werden, solche Technologie durch Experimentieren auszuprobieren, und es zu einem raschen Wandel kommt.« Gebaut werden sollten: »revolutionär neue Modelle, Algorithmen, Methoden, Werkzeuge und Techniken zum Analysieren und Korrelieren von Informationen in der Datenbank«.[587] Daten, Echtzeit, Korrelationen, Feedbacks, Zukunft. Neue Feedbacks, neue Daten, neue Korrelationen: Steuerung des Gesamtsystems. Kybernetik und das Rezept für die Konstruktion künstlicher intelligenter Systeme.

Ein weiteres Programm hieß: »Wargaming the Asymmetric Environment« (WAE).[588] Hier sollten asymmetrische Kriegsspiele simuliert werden – eine »vorausschauende Technologie, um terroristische Anschläge vorauszusehen und besser dagegen vorgehen zu können«. Es sollten »anpassungsfähige Verhaltensmodelle von bestimmten terroristischen Vereinigungen und einzelnen Individuen« entwickelt werden, um die »nächsten Aktionen dieser Gruppen vorauszusehen«. Massendaten wie Telekommunikationsdaten, E-Mails, Reiseinformationen oder finanzielle Transaktionen – also sämtliche Daten, derer die Behörde habhaft werden könne – sollten dazu verwendet werden, Modelle von konkreten Terroristen im Computer nachzubilden, um deren Verhalten zu berechnen.

Das TIA rief heftige Proteste hervor, und nur ein Jahr später, 2003, musste es eingestellt werden. Doch es lebte unter verschiedenen Namen weiter, wie der Sicherheitsexperte Shane Harris berichtete.[589] 2013 enthüllte Edward Snowden, wie sich manche dieser Programme bei der NSA weiterentwickelt hatten: Ein globales Überwachungssystem war etabliert worden, das alle Bürgerinnen und Bürger dauerhaft und anlasslos unter Generalverdacht stellte.

38. Künstliche Agenten

Die Idee, Menschen mithilfe »künstlicher Agenten« in einer virtuellen Umgebung nachzubauen, verfolgte die DARPA konsequent weiter. Das Projekt »LifeLog« wurde 2003 ausgeschrieben. Auch hier ging es um Daten und Prognosen. Von Interesse waren sämtliche Informationen, die ein Mensch erzeugt. So sollte eine persönliche Historie entstehen, die jederzeit abrufbar wäre. Aus den gesammelten Mustern des Verhaltens könne es möglich werden, individuelle Gefahren zu prognostizieren.

Es sollte eine »Timeline« mit einem »episodischen Gedächtnis« entstehen, die »Vorlieben, Pläne, Ziele und andere Anzeichen von Intentionen auf dem höchsten Level« darstellt. Mithilfe einer »Suchmaschine kann der Benutzer (…) Erfahrungen der Vergangenheit aufrufen, die ein paar Sekunden oder viele Jahre zurückliegen, in einer sehr detaillierten Weise, inklusive Audio- oder Videoeindrücke des Ereignisses«. Die Daten, die abgegriffen werden sollten:

> »Visuelle, haptisch-sensorische Eindrücke, was der Nutzer sieht, hört, fühlt. GPS, digitaler Kompass, Sensoren der Orientierung und Bewegung. Biomedizinische Sensoren, die den physischen Status abbilden. LifeLog zeichnet auch die computerbasierten Daten, Interaktionen und Transaktionen über den Tag auf, von E-Mail, Kalender, Instant Messaging, webbasierte Transaktionen ebenso wie andere (…). Gesprächstransaktionen können durch Telefonaufzeichnungen abgebildet werden und Sprachbotschaften mit den Metadaten der Angerufenen und Anrufenden. Fax und Post

können gescannt werden. Zuletzt zeichnet LifeLog auch die Daten des Nutzers auf, die er täglich durch diverse Medienquellen ausstößt, inklusive Fernsehen und Radio, Tageszeitungen, Magazine, Büche und andere Dokumente.«[590]

Die Daten sollten es außerdem möglich machen, »künstliche Spielcharaktere und humanoide Roboter zu synthetisieren, die realistisch leben«.

»LiveLog-Technologie wird die langfristige Vision des IPTO[591] unterstützen, eine neue Klasse echter ›kognitiver‹ Systeme zu entwickeln, die auf unterschiedliche Weise denken können.«

Systeme, »die durch Erfahrung lernen und ihre Leistungsfähigkeit mit wachsendem Wissen und Erfahrungen verbessern, die ihre Aktionen erklären können und Anweisungen folgen, die sich ihres eigenen Verhaltens bewusst sind und ihre Fähigkeiten reflektieren und die auf überraschende Weise antworten können«.

Die DARPA wollte mit LifeLog kognitive Systeme erzeugen, die durch den permanenten Datenstrom realer Menschen animiert werden. Es sollte aus Mustern von seinem Vorbild lernen: Lernen, indem es imitiert – genauso wie Alan Turings Universalmaschine von Intelligenz konzipiert war. Eine Simulation, die durch Nachahmen ein »echtes kognitives System« werden sollte und die zunächst »nur« in einer virtuellen Umgebung zu »Leben« erweckt würde: eine Menschensimulation. Doch nach Protesten musste die DARPA auch LifeLog beenden, zumindest offiziell. Doch natürlich wird daran weiter geforscht.[592]

Google Now, Siri oder Cortana sind die intelligenten Assistenzsysteme, die durch das Smartphone mit ihrem Besitzer interagieren, an Termine erinnern und auf interessante Dinge hinweisen, weil sie permanent das Verhalten der Benutzer auslesen, lernen, aufzeichnen und für die Weiterverarbeitung datafizieren. Cortana von Microsoft ist eine Anspielung auf eine Spieleserie, in der »Cortana« die Künstliche Intelligenz war.[593]

Der ehemaligen Chef der DARPA Anthony Tether erklärte, was die

Behörde von kognitiven Systeme erwartet: »Das ganze Ziel besteht darin, Computer zu entwickeln, die ›von Ihnen lernen‹, anstatt dass Sie erlernen, wie der Computer funktioniert.«[594] So entstand das Projekt PAL, »Perceptive Assistant that Learns«, und damit zusammenhängend auch das Projekt CALO, »Cognitive Agent that Learns and Organizes«.[595] Das war die Vorfeldforschung, die später mit Siri von Apple kommerzialisiert wurde.[596]

Anthony Tether war übrigens zwischen Juni 2001 bis 2009 Chef der DARPA, also auch zu der Zeit, als das Total-Information-Awareness-Programm aufgesetzt wurde. Seine Nachfolgerin, Regina E. Dugan, blieb nicht so lange:[597] Sie wechselte 2012 zu Google, wo sich einige Mitarbeiter aus dem Sicherheitsbereich herumtreiben.[598]

39. Welt in der Welt: simulierte Menschen

Der Autor, Unternehmer und Informatikprofessor der Yale University David Gelernter schrieb ein Buch, das ihn berühmt machte: *Mirror Worlds* (»Spiegelwelten«). Er beschrieb darin, wie eine zweite Welt in der Universalmaschine nachgebaut wird, die nur aus Informationen besteht:

> »Diese Spiegelwelt, auf die du blickst, speist sich aus dem stetigen Fluss neuer Daten, die durch die Kabel rauschen. Diese Welt ist durchsetzt von deinen Software-Kreaturen, die deine Arbeit erledigen«.[599]

Diese Software-Kreaturen heißen bei Gelernter »Info-Machines«. Er schrieb sein Buch in einer Zeit, Anfang der 1990er Jahre, als Computer noch etwas für Technikfreaks waren und von der Mehrheit allenfalls als bessere Schreibmaschinen oder Spielkonsolen benutzt wurden. *Mirror Worlds* wurde als frühe Vorwegnahme der Entwicklung des Internets interpretiert. Doch tatsächlich schrieb Gelernter von etwas anderem: von Simulationen.

Seit den 1990er Jahren entwickelten die USA die wohl ausgereiftesten Computersimulationen der Welt. Robert Kahns »Strategische Computerinitiative« wurde 1995 abgelöst durch das zehnjährige »Advanced Simulation and Computing Program«. Das mit dem vorläufigen Ende des Kalten Krieges ab 1992 ausgerufene Atomwaffentest-Moratorium führte dazu, dass die USA Atomwaffentests ab 1995 im Computer simulierten. So entstanden in enger Kooperation mit IBM und anderen Firmen die schnellsten Supercomputer der Welt.

Zugleich entwickelten die beteiligten Forscher Methoden, um mit den riesigen Datenmengen umzugehen, die bei so komplexen Simulationen wie dem Test einer Atombombe entstehen.

Mit dem Programm verschafften sich die USA den Vorsprung bei Superrechnern, Simulationen und dem Umgang mit großen Datenmengen: Big Data. Rund 5,2 Milliarden Dollar verschlag das Programm, an dem Hunderte Wissenschaftler des Verteidigungsministeriums mit Universitäten und Konzernen zusammenarbeiteten.[600] Die Entwicklung dieser neuen Methoden führte »zu einer fundamentalen Veränderung der Wissenschaft« und habe »signifikante Effekte für das tägliche Leben der Menschen«, heißt es in einem Bericht der federführenden US-Energiebehörde.[601]

Es verbreitete sich die Ansicht, dass Simulationen nicht nur für physikalische Prozesse sinnvoll waren. Auch soziale Phänomene wie Terrorismus ließen sich im Computer modellieren. Entsprechende Versuche wurden vom amerikanischen Verteidigungsministerium finanziert.[602] So wie Wissenschaftler plötzlich mit Simulationen in die Lage versetzt wurden, die Interaktion von Millionen von Atomen zu studieren, würden sie »den Tag erreichen, an dem Forscher vielleicht in der Lage sein werden, epidemiologische Modelle zu konstruieren, in denen sie die 6 Milliarden Menschen auf der Erde als Datenpunkte repräsentieren«, sagte Andrew White, Direktor des Simulationsprogramms der *Washington Post* 1998.[603]

Am 22. August 2006 stellte Professor Alok Chaturvedi von der Purdue-Universität in Indiana ein Konzeptpapier mit folgendem Titel vor: *Sentient World Simulation (SWS): A Continuously Running Model of the Real World* (»Empfindungsfähige Weltsimulation: ein dauerhaft laufendes Modell der realen Welt«).[604] Ziel sei, einen »synthetischen Spiegel der realen Welt zu bauen, der sich automatisch durch Informationen aus der realen Welt kalibriert, durch große Ereignisse, Meinungsumfragen, demografische Statistiken, ökonomische Berichte und Trendveränderungen. (…) Wenn in der realen Welt Verhaltensänderungen auftreten, erscheinen diese auch in der Spiegelwelt der SWS. (…) Mit anderen Worten, die Modelle der synthetischen Umwelt umfassen das Verhalten von Individuen, Organisationen,

Institutionen, Infrastrukturen und Geografie«. Chaturvedi nennt das »multi-granular«, also sehr fein aufgelöst. Eine Simulation, die sich permanent mit ihren Daten neu anpasst – der kreative Informatiker David Gelernter hatte es vorhergesehen.

Den Kern dieser Simulation bildet das »Synthetic Environment for Analysis and Simulation« (SEAS) – die künstliche Simulationsumgebung, die zur Analyse entwickelt wurde. »Keine einzelne Theorie kann komplexes Verhalten wie die Entstehung oder die Zersplitterung terroristischer Organisationen adäquat erklären«, so Chaturvedi: »Jede Theorie bietet andere Perspektiven desselben Phänomens. Nur durch eine Kombination dieser Theorie in der gleichen Umgebung erreichen wir einen umfassenden Überblick.« Zur kommerziellen Vermarktung seiner Simulation gründete Chaturvedi die Firma Simulex, die SEAS-Lizenzen Geschäftskunden aus den Bereichen Militär, Pharma oder Finanzen anbot, um denen Entscheidungshilfen zu liefern sowie ein Instrument für die strategische Planung.[605]

Die Simulationen dienen Militärs beispielsweise dazu, um die Wirkung psychologischer Kriegsführung zu testen. »SWS bietet eine Umgebung an, um psychologische Operationen (PSYOP) und zivile Aktivitäten« zu testen. Ausgestattet mit der »Fähigkeit, die Auswirkungen auf die Population darzustellen«. Kooperationspartner des Projekts war 2006 deshalb noch die »JFCOM J9«, das »Joint Force Command«: eine Kommandoeinheit des amerikanischen Verteidigungsministeriums, die für die Weiterentwicklung des US-Militärs zuständig war und deren Pläne dem Präsidenten vorgestellt wurden.[606] Die Einheit wurde 2011 offiziell aufgelöst. Derzeit existiert eine eigene Agentur für »Modellierung und Simulation«, die dem Verteidigungsministerium unterstellt ist.[607]

SEAS wurde auch vom FBI, dem Department für Homeland Security, IBM, Ford, Intel und anderen verwendet.[608] 2002 waren diese Kooperationspartner an der Simulation terroristischer Anschläge mit Biowaffen beteiligt. »Verwendet wurden dabei über 250 000 künstliche Agenten, um Modelle von Verhalten wie Mobilität, Emotionen, Epidemiologie auf Bürger der USA« zu testen. Technische Voraussetzung damals: »zwei Supercomputer« der Universitäten Purdue und Indiana, die mit einem »i-Light-Gigabit-Network« verbunden waren.[609]

Laut dem Technikmagazin *The Register* hatte das Verteidigungsministerium über sechzig Länder in der Simulation. Ein aufwändiges Unterfangen: Allein der Nachbau von Bagdad kostete 25 Millionen Dollar.[610] 2015 verkündeten die Geodatenfirma Vricon, der private Satellitenbetreiber DigitalGlobe sowie der Verteidigungskonzern Saab, dass sie die komplette Erde digital und dreidimensional kartografieren wollten. Der 2 800 Kilogramm schwere Satellit WorldView3 ist besonders hochauflösend: Vom All aus kann man mit einer Genauigkeit von 30 Zentimetern an beliebige Objekte heranzoomen. Diese Informationen lassen sich mit Sensordaten kombinieren, damit Analysten verschiedene Szenarien in Abbildern der realen Welt entwickeln können.[611] Wargames, Kriegsspiele, werden so noch lebensechter.

Die künstliche Agenten, die in der Weltsimulation stellvertretend für Menschen agieren, basieren auf einer psychologischen Modellierung, die auf Theorien eines schon häufiger erwähnten Nobelpreisträgers fußen: des Verhaltenspsychoökonomen Daniel Kahneman.[612] Simulationen mit solchen »Mirror-Agenten«, also Spiegelagenten, die bestimmte Typen von Menschen repräsentieren, werden auch in Deutschland erprobt. Nach Aussagen von Praktikern lässt sich das Verhalten von Menschen in Gruppen recht gut durch diese Simulationen modellieren. Es existieren etwa fünfzig bis sechzig Modellcharaktere, mit denen sich die angeblich oft statischen Verhaltensweisen von ganzen Gesellschaften gut simulieren lassen.

Doch welche Daten sind nötig, um eine ganze Bevölkerung »effizienter« zu kontrollieren? Nur ein Jahr nach den Anschlägen vom 11. September 2001 konnte ein groß angelegter Feldversuch beginnen.

40. Singapurs Fernbedienung für die Bevölkerung

Singapur zählt zu den wichtigsten Finanzzentren und laut den Analysten von WealthInsight zu den reichsten Ländern der Erde. Dort lebten 2014 rund 151 000 Millionäre bei insgesamt etwa 5,5 Millionen Einwohnern. Das Land ist zudem »einer der weltweit attraktivsten Orte für Privatbanken neben Hongkong, London und New York«.[613] Die privaten Ratingagenturen benoten das Land mit »AAA« – ebenso Weltspitze. Positiv wird von den Agenturen die politische Stabilität bewertet, »untermauert durch die People's Action Party«, heißt es.[614]

Tatsächlich ist diese Stabilität seit 1965 gegeben, denn es herrscht ein Einparteiensystem. Pressefreiheit stört da eher, deswegen werden die Medien staatlich kontrolliert. Und auch die Strafen sind drakonisch: 2014 wurden zwei Menschen wegen Drogenbesitzes gehängt,[615] und das Graffiti eines Deutschen ahndeten die Behörden 2015 mit Stockhieben.[616] Singapur repräsentiert eine »hybride« Staatsform zwischen absoluter ökonomischer Freiheit, technologischer Avantgarde, demokratischen Elementen und einem autoritären System. Und Singapur verfolgt als kleines Land nach eigenen Angaben seit den 1980er Jahren den Ansatz der »totalen Verteidigung«. Die bezieht sich nicht nur auf den militärischen Bereich, einbezogen sind auch zivile Verteidigung, soziale Verteidigung, ökonomische Verteidigung und psychologische Verteidigung. [617] Entstanden ist so ein Staat, der das Verhalten seiner Bürger streng reglementiert, überwacht und kontrolliert. Die Gegenleistung dafür bezeichnet die Regierung als »Harmonie« und Wohlstand.

Doch das will kontrolliert sein. Dabei hilft eines der ausgereiftesten Überwachungssysteme, das mithilfe wichtiger US-Berater implementiert wurde. Es nutzt zur Planung und Steuerung Daten sämtlicher Lebensbereiche aller Bürgerinnen und Bürger. Technischer Entwicklungshelfer wurde, mal wieder, John Poindexter. Der Nuklearphysiker und Vizeadmiral der Navi kannte sich mit Simulationen und großen Datenmengen schließlich sehr gut aus. Im Oktober 2002 reiste er auf Einladung von Peter Ho, Permanent Secretary des Verteidigungsministeriums, nach Singapur. Poindexter war gerade zum Chef des Information Awareness Office der DARPA ernannt worden, wo er sein umstrittenes Programm »Total Information Awareness« entwickelte hatte, das ein Jahr später nach Protesten offiziell eingestampft wurde. Tatsächlich führte nicht nur die NSA wesentliche Teile des Programms fort – Poindexter half dabei, die Idee nach Singapur zu exportieren. Er beriet Peter Ho bei der Entwicklung des so genannten »Risk Assessment and Horizon Scanning« (RAHS), wie *Wired* 2007 berichtete.[618]

Mithilfe des TIA-Überwachungsmodells wurde ein System zur Risikoprognose eingesetzt, um beispielsweise terroristische Anschläge zu vereiteln oder die Ausbreitung von Infektionskrankheiten wie dem Severe Acute Respiratory Syndrome (SARS) zu kontrollieren. Als die Krankheit 2003 auch in Singapur ausbrach, beeinträchtigte dies die Wirtschaft des Landes, und Peter Ho erstellte auf der Basis von Poindexters Modellen eine Simulation, die ihn offenbar von der Sinnhaftigkeit eines solchen Systems überzeugte. Diese Version der Geschichte berichtete der Reporter Shane Harris.[619] Er flog 2014 nach Singapur und schaute sich das Programm an. Offenbar hätte die Simulation schon zwei Monate vor der Ausbreitung von SARS Anzeichen wahrnehmen können, schrieb Harris.

Peter Ho erzählte in seiner Erinnerung an die Entstehung des Programms:

> »Eine Geschichte der RAHS wäre unvollständig, ohne John Poindexter zu erwähnen. Ich traf ihn im Juli 2002 in Washington, als er das Total-Information-Awareness-Büro leitete. Er opferte eine Stunde, um mir das Total-Information-Awareness-Programm zu

erläutern. Es war eine Tour de force. Er war der Meister dieses Themas. Ich war beeindruckt von der schieren Kühnheit: Durch die Verbindung riesiger Datenmengen könnten wir eine Nadel im Heuhaufen finden. (...) Unglücklicherweise wurde das Projekt von der US-Regierung eingestellt. Es hätte großes Potenzial gehabt.«[620]

Singapurs Variante, das RAHS, ging 2004 an den Start. John Poindexter kam eigens angereist, um eine Rede zu halten.[621] Drei Jahre später wurde das Zentrum für Experimente gegründet, das an das RAHS gekoppelt ist. In einer Broschüre heißt es, RHAS sei »designt auf der Basis kognitiver Prozesse, die den menschlichen Denkprozess repräsentieren«.[622]

Denn Peter Ho hatte sich neben Poindexter auch von dessen Bekannten beraten lassen: von Dave Snowden. Dessen Ansatz erinnert stark an die Ideen des Managementkybernetikers Stafford Beer. Wie Beer entwickelte Snowden, als er das IBM Institute for Knowledge Management leitete,[623] ein Modell der Steuerung, das sich die Verarbeitung kognitiver Prozesse des menschlichen Gehirns zum Vorbild nahm. Statt »CyberSyn« nannte Snowden sein kybernetisches Modell »Cynefin«: eine Mixtur aus sozialwissenschaftlichen Ansätzen und der Kognitionswissenschaft.[624] Snowden schrieb über Cynefin:

> »Die US Defense Advanced Research Projects Agency (DARPA) übernahm das Modell zur Terrorabwehr und derzeit bildet es die Schlüsselkomponente für Singapurs Risk Assessment and Horizon Scanning Program.«[625]

In Singapur ist Datenschutz nicht existent, und laut Harris wird der Internetverkehr gefiltert. Die Regierung weiß nahezu alles über ihre Bürger: was sie schreiben oder was sie sagen, auch sämtlicher elektronische Datenverkehr und alle Telefonate werden überwacht, und das ganz legal. In das System fließen zudem noch Gesundheitsdaten ein.

Sämtliche staatliche Stellen und nationale Ministerien nutzen diese Massendaten für Szenarioplanung mit dem RAHS-Programm. Selbst die Erziehungspläne der Schulkinder und die Ratings von Studenten sollen auf Basis dieses RAHS-Modells gestaltet sein. Soziale Medien werden ausgewertet, um die Gefühlslage der Nation konstant im Blick zu behalten. »Singapur hat sich nie den Luxus erlaubt, seine Zukunft nicht zu planen«, heißt es aus dem Büro des Premierministers, dem auch das Zentrum für strategische Zukunft unterstellt ist.[626]

Dave Snowden, dem Peter Ho so dankbar für sein Cynefin war, baute in Singapur eine Firma auf, die sich Cognitive Edge nennt. Sie bietet etwa »SenseMaker« an. Das Programm erzeuge aus »ganzen Populationen von Bürgern ein menschliches Sensornetzwerk«, heißt es in der Eigenwerbung.[627] Das sei ein »radikal neuer Forschungsansatz« und erlaube »Entscheidungsträgern« noch bessere Einsichten. Snowden sagte 2007 einer Reporterin von *Wired*:

> »Ich glaube, wir wären dabei steckengeblieben, und die DARPA hätte weitere 15 Jahre lang experimentieren können, ohne dass das jemand mal umgesetzt hätte. Dann kam Singapur, und sie sahen und mochten das und sagten: ›Zum Teufel noch mal, lasst uns das machen.‹«

Über Poindexter sagte Snowden, dieser sei »ein Genie.«[628]

Singapurs politisches Hybridsystem bot sich als hervorragendes Versuchslabor an, um das gerade entwickelte Programm »Total Information Awareness« in realer Umgebung zu erproben. Ganze Delegationen von Politikern fuhren in das Land, um sich über das System zu informieren. Singapur – ein Vorbild für die ganze Welt?

41. Autonome Killer

2004 reiste auch der damalige Chef der DARPA, Anthony Tether zu einer fünftägigen Tour in das Land. Dabei ging es ganz offiziell um militärische Kooperation. Es wurde vereinbart, »unbemannte autonome Flugobjekte« in einem gemeinsamen Projekt zu testen.[629] Heute sind diese Flugobjekte besser bekannt als Drohnen und bereits im Einsatz. 2011 startete Obama eine »Roboter-Initiative«, um die Forschung in diesem Bereich zu beschleunigen.[630] In den USA war 2012 jedes dritte Flugobjekt der Militärflotte eine Drohne.[631] 2013 schätzten Experten die Zahl auf 8 000 Roboter zu Luft und 12 000 zu Land.[632] Weit verbreitet sind die autonomen Maschinen auch im Nahen Osten.[633]

Die US-Regierung stellt sich bereits auf einen Krieg mit Robotern ein, die durch Künstliche Intelligenz gesteuert werden. 75 Länder investieren 2014 in »unbemannte Systeme«.[634] Eine Studie des zweitwichtigsten Manns des amerikanischen Verteidigungsministeriums, Robert O. Work, trägt den Titel *Vorbereitungen für einen Krieg im Roboterzeitalter*. Ein neues Kriegsregime, das auf autonomen Systemen basiere, habe »das Potenzial, die grundlegenden Konzepte unserer Verteidigungsstrategie zu verändern«. »Leathal Autonomous Weapons Systems« (LAWS), also Tötungsroboter, gelten als dritte Revolution in der Kriegsführung.[635] Forscher der UN sprachen sich daher 2013 für ein Moratorium der weiteren Entwicklung dieser Maschinen aus, bis ethische Fragen geklärt sind.[636]

KI-Forschern wie Demis Hassabis ist diese Entwicklung nicht geheuer. Zusammen mit Stephen Hawking, Steve Wozniak, Noam

Chomsky, Stuart Russell und anderen unterzeichnete er 2015 in Buenos Aires am Rande der International Joint Conferences on Artificial Intelligence (IJCAI) einen offenen Brief, in dem er vor den Folgen autonomer Waffensysteme warnte:

> »KI-Technologie hat einen Punkt erreicht, an dem der Einsatz autonomer Waffensysteme – praktisch, wenn auch nicht rechtlich – innerhalb von Jahren, nicht von Jahrzehnten, möglich ist, und die Risiken sind hoch: Autonome Waffen sind als die dritte Revolution der Kriegführung nach Schießpulver und Nuklearwaffen beschrieben worden.«[637]

Noch im November 2014 hatte US-Verteidigungsminister Chuck Hagel eine »Verteidigungsinnovationsinitiative« bekannt gegeben. Er kündigte weitreichende Forschungsarbeiten in den wichtigsten technologischen Feldern der Zukunft an, die er wie folgt benannte: »Robotik, autonome Systeme, Miniaturisierung, Big Data, hochtechnisierte Fertigung, inklusive 3-D-Drucker.«[638]

Die Grundlage für seine Ankündigung bildete eine Studie, die durch das Pentagon finanziert worden war.[639] Auch hier hieß es: Angesichts der fortschreitenden Entwicklung in der Robotik und der Künstlichen Intelligenz in vielen Ländern, bestehe die Gefahr, dass »eine ganze Armee von Tötungsrobotern autonom Krieg führt«.[640] Von einer »starken Künstlichen Intelligenz« sei die Forschung zwar noch weit entfernt, doch könnte sich dies bis 2020 ändern. Auch Miniaturroboter und »Gehirn-Computer-Schnittstellen« werden in der Pentagon-Studie als künftige Entwicklung genannt.

Seit 2012 hat Google mindestens acht Robotik-Firmen aufgekauft, ebenso den Satellitenhersteller Skybox Imaging und den Drohnenhersteller Titan Aerospace. Für sechzig Jahre mietet Google von der NASA zudem einen gigantischen Flughangar samt einem 1 000 Hektar großen Flugfeld – Kosten: 1,1 Milliarden Dollar.[641] Der Autor und Unternehmer Scott Cleland schrieb: »Google ist auf dem Weg, eine soldatenlose Armee von Robotern, Fahrzeugen und Drohnen zu produzieren, aufzustellen und zu kontrollieren«. Er sieht »eine vollständige Automatisierung des Kriegs« heraufziehen.[642]

Nicht nur die USA, auch die Bundeswehr hat bereits eine offensive Cyberstrategie erarbeitet und entwickelt Laserwaffen, die für die Abwehr von Drohnen eine große Rolle spielen.[643]

Der Bürgerrechtler und Jurist Rolf Gössner, der mehrere Jahrzehnte vom Bundesamt für Verfassungsschutz ausspioniert wurde, sagt:

»Das Szenario aus Digitalspionage, Massenüberwachungen, Interventionen macht meines Erachtens deutlich, wir befinden uns in einem geheimen Cyber- oder Informationskrieg, in einem permanenten präventiven Ausnahmezustand – der übrigens seinen Ausnahmecharakter längst verloren hat und zum rechtlichen Normalzustand geworden ist. Ausgestattet mit einem geheimdienstlich-informationell-militärischen Komplex, mit Vorratsgesetzen, Notstandsinstrumenten zur grenzüberschreitenden Überwachung, auch zur militärischen Intervention, und zwar überall auf der Welt. Es geht um präventive Vormacht- und Herrschaftssicherung in Zeiten verschärfter ökonomischer Krisen, sozialen Niedergangs, drohender Rohstoffknappheit und wachsender Flüchtlingsströme. Und ich denke, diese Vorsorgeentwicklung vollzieht sich im Schatten des Rechtsstaates und trägt totalitäre, paranoide Züge«[644]

42. Wie Regierungen Menschen kybernetisch steuern

Offensichtlich begreifen manche Regierungen die Bevölkerung als eine Quelle von Chaos und Unordnung, von der Gefahren ausgehen, die genau überwacht und kontrolliert werden müssen. Singapur fabrizierte daraus eine technokratisch hergestellte Harmonie, so wie es die Doktrin der »totalen Verteidigung« vorsieht. Aber inwieweit praktizieren demokratische Staaten in Europa und den USA längst ähnliche kybernetische Kontrollen, ausgehend von Geheimdiensten, Regierungen und Konzernen?

Singapur möchte die erste »Smart Nation« werden – um eine »Kommunikationsstruktur mit noch mehr Geschwindigkeit, Sicherheit und Kostenreduktion auf nationaler Ebene« zu verwirklichen, so eine Behörde des Landes. Noch mehr Sensoren sollen noch mehr Daten erzeugen. »Durch ein genaueres Verstehen der Bedürfnisse und der Erwartungen der Bevölkerung ist eine vorausschauende Regierung besser in der Lage, ihren Bürgern zu dienen und Politik zu planen«, heißt es höflich.[645]

Ob sich die Menschen in Singapur nicht überwacht fühlten, fragte der Reporter Shane Harris einige Einwohner bei seinem Besuch. »Haben Sie nicht auch überall Kameras in London und New York?«, fragte einer zurück. Tatsächlich ist die Dichte der Kameras in London weltweit wohl am höchsten. Mit dem »Internet der Dinge« entsteht die »smarte Wohnung«, in der ebenfalls mit immer mehr Sensoren ausgestatteten »Smart City« die total überwachte Stadt der nahen Zukunft. »Daten sollen Handlungen auslösen«, sagt ein Forscher aus Amsterdam, der zur so genannten »Smart City« forscht. In diesem Fall geht es um Umweltschutz.[646]

Auch China arbeitet nach amtlichen Angaben seit 2015 daran, eine »harmonische sozialistische Gesellschaft« zu werden. Der China-Experte der Universität Oxford, Rogier Creemers, dokumentiert diesen Plan.[647] Dabei soll ein kybernetisches Messsystem helfen, das jedem Bürger eine individuelle Punktzahl für sein Verhalten zuweisen wird. Ab 2020 soll jeder erwachsene Chinese dann neben seinem Personalausweis diesen speziellen »Credit-Code« besitzen. Basis für diese Verhaltenspunkte ist die akribische Überwachung des Internets. Skinner hätte dieses Token-System sicher wissbegierig beobachtet.

In einem Gespräch mit dem niederländischen *Volkskrant* beschrieb Rogier Creemers, worum es seiner Meinung nach geht, und grenzte den Ansatz der Chinesen gegenüber den Methoden des ostdeutschen Staatssicherheitsdiensts ab:

»Das Ziel der Deutschen war es, Revolten gegen das Regime zu verhindern. Das Ziel der Chinesen ist viel weitreichender: Das ist eindeutig der Versuch, einen neuen Bürger zu erschaffen.«

Mit den Punkten soll auch das moralische Verhalten bewertet werden. Eine schlechte Punktzahl disqualifiziert dann für bestimmte Berufe. Das Punktesystem wird nicht nur Dissidenten überwachen, sondern alle Menschen in China. Dafür arbeiten die großen IT-Firmen wie Baidu oder Alibaba eng mit der Regierung zusammen und erheben massenhaft Daten.[648]

Aus der entstandenen technologischen Infrastruktur könnte eine kybernetische Echtzeitsteuerung verwirklicht werden, die zahlreiche Begehrlichkeiten und Kontroll- und Steuerungsfantasien beflügelt: Dubai führte 2014 das so genannte »Glücksbarometer« ein, um die Zufriedenheit der Bevölkerung mit der Regierung zu messen, wie Scheich Mohammed bin Rashid Al Maktoum verkündete. »Unser ultimatives Ziel ist es, die Menschen glücklich zu machen«, sagte er der *Saudigazette*.[649] Wie glaubhaft klingt das von einem autoritären Regime, das die Scharia anwendet, Frauen entrechtet, Homosexuelle mit dem Tode bestraft und ausländische Leiharbeiter wie Sklaven behandelt?

Dr. Strangelove, der Mensch, der im Sicherheitsbereich Künstliche Intelligenz herstellt, warnt vor einem Szenario:

»Ein Beispiel: Sie nutzen Facebook und haben ein Fitnessarmband an. Damit lassen sich emotionale Zustände errechnen. Nun können sie diese Informationen mit Daten korrelieren, die entstehen, wenn Sie bei Facebook bestimmte Bilder ansehen. Was das bedeutet, kriegt der Durchschnittsbürger nicht zusammen. Die sagen: ›Das ist doch Zukunftsmusik.‹ Das ist aber heute bereits da. Im Endeffekt ist es so, dass alle diese Daten mit einer Zeit- und einer Ortssignatur reinkommen. In den Systemen der Zukunft wird man in einer riesigen Datenbank danach suchen können. Dann sagt einer: ›Gib mir alle Daten, die du zu jener Signatur an jener Geoposition hast.‹ Jetzt können Sie herausfinden, welche emotionale Verfassungen diese Leute wann und wo haben. Sie wissen schließlich, worüber sie sich aufregen. Es wäre auch überhaupt kein Akt, mit einem Handy am Ohr nicht nur akustische Wellen aufzuzeichnen, sondern mit sehr feine Sensoren Hirnströme zu messen. Wenn Sie das verlinken mit anderen Körperdaten wie Herzschlag oder Puls, dann wird es lustig. Der Witz an der ganzen Sache: Das haben wir alles schon. Das Ganze kombinieren Sie jetzt noch mit Persönlichkeitsprofilen. Mit diesem Verfahren könnten Sie dann auch Emotionen vorhersehen. Wenn dieser Profiltyp X zu der Zeit Y in der emotionalen Verfassung Z ist, dann tickt der in fünf Minuten aus.«

In Berlin forschen Wissenschaftler des Programms »Berlin Brain-Computer Interface« daran, wie Computer mit Gedanken, also neuronalen Mustern, zu steuern sind.[650] Hirnaktivität erzeugt Daten. Diese lassen sich mit intelligenten Algorithmen übersetzen. In Schweden haben Forscher eine Armprothese entwickelt, bei der über eine neuronale Schnittstelle Steuerungsinformationen des Gehirns mit intelligenten Algorithmen übersetzt werden, um eine künstliche Hand zu bewegen.[651]

Auch Huge Herr befasst sich intensiv mit solcher Technik. Er war Freeclimber, bevor er bei einem Unfall beide Beine verlor. Aus dieser Tragödie erwuchs eine Mission. Er entwickelt am Zentrum für extreme Bionic des MIT Media Lab in Kooperation mit der US-Armee künstliche Gliedmaßen. Mit mathematischen Methoden wird der

Körperstumpf vermessen, es entstehen dreidimensionale Modelle, um passgenaue bionische Gliedmaßen zu bauen. Entwickelt wird eine künstliche Haut, ebenso künstliche Muskulatur, die elektronisch kontrahiert. Elektroden messen die Spannung der Muskulatur am Stumpf. Diese kommunizieren mit dem bionischen Fuß. Der bionische Fuß lässt sich auf diese Weise durch neuronale Aktivität bewegen. Zudem entsteht ein Feedback zwischen biologischem und künstlichem Körper, dessen Feinheit sich auf die Physiognomie des Patienten einpasst. Es findet auch eine Interaktion zwischen Sensoren und Nervenzellen statt. Die Patienten spüren also ihre künstlichen Beine. Eine Frau, die erstmals eine solche bionische Protesten ausprobierte, fing an zu weinen.[652]

Die DARPA betreibt seit vielen Jahren Neuroforschung und hat eine eigene Biotech-Abteilung. So wird beispielsweise an einem Chip gearbeitet, der in den visuellen Kortex implantiert wird, um Bilder direkt ins Gehirn übertragen zu können. Eines der Ziele solcher »Direct Neural Interfaces« (DNI) ist es, die Leistungsfähigkeit von Soldaten zu erhöhen.[653]

Bei einer Veranstaltung erzählte Justin Sanchez, DARPA-Programmmanager für den Bereich der Biotechnologie der Militärforschungsbehörde, von einem berühmten ehemaligen Programmmanager mit dem Name J. C. R. Licklider.[654] Dessen Vision sei es gewesen, so Sanchez, das Gehirn und den Computer direkt zu verbinden. Das sei bis jetzt das Ziel, das nun erreicht werden könnte. Der Weg dahin führe über eine »symbiotische Beziehungen mit Maschinen«.

Ein so genanntes »Software Development Kit« (SDK) solle die Interaktion sensorischer Daten des Menschen – »was in ihrem Gehirn oder in ihrem Körper geschieht« – mit »intelligenten Agenten«, also Künstlicher Intelligenz, verknüpfen. Er möchte also physiologische Daten und Neurodaten aggregieren. Nötig seien ein System, das die Signale des Menschen übersetze, eine Maschine, die Menschen lesen könne. »Wir müssen diese Informationen verknüpfen, um viel tiefergehend mit Maschinen zu interagieren«, so Sanchez.

Ihm schweben »kognitive Sensoren« vor, die unsere Gehirnaktivität transkribieren und mit unzähligen weiterer Sensoren zu komplexen

Mustern verknüpfen. Diese Sensoren sollen zu einem neuen Öko-system für Menschen werden, das mit unseren Körpern direkt inter-agiert – in Form der Daten, die sie emittieren. Eine automatisierte, auf die Physiologie des Menschen und seine Umgebung eingepasste und total vernetzte intelligente Technologie, die Daten, Informationen und Anweisungen symbiotisch austauscht. Dinge stellen sich dann automatisiert ein – ohne unnötige willentliche Entscheidungen der Menschen.

Sanchez predigt von einem künstlichen Agenten, der »weiß, wie Sie sich fühlen und was Sie tun wollen«, der »zu der besten Version von Ihnen wird«, der »Ihnen hilft zu tun, was Sie schon immer tun wollten«. Auf diese Weise könnten Menschen mit ihrer Umwelt oder Architektur interagieren.

Es ist nicht nötig in die Labore des US-Militärs zu gehen, die mit sämtlichen Eliteuniversitäten des Landes anschmiegsam kooperieren. Kleine Startups entwickeln bereits imposante Geräte, etwa die Firma Thync. »Die elektronische Gefühlssteuerung«, titelt die *Technology Review* 2015.[655] Das Hightech-Magazin präsentierte den Prototypen eines Sensor-Stirnbands von Thync. Das Gerät soll es ermöglichen, Stimmungslagen drahtlos per Smartphone-App zu regulieren: eu-phorisch, ruhig, lustig – Gemütszustände erzeugt per Fernsteuerung. Die Gefühle entstehen mithilfe einer algorithmischen Verbindung zwischen elektronischen Aktivatoren und Sensoren, die Hirnströme messen. Das Gerät basiert auf Arbeiten des deutschen Neuroforschers Walter Paulus von der Universität Göttingen. Die Redaktion testete das Stirnband, und einige Redaktionsmitglieder spürten tatsächlich emotionale Veränderungen, die sie mit dem Smartphone regulieren konnten.

Die Existenz solcher Erfindungen verdeutlicht, welches Denken in Äußerungen von Facebook-Chef Mark Zuckerberg anklingt, wenn er sagt, eine Formel für menschliches Sozialleben finden und entschlüs-seln zu wollen. Und:

> »Ich glaube, dass wir eines Tages in der Lage sein werden, einander vollständige reichhaltige Gedanken mithilfe von Technologie zu

übermitteln. Sie werden an irgendetwas denken und in der Lage sein, diese Erfahrungen unmittelbar mit ihren Freunden zu teilen. Das wird die ultimative Kommunikationstechnologie.«[656]

Einer der mächtigsten Menschen teilt mit, dass er es toll finden würde, eine Telepathietechnik zu entwickeln. Ist Zuckerberg übergeschnappt? So einfach ist es leider nicht. Das meinte auch Frank Schirrmacher

> »Wir erleben die neue Ära des Informationskapitalismus. Er hat damit begonnen, die Welt in einen Geisteszustand zu verwandeln. Er tut und plant große Dinge. Er will Gedanken lesen, kontrollieren und verkaufen. Er will Risiken vorhersagen, einpreisen und eliminieren. Sein Hirn ist unablässig damit beschäftigt, herauszufinden, was Menschen tun, sagen, kaufen und welche Spielzüge sie als Nächstes planen.«[657]

43. Die Künstlichen Intelligenzen der NSA

2009 erschien ein ominöser Bericht des bekannten Enthüllungsjournalisten und früheren Agenten James Bamford. Er hatte 1982 unter extremen Sicherheitsvorkehrungen das erste Buch über die NSA veröffentlicht – eine klandestine Organisation, die bis dahin so gut wie niemand kannte.[658] *The Puzzle Palace* machte ihn berühmt.

2009 erschien von ihm ein zunächst obskur wirkender Artikel mit dem Titel »Die neue Gedankenpolizei« bei dem unabhängigen Nachrichtensender PBS.[659] Die NSA entwickele ein »System Künstlicher Intelligenz«, das in der Lage sei, die Gedanken von Menschen zu lesen, hieß es darin. Das System sei so weitreichend, dass bereits ein Mitarbeiter aus Gewissensgründen den Job an den Nagel gehängt habe.

»Mit dem gesamten Internet und Tausenden von Datenbanken« sei dieses »Gehirn« in der Lage, »fast unmittelbar komplexe Fragen zu beantworten, die von einem Agenten gestellt werden. Mit den gesammelt Daten – von Telefonanrufen, Kreditkartenrechnungen, sozialen Netzwerken wie Facebook und MySpace, GPS-Daten, Internetsuchen, Einkäufen bei Amazon (…) – könnte es eines Tages möglich sein, nicht nur zu wissen, wo sich Menschen aufhalten und was sie tun, sondern was und wie sie denken.«

Das System heißt »Aquain« – »Advanced QUestion Answering for INTelligence« – grob übersetzt: eine Frage-und-Antwort-Maschine für Agenten, nach dem Modell eines Expertensystems wie Watson. Das Projekt läuft schon viele Jahre und wurde von John Prange von der NSA betreut, der in einem gigantischen Gebäudekomplex daran arbeitet.[660]

In einer Pilotphase wurde Aquain mit massenhaften Informationen gefüttert, etwa mit Metadaten und Berichten der *New York Times*, der Nachrichtenagentur Reuters und der chinesischen Xinhua. Es wurden verschiedene Szenarien entwickelt, mit denen das System schließlich konfrontiert wurde. Zum Beispiel mit konkreten Fragen wie: »Werden die Japaner Senkakus[661] verteidigen?« Oder: »Wer sind die Teilnehmer dieses Spionagerings, und wie stehen sie miteinander in Beziehung?« Eine Person, die an »Aquain« mitarbeitete, berichtete Bamford Folgendes:

> »Die Technologie verhält sich wie ein Roboter, der komplexe Fragen verstehen und beantworten kann. Denken Sie an *2001: Odyssee im Weltraum* und den am meisten einprägsamen Charakter, an HAL 9000, der sich mit Dave unterhält. Wir bauen dieses System. Wir bauen HAL.«

Eine Forscherin, die ebenfalls »Aquain« mitentwickelte, sagte: »Das System kann Fragen beantworten wie: Was denkt X über Y?« Und tatsächlich scheint sich das System auf natürlich gesprochene Sprache zu verstehen.

Bei einem anderen Forschungsprojekt, berichtete Bamford weiter, versuche die NSA mithilfe der Elektroenzephalografie (EEG) – eine Technik zur Aufzeichnung der elektrischen Aktivität des Gehirns – die Kreativität von Menschen zu stimulieren. In einem Bericht zu dem Projekt habe es geheißen:

> »Man geht davon aus, dass eine Veränderung der Gehirnwellen entscheidend für die Erzeugung kreativer Ideen ist. Das Ziel des Teams ist es folglich, die Gehirnwellenaktivität zu verändern.«

Das Projekt war am Center for Advanced Study of Language (CASL) angesiedelt, einem Forschungsverbund von Universitäten und Mitarbeitern von US-Geheimdiensten. Hier hatte 2005 auch Edward Snowden gearbeitet, wie die *Washington Post* berichtete.[662]

Anfang der 2000er Jahre testete die NSA den Einsatz eines intelligenten Systems im Irak. Das System nannte sich »Real Time Regional Gateway« (RTRG). Shane Harris beschrieb das Programm als

Lieblingsprojekt des damaligen NSA- und Cyber-Command-Chefs Keith Alexander.[663] Es diente dazu, abgefangene Echtzeitdaten zu verarbeiten, um mit »Supercomputern« Muster von Aufständischen zu analysieren. Das Programm wurde später auch in Afghanistan eingesetzt und konnte Anschläge angeblich mit einer Genauigkeit von 60 bis 70 Prozent voraussagen.[664]

James Bamford machte sich 2014 für eine Titelgeschichte des US-Magazins *Wired* auf den Weg nach Moskau, um Edward Snowden zu treffen.[665] Dieser berichtete ihm, wie NSA-Direktor Keith Alexander mit der Massenüberwachung auch Material über Politiker sammeln ließ – Beweise über deren Pornografiekonsum etwa –, um gegebenenfalls deren Reputation zu zerstören, wenn sie der Regierung lästig würden. Auch bei Hackerangriffen auf politische Einrichtungen wie den Deutschen Bundestag geht es den Angreifern womöglich um Kompromate für Erpressungen, um Politiker gefügig zu machen.

Bamford erfuhr von Snowden von einem Programm, über das bis zu diesem Zeitpunkt noch niemand berichtet hatte: »MonsterMind« (»Monstergehirn«). Dabei handele es sich um ein künstliches intelligentes System, das Gefahren aus dem Internet automatisiert erkennt und ebenfalls automatisiert Gegenmaßnahmen ergreift. Ein Mischling aus dem Star-Wars-Programm Ronald Reagans, der Riesenmaschine SAGE und Norbert Wieners automatisierter Flugabwehr – bloß nicht in der realen Welt, sondern im Cyberspace. Dafür analysiert MonsterMind den kompletten Internetverkehr, um Auffälligkeiten und Anomalien identifizieren zu können. Bamford schrieb dazu:

> »Das ist das Problem, sagt Snowden, weil die Auslöser solcher Angriffe vielfach über unschuldige Länder geleitet werden. Und damit das Programm sinnvoll funktioniert, muss der komplette Internetverkehr analysiert werden.«

Ob MonsterMind noch aktiv ist, weiß die Öffentlichkeit nicht. Aber die DARPA setzte 2012 ein 125-Millionen-Dollar-Programm auf, das ebenfalls automatisiert Angriffe im digitalen Raum abwehren sollte: »Projekt X«.[666] Eine Reporterin des *Christian Science Monitor* durfte sich das System 2015 ansehen.

Bei Projekt X, einem von verschiedenen KI-Programmen,[667] wird der Internetverkehr dreidimensional abgebildet, um Anomalien wie Cyberangriffe sichtbar zu machen. Auch Muster, die auf eine Organisation solcher Angriffe hindeuten könnten, sollen mit einem Frühwarnsystem erkennbar werden. Eine Geheimdienstmaschine, die in einem Science-Fiction-Operationsraum bedient wird: Das System soll mit der Datenbrille Oculus Rift als ein dreidimensionaler Raum dargestellt werden, der betretbar ist. Die Informationen sind offenbar so komplex, dass die Darstellung einer weiteren Dimension bedarf.

Ein virtuelles Kriegsszenario mit 360-Grad-Rundumblick. »Sie können durch die Informationen schwimmen und sie so verstehen«, erklärt der Programmmanager Frank Pound 2014 laut einer Pressemitteilung des US-Verteidigungsministeriums.[668] Allein im Pentagon arbeiten sechstausend Mitarbeiter nur daran, sich mit Angriffen aus dem Internet zu beschäftigen. Laut Bamford gaben die USA bereits 2013 30 Milliarden für die Cybersicherheit aus, weltweit wird die Branche auf etwa 67 Milliarden jährlich geschätzt.[669]

Die Firma Oculus wurde übrigens von Facebook geschluckt. Auch Facebook-Chef Zuckerberg möchte, dass sich Bewohner seines Konzerns künftig buchstäblich begegnen können. Die »virtuelle Realität wird zur Norm«, meint er. Wie heute unsere Smartphones würden wir uns künftig mit Datenbrillen an virtuellen Orten treffen.[670] Wenn es nach Zuckerberg geht, begegnen sich dann Menschen aus fernen Ländern zur gleichen Zeit auf dem Planeten Facebook. Für Frieden und Völkerverständigung. Das Manipulationspotenzial des Netzwerkgiganten wächst gleichzeitig exponentiell in drei Dimensionen, die künftig auch sensorisch ertastbar sein werden.

Ein Gedankenexperiment: Beliebige dreidimensionale Welten, geformt nach individuellen Wünschen, maßgeschneidert auf die tiefsten Bedürfnisse der Benutzer. Träume lassen sich als Wahrheiten simulieren. Dies alles umsonst, wie immer bei Facebook. Bis auf die Daten, mit denen Sie im »Tausch« passiv, allein durch Ihr Verhalten, bezahlen. Daten, die mathematisierbar sind. Vektoren unserer Sehnsüchte: Versuchslandschaften für digitales Neuromarketing und intelligente Werbealgorithmen, die das Nutzerverhalten erlernen. Reichhaltige menschliche Ressourcen. Mit solchen Maschinen entstünden noch tiefere Erkenntnisse, noch gezielter ließen sich die Schwachpunkte der begrenzten Biomaterie Mensch ausfindig machen und ausbeuten. All dies wird dabei in die Sprache der Systeme Künstlicher Intelligenz übersetzt: in Mathematik. Es entstehen Blaupausen menschlicher Eigenschaften, die maschinenlesbar werden und zunächst dazu dienen werden, die Beziehung zwischen uns und den Maschinen zu »verbessern«. Die Chancen dieser Technologie bergen zugleich Gefahren einer totalen Kontrolle.

Zur Erinnerung: Bereits mit der Strategischen Computing Initiative von Robert Kahn Anfang der 1980er Jahre entwickelte die DARPA ein Expertensystem, das Militärs bei strategischen Fragen beraten sollte. Die Entwicklung komplexer Strategie mit intelligenten Systemen zählt seit dreißig Jahren zum Kerngeschäft des Militärs. Ein System wie Watson, das alle Wissensbestände der strategischen Planung und alle Kniffe der Spieltheorie beherrschen würde, könnte sehr viele Menschen austricksen.

Stephen Hawking warnte davor, das eine Künstliche Intelligenz Fähigkeiten entwickeln könnte, die sie in die Lage versetzen würde, »die Finanzmärkte zu überlisten, ebenso Forscher, sie würde menschliche Führungspersönlichkeiten manipulieren und Waffen entwickeln, die wir nicht mehr verstehen können«.[671]

44. Googles Superintelligenz

Google trat von Beginn an mit dem zwiespältigen Selbstverständnis auf, die ganze Welt zu verändern und gleichzeitig den Menschen dienen zu wollen, schrieb Steven Levy:

>»Google gab vor, ein Verständnis von moralischer Reinheit zu vertreten – was sich an ihrem Motto, ›don't be evil‹, verdeutlicht – aber er schien so, als ob sie einen blinden Fleck hatten, was die Konsequenzen ihrer eigenen Technologien für die Privatsphäre und Eigentumsrechte betraf. So war es ein grundlegendes Prinzip, den Nutzern zu dienen – aber zugleich war es ein Ziel, eine riesige künstliche intelligente und lernende Maschine zu schaffen, die fragwürdige Konsequenzen für unser aller Leben mit sich bringen würde.«[672]

>»Es war ihre Mission, die Informationen der Welt zu sammeln und zu organisieren – und das ist nur der Anfang. Von Beginn an betrachteten die Gründer Google als ein Vehikel, um ihren Traum von einer Künstlichen Intelligenz zur Verbesserung der Menschheit umzusetzen. Um diesen Traum zu realisieren, mussten Page und Brin eine gigantische Firma bauen.«[673]

Um diesem Schritt näher zu kommen, sagte Brin 2014, habe der Konzern die Firma DeepMind gekauft. Dort sollen Maschinen entstehen, »die schlussfolgern, denken und viele Sachen besser können als wir«.[674]

Ein Bonmot des Experimentalpsychologen Edwin Boring (1886–1968) lautet: »Intelligenz ist, was ein Intelligenztest misst.«[675] Tatsächlich ist es recht schwierig, Intelligenz zu definieren, weil es kulturelle Unterschiede gibt, verschiedene Arten von Intelligenz, sprachliche, mathematische und soziale etwa. »Intelligenz« ist selbst ein Konzept und schwer objektivierbar. Intelligenz lässt sich nicht röntgen, aufschneiden oder im Magnetresonanztomografen ausfindig machen. Doch alle, die Künstliche Intelligenz herstellen wollen, benötigen ein Konzept – auch DeepMind.

Gegründet wurde die britische Firma unter anderem von Demis Hassabis. Der spielte schon als Vierjähriger Schach und begann sich als Achtjähriger für die Frage zu interessieren, wie das Gehirn diese vielen schwierigen Aufgaben meistert – und ob das auch ein Computer hinbekäme.[676] Mit 17 Jahren entwickelte er das Computerspiel *Theme Park*, das 1994 auf den Markt kam und das Genre der Vergnügungsparksimulationen begründete. Er studierte schließlich Informatik in Cambridge, gründete danach eine Firma, um dann am University College in London eine Dissertation über Neurowissenschaften zu schreiben. Deren Ergebnisse feierte das Wissenschaftsmagazin *Science* 2007 als »Durchbruch des Jahres«. 2011 widmete sich Hassabis ganz seiner Passion: Künstliche Intelligenz. Er gründete mit Shane Legg und Mustafa Suleyman DeepMind.

Legg hatte 2008 bei Marc Hutter und Jürgen Schmidhuber vom KI-Labor in Lugano eine Dissertation unter dem Titel *Machine Super Intelligence* geschrieben. Er untersuchte darin viele verschiedene IQ-Tests und Definitionsversuche. Rund sechzig Experten würden sich auf folgende Intelligenzdefinition einigen können:

> »Intelligenz ist eine sehr generelle mentale Leistungsfähigkeit, die, neben anderen Dingen, die Fähigkeit zu schlussfolgern beinhaltet, zu planen, Probleme zu lösen, abstrakt zu denken, komplexe Ideen nachzuvollziehen, schnell zu lernen und von Erfahrungen zu lernen.«[677]

Das Ziel von Firmen wie DeepMind oder Forschern wie Jürgen Schmidhuber und Bernhard Schölkopf besteht nicht darin, konkrete Aspekte von Intelligenz nachzubauen. Ihr Ansatz des maschinellen Lernens beruht darauf, grundlegende Elemente zu definieren, auf denen Intelligenz vermutlich fußt. Es geht darum, ein möglichst einfaches Prinzip zu finden, das zu dem komplexesten System wachsen kann, das existiert: der menschliche Intellekt.

Schmidhuber geht davon aus, dass auch Kinder in eine Umgebung geboren werden, die ihnen zunächst völlig unbekannt ist. Wie künstliche Agenten müssen sie mit ihrer Umwelt interagieren, um aus den resultierenden Feedbacks Schlussfolgerungen zu ziehen. Diese münden in Erfahrungen, die neue Schlussfolgerungen und neue Erfahrungen erleichtern. Dieser Vorgang bildet die Basis, damit sich die Nervenzellen ausdifferenzieren können. Aus der stetig fortschreitenden Schleife von Interaktionen, Rückkopplungen, Erfahrungen, neuen Interaktionen, neuen Rückkopplungen und neuen Erfahrungen formt sich unsere Intelligenz, so die Vorstellung.

So ähnlich definierte das auch Shane Legg: »Intelligenz misst die Fähigkeit eines Agenten, Ziele in vielfältigen Umgebungen zu erreichen.«[678] Das »Ziel« dürfe nicht allzu konkret sein, weil dies die Flexibilität einschränke. Die Intelligenz des »Agenten« müsse zudem beobachtbar sein, da sie sonst ohne praktische Relevanz sei. Nötig sei daher ein sehr allgemeines Signal für den Agenten, das ihm rückmeldet, wie gut er sich in der jeweiligen Umgebung verhält. Dieses »Signal« sei die »Belohnung«. »Die Zielfunktion des Agenten besteht darin, dass er einfach die Summe der Belohnung, die er erhält, maximieren muss.«[679] Das entspricht dem Prinzip von »Reinforcement-Learning«, das der Verhaltenspsychologe Skinner entwickelt hatte.

Die Superintelligenz, die Legg konzipiert hat, beruht auf einem inneren Motor, der sich auch als »totaler Nutzenmaximierer« beschreiben lässt – ein System, das die Analyse seiner Umwelt immer weiter optimiert und die Repräsentation dieser Optimierung als Grundlage weiterer Optimierungen nutzt. Das System ist ein Superoptimierer, der seine Umwelt immer effizienter erfasst und die Informationen darüber immer besser verarbeitet, um sich immer besser in der Umwelt zu bewegen. Künstliche Intelligenz ist also keineswegs der Versuch, die menschliche Intelligenz nachzubauen. Nur deren Flexibilität und Leistungsfähigkeit bei der Problemlösung ist für diesen Ansatz relevant. Ein »begrenztes anthropozentrisches Konzept von Intelligenz interessiert uns nicht«, schrieb Legg.[680]

Jürgen Schmidhuber und seine Forschungsgruppe haben das Problem der Modellierung von Intelligenz auf seine Essenz zusammengefasst. Er teilt deswegen auch nicht die Kritik, das Gehirn sei zu komplex, um dessen Funktionen zu rekonstruieren:

> »Die spezialisierten Neurowissenschaftler verstehen oft wenig von den eleganten mathematischen und Informatikmodellen, die konzeptuell vieles von dem verkörpern, wonach Neurowissenschaftler im Hirn suchen. Sie verstehen zwar viel von Details wie Kalziumkanälen et cetera, so wie ein Elektrotechniker viel über Strom weiß. Wenn ein Elektrotechniker vor hundert Jahren ein modernes Handy gefunden hätte, dann hätte er darin den Stromfluss studiert, ein bisschen so, wie ein Hirnforscher an Neuronen forscht. Er hätte wohl charakteristische Transistorkennlinien vermessen, aber keine Ahnung gehabt, dass die Details der Kennlinien weitgehend bedeutungslos sind – denn Transistoren sollen nur binäre Schalter sein – und dass das Handy gerade etwas Simples macht, nämlich Adressen zu sortieren. Die Sortiermethode ließe sich in drei Zeilen hinschreiben, aber da der E-Techniker vor hundert Jahren keine Informatik kannte, fehlt ihm die Sprache der Algorithmen, die man braucht, um die Einfachheit dessen zu verstehen, was das Handy tut.«

Umso wichtiger wird bei einem solchen System die Frage der Ethik, die sich ein potenter Nutzenmaximierer vermutlich nicht stellen wird. Schon 2008 hatte Legg geschrieben:

> »Wenn eine superintelligente Maschine je existieren sollte, wären die Implikationen für die Menschheit immens. Selbst wenn nur eine sehr geringe Chance besteht, dass intelligente Maschinen in einer absehbaren Zukunft entwickelt werden könnten, ist es wichtig, dass wir anfangen, ernsthaft über die Natur und die Implikationen dieser Maschinen nachzudenken.«[681]

Als Google DeepMind kaufte, bestanden die Firmengründer darauf,

einen Ethikrat einzurichten, der die heikle Forschung der Firma überwachen soll.[682]

Stuart Russell, Max Tegmark und auch Demis Hassabis veröffentlichten am 23. Januar 2015 ein Papier. Darin drängten sie darauf, For-
schungsprioritäten zu definieren, um Methoden zu entwickeln, die
adäquat Reaktionen auf die Risiken, die von Künstlicher Intelligenz
ausgehen, darstellen könnten. Hunderte Wissenschaftler, Informatiker, Neurologen, Psychologen und Unternehmerinnen und Unternehmer drückten ihre Unterstützung aus. Damit Künstliche Intelligenz
der Gesellschaft diene, müsse die Entwicklung genau überwacht
werden, bislang jedoch fließe das Geld vor allem in die Entwicklung
noch avancierterer Systeme und kaum etwas in die Beobachtung.
»Unsere KI-Systeme müssen tun, was wir wollen«, schrieben die Wissenschaftler und drückten damit die potenzielle Eigendynamik dieser
Systeme aus.[683] Es müsse die »Zielfunktion« eines solchen Systems
definiert werden. Es müsse also entschieden werden, welcher Moral
diese Systeme gehorchten. Aber ist das überhaupt möglich?

Jürgen Schmidhuber geht davon aus, dass eine Superintelligenz
nur eine Frage der Zeit ist. Er datiert das innerhalb der Lebensspanne
seiner Kinder, die noch Teenager sind. Sollte die Entwicklung Künstlicher Intelligenz überwacht werden?

»Einerseits hege ich Sympathie für solche Bewegungen, aber es
wird schwierig. Der Quellcode für wahre KI wird meiner Ansicht
nach im Rückblick sehr einfach sein, nur eine Handvoll simple
Prinzipien. Auch unsere bereits existierenden, sehr erfolgreichen
Systeme sind eigentlich ganz simpel. Sobald der KI-Quellcode im
Umlauf ist, wird jedes Kind solche Systeme einsetzen können.«

Das bedeutet?

»Langfristig wird der Mensch kaum Künstliche Intelligenzen kontrollieren können, die ihre eigenen Ziele verfolgen, neugierig und
kreativ sind wie Menschen und andere Säugetiere, doch in weit
größerem Maßstab. Aber wir dürfen hoffen, dass es kaum Ziel-
konflikte geben wird zwischen ›uns‹ und ›ihnen‹. Menschen und

andere Lebewesen interessieren sich vor allem für die, mit denen sie zusammenarbeiten oder in Wettbewerb treten können. Politiker interessieren sich für andere Politiker. Kinder interessieren sich für andere Kinder gleichen Alters. Superkluge Künstliche Intelligenzen werden sich vor allem für andere superkluge Künstliche Intelligenzen interessieren. So wie Menschen vor allem an anderen Menschen interessiert sind, nicht an Ameisen.«

Geoffrey Hinton und Bernhard Schölkopf bereitet nicht nur die Zukunft, sondern der exzessive Einsatz dieser Technik von Konzernen und Geheimdiensten in der Gegenwart Sorgen. »Mich beängstigt, dass wir mit jeder Weiterentwicklung der NSA helfen, diese Technik noch mehr zu missbrauchen«, sagte Hinton dem *Guardian*.[684] Jürgen Schmidhuber glaubt, dass die Geheimdienste auch die Entwicklungen von Menschen mit den bereits jahrelang erspähten Daten rekonstruieren:

>»Alle abgreifbaren Daten zu speichern kostet pro Jahr wahrscheinlich weniger als eine Milliarde Dollar. Die Geheimdienste speichern natürlich alles für immer. Warum? Weil in zehn Jahren die Algorithmen zum automatischen Durchforsten der Daten viel besser sein werden als heute. Weil in zehn Jahren zum Beispiel die Sprach- und Gesichtserkennung noch weit akkurater sein wird als heute. Gegen Leute, die heute Kinder sind, aber morgen vielleicht Terroristen oder Industriemagnaten oder Politiker, will so mancher Geheimdienst rückwirkend was in der Hand haben.«

Bernhard Schölkopf weist darauf hin, dass die Gefahren vor allem auch von Konzernen ausgehen:

>»In vielen amerikanischen Firmen ist es nicht cool, darüber nachzudenken, ob das massenhafte Sammeln von Daten nun legal ist oder nicht. Die haben diese Machermentalität. Das ist für mich die viel größere Sorge.«

45. Google Intelligence Agency

2004 begann Google damit, alle Bücher zu scannen, die zu bekommen waren. Dafür entwickelte der Konzern eigens Maschinen und arbeitete mit Bibliotheken zusammen, um sein digitales Gehirn zu füttern. Die Bücher wurden aber nicht einfach nur digitalisiert – sie wurden datafiziert. Das heißt, jedes einzelne Zeichen wurde maschinenlesbar und in Mathematik verwandelt. 20 Millionen Bücher hatte sich Google bis 2012 einverleibt.[685] Im Oktober 2005 besuchte der Wissenschaftshistoriker George Dyson anlässlich einer Feierlichkeit die Konzernzentrale von Google in Kalifornien und erfuhr dabei:

> »»Wir scannen alle diese Bücher nicht ein, damit sie von Menschen gelesen werden‹, vertraute mir ein Techniker an. ›Wir scannen sie, damit sie von einer Künstlichen Intelligenz gelesen werden.‹«[686]

Durchsuchen wir mit Google das Internet, oder durchsucht Google uns? »Google ist nicht wirklich eine Suchfirma. Es ist eine Firma für lernende Maschinen«, sagt Matthew Zeiler, der heute die KI-Startup Clarifai leitet und der zuvor am Projekt Google Brain mitarbeitete.[687]

Die Suchmaschine von Google basiert auf einem Relevanzsystem, das offenbar so gut funktioniert, dass der Konzern zu einem sehr mächtigen Gebilde werden konnte. Die ursprüngliche Herausforderung bestand darin, den richtigen Ansatz zu finden, um Informationen aus dem unstrukturierten Internet nach ihrer Bedeutung zu sortieren. Larry Page übernahm dabei eine bekannte Methode: Die Relevanz wissenschaftlicher Artikel bemisst sich unter anderem daran, wie häufig andere Wissenschaftler diesen Artikel zitieren und wer wen zitiert. Dieses Prinzip übertrug Page auf die Links, die auf Internetseiten verweisen. Das war etwa 1996.

Page musste die Linkstruktur des Internets abbilden, um dann mit intelligenten Algorithmen die Beziehungsstruktur zwischen diesen Links zu berechnen. Dabei sortiert sich die Bedeutung einzelner Links auf einer Skala von 1 bis 10. Die Wichtigkeit eines Treffers beruht auf einer statistischen Prognose der Wichtigkeit der Links untereinander. Die Google-Gründer entwickelten also eine Metrik des Internets und definierten so auf mathematischer Ebene Qualität. Brin schätzte, dass etwa 500 Millionen Variable diese Relevanz ausmachen würden.[688]

Die Google-Suchalgorithmen verbessern heute ihre Ergebnisse anhand des Klickverhaltens der Benutzer. Wenn etwa eine Suche offensichtlich nicht sehr erfolgreich war, weil ein Benutzer nicht zufrieden ist und die Suche deswegen variiert, lernt das System aus diesem Verhalten. Google funktioniert damit wie eine Art Gehirn des Internets, das aus Rückkopplungen der Benutzer und den verzweigten Verästelungen der einzelnen Seiten und Links permanent ein Relevanzsystem abzubilden versucht.

> »Jedes Mal, wenn ein Individuum nach etwas sucht und eine Antwort findet, hinterlässt dieser Vorgang eine kleine, aber bleibende Spur, einen Hinweis darauf, wo sich ein Stück Bedeutung befindet und wozu sie passt. Die Teilstücke kulminieren sich, und irgendwann könnte es so weit sein, dass, wie Turing 1948 schrieb, ›die Maschine erwachsen wird‹.«[689]

Es sei recht schwierig, die Menschen bei der Stange zu halten. Auch dürfe bei den Ergebnissen nicht immer das herauskommen, was die Leute wollen. »Um das zu schaffen, müssen sie verdammt schlau agieren – sie müssen die ganze Welt verstehen. In der Informatik nennen wir das ›Künstliche Intelligenz‹«, sagte Brin.[690]

Google bildet nicht nur die Struktur des Netzes ab und wie wir deren Relevanz bewerten. Mit Milliarden Suchanfragen ist Google zugleich ein Sensor, was Menschen denken. Das menschliche Verhalten wird von den lernenden Maschinen, die von den besten Forschern der Welt programmiert werden, mit permanent einlaufenden Datenuniversen datafiziert. Aus den Suchanfragen konnte Google nach eigenen Angaben schon 2011 die Wahrscheinlichkeit errechnen, mit der Menschen Selbstmord begehen werden. Das menschliche Verhalten bildet sich in »Googles virtuellem Gehirn ab, wie es die Neuronen in unserem Gehirn tun«, schrieb Levy.[691]

Google durchsucht 60 Billionen URLs und baut damit einen Suchindex auf, der ein Informationsvolumen von 100 Millionen Gigabyte ausmacht. Google »Knowledge Vault« soll die größte maschinenlesbare Datenbank mit 1,6 Milliarden Fakten sein.[692]

Für die Fähigkeiten des größten Konzerns für Künstliche Intelligenz interessieren sich auch andere Intelligenzagenturen. Hinter Google luge der »militärisch-industrielle Komplex« hervor, schrieb der Journalist Nafeez Ahmed.[693] In einer umfassenden Recherche belegte er, wie die Entwicklung von Googles Suchalgorithmus von der Digital Library Initiative finanziert wurde, einem Programm der National Science Foundation, der NASA und der DARPA. Darüber hinaus informierte Google-Gründer Sergey Brin regelmäßig Bhavani Thuraisingham und Rick Steinheiser über die Fortschritte der Entwicklung der Suchmaschine. Beide waren Repräsentanten eines Forschungsprojekts, das von der NSA und der CIA gesponsert wurde. Rick Steinheiser selbst arbeitete für das Office of Research and Development, die Forschungsabteilung der CIA.

Zwischen 1993 und 1999 startete die Intelligence Community (IC) – ein Verbund der diversen Geheimdienste der USA – ein Programm, das »Massive Digital Data Systems« (MDDS) hieß und von NSA und CIA finanziert wurde.[694] Es ging um das Management großer Datenmengen und um die Entwicklung von »Suchprozessen«. Geleitet wurde das Projekt von Thuraisingham. Sie arbeitete zu dieser Zeit bei dem Forschungsinstitut MITRE Corporation, das 1958 gegründet wurde, um SAGE zu entwickeln.[695] Dessen Studien zur Sicherheit von Datenbanken wurden nach eigener Auskunft von der NSA als »wichtigste Arbeit« des Jahres 1990 bewertet.[696] Thuraisingham schrieb:

»Ich erinnere mich daran, wie ich mit Dr. Rick Steinheiser von der Intelligence Community Stanford besuchte und uns Herr Brin, der auf Roller-Blades anrauschte, periodisch Präsentationen erstellte und wieder abrauschte. Während unseres letzten Besuchs im Jahr 1998 zeigte uns Herr Brin seine Suchmaschine, die, wie ich glaube, schnell zu Google wurde.«[697]

Brin reagierte alarmiert auf die Recherche von Nafeez Ahmed und behauptete, er sei keineswegs von Geheimdiensten finanziert worden. Jedoch wiesen die Google-Gründer in ihrem wissenschaftlichen Artikel über den Mechanismus der Suchmaschine 1998 selbst darauf hin, dass Sergey Brin durch das MDDS-Programm gesponsert wurde.[698] Im September des gleichen Jahres hoben Brin und Page das Unternehmen Google aus der Taufe.

Auch Shane Harris berichtete ausführlich über Kooperationsbeziehungen zwischen der NSA und Google im Jahr 2010. Nach Hackerangriffen, die vermutlich aus China kamen, vereinbarten die Partner sogar ein »kooperatives Forschungs- und Entwicklungsabkommen«.[699]

Zudem ging aus einem E-Mail-Verkehr aus dem Jahr 2012 zwischen NSA-Chef Keith Alexander und Sergey Brin eine weitere Kooperation mit der NSA hervor. Der NSA-Chef erinnerte darin daran, dass Google ein »Schlüsselmitglied der Verteidigungsindustrie-Basis« der USA sei. Brin antwortete: »hi keith, ich werde versuchen, nächste woche zu kommen (…) cheers, --sergey«. Al Jazeera veröffentlichte den Schriftwechsel.[700]

Ehemalige Mitarbeiter der NASA, die Ex-Direktorin der DARPA und ehemalige Kontraktoren der CIA arbeiten ohnehin bei Google, dem größten Konzern für Künstliche Intelligenz der Welt. Und in geheimdienstähnliche Firmen wie Recorded Future investieren Google und die CIA gemeinsam.[701]

46. Der Traum von Unsterblichkeit und die Mission zur Eroberung der Welt

Es gehe bei der technologischen Revolution darum, »die Evolution zu überwinden und unsere Gesellschaft zu transzendieren«, meint der deutschstämmige Peter Thiel. Er zählt zu den mächtigen Investoren im Silicon Valley.[702] Thiel spricht auch von einer neuen »Schöpfung«, Demokratie nennt er eine »veraltete Technologie«.[703] Mitbestimmung, parlamentarische Prozeduren: technologiefeindlich. Thiel meint: »Ein Monopol ist der Zustand jedes erfolgreichen Unternehmens.« Konkurrenz: »Das ist ein Relikt der Vergangenheit«. Thiel, ein neokonservativer Milliardär, gründete nicht nur PayPal, sondern mithilfe der CIA-Wagniskapitalfirma In-Q-Tel auch den bereits in Skandale verwickelten IT-Überwachungskonzern Palantir.[704]

Das Internet klang einmal nach Freiheit. Nerds und Programmierer genossen den Ruf, das digitale Spiegelbild der Hippies zu sein, die dabei halfen, unsere Gesellschaft zu modernisieren. Wie kam es zu diesem Irrtum? Dieser Frage hat sich Fred Turner gewidmet, Historiker an der Universität Stanford. Er bietet eine schlüssige Interpretation, die erklärt, wie aus der alternativen US-Gegenkultur der 1960er Jahre das Denken heutiger Konzernlenker des Silicon Valley entstehen konnte, die sich erfolgreich als freiheitsliebende Avantgarde inszenieren.

Tatsächlich waren ihrer Vorgänger – die Pioniere des Internets und der Computerkultur – zwar Teil der Alternativbewegung, jedoch kämpften sie keineswegs gegen den Krieg und die überbordende Macht der Konzerne. Vielmehr bestand diese Gegenkultur aus verschiedenen Strömungen: Einerseits existierten die politisch-emanzipativen Vertreter. Andererseits bildete sich eine Gruppe heraus, die sich als Gegenentwurf zu den als vorsintflutlich wahrgenommenen Regeln der Gesellschaft definierte, aber dabei stets auch Geschäftsinteressen verfolgte. Eine Gruppe, die Freiheit weniger politisch verstand, denn individuell, technologisch und ökonomisch. Diese Gruppe nennt Turner die »Neuen Kummunalisten«, die zunächst ihre Selbsterfahrungstrips mit LSD in der Wüste machten und ihr Glück im Eskapismus kleiner Ökokommunen erhofften. Doch die Vorreiter der heutigen IT-Konzerne waren in ihrem Denken den Hippies, die als Pazifisten Plakate gegen den Krieg malten, viel weniger ähnlich als den Kalten Kriegern. Die Schnittmenge beider bildete die Kybernetik.

Die »Neuen Kommunalisten« wollten eine soziale Utopie verwirklichen: eine Gesellschaft, die sich mithilfe von Informationstechnologien von den Fesseln ihrer Vergangenheit befreien würde, jenseits der als starr wahrgenommenen bürokratischen Institutionen. Das versinnbildlichte die Idee dezentraler Netze, die sie zum Modus ihrer Arbeitsweise machten: flache Hierarchien, optimale Kommunikation. All dies jedoch waren Errungenschaften, die aus der Zusammenarbeit von Militär, Universitäten und Wirtschaft erwachsen waren. Die technikaffinen Programmierer und Internetpioniere prägte derselbe technisch-kulturelle Zusammenhang. Wie die Militärs praktizierten sie »einen kooperativen Lebensstil, feierten die Technologie und die kybernetische Rhetorik der militärisch-industriell ausgerichteten Forschung«, so Turner.[705]

Die Kybernetiker bei Militär und den IT-Konzernen teilen den mythologischen Glauben an eine quasi natürliche Selbstregulierung der Kräfte. Eingriffe erscheinen hier als eine Gefährdung dieser Ordnung. Ein sich selbst steuernder Prozess wird als Ideal definiert und als Merkmal gesellschaftlicher Prozesse verallgemeinert. »Regeln werden gemacht, um existierende Strukturen zu zementieren. Wir versuchen sie zu umgehen«, lautet das heutige Dogma des Silicon Valley, hier von Sebastian Thrun formuliert. Der deutsche Professor für Künstliche Intelligenz ist bei Google für den Bereich Robotik zuständig.[706] Er entwickelt die selbstfahrenden Autos des Konzerns – ein Forschungszweig, der Anfang der 1980er Jahre von der DARPA angeschoben worden war.

Tim O'Reilly, Erfinder des Begriffs »Web 2.0« und erfolgreicher IT-Unternehmer, möchte, dass Gesellschaften künftig weniger über Gesetze und politische Überzeugungsarbeit gesteuert werden als über »algorithmische Regulation«. »Wie oft begegnen wir Regeln, die einfach keinen Sinn machen?«, fragt er.[707] Autos regulieren sich selbst und Flugzeuge fliegen mit Autopiloten. »In unserer heutigen Welt ist diese algorithmische Regulation mehr als nur eine Metapher. (…) Regierungen sollten endlich das Zeitalter von Big Data betreten. Algorithmische Regulation ist eine Idee, deren Zeit gekommen ist«, glaubt O'Reilly und klingt dabei wie die Herren aus Singapur, die ihre Bürger auf diese Weise regieren.

Der Publizist Evgeny Morozov meint in Anlehnung an den Philosophen Giorgio Agamben, dass eine kybernetische Politik übergeht in einen Zustand, in dem es vornehmlich um das Regieren von Effekten in Echtzeit und nicht um Ursachen von Problemen geht. Deswegen seien einerseits die Liberalisierung der Ökonomie und die gleichzeitige Ausweitung der Kontrolle und Überwachung die zwei Seiten derselben Medaille.[708] »Algorithmische Regulation wirbt mit der guten alten technokratischen Utopie von Politik ohne Politik«, so Morozov. »Das Angebot des Silicon Valley ist klar: Dank der umfassenden Rückkopplungsschleifen könnten wir alle Unternehmer werden und uns selbst um unsere Angelegenheiten kümmern.« Politik ist tot.

Immer weitere Bereiche und Prozesse der Gesellschaft werden von der Automatisierung erfasst. Börsen haben sich in die »Cyborg-Ökonomie« verwandelt, von der Philip Mirowski schrieb. Es existieren verschiedene Ansätze, öffentliche Behörden zu datafizieren, um staatliche Dienstleistungen zu automatisieren und Politik algorithmisch zu regulieren.[709] Intelligente Maschinen prüfen bereits Gesetze auf ihre Tauglichkeit. Auch in Deutschland gibt es dafür Ansätze.[710] »Smart Cities« und »Smart Homes« mathematisieren den sozialen Raum und funktionieren wie Datenminen eines vernetzten »Überwachungskapitalismus«, wie es die amerikanische Soziologin Shoshana Zuboff nennt.

Die Automatisierung von Politik bedeutet deren Abschaffung – und letztlich das Ende von Demokratie. Die Automatisierung von Politik braucht die Daten von Menschen. Die vermeintliche Selbstregulation durch Informationen und Feedbacks ist nur zum Preis kybernetischer Überwachung und Kontrolle zu haben, die auf menschliches Verhalten und damit auf unser Innerstes abzielt.

Zuboff fragt sich, wie es dazu kommen konnte, dass »der Überwachungskapitalismus auf so wenig Widerstand gestoßen ist«.[711] Sie erklärt dies mit dem Einfluss auf die Deutungsmacht, die unsere Sicht auf die Welt prägt. Sie nennt das in Anlehnung an den Philosophen John Searl »Deklarationen«. Diese »leisten zwei Dinge: Sie beschreiben die Welt und sie verändern die Welt. Eine Deklaration erreicht dies, indem sie die Welt so beschreibt, als ob die beabsichtigte Veränderung bereits eine Tatsache wäre.« Nötig seien Gegendeklarationen, ein Mittel gegen die Erzeugung vermeintlich unumstößlicher Wirklichkeiten.

Etwas vereinfacht formuliert: Bisher verachten die Marktradikalen den Staat, weil er Prozeduren und Regeln einfordert, die mit ihrer Maxime der Profitmaximierung in Widerspruch stehen. Die »Überwachungskapitalisten« folgen diesem Modell und kombinieren es mit dem positiv aufgeladenen Lebensstil einer technologischen Avantgarde. Die smarten Männer und Frauen in T-Shirts wirken libertär und keineswegs egoman und profitgierig. Technologie tritt in ihrer Vorstellung an die Stelle staatlichen Handelns, das überwunden werden soll. Sie bildet das zeitgemäße Bindeglied zu einer Ideologie, die als Neoliberalismus bezeichnet wird – die wirkmächtigste Deklaration der Gegenwart. Ein System, das die freie Selbstregulation der Marktteilnehmer behauptet, tatsächlich jedoch aus der nicht endenden Ressource staatlicher Mittel – oder privater Daten – Geschäftsmodelle entwickelt, von denen eine kleine Elite profitiert. Privatisierungen gelten hier als effizienter Modus der Selbststeuerung. Diese Darstellung lässt sich nur aufrechterhalten, indem Transparenz und Kontrolle solcher Prozesse außer Kraft gesetzt werden. Es tauchen Verschwiegenheitsklauseln auf, obwohl es um Gelder der Allgemeinheit geht. Es wird mit privaten Schiedsgerichten eine vermeintliche Kontrolle hergestellt, die tatsächlich ihrerseits einem Geschäftsmodell entspricht.

Diesem Modell, das als effizient und vernünftig verkauft wird, dient sich die Gegenkultur der Hightech-Firmen an, deren Chefs mit Rollern durch die Flure ihrer ökologisch klimatisierten Konzernzentralen brettern. Sie erzeugen ihrerseits Deklarationen von staatlicher Trägheit, die viele für die Wirklichkeit halten. Sie verkleiden »disruptive« Marktmodelle, als »Sharing Economy« und laden diese smarte neue Welt mit utopischen Glücksversprechen auf.

Das Ziel beider Modelle besteht in der Ablösung des Staats. Es entstehen hybride Systeme, bei denen staatliche und private Unterschiede erodieren. Die Technik selbst wird zum Medium basisdemokratischer Partizipation verklärt, ein Politikmodell, das in Echtzeit abläuft und politische Teilhabe über »Likes« wie bei Facebook oder Empfehlungen wie bei Amazon simulieren will. Darin verbirgt sich der Gedanke einer Konsumentendemokratie. Gesetze und Regelungen unseres Zusammenlebens werden als Marktmechanismen nachgebildet und schließlich umgeformt. Politik wird so in Ökonomie übersetzt, banalisiert und abgeschafft. All dies wird verkauft als ein Zugewinn an Freiheit und Effizienz.

Norbert Wiener wollte nichts Schlechtes, als er die grundlegenden Mechanismen der Kybernetik erdachte – im Gegenteil: Er kämpfte gegen die Nazis und hatte seine kybernetische Selbstregulation nicht nur als intelligente Flugabwehr konstruiert, sondern zugleich als dezentralen Gegenentwurf zur Machtkonzentration der Diktaturen in Deutschland und Russland begriffen. Als ein »nichthierarchisches Modell der Regierung und Macht«.[712]

Die IT-Konzerne praktizieren heute ein radikales Marktmodell, das Regulierung als dunkle Macht versteht, als Eingriff in eine als natürlich wahrgenommene Ordnung, der bekämpft werden muss. Hier das Versprechen von Freiheit und Harmonie, dort die Gefahr falscher Begrenzung und staatlichen Zwangs. Licht gegen Dunkelheit, Ordnung versus Chaos, Gute gegen Böse. Das Risiko, das von diesem Modell ausgeht, gründet nicht nur auf der ökonomischen Radikalität, sondern auch auf der quasireligiösen Mission, die es verfolgt.

»Don't be evil« ist mehr als ein Werbespruch von Google. Google ist mehr als ein moderner Monopolist der Gegenwart. Es geht auch um weitaus mehr als nur um Profit und Marktmacht. Die Vision ist ein neuer Mensch, der aus der Verschmelzung von Mensch und Maschine entsteht, die das Ziel einer technologisch verwirklichten Unsterblichkeit verfolgt. Die Gründer von Google sind Gläubige einer Techno-Religion. Und auch Mark Zuckerberg treibt die Frage um: »Wie wird es möglich, für immer zu leben?«[713]

Viele IT-Giganten aus dem Silicon Valley investieren aus diesem Grund in Biotech-Firmen, wie die *Washington Post* feststellte:[714] Sie wollen Krankheit ausmerzen, einschließlich der lästigsten aller menschlicher Leiden – den Tod. Das ist nicht im übertragenen Sinne gemeint. Der Prozess der Zellalterung ist in ihren Augen selbst nur ein dechiffrierbares Muster, das mit wachsender Leistungsfähigkeit von Technologie einmal gänzlich überwunden werden könnte.

Wenn Maschinen die Intelligenz der Menschheit übertroffen haben, werden die Probleme der Menschen gelöst. Daran glaubt Ray Kurzweil, und seit Jahrzehnten schreibt er darüber: von Nanorobotern, die im Körper Krebszellen bekämpfen, von unserem Bewusstsein, das mathematisiert und dann in das globale Netz geladen werden kann und so unsterblich wird. Mittlerweile arbeitet Kurzweil bei Google als Chefingenieur. Die moderne Techno-Religion wappnet sich mit Mathematik und Wissenschaft gegen Häretiker. Alles, was ihrer Sicht der technologischen Perfektionierung des Menschen im Weg steht, gilt es zu überwinden.

Der Soziologe Emile Durkheim stellte fest, dass Religion als Phänomen in allen Gesellschaften zu finden ist. Er schloss daraus, dass religiöse Vorstellungen eine sehr wichtige Funktion für den Menschen erfüllen müssen. Diese Ansicht lässt die Frage beiseite, ob es tatsächlich ein Gott oder eine höhere Macht gibt, die für die zeitliche Stabilität dieses Phänomens verantwortlich sein könnte.[715]

Eine der grundlegenden Funktionen, auf der die Universalität von Religion beruht, besteht darin, die Welt zu erklären. Religion bietet Ordnung in einer Umwelt, die für Menschen zunächst chaotisch erscheint. Einen Teil dieser Ordnung übernehmen die kulturelle Überlieferung und die Sozialisation. Doch die spezielle Leistung von Religion besteht darin, eine Ordnung anzubieten, die unumstößlich und nicht hinterfragbar ist – eine Ordnung, die ein Gott erschaffen hat oder ein höheres Wesen. Mit der Säkularisierung entzaubert die Wissenschaft diese stabilisierende Ordnungsfunktion. Doch sie ersetzt sie durch einen neue: das wissenschaftliche Weltbild. Dazu meinte der Soziologe Friedrich Tennbruck:

> »Deshalb hat die säkulare Gesellschaft ihre eigene Glaubensgeschichte, obschon sie nichts davon wissen will. Darin folgt sie freilich bloß dem inneren Gesetz aller Glaubenssysteme. Denn der Glaube lebt nur so lange, wie er sich selbst nicht als Glauben, sondern als Wahrheit der Welt weiß. (…) Die noch unentzifferte Glaubensgeschichte der modernen Welt ist von der Wissenschaft im Namen der Wahrheit geschrieben und damit eben auch verhüllt worden: Sie ist als Glaubensgeschichte unkenntlich.«[716]

Bei aller Relativität vermeintlich objektiver Wissenschaft, die Albert Einstein oder der Wissenschaftshistoriker Thomas S. Kuhn einführten: Das Wissenschaftssystem als solches gilt – zu Recht – als einziger Garant für die Erklärung unserer Welt. Es mag widerstreitende Theorie geben, jedoch wird die Wissenschaft als Ganzes nicht in Frage gestellt. Eine universelle Ordnung bietet auch die Kybernetik an, welche die Informationsübermittlung auf sämtliche Prozesse übertrug und damit ein Welterklärungsmodell anbot.

> »Denken ist eine Art des Computerrechnens, DNA entspricht Software, Evolution ist ein algorithmischer Prozess.«

Das schrieb Fred Turner und benannte damit den Universalanspruch der Kybernetik.[717] An kaum einem Ort ist der Wissenschaftsglaube so ausgeprägt wie im Silicon Valley. Historisch betrachtet leitete sich auch der Fortschrittsglaube im Mittelalter aus einem religiösen Kontext ab: nämlich von der christlichen Vorstellung einer sich Schritt für Schritt offenbarenden Erkenntnis Gottes, wie der Historiker Reinhard Koselleck schrieb.[718] Religion sei »ein Bemühen, das Unbegreifliche zu begreifen, das Unausdrückliche auszudrücken, eine Sehnsucht nach dem Unendlichen«, meinte Emile Durkheim.[719]
Für die Anhänger der Techno-Religion markiert die so genannte

»Singularität« den Übergang in eine neue Zeit. »Singularität« beschreibt in der Physik den Zustand eines Schwarzen Lochs, der jenseits aller menschlichen Vorstellungskraft liegt. Bei Google glaubt man daran, dass dieser Zustand in den nächsten Jahren oder Jahrzehnten durch die einsetzende Intelligenzexplosion erreicht werde: Künstliche Intelligenzen würden sich exponentiell schnell selbst optimieren und modifizieren und schließlich Technologien entwickeln, die mit den beschränkten Kapazitäten der Menschen nicht mehr nachvollziehbar seien. Einer der Vordenker ist neben Kurzweil Venor Vinge, der den Begriff »Singularität« bei einem von der NASA gesponserten Vortrag 1993 popularisierte.[720] Die Singularität ist der Punkt null, an dem das Neue geboren wird.

Ray Kurzweil hat vor wenigen Jahren mit Unterstützung von Google und der NASA im Silicon Valley die Singularity University gegründet und die wissenschaftsreligiöse Weltanschauung institutionalisiert, die von der Überwindung der Menschheit von ihren biologischen Fesseln träumt. Es existieren bereits Parteien von »Transhumanisten«, die den technologisch erweiterten »Übermenschen« anstreben.[721]

Im Jahr 2009 wiesen Wissenschaftler bei einem Treffen der Association for the Advancement of Artificial Intelligence (AAAI) bereits auf Gefahren hin, die von der Erforschung Künstlicher Intelligenz ausgehen könnten. Gewarnt wurde neben den Risiken vor autonomen Systemen und dem Angriff auf die Privatsphäre auch vor einer techno-religiösen Bewegung, die sich mit der Entwicklung intelligenter Systeme verknüpfe. Eric Horvitz, Forschungsdirektor bei Microsoft, sagte: »Technologen bieten mittlerweile fast religiöse Visionen« an.[722]

Daran glauben einige der mächtigen IT-Konzernlenker. Sie entwickeln auf dem Weg dorthin Geschäftsmodelle, die darauf bauen, menschliches Verhalten und Denken in mathematische Modelle zu überführen, es zu metrisieren und es in der Folge zu ökonomisieren. Die Entschlüsselung menschlichen Verhalten erzeugt dabei einen Warenwert dieses Verhaltens, der ideelle Kategorien wie Würde, Einzigartigkeit und Autonomie als wissenschaftsferne Esoterik erscheinen lässt.

Die Institution, die am effektivsten diese nichtökonomischen Werte schützen kann, bleibt der Staat. Es erscheint daher folgerichtig, dass die Form des techno-religiösen »Überwachungskapitalismus« alle staatlichen Hemmnisse beseitigen will, um seine Mission zu verwirklichen.

»Die Diskussion über die Macht von Google ist also keine Verschwörungstheorie von Ewiggestrigen (...). Wir führen keine Debatte über Technik, deren faszinierende Möglichkeiten jedermann bewusst sind. Wir führen eine politische Debatte. Geräte und Google-Algorithmen sind kein Regierungsprogramm. Oder sollten es zumindest nicht sein. Die Bürger sind es, die entscheiden müssen, ob wir wollen, was sie von uns verlangen – und welchen Preis wir selbst dafür zu zahlen bereit sind.«

Das schrieb der Vorstandsvorsitzende von Axel Springer, Mathias Döpfner, in einem offenen Brief an Google.[723] Und weiter:

»Es könnte sein, dass es gar nicht mehr so lange dauert, bis immer mehr Menschen erkennen, dass die Währung des eigenen Verhaltens einen hohen Preis fordert: die Freiheit zur Selbstbestimmung.«

46. Was nun?

»Die Schlüsselfrage, die sich heute für die Menschheit stellt, ist, ob wir einen globalen Rüstungswettlauf mit KI beginnen oder dies noch verhindern können«, schrieben Stuart Russell und seine Kollegen in ihrem offenen Brief, den sie Ende Juli 2015 in Buenos Aires veröffentlichten. Diesmal unterzeichneten ihn Tausende von Wissenschaftlern.[724] Sie bezogen sich hierbei auf die fortschreitende Entwicklung von autonomen Waffensystemen. Mit bewaffneten Drohnen könnten Warlords andere ethnische Gruppen verfolgen, Diktatoren ihre Bevölkerung kontrollieren und ganze Staaten destabilisiert werden. Die Forscher verglichen die Entwicklung militärischer KI mit jener von Atomwaffen – mit dem Unterschied, dass deren Bau extrem aufwändig und nur einigen Staaten vorbehalten sei. Die Entwicklung von KI-Waffen dagegen könnte sich unkontrolliert ausweiten, auf dem Schwarzmarkt gehandelt und von Terrororganisationen gekauft werden.

Wir befinden uns im Zustand des Übergangs der Demokratie in eine nachdemokratische Ordnung, was die Gefahren der Entwicklung von KI noch brenzliger für die Zivilgesellschaft macht. Eine Technologie, die nicht nur die Steuerung autonomer Tötungssystemen ermöglicht, sondern auch als Manipulationsmaschine einsetzbar wird, denn wir sind bereits maschinenlesbar.

Mithilfe solcher Systeme lassen sich Menschen prognostizieren und wer die Zukunft kennt, kann subtile Formen der Beeinflussung wählen, die nicht einmal bemerkt werden. Sean Gourley, Oxford-Physiker und Unternehmer im Silicon Valley, der für das Pentagon und die Vereinten Nationen gearbeitet hat, berichtete davon, wie gezielt Ideen platziert und damit Ansichten von Menschen gesteuert werden.[725] Das ist kein Science-Fiction, sondern ein reales Einsatzgebiet künstlicher intelligenter Systeme.

Forscher glauben, dass angesichts eines Bevölkerungswachstums von prognostizierten 11,3 Milliarden bis 2100 wir nicht umhinkämen, die Komplexität und entstehende internationale Instabilität mithilfe künstlicher intelligenter Systemen zu beherrschen. Regierungen bräuchten daher solche Systeme – besonders wenn durch Automatisierung tatsächlich Millionen von Jobs wegbrächen: Die sozialen Spannungen könnten die heutige Welt wie einen Spielplatz aussehen lassen. Diese düsteren Szenarien dienen zur Begründung für die Globalüberwachung.

Ist Künstliche Intelligenz ein Ausweg, um chaotisch-komplexe Zuständen zu verstehen und zu kontrollieren? Wenn dies so wäre: Ließe sich die datenbasierte Szenarioplanung und Gefahrenprognose auch aus dem Schattenreich der Geheimdienste zerren und umsetzen, ohne die Demokratie zu beerdigen? Ließe sich eine KI entwickeln, die nicht heimlich sämtliche Daten abfischt, auswertet und für Wirtschaftsspionage nutzt – wie es NSA und der paktierende BND praktizieren? Eine partizipative KI, die europäische Werte verkörpert, auf Freiwilligkeit basiert, bei der die Bürgerinnen und Bürger selbst datenschutzrechtliche Aspekte der Abgabe ihrer Daten steuern könnten? Eine Demokratie-KI?

Wäre eine Bürger-KI machbar, die den Schutz von persönlichen Daten umsetzt, ein System, das einen globalen Wettbewerbsvorteil daraus zieht, nicht von oben gesteuert zu sein, sondern dezentral? Würde die Entwicklung eines solchen Systems – wenn es möglich wäre – vielleicht sogar viel leistungsfähiger als jene bestehenden und zentral gesteuerten Systeme, deren Anwendung intransparent bleibt, weil sie im Besitz von Google, Facebook, der NSA, Baidu und dem chinesischen Militär sind? Und ist es überhaupt noch möglich, auf den Einsatz von KI zu verzichten, wenn Staaten wie die USA, China, Saudi Arabien, Russland und unbeschreiblich mächtige Konzerne oder Hedgefonds diese Technologie mit Hochdruck vorantreiben, um sich weitere Vorteile zu verschaffen?

Die Rüstungsspirale dreht sich nicht nur in Bezug auf autonome Waffensysteme. KI bedeutet eine technologische Erweiterung vielfältiger Entwicklungsbereiche – buchstäblich eine Erweiterung der intellektuellen Fähigkeiten ihrer Besitzer. Und das Risiko, dass eine Superintelligenz am Ende dieser Entwicklung aufscheint, ist keineswegs ausgeschlossen. Davon gehen Hunderte kluger Wissenschaftler aus, die sich seit Jahren mit dem Thema befassen.

Ein System, das nicht eine Kopie menschlicher Intelligenz wäre, sondern eine synthetische Variante: Viel leistungsstärker, effizient darin, die eigenen intellektuellen Fähigkeiten immer weiter zu optimieren. Hier taucht die Frage der Zielfunktion auf. Denn lernende Systeme agieren aufgrund implementierter Zielfunktionen, die beispielsweise darin bestehen, eine Belohnung zu maximieren. Das ist der Antrieb: Um diese Belohnung zu erreichen, lernen solche Systeme, wie sie immer leistungsfähiger werden. Die Zielfunktion lautet hier: reine Nutzenmaximierung.

Lässt sich solchen Systemen eine ethische Zielfunktion einbauen, wie es viele Forscher vorschlagen? Doch wer definiert diese Werte, die nicht kulturabhängig sein dürfen, sondern universal gelten müssen? Lässt sich auf längere Sicht überhaupt definieren, was gut ist und böse ist, wenn Künstliche Intelligenz irgendwann unsere intellektuellen Fähigkeiten überschreitet und Erkenntnisse gewinnt, die uns fremd bleiben?

Wozu sind Systeme fähig, die ihren Besitzern tiefgehende Einblicke in das Innerste von Gesellschaften, Gruppen und Individuen ermöglichen? Muss Künstliche Intelligenz staatlich beaufsichtigt werden wie Atomkraft? Wie lässt sich diese zum Wohle aller nutzen? Brauchen unsere digitalen Doppelgänger, also unsere Datenprofile, die von Konzernen frei gehandelt werden und die für Simulationen und alle denkbaren Planungen genutzt werden, eigene Rechte?

Ich kann diese Fragen nicht seriös beantworten, aber ich glaube, dass Antworten nötig sind. Das erfordert die Anstrengung von vielen Menschen mit unterschiedlichen Qualifikationen, und es muss international koordiniert geschehen. Der Maßstab muss das Gemeinwohl sein, keine ökonomischen, kommerziellen oder behördlichen Interessen.

Yvonne Hofstetter hat einige praktikable Maßnahmen hinsichtlich des Umgangs mit Daten zusammengetragen. Nötig sind demnach Grundrechte für Datensubjekte. Die Menschenwürde muss auf die persönlichen Daten erweitert werden. Der Verkauf persönlicher Daten an Dritte ist zu verbieten, oder es müssen entsprechende Gegenleistungen geboten werden. Die Privatsphäre muss unantastbar und sensorfrei bleiben, es sei denn, diesem Datenabgriff wird explizit zugestimmt. Es müssen internationale Algorithmenabkommen geschlossen werden, die ausländischen Organisationen den Zugriff auf persönliche Daten nur aufgrund von expliziten Gesetzen, Beschlüssen oder Verträgen gestatten. Der Export von Spähsoftware muss verboten werden.[726]

1987 beschäftigte sich das Friedenforschungsinstitut SIPRI mit den Gefahren von Künstlicher Intelligenz im militärischen Kontext.[727] KI sei die »Spitze des Eisbergs eines großen Körpers der Informationstechnologie«. Es ist heute mehr als damals nötig, dass nichtstaatliche Organisationen dieses Thema anpacken und auf ihre Agenda setzen. Die Zivilgesellschaft muss sich mit dieser Technologie beschäftigen, Informatiker sollten sich nicht weiter hinter ihrem Spezialwissen verstecken und es eigennützig ausschlachten, und KI-Forscher müssen sich ihrer besonderen Verantwortung bewusst werden, die eigene Geschichte verstehen und Aufklärungsarbeit leisten. Die Aufklärung über Daten gehört ohnehin in den Schulunterricht, die Sensibilität der ganzen Bevölkerung muss erhöht werden.

Zivile Organisationen sollten die technologische Revolution nicht jenen überlassen, denen die Demokratie egal ist oder die sie als Hemmnis betrachten. Die Mitarbeiter der immer fragwürdiger agierenden Geheimdienste und der mächtigsten Konzerne der Welt haben nämlich schon vor Jahren auf den Tsunami der technologischen Revolution reagiert. Sie haben mit ihrem Vorsprung Monopole einer Wissenstechnologie gebildet, die uns ausleuchtet, und betonen zugleich die Unmöglichkeit eigener Transparenz, um ihre Interessen durchzusetzen. Sie kaschieren dies wahlweise mit nationaler Sicherheit oder Geschäftsgeheimnissen.

Die Frage nach der Technik ist also eine Frage nach der Demokratie. Die digitale Technik entpuppt sich historisch, gegenwärtig und instrumentell als Herrschaftstechnologie, die ihren Inhabern nie dagewesene Macht ermöglicht.

Wieso akzeptieren wir totale Überwachung und die Beerdigung der Demokratie? Wieso glauben wir den Unfug, dass der Umgang mit unseren Daten egal sei, wenn wir nichts zu verbergen haben? Wie sehr trübt der ideologischen Nebel, der uns umgibt, die Sicht?

Nicht nur die totalitären Regime des 20. Jahrhunderts haben eine verzerrte Wirklichkeit erzeugt. Subtiler wirkt die Ideologie der Gegenwart. Wer sie beschreibt, ihre Entwicklung historisch belegt und personelle Netzwerke aufdeckt, wird als Spinner, Träumer oder als Staatsgläubiger verunglimpft. Das sind Reflexe der Ideologen.

Der französische Denker Michel Foucault beschrieb die metastasierende Ideologie des Neoliberalismus in seinen Vorlesungen bereits Ende der 1970er Jahre als Form des Regierens von Menschen, als Wandel zu einer Sicherheitsgesellschaft, in der die Macht nicht auf der Ausübung eines Zwangs beruht, sondern als Freiheit erscheint und sich in die Menschen hinein verlagert zu einer Selbsttechnologie.[728]

Was als Freiheit verkauft wird, ist eine umfassende Form der Steuerung und des Regierens von Menschen. Der Einzelne soll zur Ich-AG, zum Unternehmer seiner selbst, zum Homo oeconomicus werden. Nur er selbst ist dann noch verantwortlich für sein Schicksal. Strukturen verschwinden in dieser Ideologie, die über Jahrzehnte nun den Eindruck erzeugt hat, die Selbstentfaltung der Kräfte sei ein natürliches Prinzip. Tatsächlich verbergen sich hinter dieser Freiheit ein System der Bereicherung und die Freiheit weniger. Das Ziel ist der einsame Mensch, als »etwas Handhabbares, jemand, der berechenbar auf systematische Veränderungen reagieren wird, die man künstlich in seiner Umgebung einführt. Dieser Homo oeconomicus ist der eminent regierbare Mensch«, wie Foucault sagte.[729]

»Soziale« Medien helfen uns zwar Beziehungen zu organisieren, doch der Zweck sind wir. Diese Systeme sind nicht kostenlos, gemeinnützig und sozial, sondern kommerzielle Überwachungsinstrumente, die uns als Ziele anpeilen und die ihren Besitzer Wissen,

Macht und Reichtum bescheren. »Smart Home«, »Smart TV«, »Smart City«: Das sind weitere Vorboten der Totalüberwachung, die uns in Echtzeit mathematisier- und berechenbar machen, um unsere Gedanken, Vorstellungen, unser Verhalten zu verkaufen, das diese Daten repräsentieren.

Und mit diesen Daten werden Systeme Künstlicher Intelligenz trainiert – sie lernen uns und von uns. Technik kann zur Heilung von Krankheiten und zur Lösung vielfältiger Probleme eingesetzt werden. Das ist wichtig und soll nicht geringgeschätzt werden.

Doch besteht die Schlagseite wirklich darin, die Technik zu verteufeln? Vielmehr beobachten wir einen Siegeszug, eine Kolonialisierung des Lebens. Wir feiern wie ahnungslos ihre Entwicklung, lassen uns in diese Systeme einbinden, von »Smart Propaganda« und von einem PR-Neusprech einlullen.

Viele Politiker sitzen dem auf oder predigen ihr ideologisches Glaubensbekenntnis vom Primat der Ökonomie, dem sie alles andere unterordnen. Wer aber zudem totale Überwachungsregime installiert und seine Argumente durch subtile Formen der Manipulation durchsetzt, ist kein Demokrat und sollte selbst kritisch beobachtet werden. Das gilt für staatliche wie private Akteure.

Wir müssen deutlich machen, dass nur in der Rückkehr zur Demokratie und in der Stärkung des Rechtsstaates und der Transparenz die Zukunft liegt. Nur dann kann auch die Technologie kontrollierbar und zum Wohle aller eingesetzt werden. Die Demokratie ist kein Naturgesetz.

Ende Juni 2015 stellte Google in einer Studie ein komplexes neuronales Netzwerk vor, das folgende Konversation mit den Konzernforschern führte:

Mensch: »Was ist die Definition von Altruismus?«
Maschine: »Wenn du nicht an Gott glaubst, wirst du das nicht verstehen.«
Mensch: »Ok … Was ist die Definition von Moral?«
Maschine: »Nun, die Wahrheit ist, dass du nicht an die Allmächtigkeit Gottes glaubst.«

Mensch: »Ich bin etwas genervt, nenn mir jetzt die Definition von Moral!«

Maschine: »Ich schäme mich nicht dafür, ein Philosoph zu sein!«

Mensch: »Nenn mir die Definition von Moral.«

Maschine: »Ich habe keine Ethik.«[730]

Danksagung

Ich danke den Menschen, die mir geholfen haben. Ich bedanke mich auch bei denen, die mich davor bewahrt haben, vorzeitig den Stecker zu ziehen.

Anmerkungen

1 Thomas Hofmann und Bernhard Schölkopf: » Vom Monopol auf Daten ist abzuraten«, FAZ, 29.01.2015, http://people.tuebingen.mpg.de/bs/faz-monopol-auf-daten.pdf (abgerufen 23.07.2015).

2 Frank Schirrmacher: »Ego. Das Spiel des Lebens«, München, 2013, S. 61.

3 https://www.facebook.com/zuck/posts/10102213601037571?pnref=story (abgerufen 05.07.2015).

4 http://www.independent.co.uk/news/science/stephen-hawking-transcendence-looks-at-the-implications-of-artificial-intelligence--but-are-we-taking-ai-seriously-enough-9313474.html.

5 Zitiert nach: Nick Bostrom: »Superintelligenz«, Berlin, 2014, S. 17.

6 Nick Bostrom: »Superintelligenz«, Berlin, 2014, S. 9.

7 Vgl. hierzu die Einführung zum Machine Learning von Andrew Ng, https://www.coursera.org/learn/machine-learning/lecture/RKFpn/welcome (abgerufen 18.05.2015).

8 Viktor Mayer-Schönberger: »Big Data. A Revolution that will transform how we live, work, and think«, New York, Kindle Edition, S. 44.

9 Vgl. James Barrat: »Our Final Invention: Artificial Intelligence and the End of the Human Era«, New York, 2013, S. 114; http://www.wired.com/2010/12/ff_ai_flashtrading.

10 Aline van Duyn: »City trusts computers to keep up with the news«, Financial Times, 16.04.2007, http://www.ft.com/cms/s/bb570626-ebb6-11db-b290-000b5df10621.html.

11 »The monolith and the markets«, The Economist, 07.12.2013, http://www.economist.com/news/briefing/21591164-getting-15-trillion-assets-single-risk-management-system-huge-achievement.

12 Aladdin selbst soll für die Koordination von 11 Billionen Dollar Analagevermögen benutzt werden, http://www.economist.com/news/briefing/21591164-getting-15-trillion-assets-single-risk-management-system-huge-achievement. Siehe auch: Tom C. W. Lin: »The new financial Industry«, Alabama Law Review, 2014, S. 574, http://www.law.ua.edu/pubs/lrarticles/Volume%2065/Issue%203/1%20Lin%20567-623.pdf. »Aladdin« sollte nicht mit »ALADDIN« verwechselt werden. Bei Zweiterem handelt es sich um das: »Autonomous Learning Agents for Decentralised Data and Information Network«. Das war ein fünfjähriges Kooperationsprojekt des britischen Waffenkonzerns BAE Systems mit den Universitäten Bristol, Oxford und Southampton sowie dem Imperial College in London. Aber auch hierbei handelt es sich um den Bau einer KI. Eine mit militärischem Auftrag: zum Einsatz von autonomen Militärrobotern und Drohnen, http://www.aladdinproject.org. »No command, no control, Econnomist, 25. November 2010, http://www.economist.com/node/17572232.

13 Philip Mirowski: »Machine dreams: Economics becomes a cyborg science«, Cambridge, 2002.

14 Viktor Mayer-Schönberger: »Big Data. A Revolution that will transform how we live, work, and think«, New York, Kindle Edition, S. 60.

15 Benedikt Plass-Fleßenkämper: »Zukunft der Arbeit: Amazon testet Roboter-Angestellte«, Wired, https://www.wired.de/collection/tech/amazons-roboter-konnen-menschlichen-lagerarbeitern-noch-nicht-das-wasser-reichen (abgerufen 05.06.2015).

16 James Manyika, Michael Chui, Jacques Bughin, Richard Dobbs, Peter Bisson und Alex Marrs: »Disruptive technologies: Advances that will transform life, business, and the global economy«, McKinsey, 2013, http://www.mckinsey.com/insights/business_technology/disruptive_technologies (zueltzt abgerufen 13.05.2015).

17 Carl Benedikt Frey, Michael A. Osborne: »The Future of Employment. Susceptible Are Jobs To Computarisation«, Oxford, 2013, S. 12, http://www.oxfordmartin.ox.ac.uk/downloads/academic/The_Future_of_Employment.pdf (abgerufen 13.05.2015).

18 Steve Levy: »In The Plex.«, New York, 2011, S. 32, 34.

19 Nafeez Ahmed: »How the CIA made Google: Inside the secret network behind mass surveillance, endless war, and Skynet« (Part 1&2), Medium, 22.01.2015, https://medium.com/insurge-intelligence/how-the-cia-made-google-e836451a959e (abgerufen 18.05.2015).

20 Bien Perez: »›China brain‹ project seeks military funding as Baidu makes artificial intelligence plans«, South China Morgen Post, 03.03.2015, http://www.scmp.com/lifestyle/technology/article/1728422/head-chinas-google-wants-country-take-lead-developing (abgerufen 19.05.2015).

21 Tom Simonite: »Supercomputer Beats Google at Image Recognition«, MIT Technology Review, 13.05.2015 http://www.technologyreview.com/news/537436/baidus-artificial-intelligence-supercomputer-beats-google-at-image-recognition/?utm_campaign=newsletters&utm_source=newsletter-daily-all&utm_medium=email&utm_content=20150514 (abgerufen 15.05.2015).

22 http://futureoflife.org/misc/open_letter (abgerufen 05.07.2015).

23 https://www.youtube.com/watch?v=6DBNKRYVY8g.

24 https://ai100.stanford.edu.

25 TED-Konferenz: »Where is Google going next?«, März 2014. https://www.ted.com/talks/larry_page_where_s_google_going_next/transcript?language=en (abgerufen 15.05.2015).

26 http://people.idsia.ch/~juergen/naturedeepmind.html (abgerufen 15.05.2015).

27 http://www.press.usi.ch/en/comunicati-stampa/comunicato-stampa.htm?id=1121#.VVX1zGZbN7l.

28 Stuart Russell, Peter Norvig: »Artificial Intelligence. A Modern Approach«, 3. Auflage, 2010, S. 728.

29 Jürgen Schmidhuber: »Deep Learning in Neural Networks: An Overview«, Technical Report IDSIA-03-14, The Swiss AI Lab IDSIA, Mano-Lugano, 2014, S. 4.

30 Yoshua Bengio u. a.: »Show and Tell: A Neural Image Caption Generator«, 2015, http://jmlr.org/proceedings/papers/v37/xuc15.pdf (abgerufen 04.07.2015).

31 Der »Kalman-Filter« wird beispielsweise eingesetzt, um ein Netz zu aktualisieren, also um eine Gewichtung zu adjustieren. Der Effekt dieser Gewichtung wird mit einem statistischen Modell gemessen, das prüft, in welche Richtung die Anpassungen gut oder schlecht war. Das führt zur nächsten Adjustierung mit dem Wissen, wo es gut oder wo es schlecht war. Und so weiter.

32 Yann LeCun, Yoshua Bengio, Geoffrey Hinton: »Deep Learning«, Nature 521, 28.05.2015, S. 437.

33 Alex Graves u. a.: »Playing Atari with Deep Reinforcement Learning«, https://www.cs.toronto.edu/~vmnih/docs/dqn.pdf.

34 http://en.wikipedia.org/wiki/B._F._Skinner (abgerufen 16.05.2015).

35 http://en.wikipedia.org/wiki/Radical_behaviorism (abgerufen 16.05.2015).

36 Yann LeCun, Yoshua Bengio, Geoffrey Hinton: »Deep Learning«, Nature 521, 28.05.2015, S. 436.

37 Vergleiche: Erik Brynjolfsson, Andrew McAfee: »The Second Machine Age: Work, Progress, and Prosperity in a Time of Brilliant Technologies«, New York, 2014, S. 49 f.

38 http://aiimpacts.org/wikipedia-history-of-gflops-costs.

39 Dan Hutcheson: »Transistor Production Has Reached Astronomical Scales«, IEEE Spectrum, 02.04.2015, http://spectrum.ieee.org/computing/hardware/transistor-production-has-reached-astronomical-scales (abgerufen 18.05.2015).

40 Erik Brynjolfsson, Andrew McAfee: »The Second Machine Age: Work, Progress, and Prosperity in a Time of Brilliant Technologies«, New York, 2014, S. 52.

41 Peter Langkafel: Auf dem Weg zu Dr. Algorithmus? Potenziale von Big Data in der Medizin, Aus Politik und Zeitgeschichte, 11–12/2015, 09.03.2015, S. 27.

42 Don Clark: »Moore's Law Shows Its Age«, The Wall Street Journal, 17.04.2015, http://www.wsj.com/articles/moores-law-runs-out-of-gas-1429282819 (abgerufen 17.05.2015).

43 James Kadtke und Linton Wells II: »Policy Challenges of Accelerating Technological Change«, 2014, S. 47, http://ctnsp.dodlive.mil/files/2014/09/DTP1061.pdf (abgerufen 26.06.2015).

44 James Kadtke und Linton Wells II: »Policy Challenges of Accelerating Technological Change«, 2014, S. 5, http://ctnsp.dodlive.mil/files/2014/09/DTP1061.pdf (abgerufen 26.06.2015).

45 Yann LeCun, Yoshua Bengio, Geoffrey Hinton: »Deep Learning«, Nature 521, 28.05.2015, S. 440.

46 James Manyika, Michael Chui, Jacques Bughin, Richard Dobbs, Peter Bisson und Alex Marrs: »Disruptive technologies: Advances that will transform life, business, and the global economy«, McKinsey, 2013.

47 Viktor Mayer-Schönberger: »Big Data. A Revolution that will transform how we live, work, and think«, New York, Kindle Edition, S. 16.

48 Viktor Mayer-Schönberger: »Big Data. A Revolution that will transform how we live, work, and think«, New York, Kindle Edition, S. 85.

49 https://www.youtube.com/yt/press/de/statistics.html; Steven Levy: »The never ending search«, medium, Januar 2015, https://medium.com/backchannel/how-google-search-dealt-with-mobile-33bc09852dc9.

50 John Ganz, David Reinsel: Extracting Values from Chaos, 2011, http://www.emc.com/collateral/analyst-reports/idc-extracting-value-from-chaos-ar.pdf (abgerufen.04.08.2015)

51 https://www.cisco.com/web/about/ac79/docs/innov/IoT_IBSG_0411FINAL.pdf (abgerufen 16.06.2015).

52 Dirk Helbing: »Wie wir eine smarte, krisenfeste, digitale Gesellschaft bauen können«, Vortrag vom 23.09.2014, Leopoldina.

53 Marry Schlangenstein: »UPS Crunches Data to Make Routes More Efficient, Save Gas«, Bloomberg Business, 30.10.2013, http://www.bloomberg.com/news/articles/2013-10-30/ups-uses-big-data-to-make-routes-more-efficient-save-gas (abgerufen 13.05.2015).

54 Yvonne Hofstetter: »Sie wissen alles«, München, 2014, S. 44 ff.

55 http://www.helmholtz.de/struktur_der_materie/so-viele-daten-wie-facebook-2686.

56 Viktor Meyer-Schönberger: »Was ist Big Data? Zur Beschleunigung des menschlichen Erkenntnisprozesses«, Aus Politik und Zeitgeschichte 11–12/2015, 09.03.2015, S. 15.

57 Alex Pentland: »Social Physics«, New York, 2014.

58 Viktor Mayer-Schönberger: »Big Data. A Revolution that will transform how we live, work, and think«, New York, Kindle Edition, S. 32.

59 Viktor Meyer-Schönberger: »Was ist Big Data? Zur Beschleunigung des menschlichen Erkenntnisprozesses«, Aus Politik und Zeitgeschichte 11–12/2015, 09.03.2015, S. 16.

60 Viktor Mayer-Schönberger: »Big Data. A Revolution that will transform how we live, work, and think«, New York, Kindle Edition, S. 49.

61 Chris Anderson: »The End of Theory«, Wired, 23.06.2008, http://archive.wired.com/science/discoveries/magazine/16-07/pb_theory.

62 Viktor Meyer-Schönberger: »Was ist Big Data? Zur Beschleunigung des menschlichen Erkenntnisprozesses«, Aus Politik und Zeitgeschichte 11–12/2015, 09.03.2015, S. 18.

63 James Manyika, Michael Chui, Diana Farrell, Steve Van Kuiken, Peter Groves und Elizabeth Almasi Doshi: »Open data: Unlocking innovation and performance with liquid information«, 2013, http://www.mckinsey.com/insights/business_technology open_data_unlocking_innovation_and_performance_with_liquid_information (abgerufen 12.05.2015).

64 John Rose, Olaf Rehse und Björn Röber: »The Value of Our Digital Identity«, November 2012, https://www.bcgperspectives.com/content/articles/digital_economy_consumer_insight_value_of_our_digital_identity.

65 Patrick Tucker: »The Naked Future: What Happens in a World That Anticipates Your Every Move?«, New York, E-Book, 2014 , S. 11.

66 Viktor Mayer-Schönberger: »Big Data. A Revolution that will transform how we live, work, and think«, New York, Kindle Edition, S. 54.

67 http://www.weforum.org/reports/personal-data-emergence-new-asset-class (abgerufen 09.06.2015).

68 Thomas H. Davenport, D. J. Patil: »Data Scientist: The Sexiest Job of the 21st Century«, Harvard Business Review, Oktober 2012, https://hbr.org/2012/10/data-scientist-the-sexiest-job-of-the-21st-century.

69 Viktor Mayer-Schönberger: »Big Data. A Revolution that will transform how we live, work, and think«, New York, Kindle Edition, S. 55.

70 Volker Markl: »Gesprengte Ketten. Smart Data, deklarative Datenanalyse, Apache Flink«, Informatik Spektrum 38 (1), 2015, S. 10. In Berlin wurde 2013 das Berlin Big Data Center in Kooperation mit der DFKI und dem Bundesforschungsministerium initiiert, um diese Probleme anzugehen. Unter anderem soll ein Open-Source-System entwickelt werden, welches in der Lage sein soll, komplexe Datenanalysen automatisiert und fehlertolerant auszuführen, zum Beispiel mit Methoden des maschinellen Lernens, linearer Algebra, Statistik und Wahrscheinlichkeitstheorie, Computerlinguistik oder Signalverarbeitung. Siehe http://www.bbdc.berlin/1/ueber-uns/mission.

71 Peter Welchering: »Aus Big wird Smart«, FAZ, 18.10.2014, http://www.faz.net/aktuell/technik-motor/computer-internet/datenanalysesysteme-aus-big-wird-smart-13204324/umbau-die-bahn-ag-setzt-bei-13211168.html (abgerufen 13.05.2015).

72 Viktor Meyer-Schönberger: »Was ist Big Data? Zur Beschleunigung des menschlichen Erkenntnisprozesses«, Aus Politik und Zeitgeschichte 11–12/2015, 09.03.2015, S. 19.

73 Geoffrey Hinton: »Why do we need machine learning«, lecture 1a, 2012, https://class.coursera.org/neuralnets-2012-001/lecture/4. Hier stehen auch Transkripte zur Verfügung (abgerufen 18.05.2015).

74 Patrick Tucker: »The Naked Future: What Happens in a World That Anticipates Your Every Move?«, New York, E-Book, 2014.

75 Andrew Ng u. a.: »Building high-level features using large-scale unsupervised learning«, Juli 2012, http://static.googleusercontent.com/media/research.google.com/en//archive/unsupervised_icml2012.pdf (abgerufen 17.05.2015).

76 Vgl. Steven Levy: »Internet to Neural Net«, Medium, 26.01.2015, https://medium.com/backchannel/google-search-will-be-your-next-brain-5207c26e4523 (abgerufen 17.05.2015).

77 Daniela Hernandez: »The Man Behind the Google Brain: Andrew Ng and the Quest for the New AI«, Wired, 07.05.2013, http://www.wired.com/2013/05/neuro-artificial-intelligence/ (abgerufen 04.07.2015).

78 Robert Hof: »Interview: Inside Google Brain Founder Andrew Ng's Plans To Transform Baidu«, Forbes, 29.08.2014, http://www.forbes.com/sites/roberthof/2014/08/28/interview-inside-google-brain-founder-andrew-ngs-plans-to-transform-baidu/ (abgerufen 04.07.2015).

79 John Markof: »How Many Computers to Identify a Cat? 16,000«, New York Times, 25.05.2012, http://www.nytimes.com/2012/06/26/technology/in-a-big-network-of-computers-evidence-of-machine-learning.html?pagewanted=all (abgerufen 17.05.2015).

80 Henry Markram; »Auf dem Weg zum künstlichen Gehirn«, Spektrum der Wissenschaft, September 2012, S. 82–90.

81 Steven Levy: »Internet to Neural Net«, Medium, 26.01.2015, https://medium.com/backchannel/google-search-will-be-your-next-brain-5207c26e4523 (abgerufen 17.05.2015).

82 Steven Levy: »Internet to Neural Net«, Medium, 26.01.2015, https://medium.com/backchannel/google-search-will-be-your-next-brain-5207c26e4523 (abgerufen 17.05.2015).

83 http://www.vision.caltech.edu/Image_Datasets/Caltech101.

84 http://www.ted.com/talks/fei_fei_li_how_we_re_teaching_computers_to_understand_pictures?language=en#t-29259 (abgerufen 17.05.2015).

85 Daniela Hernandez: »Facebook's Quest to Build an Artificial Brain Depends on This Guy«, Wired, 14.08.2014, http://www.wired.com/2014/08/deep-learning-yann-lecun/ (abgerufen 18.05.2015).

86 Dieses Rückkopplungsmodell geht bis in die 1960er Jahre zurück: Stuart Russell, Peter Norvig: »Artificial Intelligence. A Modern Approach«, 3. Auflage, 2010, S. 21; Yann LeCun: »Une procédure d'apprentissage pour réseau à seuil asymétrique«, in: Proceedings of Cognitiva 85, Paris, S. 599–604, 1985. Geoffrey Hinton: »Learning internal representations by error propagation«, in: Parallel Distributed Processing 1, S. 318–362, MIT Press, 1986. Hinweise zur Urheberschaft der Backpropagation, http://people.idsia.ch/~juergen/who-invented-backpropagation.html (abgerufen 17.05.2015).

87 Daniela Hernandez: »Meet the Man Google Hired to Make AI a Reality«, Wired, 16.01.2014, http://www.wired.com/2014/01/geoffrey-hinton-deep-learning/ (abgerufen 18.05.2015).

88 Yann LeCun, Yoshua Bengio, Geoffrey Hinton: »Deep Learning«, Nature 521, 28.05.2015, S. 439.

89 Jürgen Schmidhuber: »Deep Learning in Neural Networks: An Overview«, Technical Report IDSIA-03-14, The Swiss AI Lab IDSIA, Mano-Lugano, 2014, S. 4. Siehe auch http://people.idsia.ch/~juergen/deep-learning-conspiracy.html (abgerufen 08.07.2015).

90 Natalie Wolchover: »As Machines Get Smarter, Evidence They Learn Like Us«, Quanta Magazine, 23.07.2013, https://www.quantamagazine.org/20130723-as-machines-get-smarter-evidence-they-learn-like-us/ (abgerufen 18.05.2015) Siehe auch: David Ackley, Geoffey Hinton, Terrence J. Sejnowski: »A Learning Algorithm for Boltzmann Machines«, Cognitive Science 9, 1985, S. 147–169, http://web.archive.org/web/20100705054858, http://learning.cs.toronto.edu/~hinton/absps/cogscibm.pdf. Bolzmann war Erfinder der statistischen Mechanik.

91 Helen Shen: »BRAIN storm«, Nature 503, 06.11.2013, http://www.nature.com/news/neurotechnology-brain-storm-1.14105 (abgerufen 19.05.2015).

92 Michael Aaron Dennis: »DARPA«, Encyclopaedia Britannica, http://www.britannica.com/EBchecked/topic/745612/Defense-Advanced-Research-Projects-Agency-DARPA#ref829305 (abgrufen am 23.05.2015).

93 http://www.DARPA.mil/Our_Work/BTO/Programs/Reliable_Neural-Interface-Technology_RE_NET.aspx (abgerufen 19.05.2015).

94 Nicola Jones: »The Learning Machines«, Nature 505, 2014, S. 146–148, http://www.
nature.com/news/computer-science-the-learning-machines-1.14481 (abgerufen
18.05.2015).

95 Lamont Wood: »AI gets its groove back«, Computerworld, 14.05.2014, http://www.
computerworld.com/article/2488478/emerging-technology-ai-gets-its-groove-back.
html (abgerufen 18.05.2015).

96 Joseph Czikk: »Google Acquires University of Toronto Research Startup DNN-
research«, TechVibes, 12.03.2013, http://www.techvibes.com/blog/google-ac-
quires-neural-networks-2013-03-12 (abgerufen 18.05.2015).

97 Kevin Kelly: »The Three Breakthroughs That Have Finally Unleashed AI on the
World«, Wired, 27.10.2014, http://www.wired.com/2014/10/future-of-artificial
intelligence?utm_content=buffer74908&utm_medium=social&utm_source=twit-
ter.com&utm_campaign=buffer (abgerufen 18.05.2015).

98 Jesse Hempel: »Takting simpel Tech and giving it some smart«, Wired, 21.04.2015,
http://www.wired.com/2015/04/yoky-matsuoka.

99 Cade Metz: »Facebook's ›Deep Learning‹ Guru Reveals the Future of AI«, Wired,
12.12.2013 (abgerufen 18.05.2015).

100 »Facebook almost as good as humans at recognising faces«, New Scientist, http://
www.newscientist.com/article/dn25245-facebook-almost-as-good-as-humans-at-
recognising-faces.html#.VV99imZbN7n.

101 Quentin Hardy: »Facebook's Yann LeCun Discusses Digital Companions and Artificial
Intelligence (and Emotions)«, New York Times, 26.03.2015, http://bits.blogs.ny-
times.com/2015/03/26/facebooks-yann-lecun-discusses-digital-companions-and-ar-
tificial-intelligence.

102 Amir Mizroch: »Artificial-Intelligence« Experts Are in High Demand«, Wall Street
Journal, 01.05.2015, http://www.wsj.com/articles/artificial-intelligence-ex-
perts-are-in-high-demand-1430472782 (abgrufen am 19.05.2015).

103 http://www.microsoft.com/translator/skype.aspx. Siehe auch https://www.you-
tube.com/watch?v=Nu-nlQqFCKg (abgerufen 19.05.2015).

104 Tom Simonite: »Smartphones Will Soon Learn to Recognize Faces and More«, Technology Review, 09.04.2015, http://www.technologyreview.com/news/535631/
smartphones-will-soon-learn-to-recognize-faces-and-more/ (abgerufen 19.05.2015).

105 Falls Sie es noch nicht getan haben: Schauen Sie sich den sehr intelligenten Film *Her*
an.

106 Rachel Metz: »With Updates, Siri Will (Hopefully) Be Brainier«, Technology Review,
09.06.2015, http://www.technologyreview.com/view/538171/with-updates-si-
ri-will-hopefully-be-brainier/?utm_campaign=newsletters&utm_source=news-
letter-daily-all&utm_medium=email&utm_content=20150609 (abgerufen
09.06.2015).

107 Vgl. Christian Rudda: »Datacyclsm«, New York, 2014.

108 Nicola Jones: »The Learning Machines«, Nature 505, 2014, S. 146–148, http://www.
nature.com/news/computer-science-the-learning-machines-1.14481 (abgerufen
18.05.2015).

109 http://www.embedded-vision.com/summit/highlights/speakers#2438. Siehe auch:
Tom Simonite: »Silicon Chips That See Are Going to Make Your Smartphone Brilliant«,
Technology Review,14.05.2015, http://www.technologyreview.com/news/537446/
silicon-chips-that-see-are-going-to-make-your-smartphone-brilliant/?utm_cam-
paign=newsletters&utm_source=newsletter-daily-all&utm_medium=email&utm_
content=20150515 (abgerufen 19.05.2015).

110 Siehe den Nachdruck bei W. N. Locke, D. A. Booth (Hg.). »Translation«. Machine
Translation of Languages«. Cambridge, MIT Press. 1955, S. 15–23.

111 https://web.archive.org/web/20061005232830/http://ourworld.compuserve.com/
homepages/WJHutchins/Weaver49.htm.

112 Philip Mirowski: Machine dreams. Economics became a cyborg science, Cambridge, 2002, S. 162 ff.

113 Biing-Hwang Juang, Lawrence R. Rabiner: »Automatic Speech Recognition – A Brief History of the Technology Development«, Atlanta, 2004.

114 https://en.wikipedia.org/wiki/Georgetown-IBM_experiment.

115 Stuart Russell, Peter Norvig: »Artificial Intelligence. A Modern Approach«, 2010, S. 21.

116 Michael Aaron Dennis: »DARPA«, Encyclopaedia Britannica, http://www.britannica.com/EBchecked/topic/745612/Defense-Advanced-Research-Projects-Agency-DARPA#ref829305 (abgerufen 23.05.2015) .

117 Eine Zusammenfassung des Rechenschaftsberichts, http://www.hutchinsweb.me.uk/ALPAC-1996.pdf (abgerufen 19.05.2015).

118 Etwa das Programm GALE (»Global Autonomous Language Exploitation), bei dem auch deutsche Universitäten mitforschten: Siehe http://www.speech.sri.com/projects/GALE. GALE wurde von BOLT (»Broad Operational Language Translation«) 2011 abgelöst. Es gibt auch ein Programm mit dem Namen MADCAT (»Multilingual Automatic Document Classification Analysis and Translation«), das automatisch fremde Texte ins Englische übersetzt. Beschrieben wird das zum Beispiel hier: Jennifer DeCamp: »Working with the U. S. Government: Information Resources«, MITRE, http://www.researchgate.net/profile/Jennifer_Decamp/publication/228328037_Working_With_the_US_Government_Information_Resources/links/0deec538f104acba47000000.pdf (abgerufen 20.05.2015).

119 »Breaking the Language Barrier: NIST Tests Afghan Language Translation Devices for U. S. Troops«, National Institute of Standard an Technology, Pressemitteilung, 21.07.2010, http://www.nist.gov/el/isd/language_072110.cfm (abgerufen 20.05.2015).

120 Spencer Ackerman, James Ball: »Optic Nerve: millions of Yahoo webcam images intercepted by GCHQ«, The Guardian, 28.02.2014, http://www.theguardian.com/world/2014/feb/27/gchq-nsa-webcam-images-internet-yahoo (abgerufen 20.05.2015).

121 http://www.patentgenius.com/patent/8131012.html.

122 http://gsnmagazine.com/node/25949?c=video_surveillance_cctv.

123 Paul Cooper: »Meet AISight: The scary CCTV network completely run by AI«, IT ProPortal, 16.04.2014, http://www.itproportal.com/2014/04/16/aisight-the-surveillance-network-completely-run-by-ai (abgerufen 19.05.2015).

124 http://www.csoonline.com/article/2116029/fraud-prevention/the-fraud-squad.html.

125 http://www.brslabs.com/product/infosec.

126 http://www.indect-project.eu.

127 http://p-react.eu.

128 Großbritannien ist bekanntlich flächendeckend mit Kameras ausgestattet, im Zentrum von London existiert nahezu kein Meter mehr ohne Überwachung. Auf elf Briten soll im Königreich eine Kamera kommen. Dort werden die intelligenten Kameras zum Beispiel eingesetzt, um Straßenkämpfe zu prognostizieren, so genannte »Fight-Cams«. Dabei werden zunächst »normale« Muster von Menschenmassen gelernt, um dann die »anormalen« zu identifizieren. Vgl. David Barrett: »CCTV ›fightcams‹ detect violence ›before it happens‹«, The Telegraph, 12.02.2015, http://www.telegraph.co.uk/news/uknews/crime/11407094/CCTV-fightcams-detect-violence-before-it-happens.html (abgerufen 19.05.2015). Schon seit den 1990er Jahren werden Kameraaugen mit neuronalen Netzen verbunden, damit die Überwachung automatisiert werden kann, http://citeseerx.ist.psu.edu/viewdoc/summary?doi=10.1.1.152.9822 (abgerufen 21.05.2015).

129 https://www.qualcomm.com/news/onq/2013/10/10/introducing-qualcomm-zeroth-processors-brain-inspired-computing (abgerufen 01.07.2015).

130 https://www.fbo.gov/download/0b6/0b62b2149395d4bd8a28dff1b9046944/ BAA08-28.doc; http://cordis.europa.eu/project/rcn/97165_en.html (abgerufen 01.07.2015).

131 George Dyson: »Turings Kathedrale«, Berlin, 2014, S. 166.

132 Lilly E. Kay kritisiert Wieners Übertragung seiner Theorie der Regeltechnik auf biologisches Verhalten als naiv. Auch die Tendenz Gleichgewicht und zielsuchende Mechanismen synonym aufzufassen, sei irrig. Vgl. Lily E. Kay: »Das Buch des Lebens. Wer schrieb den genetischen Code?«, München, 2001, S. 124.

133 Norbert Wiener: »Kybernetik. Regelung und Nachrichtenübertragung in Lebewesen und in der Maschine«, Düsseldorf, 1963, S. 39.

134 Norbert Wiener: »Kybernetik. Regelung und Nachrichtenübertragung in Lebewesen und in der Maschine«, Düsseldorf, 1963, S. 26.

135 Bei den Macy-Konferenzen ging es vor allem um drei wesentliche Themen: »erstens den logischen Kalkül der Nervenaktivität von Pitts/McCulloch, zweitens die Informationstheorie Shannons und drittens die Verhaltenslehre von Wiener/Bigelow/ Rosenblueth. Es sind, mit anderen Worten, eine universale Theorie digitaler Maschinen, eine stochastische Theorie des Symbolischen und eine nichtdeterministische und trotzdem teleologische Theorie der Rückkopplung, die es im Rahmen der Macy-Konferenzen zu einer Theorie zu überblenden gilt, die dann für Lebewesen ebenso wie für Maschinen, für ökonomische ebenso wie für psychische Prozesse, für soziologische ebenso wie für ästhetische Phänomene zu gelten beanspruchen kann.« Vgl. Claus Pias (Hg.) »Cybernetics/Kybernetik 2. The Macy-Conferences 1946–1953«, Band 2, Dokumente, 2003, S. 13.

136 Norbert Wiener: »Kybernetik. Regelung und Nachrichtenübertragung in Lebewesen und in der Maschine«, Düsseldorf, 1963, S. 27.

137 Auf die Grenzen und die Konstruiertheit dieses Konzept der »Information« verweist: Lily E. Kay: »Das Buch des Lebens. Wer schrieb den genetischen Code?«, München, 2001. Grundsätzlich untersuchen auch die Naturwissenschaften nur vermeintlich universale Gesetze. Wissenschaft an sich ist ein sozial organisiertes und konstruiertes Handlungs- und Kommunikationssystem und als solches schwer von der jeweiligen Zeithistorie zu lösen. Das beschrieb sehr eindrücklich auch Thomas S. Kuhn: »Die Struktur wissenschaftlicher Revolutionen, Frankfurt a. M., 1967.

138 Lexikon der Neurowissenschaft, Spektrum Akademischer Verlag, Heidelberg, http:// www.spektrum.de/lexikon/neurowissenschaft/kybernetik/6831.

139 Lily E. Kay: »Das Buch des Lebens. Wer schrieb den genetischen Code?«, München, 2001, S. 116.

140 George Dyson: »Turings Kathedrale«, Berlin, 2014, S. 166.

141 George Dyson: »Turings Kathedrale«, Berlin, 2014, S. 39.

142 Norbert Wiener: »Ex-Prodigy«, New York, 1953, S, 254.

143 Lily E. Kay: »Das Buch des Lebens. Wer schrieb den genetischen Code?«, München, 2001, S. 119.

144 George Dyson: »Turings Kathedrale«, Berlin, 2014, 166.

145 George Dyson: »Turings Kathedrale«, Berlin, 2014, S. 106, 107.

146 Eric Lettkema, Martin Meister: »Vom Flugabwehrgeschütz zum niedlichen Roboter. Zum Wandel des Kooperation stiftenden Universalismus der Kybernetik«, TU Berlin, Technical University Technology Studies Working Papers, Berlin, 2003, S. 6.

147 Norbert Wiener: »Kybernetik. Regelung und Nachrichtenübertragung in Lebewesen und in der Maschine«, Düsseldorf, 1963, S. 31.

148 Norbert Wiener: »Kybernetik. Regelung und Nachrichtenübertragung in Lebewesen und in der Maschine«, Düsseldorf, 1963, S. 36.

149 Lily E. Kay: »Das Buch des Lebens. Wer schrieb den genetischen Code?«, München, 2001, S. 119, 120.

150 Philip Mirowski: Machine dreams. Economics became a cyborg science, Cambridge, 2002, S. 27.
151 Lily E. Kay: »Das Buch des Lebens. Wer schrieb den genetischen Code?«, München, 2001, S. 132.
152 Lily E. Kay: »Das Buch des Lebens. Wer schrieb den genetischen Code?«, München, 2001, S. 115.
153 Philip Mirowski: Machine dreams. Economics became a cyborg science, Cambridge, 2002, S. 85.
154 Vannevar Bush: »As we may think«, The Atlantic Monthly, Juli 1945.
155 Lily E. Kay: »Das Buch des Lebens. Wer schrieb den genetischen Code?«, München, 2001, S. 113.
156 Lily E. Kay: »Das Buch des Lebens. Wer schrieb den genetischen Code?«, München, 2001, S. 143.
157 George Dyson: »Turings Kathedrale«, Berlin, 2014, S. 97 f.
158 George Dyson: »Turings Kathedrale«, Berlin, 2014, S. 99.
159 George Dyson: »Turings Kathedrale«, Berlin, 2014, S. 109 und 237. Vgl. auch http:// www.seas.upenn.edu/about-seas/eniac.
160 George Dyson: »Turings Kathedrale«, Berlin, 2014, S. 118.
161 George Dyson: »Turings Kathedrale«, Berlin, 2014, S. 117.
162 Als Funktionselemente des Rechners listete von Neumann ein zentrales Rechenwerk und eine unbestimmte Zahl von Ein- und Ausgabekanälen auf: Die »Von-Neumann-Architektur«. Vgl. George Dyson: »Turings Kathedrale«, Berlin, 2014, S. 123.
163 George Dyson: »Turings Kathedrale«, Berlin, 2014, S. 220.
164 Lily E. Kay: »Das Buch des Lebens. Wer schrieb den genetischen Code?«, München, 2001, S. 149.
165 Bettina Heintz: »Das Fließband im Kopf. Computer und Rationalisierung«, in: Sebastian Brändli, David Gugerli, Rudolf Jaun, Ulrich Pfister: »Schweiz im Wandel. Studien zur neueren Gesellschaftsgeschichte«. Festschrift zum 60. Geburtstag von Rudolf Braun, Basel, 1990, S. 122.
166 John von Neumann: »First Draft of a Report on the EDVAC«, Pensylvania, 1945, https://web.archive.org/web/20130314123032/http://qss.stanford.edu/~godfrey/vonNeumann/vnedvac.pdf (abgerufen 21.05.2015).
167 Auch Konrad Zuse hatte bereits einen Computer entwickelt, doch der funktionierte noch elektromechanisch, nicht elektronisch und war noch mit Relais gebaut. Er meldete 1936 sein Patent an, http://people.idsia.ch/~juergen/zuse.html.
168 George Dyson: »Turings Kathedrale«, Berlin, 2014, S. 11.
169 George Dyson: »Turings Kathedrale«, Berlin, 2014, S. 89.
170 Lily E. Kay: »Das Buch des Lebens. Wer schrieb den genetischen Code?«, München, 2001, S. 150.
171 Norbert Wiener: »Kybernetik. Regelung und Nachrichtenübertragung in Lebewesen und in der Maschine«, Düsseldorf, 1963, S. 59.
172 Arturo Rosenblueth, Norbert Wiener, Julian Bigelow: »Behavior, Purpose and Teleology«, Philosophy of Science 10, 1943, S. 18–24.
173 Arturo Rosenblueth, Norbert Wiener, Julian Bigelow: »Behavior, Purpose and Teleology«, Philosophy of Science 10, 1943, S. 9, 23 ff.
174 Vgl. Lily E. Kay: »Das Buch des Lebens. Wer schrieb den genetischen Code?«, München, 2001, S. 119, 122.
175 Lily E. Kay: »Das Buch des Lebens. Wer schrieb den genetischen Code?«, München, 2001, S. 123.
176 Philip Mirowski: Machine dreams. Economics became a cyborg science, Cambridge, 2002, S. 176.
177 Lily E. Kay: »Das Buch des Lebens. Wer schrieb den genetischen Code?«, München, 2001, S. 131.

178 Bettina Heintz: »Das Fließband im Kopf. Computer und Rationalisierung«, in: Sebastian Brändli, David Gugerli, Rudolf Jaun, Ulrich Pfister: »Schweiz im Wandel. Studien zur neueren Gesellschaftsgeschichte«. Festschrift zum 60. Geburtstag von Rudolf Braun, Basel, 1990, S. 128

179 Die Ideengeschichte des Computers reicht weit zurück. Manche fangen mit dem deutschen Astronom Wilhelm Schickard (1592–1635) an, der demnach die erste Rechenmaschine entwickelt, die er Johannes Keppler beschreibt in einem Brief, der erst 1957 entdeckt wurde. Es folgen viele Schritte über Blaise Pascal, der davor als Urvater galt, Gottfried Leibniz und Charles Babbage werden ebenso genannt. Vgl. Stuart Russell, Peter Norvig: »Artificial Intelligence. A Modern Approach«, 3. Auflage, 2010, S. 5 ff., 14 ff. Turing aber beschrieb den Algorithmus als solchen.

180 Vgl. Stuart Russell, Peter Norvig: »Artificial Intelligence. A Modern Approach«, 3. Auflage, 2010, S. 8.

181 George Dyson: »Turings Kathedrale«, Berlin, 2014, S. 143.

182 Alan Turing: »On computable Numbers, with an Application to the Entscheidungsproblem«, 12. November 1936, veröffentlicht: Proceedings of The London Mathematical Society, Bd. s2-42, 1/1937, S. 230–265.

183 Konrad Zuse: »Der Computer. Mein Lebenswerk«, München, 1970, S. 35.

184 Bettina Heintz: »Das Fließband im Kopf. Computer und Rationalisierung«, in: Sebastian Brändli, David Gugerli, Rudolf Jaun, Ulrich Pfister: »Schweiz im Wandel. Studien zur neueren Gesellschaftsgeschichte«. Festschrift zum 60. Geburtstag von Rudolf Braun, Basel, 1990.

185 Vgl. auch: Martin Warnke: »Das Medium in Turings Maschine«, in: Barbara Becker, Christoph Lischka, Josef Wehner (Hg.): Kultur – Medien – Künstliche Intelligenz, Bielefeld, 1996, S. 159.

186 Bettina Heintz: »Papiermaschinen«. Die sozialen Voraussetzungen maschineller Intelligenz. In: Werner Rammert (Hg.): Soziologie und künstliche Intelligenz: Produkte und Probleme einer Hochtechnologie, Frankfurt a. M., 1995, S. 38–41..

187 Turing zitiert nach: George Dyson: »Turings Kathedrale«, Berlin, 2014, S. 360

188 George Dyson: »Turings Kathedrale«, Berlin, 2014, S. 359 f.

189 George Dyson: »Turings Kathedrale«, Berlin, 2014, S. 9.

190 Arno Bamme, Günther Feuerstein, Renate Genth: »Maschinen – Menschen, Mensch – Maschinen«, Hamburg, 1983, S. 149.

191 Werner Rammert: »Von der Kinematik zur Informatik. Konzeptuelle Wurzeln der Hochtechnologien im sozialen Umfeld«, in: Werner Rammert (Hg.): Soziologie und künstliche Intelligenz: Produkte und Probleme einer Hochtechnologie, Frankfurt a. M., 1995, S. 95.

192 Bettina Heintz: »Das Fließband im Kopf. Computer und Rationalisierung«, in: Sebastian Brändli, David Gugerli, Rudolf Jaun, Ulrich Pfister: »Schweiz im Wandel. Studien zur neueren Gesellschaftsgeschichte«. Festschrift zum 60. Geburtstag von Rudolf Braun, Basel, 1990, S. 117. Heintz weist darauf hin, dass die Enzyklopädie der Wissenschaften und Künste von 1820 einen Automaten als »(1) eine sich selbst bewegende Maschine (…) (2) Im engeren Sinne ein mechanisches Kunstwerk, welches gewöhnlich in der Figur eines Menschen oder Thieres, durch einen im Innern verborgenen Mechanismus in Bewegung gesetzt, wie ein belebtes Wesen selbständig zu wirken scheint (…)« beschreibt.

193 Alan Turing: »Computing machinery and intelligence«, Mind 59/1950, S. 433–460.

194 Philip Mirowski: »Machine dreams: Economics becomes a cyborg science«, Cambridge, 2002, S. 85.

195 Zitiert nach: George Dyson: »Darwin among The Machine«, New York, 1997, S. 80.

196 Arno Bamme, Günther Feuerstein, Renate Genth: »Maschinen – Menschen, Mensch – Maschinen«, Hamburg, 1983, S. 25.

197 Donna Haraway: »A Cyborg Manifesto. Science, Technology, and Socialist-Feminism

in the Late Twentieth Century«, in: Donna Haraway: »Simians, Cyborgs and Women: The Reinvention of Nature«, New York, 1991, http://www.egs.edu/faculty/donna-haraway/articles/donna-haraway-a-cyborg-manifesto (abgerufen 04.07.2015).

198 Arno Bamme, Günther Feuerstein, Renate Genth: »Maschinen – Menschen, Mensch – Maschinen«, Hamburg, 1983, S. 27.

199 »Gesellschaft ist ein Produkt des Menschen, (…) welches, bis zur völligen Fremdheit objektiviert, auf seinen Produzenten dialektisch zurückwirkt, indem es dessen Sozialisation lebenslang bestimmt. Was Menschen einmal in Sprache, Ideen, Normen, Handlungen, Techniken, Institutionen etc. externalisiert haben, objektiviert sich und wird von nachfolgenden Generationen als Faktizität hingenommen und internalisiert, wobei Strukturen der objektiven Welt wieder in solche subjektiven Bewusstseins übergehen.« Peter Berger: »Zur Dialektik von Religion und Gesellschaft. Elemente einer soziologischen Theorie«, Frankfurt a. M., 1973, S. V.

200 Vgl. Emile Durkheim: »Die elementaren Formen des religiösen Lebens«, Frankfurt a. M., 1981; Thomas Luckmann: »Die unsichtbare Religion«, Frankfurt a. M., 1991.

201 Gero Randow: »In Fühlung mit der Robotik«, Opladen, 1997, S. 24–25.

202 Boris Hänßler: »Die Humanoiden kommen«, Spektrum der Wissenschaft, 11.10.2013, http://www.spektrum.de/news/die-humanoiden-kommen/1210253 (abgerufen 20.05.2015).

203 Jan Dönges: »Kick-off für neuen Roboter«, Spektrum der Wissenschaft,11.02.2015, http://www.spektrum.de/news/kick-off-fuer-neuen-roboter/1331841 (abgerufen 20.05.2015).

204 Will Knight: »Why Robots and Humans Struggled with DARPA's Challenge«, Technology Review, 09.06.2015, http://www.technologyreview.com/photoessay/538156/why-robots-and-humans-struggled-with-DARPAs-challenge/?utm_campaign=newsletters&utm_source=newsletter-daily-all&utm_medium=email&utm_content=20150609 (abgerufen 09.06.2015).

205 J. R. Wilson: »A driving force DARPA's Research Efforts Lead to Advancements in Robotics and Autonomous Navigation«, DARPA, 2004, http://web.archive.org/web/20110701000000/http://www.DARPA.mil/workarea/downloadasset.aspx?id=2564 (abgerufen 25.05.2015).

206 http://fas.org/irp/doddir/dod/d3000_09.pdf.

207 Eine Übersicht ist hier: www.stopkillerrobots.org/chronology.

208 Vgl. Lamont Wood: »AI gets its groove back«, Computerworld, 14.05.2014, http://www.computerworld.com/article/2488478/emerging-technology-ai-gets-its-groove-back.html (abgerufen 18.05.2015) und: Kevin Kelly: »The Three Breakthroughs That Have Finally Unleashed AI on the World«, Wired, 27.10.2014, http://www.wired.com/2014/10/future-of-artificial intelligence?utm_content=buffer74908&utm_medium=social&utm_source=twitter.com&utm_campaign=buffer (abgerufen 18.05.2015).

209 Norbert Wiener: »Kybernetik. Regelung und Nachrichtenübertragung in Lebewesen und in der Maschine«, Düsseldorf, 1963, S. 78 f.

210 Lily E. Kay: »Das Buch des Lebens. Wer schrieb den genetischen Code?«, München, 2001, S. 147

211 Vgl. Stuart Russell, Peter Norvig: »Artificial Intelligence. A Modern Approach«, 3. Auflage, 2010, S. 15. Die Kybernetik habe jedoch andere Zielbeschreibungen und widme sich beispielsweise nicht der Muster- oder Spracherkennung.

212 Stuart Russell, Peter Norvig: »Artificial Intelligence. A Modern Approach«, 3. Auflage, 2010, S. 16.

213 Stuart Russell, Peter Norvig: »Artificial Intelligence. A Modern Approach«, 3. Auflage, 2010, S. 16.

214 Nick Bostrom: »Superintelligenz«, Berlin, 2014, S. 19.

215 John McCarthy im Interview mit Nils Nilsson, Computer History Museum, Mountain

View, 12.09.2007, S. 17, http://archive.computerhistory.org/resources/access/text/2012/10/102658149-05-01-acc.pdf (abgerufen 22.05.2015).

216 Fred Turner: »From Counterculture to Cyberculture«, Chicago, 2006, S. 28.

217 Zitiert nach: Claus Pias (Hg.) »Cybernetics/Kybernetik 2. The Macy-Conferences 1946–1953«, Band 2, Dokumente, 2003, S. 25.

218 James Barrat: »Our Final Invention: Artificial Intelligence and the End of the Human Era«, New York, 2013, S. 135.

219 Ein sehr schöner Erklärfilm aus dem Jahr 1986 findet sich bei YouTube, https://www.youtube.com/watch?feature=player_embedded&v=Qil4kmvm2Sw (abgerufen 19.05.2015).

220 Stuart Umpleby: »Heinz von Foerster and the Mansfield Amendment«, Cybernetics And Human Knowing 10/2003, S. 187–190.

221 Mark Stefik: »Strategic Computing at DARPA«, Communications of The ACM, Juli 1985, http://www2.parc.com/istl/groups/hdi/papers/CACM-1985-stefik.pdf (abgerufen 25.05.2015).

222 Alex R. Larzelere II: »The History of the Accelerated Strategic Computing Initiative (ASCI)«, U. S. Department of Energy, Lawrence Livermore National Laboratory, 2009, https://asc.llnl.gov/asc_history/Delivering_Insight_ASCI.pdf (abgerufen 24.06.2015).

223 Das haben Russell und Norvig in ihrem Standardwerk ausführlich beschrieben. Auch empfehlenswert, http://en.wikipedia.org/wiki/History_of_artificial_intelligence#cite_ref-29.

224 Jeremy Bernstein: »A. I.«, The New Yorker, 14.12.1981, http://www.newyorker.com/magazine/1981/12/14/a-i (abgerufen 21.05.2015).

225 Lily E. Kay: »Das Buch des Lebens. Wer schrieb den genetischen Code?«, München, 2001, S. 119, 121.

226 http://www.webofstories.com/play/marvin.minsky/132.

227 Jeremy Bernstein: »A. I.«, The New Yorker, 14.12.1981, http://www.newyorker.com/magazine/1981/12/14/a-i (abgerufen 21.05.2015).

228 http://www.webofstories.com/play/marvin.minsky136;jsessionid=9A104DE6962B684377891659811CCD92 (abgerufen 21.05.2015).

229 http://cyberneticzoo.com/ Auch Minsky entwickelte eine elektronische Schildkröte, https://en.wikipedia.org/wiki/Turtle_%28robot%29 (abgerufen 21.05.2015).

230 Jeremy Bernstein: »A. I.«, The New Yorker, 14.12.1981, http://www.newyorker.com/magazine/1981/12/14/a-i (abgerufen 21.05.2015).

231 Tom Simonite: „Teaching Machines to Understand Us", Technology Review, 06.08.2015, http://www.technologyreview.com/featuredstory/540001/teaching-machines-to-understand-us/

232 Shane Legg, Alex Graves, Demis Hassabis u. a.: »Human-level control through deep Reinforcement Learning«, Nature 518, 26.02.2015, S. 529–533.

233 »Reinforcement-Learning«.

234 Shane Legg, Alex Graves, Demis Hassabis u. a.: »Human-level control through deep Reinforcement Learning«, Nature 518, S. 529–533, 26 February 2015, S. 532.

235 Jürgen Schmidhuber: »DeepMind's Nature Paper and Earlier Related Work«, 26.02.2015, http://people.idsia.ch/~juergen/naturedeepmind.html (abgerufen 08.07.2015).

236 Tom Simonite: »Google's AI Masters Space Invaders (But It Still Stinks at Pac-Man)«, Technology Review, 25.02.2015, http://www.technologyreview.com/view/535446/googles-ai-masters-space-invaders-but-it-still-stinks-at-pac-man/ (abgerufen 22.05.2015).

237 Stuart Russell, Peter Norvig: »Artificial Intelligence. A Modern Approach«, 3. Auflage, 2010, S. 830 ff.

238 Im Labyrinth von Pacman jedoch ist der Agent bisher nicht erfolgreich – für manche ein Indiz dafür, dass die Fähigkeiten zur Vorausschau noch begrenzt sind. Vgl. Tom Simonite: »Google's AI Masters Space Invaders (But It Still Stinks at Pac-Man)«, Technology Review, 25.02.2015, http://www.technologyreview.com/view/535446/googles-ai-masters-space-invaders-but-it-still-stinks-at-pac-man/ (abgerufen 22.05.2015).

239 George Dyson: »Turings Kathedrale«, Berlin, 2014, S. 381.

240 George Dyson: »Darwin among The Machine«, New York, 1997, S. 81.

241 Lily E. Kay: »Das Buch des Lebens. Wer schrieb den genetischen Code?«, München, 2001, S. 158.

242 George Dyson: »Turings Kathedrale«, Berlin, 2014, S. 416.

243 George Dyson: »Turings Kathedrale«, Berlin, 2014, S. 385.

244 »Skinner's Utopia: Panacea, or Path to Hell?«, Time, 20.09.1971 (abgerufen 23.05.2015).

245 »Skinner's Utopia: Panacea, or Path to Hell?«, Time, 20.09.1971 (abgerufen 23.05.2015).

246 Deborah E Altus, Edward K Morris: »B. F. Skinner's Utopian Vision: Behind and Beyond Walden Two«, Behav Anal, 2009, 32 (2), S. 319–335, http://www.ncbi.nlm.nih.gov/pmc/articles/PMC2778813/#bhan-32-02-08-Skinner18 (abgerufen 24.05.2015).

247 Thoreau hatte im März 1845 in Massachusetts mit einem Experiment begonnen und an einem einsamen Waldsee eine Blockhütte gezimmert, um dort für die kommenden zweieinhalb Jahre als Einsiedler zu hausen und darüber ein Buch zu schreiben, das zu einem Klassiker der amerikanischen Literatur werden sollte. Es handelt davon, jenseits einer als überzogen empfundenen Konsumwelt die wichtigen Dinge im Einklang mit der Natur zu erkennen und zu erreichen. »Die Sitte, den besten Teil des Lebens damit zu verwenden, um Geld zu verdienen, damit man sich während der geringstwertigen Lebenszeit einer fragwürdigen Freiheit erfreuen kann, erinnert mich an jenen Engländer, der nach Indien ging, um ein Vermögen zu machen, damit er nach England zurückkehren und dort ein Dichterleben führen könne. Er hätte nur von vornherein zur Dachkammer hinaufsteigen müssen.« Henry David Thoreau: »Walden oder Leben in den Wäldern«, Zürich, 1979, S. 63.

248 Skinner selbst sagte, dass die Kommune in Mexiko seinen Vorstellungen am nächsten gekommen sei. Die Los Horcones Community wurde 1973 gegründet und preist ihren eigenen Erziehungsansatz, bei dem die Kinder neue Verhaltensweisen »erlernen«. Vgl. http://www.loshorcones.org.

249 Burrhus Frederic Skinner: »Walden Two«, Cambridge, 2005 (1948), S. 44. Siehe auch Skinner selbst in einem historischen Filmdokument aus dem Jahr 1964 zu Walden Two, https://www.youtube.com/watch?v=w3HtCntcLEU.

250 Burrhus Frederic Skinner: »Walden Two«, Cambridge, 2005 (1948), S. 271.

251 Vergleiche hierzu das Interview mit Edward Feigenbaum, http://web.stanford.edu/dept/fren-ital/opinions/ (abgerufen 22.05.2015), ein Gründungsmitglied des Instituts für Computer Science der Stanford University und einer der Väter der Künstlichen Intelligenz und der Expertensysteme, der bei Herbert Simon promovierte.

252 Burrhus Frederic Skinner: »Why we need teaching machines«, 1961, Harvard Educational Review 31, S. 377–398.

253 Burrhus Frederic Skinner: »Walden Two«, Cambridge, 2005 (1948), S. VIII.

254 Auch in Deutschland ist diese Art der »Programmierung« beispielsweise in der Pädagogik verbreitet. Bei unseren Recherchen zu den Misshandlungen von Kindern in den Heimen der Brandenburgischen Haasenburg GmbH stießen wir auf interne Unterlagen, die das Token-System der Haasenburg-Pädagogik beschreiben. Vgl. Kaija Kutter, Kai Schlieter: »Der Horror am Waldrand«, taz, 15.06.2013, http://www.taz.de/!118139 (abgerufen 24.05.2015). Zu dem Token-System: Vgl. Kaija Kutter, Kai Schlieter: »Der Lehrmeister des Dr. Haase«, taz, 26.07.2014, http://www.taz.de/Haasenburg-Skandal-/!120660/ (abgerufen 24.05.2015)..

255 »Skinner's Utopia: Panacea, or Path to Hell?«, Time, 20.09.1971 (abgerufen 23.05.2015).

256 »Skinner's Utopia: Panacea, or Path to Hell?«, Time, 20.09.1971 (abgerufen 23.05.2015).

257 »Skinner's Utopia: Panacea, or Path to Hell?«, Time, 20.09.1971 (abgerufen 23.05.2015).

258 Burrhus Frederic Skinner: »Walden Two«, Cambridge, 2005 (1948), S. XVI.

259 Alexandra Rutherford: »Beyond the Box: Skinner's Technology of Behavior from Laboratory to Live, 1950s to 1970s«, Toronto, 2009, S. 10.

260 Josef Vogl: »Regierung und Regelkreis. Historisches Vorspiel«, in: Claus Pias (Hg.) »Cybernetics/Kybernetik 2. The Macy-Conferences 1946–1953«, Band 2, Dokumente, 2003, S. 55.

261 Fred Turner: »From Counterculture to Cyberculture«, Chicago, 2006, S. 22.

262 Claus Pias (Hg.) »Cybernetics/Kybernetik 2. The Macy-Conferences 1946–1953«, Band 2, Dokumente, 2003, S. 10.

263 Bernhard Pörksen im Interview mit Heinz von Förster: »Wir sehen nicht, daß wir nicht sehen«, Telepolis, 15.05.1998, http://www.heise.de/tp/artikel/6/6240/1.html (abgerufen 24.05.2015). Wobei Luhmann und Heinz von Foerster mit der Beobachterperspektive der zweiten Ordnung die Einschränkung kybernetischer Feedback-Modelle betont hätten.

264 Die »Kybernetik zweiter Ordnung« wird auch als die Kybernetik der Kybernetik bezeichnet und wurde von Heinz von Foerster eingeführt. Sie wendet die Prinzipien der Kybernetik auf die Kybernetik selbst an und macht sie somit selbstreflexiv. Dahinter steht der Gedanke, dass die Realität ein Prozess ist, bei dem die Sinneseindrücke im Gehirn durch Prozesse des Gehirns nicht einfach abgebildet, sondern konstruiert werden. Denn es gibt keine neuronale Entsprechung einer Blume, kein neuronale Prozesse, die eine Blume so übersetzen, dass wir sie als solche wahrnehmen und uns darüber verständigen können, dass dies eine Blume ist. Daraus abgeleitet ist eine objektive Beschreibung der Welt nicht möglich. Möglich ist jedoch, diese Unmöglichkeit zu berücksichtigen. Das meint grob die Kybernetik zweiter Ordnung. Vgl. Niklas Luhmann: »Soziale Systeme. Grundriß einer allgemeinen Theorie«, Frankfurt a. M., 1991, S. 357 f. Schon als junger Mann ließ sich Niklas Luhmann zudem vom Amerikaner Talcott Parsons inspirieren, den er während eines Forschungsaufenthalts in Harvard Anfang der 1960er Jahre kennenlernte. Parsons und Luhmann zählen heute zu den wichtigsten Soziologen des 20. Jahrhunderts. Und Parsons traf sich regelmäßig mit Wiener und Skinner zu einem Kreis, der sich »Wien-Zirkel im Exil« taufte, bei dem die Erweiterung der Kybernetik in die Gesellschaft diskutiert wurde. Vgl. Lily E. Kay: »Das Buch des Lebens. Wer schrieb den genetischen Code?«, München, 2001, S. 121.

265 Alexei Barrionuevo: Before '73 Coup, Chile Tried to Find the Right Software for Socialism, New York Times, 28.03.2008.

266 Lily E. Kay: »Das Buch des Lebens. Wer schrieb den genetischen Code?«, München, 2001, S. 120.

267 Edene Medina: »Designing Freedom, Regulation a Nation: Socialist Cybernetivs in Allende's Chile«, Journal of Latin American Studies, 38, Cambridge, 2006, S. 572, 577.

268 Andy Beckett: »Santiago dreaming«, The Guardian, 08.09.2003, http://www.theguardian.com/technology/2003/sep/08/sciencenews.chile (abgerufen 25.05.2015).

269 Claus Pias: Der Auftrag Kybernetik und Revolution in Chile. In: Daniel Gethmann, Markus Stauff (Hg.): »Politiken der Medien«, Zürich/Berlin, 2004, S. 135.

270 Stafford Beer: »Fanfare for effective Freedom«, Brighton, 1973, S. 2, http://www.williambowles.info/sa/FanfareforEffectiveFreedom.pdf (abgerufen 25.05.2015).

271 Edene Medina: »Designing Freedom, Regulation a Nation: Socialist Cybernetivs in Allende's Chile«, Journal of Latin American Studies, 38, Cambridge, 2006, S. 581.

272 Edene Medina: »Designing Freedom, Regulation a Nation: Socialist Cybernetivs in Allende's Chile«, Journal of Latin American Studies, 38, Cambridge, 2006, S. 571. Das Konzept wurde beispielsweise zu einem der wichtigsten Bestandteile der soziologischen Systemtheorie.

273 Edene Medina: »Designing Freedom, Regulation a Nation: Socialist Cybernetivs in Allende's Chile«, Journal of Latin American Studies, 38, Cambridge, 2006, S. 584, 585.

274 Der Begriff »algedonisch«, den Beer verwendet, stammt aus der Medizin und bezeichnet dort Schmerzsignale, die durch Nervenzellen übertragen werden.

275 Claus Pias: Der Auftrag Kybernetik und Revolution in Chile. In: Daniel Gethmann, Markus Stauff (Hg.): »Politiken der Medien«, Zürich/Berlin, 2004, S. 146.

276 Edene Medina: »Designing Freedom, Regulation a Nation: Socialist Cybernetivs in Allende's Chile«, Journal of Latin American Studies, 38, Cambridge, 2006, S. 588, 589.

277 Stafford Beer: »Fanfare for effective Freedom«, Brighton, 1973, S. 14, http://www.williambowles.info/sa/FanfareforEffectiveFreedom.pdf (abgerufen 25.05.2015).

278 Reverend Thomas Bayes (1701–1761) wird die Wahrscheinlichkeitstheorie zugeschrieben. »Anders als die klassische Statistik setzt die Bayes'sche Statistik nicht auf Zählexperimente, sondern stellt Hypothesen auf, wie glaubwürdig – ›plausibel‹ – ein Ereignis ist. Dafür zieht sie subjektive Annahmen, Vorwissen und Erfahrung in Betracht, ohne jedoch das Zählen der klassischen Statistik auszuschließen, was heißt, dass die Methode eine Kombination mit der klassischen Statistik zulässt.« Diese Art von mathematisiertem Vorwissen führt zur Priorisierung von Wahrscheinlichkeiten, die für jedes Modell mit einer Dichtefunktion definiert werden. Mit abgeleiteten Informationen trifft man schließlich bessere Entscheidungen. Vgl. Yvonne Hofstetter: »Sie wissen alles«, München, 2014, S. 114–117. Definiert ist hier insgesamt also ein kybernetischer Prozess: Information, Feedback, Prognose, neue Information.

279 Stuart Russell, Peter Norvig: »Artificial Intelligence. A Modern Approach«, 3. Auflage, 2010, S. 26.

280 Stafford Beer: »Fanfare for effective Freedom«, Brigton, 1973, S. 14, http://www.williambowles.info/sa/FanfareforEffectiveFreedom.pdf (abgerufen 25.05.2015).

281 Claus Pias (Hg.): »Cybernetics/Kybernetik 2. The Macy-Conferences 1946–1953«, Band 2, Dokumente, 2003, S. 33.

282 Stafford Beer: »Brain of the Firm«, New York, 1981, S. 21. Zitiert nach: Claus Pias: Der Auftrag Kybernetik und Revolution in Chile. In: Daniel Gethmann, Markus Stauff (Hg.): »Politiken der Medien«, Zürich/Berlin, 2004, S. 144.

283 Edene Medina: »Designing Freedom, Regulation a Nation: Socialist Cybernetivs in Allende's Chile«, Journal of Latin American Studies, 38, Cambridge, 2006, 594.

284 Edene Medina: »Designing Freedom, Regulation a Nation: Socialist Cybernetivs in Allende's Chile«, Journal of Latin American Studies, 38, Cambridge, 2006, 589.

285 Edene Medina: »Designing Freedom, Regulation a Nation: Socialist Cybernetivs in Allende's Chile«, Journal of Latin American Studies, 38, Cambridge, 2006, 593.

286 Philippe Rivière: »Der Staat als Maschine«, Le Monde Diplomatique, 12.11.2010, http://www.monde-diplomatique.de/pm/2010/11/12.mondeText.artikel,a0052.idx,17 (abgerufen 25.05.2015).

287 Evgeny Morozov: »The Planning Machine Project CyberSyn and the origins of the Big Data nation«, The New Yorker, 13.10.2014.

288 Claus Pias: Der Auftrag Kybernetik und Revolution in Chile. In: Daniel Gethmann, Markus Stauff (Hg.): »Politiken der Medien«, Zürich/Berlin, 2004, S. 149.

289 Stafford Beer: »Fanfare for effective Freedom«, Brigton, 1973, S. 8, http://www.williambowles.info/sa/FanfareforEffectiveFreedom.pdf (abgerufen 25.05.2015).

290 Edene Medina: »Designing Freedom, Regulation a Nation: Socialist Cybernetivs in Allende's Chile«, Journal of Latin American Studies, 38, Cambridge, 2006, S. 586.

291 Evgeny Morozov: »The Planning Machine Project CyberSyn and the origins of the Big Data nation«, The New Yorker, 13.10.2014.

292 Claus Pias: »Die Herrschaft der Sozialmaschine«, FAZ, 13.3.2004.

293 John Atkinson, Mauricio Solar: »Artificial Intelligence and Intelligent Systems Research in Chile«, Artificial Intelligence: An International Perspective, 2009, S. 3.

294 Stafford Beer: »Fanfare for effective Freedom«, Brighton, 1973, S. 18, http://www.williambowles.info/sa/FanfareforEffectiveFreedom.pdf (abgerufen 25.05.2015).

295 Joseph Hanlon: »The technological power broker«, New Scientist, 15.02.1973, S. 347.

296 https://www.cisco.com/web/about/ac79/docs/innov/IoT_IBSG_0411FINAL.pdf (abgerufen 16.06.2015).

297 Tina Tsai, Public Relations Manager, Huawei Brüssel Office, 24.9.2014, http://www.huawei.eu/blogs/five-facts-about-how-technology-transforming-your-life (abgerufen 16.06.2015).

298 http://www.gartner.com/newsroom/id/2614915.

299 Tom Simonite: »A Startup's Neural Network Can Understand Video«, Technology Review, 03.02.2015, http://www.technologyreview.com/news/534631/a-startups-neural-network-can-understand-video/?utm_campaign=socialsync&utm_medium=social-post&utm_source=twitter (abgerufen 29.05.2015).

300 »MediaBrix CEO Ari Brandt on Emotional Targeting and Breakthrough Moments«, The Makegood, 01.10.2013, http://www.the-makegood.com/2013/10/01/media-brix-ceo-ari-brandt-on-emotional-targeting-and-breakthrough-moments/ (abgerufen 31.05.2015).

301 Rebecca Chadwick, Rimma Kats, Chris Keating: »Mobile Game Monetization. A Virtual Gold Rush«, EMaketer, Oktober 2013: www.mediabrix.com/wp-content/uploads/2014/02/eMarketer_Mobile_Game_Monetization-A_Virtual_Gold_Rush.pdf (abgerufen 31.05.2015) Das Volumen des Werbemarktes für Spiele wuchs laut dieser Studie von rund 70 Millionen (2011) auf rund 3,3 Milliarden (2016).

302 »MediaBrix Becomes First to Bring Sound and Haptics to In-App Mobile Branding Ads «, MarkedWired, 18.12.2014, http://www.marketwired.com/press-release/mediabrix-becomes-first-to-bring-sound-and-haptics-to-in-app-mobile-branding-ads-1978178.htm. Hier zeigt die Firma, wie und wo sie die Werbung einblendet, http://www.mediabrix.com/wp-content/uploads/2014/12/haptics/audio/.

303 http://www.forbes.com/sites/rogerdooley.

304 https://developers.facebook.com/blog/post/2014/03/19/facebook-at-gdc-2014.

305 http://rocketfuel.com/about-rocket-fuel#what-we-do (abgerufen 31.05.2015).

306 Ana Teixea Pinto: »The Pigeon in the Machine: The Concept of Control in Behaviourism and Cybernetics«, Manifesta Journal, 18, Amsterdam, S. 67.

307 Ein kurzes Beispiel wie die Skinner-Box bei Tauben funktioniert: https://www.youtube.com/watch?v=I_ctJqjlrHA (abgerufen 29.05.2015). Hier ein ausführlicheres Experiment, das Skinner selbst durchführt: https://www.youtube.com/watch?v=DeEBq2bhIZw (abgerufen 29.05.2015). Siehe auch https://en.wikipedia.org/wiki/Operant_conditioning_chamber.

308 Siehe auch: John Hopson: »Behavioral Game Design«, Gamasutra, 27. April 2001, http://www.gamasutra.com/view/feature/131494/behavioral_game_design.php (abgerufen 29.05.2015).

309 Natascha Schüll: »Addiction by Design: Machine Gambling in Las Vegas«, New Jersey, 2012.

310 Andrew Thompson: »The Engineers of Addiction«, The Verge, 06.05.2015, http://www.theverge.com/2015/5/6/8544303/casino-slot-machine-gambling-addiction-psychology-mobile-games (abgerufen 27.05.2015).

311 Mark Reutter: »How a math wizard from Harvard led Caesars down a path of expansion and debt«, Baltimore Brew, 12.09.2014, https://www.baltimorebrew.

com/2014/09/12/part-3-how-a-math-wizard-from-harvard-led-caesars-down-a-path-of-expansion-and-debt/ (abgerufen 28.05.2015).

312 Vgl. Markus Morgenroth: »Sie kennen dich! Sie haben dich! Sie steuern dich!«, München, 2014, S. 41 ff.

313 Alex C. Madrigal: »The Machine Zone: This ist where you go when you just can't stop looking at Pictures on Facebook«, The Atlantic, 31.07.2013, http://www.theatlantic.com/technology/archive/2013/07/the-machine-zone-this-is-where-you-go-when-you-just-cant-stop-looking-at-pictures-on-facebook/278185/ (abgerufen 26.05.2015).

314 Bill Davidow: »Skinner Marketing: We're the Rats, and Facebook Likes are the Reward«, The Atlantic, 10.06.2013 (abgerufen 27.05.2015).

315 Burrhus Frederic Skinner in einer Diskussion mit Eve Segal von der San Diego State University, Februar 1988, https://www.youtube.com/watch?v=0jgchRbqkJ0 (abgerufen 27.05.2015).

316 Alex C. Madrigal: »The Machine Zone: This is where you go when you just can't stop looking at Pictures on Facebook«, The Atlantic, 31.07.2013, http://www.theatlantic.com/technology/archive/2013/07/the-machine-zone-this-is-where-you-go-when-you-just-cant-stop-looking-at-pictures-on-facebook/278185/ (abgerufen 26.05.2015).

317 Jim Edwards: »PLANET SELFIE: We're Now Posting A Staggering 1.8 Billion Photos Every Day«, Businessinsider, 28.05.2014, http://www.businessinsider.com/were-now-posting-a-staggering-18-billion-photos-to-social-media-every-day-2014-5?IR=T (abgerufen 01.06.2015).

318 Viktor Mayer-Schönberger: »Big Data. A Revolution that will transform how we live, work, and think«, New York, Kindle Edition, S. 99.

319 Anne Kunze: »Behandelt und verkauft«, Zeit, 31.10.2013, http://www.zeit.de/2013/45/patientendaten-marktforschung-pharmaindustrie/komplettansicht (abgerufen 03.06.2015).

320 Wolfie Christl: »Kommerzielle digitale Überwachung im Alltag«, Bundesarbeitskammer, Wien, Oktober 2014, http://media.arbeiterkammer.at/PDF/Digitale_Ueberwachung_im_Alltag.pdf (abgerufen 28.05.2015).

321 Die Universität Oregon hat einen guten Überblick zum Modell der Big Five, http://pages.uoregon.edu/sanjay/bigfive.html.

322 Wolfie Christl: »Kommerzielle digitale Überwachung im Alltag«, Bundesarbeitskammer, Wien, Oktober 2014, S. 17, 18, http://media.arbeiterkammer.at/PDF/Digitale_Ueberwachung_im_Alltag.pdf (abgerufen 28.05.2015).

323 »Path of Persuasion«, Business Report 63, MIT Technology Review, März 2015.

324 http://www.nirandfar.com/about.

325 Vgl. dazu ausführlicher: Wolfie Christl: »Kommerzielle digitale Überwachung im Alltag«, Bundesarbeitskammer, Wien, Oktober 2014, S. 36 ff., http://media.arbeiterkammer.at/PDF/Digitale_Ueberwachung_im_Alltag.pdf (abgerufen 28.05.2015).

326 http://recode.net/2015/05/27/what-its-like-to-be-in-the-hot-seat-at-code-video.

327 Auslösende Reize.

328 Ted Greenwald: »Compulsive Behavior sells«, in: »Path of Persuasion«, Business Report 63, MIT Technology Review, März 2015, S. 6 ff.

329 Jaron Lanier: »Wem gehört die Zukunft«, Hamburg, 2014, S. 88.

330 Mathias Müller von Blumencron: »Noch erscheinen die Diktatoren des Internets milde«, FAZ, 02.07.2015.

331 Katrin Schulze: »Machen sich Facebook-Verweigerer verdächtig?«, Der Tagesspiegel, 24.07.2012, http://www.tagesspiegel.de/weltspiegel/nach-dem-attentat-von-den-ver-kein-facebook-profil-kein-job-angebot/6911648-2.html (abgerufen 31.05.2015).

332 Jordyn Taylor: »V. C. Firm Names Robot To Board of Directors«, The Observer, 13.05.2014, http://observer.com/2014/05/v-c-firm-names-robot-to-board-of-directors/ (abgerufen 04.06.2015).

333 Jeffrey Voegeli: »UBS Turns to Artificial Intelligence to Advise Clients«, Bloomberg Business, 08.12.2014, http://www.bloomberg.com/news/articles/2014-12-07/ubs-turns-to-artificial-intelligence-to-advise-wealthy-clients (abgerufen 04.06.2015).

334 http://www.nobelprize.org/nobel_prizes/economic-sciences/laureates/2002/press.html.

335 Daniel Kahneman: »Schnelles Denken, langsames Denken«, München, 2012, S. 33.

336 Daniel Kahneman: »Schnelles Denken, langsames Denken«, München, 2012, S. 37.

337 Daniel Kahneman: »Schnelles Denken, langsames Denken«, München, 2012, S. 42.

338 Daniel Kahneman: »Schnelles Denken, langsames Denken«, München, 2012, S. 48 f.

339 Daniel Kahneman: »Schnelles Denken, langsames Denken«, München, 2012, S. 51.

340 Daniel Kahneman: »Schnelles Denken, langsames Denken«, München, 2012, S. 57.

341 Daniel Kahneman: »Schnelles Denken, langsames Denken«, München, 2012, S. 62.

342 Daniel Kahneman: »Schnelles Denken, langsames Denken«, München, 2012, S. 73.

343 Daniel Kahneman: »Schnelles Denken, langsames Denken«, München, 2012, S. 87.

344 Daniel Kahneman: »Schnelles Denken, langsames Denken«, München, 2012, S. 103.

345 Daniel Kahneman: »Schnelles Denken, langsames Denken«, München, 2012, S. 112.

346 Daniel Kahneman: »Schnelles Denken, langsames Denken«, München, 2012, S. 105.

347 Daniel Kahneman: »Schnelles Denken, langsames Denken«, München, 2012, S. 113.

348 Daniel Kahneman: »Schnelles Denken, langsames Denken«, München, 2012, S. 115.

349 Daniel Kahneman: »Schnelles Denken, langsames Denken«, München, 2012, S. 193 ff.

350 Daniel Kahneman: »Schnelles Denken, langsames Denken«, München, 2012, S. 282.

351 Daniel Kahneman: »Schnelles Denken, langsames Denken«, München, 2012, S. 511.

352 Daniel Kahneman: »Schnelles Denken, langsames Denken«, München, 2012, S. 512.

353 Daniel Kahneman: »Schnelles Denken, langsames Denken«, München, 2012, S. 511.

354 Richard H. Thaler, Cass R. Sunstein: »Nudge«, Berlin, 2009, S. 14 f.

355 Richard H. Thaler, Cass R. Sunstein: »Nudge«, Berlin, 2009, S. 18.

356 Richard H. Thaler, Cass R. Sunstein: »Nudge«, Berlin, 2009, S. 103.

357 Richard H. Thaler, Cass R. Sunstein: »Nudge«, Berlin, 2009, S. 105.

358 Richard H. Thaler, Cass R. Sunstein: »Nudge«, Berlin, 2009, S. 112.

359 Jan Schnellenbach: »Wohlwollendes Anschubsen: Liberaler Paternalismus und seine Nebenwirkungen«, Perspektiven der Wirtschaftspolitik 12, 2011, S. 446, http://www.jan-schnellenbach.de/pwp-paternalismus.pdf (abgerufen 05.06.2015). Schnellenbach kritisiert die Schieflage der »liberalen Paternalisten«, die vor allem langfristigen Zielen einen übergenäßen Vorrang einräumen. Vernachlässigt wird, dass »Autonomie und individuelle Handlungskompetenz eine wichtige Quelle von Lebenszufriedenheit sind. Nimmt man den Individuen durch paternalistische Steuerung die Notwendigkeit zur selbständigen Bewältigung von Problemen, die aus verhaltensökonomisch identifizierten Entscheidungsdefekten folgen, dann reduziert man damit in der längeren Frist aber auch ihre Chancen, aus eigener Erfahrung Handlungskompetenz zu entwickeln. Das paternalistisch behütete Individuum wird von der selbständigen Problemlösung als einer wichtigen Quelle von Wohlfahrt abgeschnitten und erlernt dadurch möglicherweise auch gar nicht mehr die Fähigkeiten, die hierzu nötig wären.«, S. 452.

360 Gerd Gigerenzer: »On the Supposed Evidence for Libertarian Paternalism«, Review of Philosophy and Psychology, 17.05.2015.

361 Cass Sunstein: »It's For Your Own Good!«, The New York Review of Books, 07.03.2013 (abgerufen 05.06.2014).

362 Gerd Gigerenzer: »On the Supposed Evidence for Libertarian Paternalism«, Review of Philosophy and Psychology, 17.05.2015, S. 6.

363 Gerd Gigerenzer: »On the Supposed Evidence for Libertarian Paternalism«, Review of Philosophy and Psychology, 17.05.2015, S. 19.

364 Heiko Maas: »Nudging ist ein Stups in die richtige Richtung«, Der Tagesspiegel, 16.03.2015, http://www.tagesspiegel.de/wirtschaft/justizminister-heiko-maas-nudging-ist-ein-stups-in-die-richtige-richtung/11502522.html (abgerufen 02.07.2015).

365 http://www.bmjv.de/SharedDocs/Kurzmeldungen/DE/2014/20141212_Nudging.html.

366 Hanno Beck: »Wie gefährlich sind die Verhaltensforscher?«, FAZ, 02.09.2014, http://www.faz.net/aktuell/wirtschaft/wirtschaftswissen/stellenausschreibung-der-kanzlerin-wie-gefaehrlich-sind-die-verhaltensforscher-13129715.html (abgerufen 05.06.2015).

367 Gerd Gigerenzer: »On the Supposed Evidence for Libertarian Paternalism«, Review of Philosophy and Psychology, 17.05.2015, S. 19.

368 Tom Simonite: »Ads Could Soon Know If You're an Introvert (on Twitter)«, Technology Review, 08.11.2013, http://www.technologyreview.com/news/520671/ads-could-soon-know-if-youre-an-introvert-on-twitter/ (abgerufen 31.05.2015).

369 David Talbot: »A Social Media Decoder«, Technology Review, 18.10.2011, http://www.technologyreview.com/featuredstory/425787/a-social-media-decoder.

370 http://investor.fb.com/releasedetail.cfm?ReleaseID=893395.

371 Josh Constine: »American Users Spend an Average of 40 Minutes Per Day on Facebook«, TechCrunch, 23.07.2014, http://techcrunch.com/2014/07/23/facebook-usage-time/ (abgerufen 09.06.2015).

372 Wu Youyou, Michal Kosinski, David Stillwell: »Computer-based personality judgments are more accurate than those made by humans«, PNAS, 27.01.2015, vol. 112, S. 1036–1040, http://www.pnas.org/content/112/4/1036.full.pdf (abgerufen 31.05.2015). Eine anschauliche Übersicht, was Facebook über seine Nutzer weiß: Mike Wehner: »Facebook knows even more about you than you realize«, The Kernel, 03.03.2015, http://kernelmag.dailydot.com/issue-sections/features-issue-sections/12765/everything-facebook-knows-about-you.

373 Wolfie Christl: »Kommerzielle digitale Überwachung im Alltag«, Bundesarbeitskammer, Wien, Oktober 2014, S. 15, http://media.arbeiterkammer.at/PDF/Digitale_Ueberwachung_im_Alltag.pdf (abgerufen 28.05.2015).

374 http://www.wired.com/2013/08/move-over-social-graph-its-time-for-the-mood-graph-and-that-might-not-be-a-good-thing.

375 Caitlin Dewey: »How Facebook knows who all your friends are, even better than you do«, Washington Post, 02.04.2015, http://www.washingtonpost.com/news/the-intersect/wp/2015/04/02/how-facebook-knows-who-all-your-friends-are-even-better-than-you-do/?dfdf (abgerufen 31.05.2015).

376 Samuel Gibbs: »Facebook ›tracks all visitors, breaching EU law‹«, The Guardian, 31.03.2015, http://www.theguardian.com/technology/2015/mar/31/facebook-tracks-all-visitors-breaching-eu-law-report.

377 Josh Constine: »Facebook Tries Letting You Share Emoticons Of Exactly What You're Feeling, Reading Or Eating«, TechCrunch, 30.01.2013, http://techcrunch.com/2013/01/30/facebook-visual-sharing/ (abgerufen 31.05.2015) Hier eine Liste der Emoticons: http://fbicons.net.

378 http://captology.stanford.edu/about/about-the-lab-1.html.

379 https://en.wikipedia.org/wiki/B._J._Fogg.

380 Captology steht für »Computers As Persuasive Technology«, Computer als Technologie der Beeinflussung.

381 B. J. Fogg: »Charismatic computers: creating more likable and persuasive interactivetechnologies by leveraging principles from social psychology«, Stanford, 1998, S. 225. Zitiert nach: Jeremy Shearer: »Persuasive technology«, http://www.academia.edu/388984/Persuasive_Technology (abgerufen 02.06.2015).

382 Fogg wirbt auf seiner Webseite: »Ich bringe euch Dinge bei, die ihr nicht online oder in Büchern finden werdet. Mein neuestes und bestes Zeug«, http://www.bjfogg.com/bootcamp.html (abgerufen 02.06.2015).

383 Miguel Helft: »The Class That Built Apps, and Fortunes«, The New York Times, 07.05.2011, http://www.nytimes.com/2011/05/08/technology/08class.html?pagewanted=1&_r=1&partner=rss&emc=rss (abgerufen 02.06.2015).

384 Tom Simonite: »What Facebook knows«, Technology Review, 13.06.2012, http://www.technologyreview.com/featuredstory/428150/what-facebook-knows/ (abgerufen 31.05.2015).

385 Jai Krishna: »Sandberg: Facebook Study Was ›Poorly Communicated‹«, Wall Street Journal, 02.07.2014, http://blogs.wsj.com/digits/2014/07/02/facebooks-sandberg-apologizes-for-news-feed-experiment/ (abgerufen 31.05.2015).

386 https://www.facebook.com/akramer/posts/10152987150867796.

387 Adam D. I. Kramer, Jamie E. Guillory und Jeffrey T. Hancock: »Experimental evidence of massive-scale emotional contagion through social networks«, PNAS 111, 22.07.2014, S. 10779, http://www.pnas.org/content/111/24/8788.full.pdf (abgerufen 01.06.2015).

388 http://mediarelations.cornell.edu/2014/06/30/media-statement-on-cornell-universitys-role-in-facebook-emotional-contagion-research (abgerufen 01.06.2015).

389 Robinson Meyer: »Everything We Know About Facebook's Secret Mood Manipulation Experiment«, The Atlantic, 28.07.2014, http://www.theatlantic.com/technology/archive/2014/06/everything-we-know-about-facebooks-secret-mood-manipulation-experiment/373648 (abgerufen 01.06.2015).

390 Eine außergewöhnlich gute, vierteilige Dokumentation über die Entstehung der Propaganda machte Adam Curtis für die BBC: »The Century of the self«. Wirklich sehr zu empfehlen und frei abrufbar, http://topdocumentaryfilms.com/the-century-of-the-self.

391 Robert Booth: »Facebook reveals news feed experiment to control emotions«, The Guardian, 30.06.2015, http://www.theguardian.com/technology/2014/jun/29/facebook-users-emotions-news-feeds (abgerufen 01.06.2015).

392 Danah Boyd: »What does the Facebook experiment teach us?«, Zephoria.org, 01.07.2014, http://www.zephoria.org/thoughts/archives/2014/07/01/facebook-experiment.html (abgerufen 01.06.2015).

393 Deutschland, http://de.statista.com/statistik/daten/studie/167841/umfrage/marktanteile-ausgewaehlter-suchmaschinen-in-deutschland/. Weltweit, http://gs.statcounter.com/press/yahoo-achieves-highest-us-search-share-since-2009.

394 Robert Epstein: »Democracy at risk from new forms of internet influence«, Emma Magazin, http://aibrt.org/downloads/EPSTEIN_2014-New_Forms_of_Internet_Influence-EMMA_Magazine.pdf (abgerufen 01.06.2015). Siehe auch http://web.archive.org/web/20150331113434/http://aibrt.org/POS-real_time_display/rt_detail.php.

395 »US-Professor warnt: Google-Algorithmus kann Demokratie gefährden«, Heise.de, 17.03.2015, http://www.heise.de/newsticker/meldung/US-Professor-warnt-Google-Algorithmus-kann-Demokratie-gefaehrden-2577764.html (abgerufen 01.06.2015).

396 Robert Epstein: »Democracy at risk from new forms of internet influence«, Emma Magazine, http://aibrt.org/downloads/EPSTEIN_2014-New_Forms_of_Internet_Influence-EMMA_Magazine.pdf (abgerufen 01.06.2015).

397 Jonathan Zittrain: »Facebook could decide an election without anyone ever finding out«, New Republic, 03.06.2014, http://www.newstatesman.com/politics/2014/06/facebook-could-decide-election-without-anyone-ever-finding-out (abgerufen 01.06.2015).

398 Stuard Dredge: »How does Facebook decide what to show in my news feed?«, The Guardian, 30.06.2014, http://web.archive.org/web/20150404100322/http://www.theguardian.com/technology/2014/jun/30/facebook-news-feed-filters-emotion-study (abgerufen 01.06.2015).

399 Motahhare Eslami, Aimee Rickman u. a.: »I always assumed that I wasn't really that close to [her]«: »Reasoning about invisible algorithms in the news feed«, http://www-personal.umich.edu/~csandvig/research/Eslami_Algorithms_CHI15.pdf (abgerufen 01.06.2015).

400 Robert M. Bond, Christopher J. Fariss u. a.: »A 61-million-person experiment in social influence and political mobilization«, Nature 489, 13.09.2012, http://fowler.ucsd.edu/massive_turnout.pdf (abgerufen 02.06.2015).

401 http://www.motherjones.com/politics/2014/10/can-voting-facebook-button-improve-voter-turnout (abgerufen 02.06.2015).

402 Caitlin Dewey: »If you use Facebook to get your news, please — for the love of democracy — read this first«, The Washington Post, 03.06.2015, http://www.washingtonpost.com/news/the-intersect/wp/2015/06/03/if-you-use-facebook-to-get-your-news-please-for-the-love-of-democracy-read-this-first/ (abgerufen 04.06.2015).

403 Michael Hanfeld: »Bitte benutzen Sie den Lieferanteneingang «, FAZ, 15.05.2015, http://www.faz.net/aktuell/feuilleton/medien/facebook-und-journalismus-13592828.html (abgerufen 04.06.2015).

404 Einen guten Überblick über die Debatte zu dieser Studie, http://thesocietypages.org/cyborgology/2015/05/07/facebook-fair-and-balanced/ (abgerufen 04.06.2015) Siehe auch http://blogs.law.harvard.edu/niftyc/archives/1062.

405 Eine Übersicht findet sich hier: http://journalistsresource.org/studies/society/social-media/facebook-political-polarization-data-science-research und https://de.wikipedia.org/wiki/Filterblase (abgerufen 02.06.2015). Eine Ansicht zur Polarisierung: http://blog.tagesanzeiger.ch/datenblog/index.php/8398/wie-republikaner-und-demokraten-in-60-jahren-zu-erzfeinden-wurden (abgerufen 02.06.2015).

406 Zeynep Tufekci: »How Facebook's Algorithm Suppresses Content Diversity (Modestly) and How the Newsfeed Rules Your Clicks«, Medium, 07.05.2015, https://medium.com/message/how-facebook-s-algorithm-suppresses-content-diversity-modestly-how-the-newsfeed-rules-the-clicks-b5f8a4bb7bab (abgerufen 02.06.2015). Eli Pariser: »Did Facebook's Big New Study Kill My Filter Bubble Thesis?«, Medium, 07.05.2015, https://medium.com/backchannel/facebook-published-a-big-new-study-on-the-filter-bubble-here-s-what-it-says-ef31a292da95 (abgerufen 02.06.2015).

407 Sasha Issenberg: »How President Obama's campaign used big data to rally individual voters«, Technology Review, 19.12.2012, http://www.technologyreview.com/featuredstory/509026/how-obamas-team-used-big-data-to-rally-voters/ (abgerufen 02.06.2015).

408 Michael Scherer: »Inside the Secret World of the Data Crunchers Who Helped Obama Win«, Time, 07.12.2012, http://swampland.time.com/2012/11/07/inside-the-secret-world-of-quants-and-data.crunchers-who-helped-obama-win (abgerufen 03.06.2015).

409 Christoph Kucklick: »Die granulare Gesellschaft«, Berlin, 2014, S. 40.

410 Christoph Kucklick: »Die granulare Gesellschaft«, Berlin, 2014, S. 36.

411 Christoph Kucklick: »Die granulare Gesellschaft«, Berlin, 2014, S. 34.

412 Jim Rutenberg: »Data You Can Believe In«, The New York Times, 23.06.2013, http://www.nytimes.com/2013/06/23/magazine/the-obama-campaigns-digital-masterminds-cash-in.html?_r=0 (abgerufen 03.06.2015).

413 Michael Scherer: »Inside the Secret World of the Data Crunchers Who Helped Obama Win«, Time, 07.12.2012, http://swampland.time.com/2012/11/07/inside-the-secret-world-of-quants-and-data.crunchers-who-helped-obama-win (abgerufen 03.06.2015).

414 Michael Hastings: »Obama Campaign Manager Behind Anti-Gay Ad«, BuzzFeed, 15.06.2012, http://www.buzzfeed.com/mhastings/obama-campaign-manager-behind-anti-gay-ad#.bfw0eArYb (abgerufen 02.06.2015).

415 Mark Pitzke: »SPD buhlt um Jim Messina: Obamas rotblonder Vollstrecker«, Spiegel.de, 08.02.2015, http://www.spiegel.de/politik/ausland/obama-stratege-jim-messina-soll-berater-der-spd-werden-a-1017288.html.

416 Markus Morgenroth: »Sie kennen dich! Sie haben dich! Sie steuern dich!«, München, 2014, S. 22 ff. S. 36.

417 Patrick Tucker: »The Naked Future: What Happens in a World That Anticipates Your Every Move?«, New York, E-Book, 2014 , S. 152.

418 Wolfie Christl:»Kommerzielle digitale Überwachung im Alltag«, Bundesarbeitskammer, Wien, Oktober 2014, http://media.arbeiterkammer.at/PDF/Digitale_Ueberwachung_im_Alltag.pdf (abgerufen a, 28.05.2015).

419 »The truly personal computer«, The Economist, 28.02.2015, http://www.economist.com/news/briefing/21645131-smartphone-defining-technology-age-truly-personal-computer (abgerufen 04.06.2015).

420 »First Demonstration of a Surveillance Camera Powered by Ordinary Wi-Fi Broadcasts«, Technology Review, 03.06.2015, http://www.technologyreview.com/view/538031/first-demonstration-of-a-surveillance-camera-powered-by-ordinary-wi-fi-broadcasts/?utm_campaign=newsletters&utm_source=newsletter-daily-all&utm_medium=email&utm_content=20150604 (abgerufen 04.06.2015).

421 Lily Hay Newman: »People Were Talking About the Ebola Epidemic on Twitter Three Days Before Health Official«, http://www.slate.com/blogs/future_tense/2015/06/02/new_study_tweets_about_ebola_came_from_nigeria_3_to_7_days_before_an_official.html (abgerufen 04.06.2015).

422 www.media.mit.edu/research/groups/social-machines, http://www.media.mit.edu/research/groups/affective-computing.

423 Alex Pentland: »Social Physics«, New York, 2014, S. VII.

424 Alex Pentland: »Social Physics«, New York, 2014, S. 220 ff.

425 Arnold J. Karr: »Google Teams With Levi's for New ›Soft‹ Spin on Wearable Tech«, wwd, 29.05.2015, http://wwd.com/business-news/technology/google-levis-wearable-tech-10137008/?src=nl/newsAlert/20150529-3 (abgerufen 08.06.2015).

426 Alex Pentland: »Social Physics«, New York, 2014, S. 3.

427 Alex Pentland: »Social Physics«, New York, 2014, S. 4.

428 Alex Pentland: »Social Physics«, New York, 2014, S. 11.

429 Für die Informationen zu Dirk Helbings Arbeit beziehe ich mich auf zahlreiche Publikationen. Hervorzuheben u. a.: Dirk Helbing: »Thinking Ahead«, London, 2015. Dirk Helbing:»Implementing Change in a complex World«, Zürich, http://arxiv.org/ftp/arxiv/papers/1504/1504.03750.pdf. Dirk Helbing: »The Planetary Nervous System – A CERN for Society«, https://www.youtube.com/watch?v=f3Qn_0qFrvE. Dirk Helbing: »Wie wir eine smarte, krisenfeste, digitale Gesellschaft bauen können«, Vortrag vom 23.09.2014, Leopoldina, http://papers.ssrn.com/sol3/papers.cfm?abstract_id=2559433. Dirk Helbing: »Creating (›making‹) a Planetary Nervous System as a Citizen Web«, http://futurict.blogspot.de/2014/09/creating-making-planetary-nervous.html. Dirk Helbing: »Guided self-organization. Making the invisible hand work«, http://papers.ssrn.com/sol3/papers.cfm?abstract_id=2515686. Dirk Helbing:»Google als Gott?«, Neue Züricher Zeitung, 20.03.2013, http://www.nzz.ch/google-als-gott-1.18049950. Raffael Schuppisser, Yannick Nock:»ETH forscht an der Zukunftsmaschine: Eine Milliarde von der EU?«, Schweiz am Sonntag, 05.01.2013, http://www.schweizamsonntag.ch/ressort/aktuell/2715.

430 David Weinberger:»The Machine That Would Predict the Future«, Scientific American, Dezember 2011, http://www.scientificamerican.com/article/the-machine-that-would-predict/ (abgerufen 08.06.2015).

431 Dirk Helbing: »Wie wir eine smarte, krisenfeste, digitale Gesellschaft bauen können«, Vortrag vom 23.09.2014, Leopoldina, http://papers.ssrn.com/sol3/papers.cfm?abstract_id=2559433.

432 Dirk Helbing: »Wie wir eine smarte, krisenfeste, digitale Gesellschaft bauen können«, Vortrag vom 23.09.2014, Leopoldina.

433 Alex Pentland: »Social Physics«, New York, 2014, S. 30.

434 Alex Pentland: »Social Physics«, New York, 2014, S. 38.

435 Alex Pentland: »Social Physics«, New York, 2014, S. 38.

436 Alex Pentland: »Social Physics«, New York, 2014, S. 51, 54.
437 Alex Pentland: »Social Physics«, New York, 2014, S. 46; auch: S. 87 ff.
438 Alex Pentland: »Social Physics«, New York, 2014, S. 68.
439 Alex Pentland: »Social Physics«, New York, 2014, S. 70.
440 Alex Pentland: »Social Physics«, New York, 2014, S. 80.
441 Alex Pentland: »Social Physics«, New York, 2014, S. 138 f.
442 Alex Pentland: »Social Physics«, New York, 2014, S. 142.
443 Alex Pentland: »Social Physics«, New York, 2014, S. 143.
444 Paul N. Edwards: »Eindämmung: Computertechnik und die Politik des Kalten Krieges«, Cambridge, 1996, S. 13, http://pne.people.si.umich.edu/PDF/Edwards2012Eindammung.pdf (abgerufen 10.06.2015).
445 Paul N. Edwards: »Eindämmung: Computertechnik und die Politik des Kalten Krieges«, Cambridge, 1996, S. 13, http://pne.people.si.umich.edu/PDF/Edwards2012Eindammung.pdf (abgerufen 10.06.2015).
446 Vgl. Fred Turner: »From Counterculture to Cyberculture«, Chicago, 2006, S. 27.
447 https://www.ll.mit.edu/about/History/origins.html.
448 Paul N. Edwards: »Eindämmung: Computertechnik und die Politik des Kalten Krieges«, Cambridge, 1996, S. 15, http://pne.people.si.umich.edu/PDF/Edwards2012Eindammung.pdf (abgerufen 10.06.2015).
449 Paul N. Edwards: »Eindämmung: Computertechnik und die Politik des Kalten Krieges«, Cambridge, 1996, S. 15, http://pne.people.si.umich.edu/PDF/Edwards-2012Eindammung.pdf (abgerufen 10.06.2015). Laut Edwards machten SAGE-Programmierer die »größte Einzelgruppe an Software-Entwicklern der 1950er Jahre aus. Ehemalige Mitarbeiter des Projektes gründeten Computerfirmen, wie den Branchenriesen Digital Equipment Corporation. (…) Letzten Endes wirkte sich die durch SAGE gewonnene Fachkenntnis entscheidend auf IBMs Aufstieg zur führenden Position im Computer-Weltmarkt der 1960er-Jahre aus.«, S. 17. Ein Plan und eine schöne Geschichte zu SAGE über einen Mann, der mit einem 238-Millionen-Dollar-Computer Anfang der 1950er ein Pin-up-Girl auf einem Bildschirm erzeugte: Ben Edwards »The Never-Before-Told Story of the World's First Computer Art (It's a Sexy Dame)«, The Atlantic, 4.01.2013, http://www.theatlantic.com/technology/archive/2013/01/the-never-before-told-story-of-the-worlds-first-computer-art-its-a-sexy-dame/267439 (abgerufen 17.06.2015).
450 Alex Roland, Philip Shiman: »Strategic Computing. DARPA and the Quest for Machine Intelligence, 1983–1993«, Cambridge, 2002, S. 14.
451 https://www.ll.mit.edu/about/History/reflections.html (abgerufen 11.06.2015).
452 https://www.ll.mit.edu/about/History/reflections.html; Interview: »State of the Art bevor« (abgerufen 11.06.2015).
453 ethw.org/Oral-History:Judy_Clapp (abgerufen 11.06.2015).
454 Eric Lettkema, Martin Meister: »Vom Flugabwehrgeschütz zum niedlichen Roboter. Zum Wandel des Kooperation stiftenden Universalismus der Kybernetik«, TU Berlin, Technical University Technology Studies Working Papers, Berlin, 2003, S. 8.
455 Paul N. Edwards: »Eindämmung: Computertechnik und die Politik des Kalten Krieges«, Cambridge, 1996, S. 16, http://pne.people.si.umich.edu/PDF/Edwards2012Eindammung.pdf (abgerufen 10.06.2015).
456 Philip Mirowski: Machine dreams. Economics became a cyborg science, Cambridge, 2002, S. 2.
457 Alex Roland, Philip Shiman: »Strategic Computing. DARPA and the Quest for Machine Intelligence, 1983–1993«, Cambridge, 2002, S. 15.
458 Richard Silverstein: »Hasbara spam alert«, The Guardian, 09.01.2009, http://www.theguardian.com/commentisfree/2009/jan/09/israel-foreign-ministry-media (abgerufen 11.06.2015).
459 Markus Becker: « Cyber-Krieg: Wie Israel soziale Medien infiltriert«, Spiegel Online,

13.09.2014, http://www.spiegel.de/netzwelt/netzpolitik/israel-infiltriert-soziale-medien-mit-werkzeug-von-iai-a-989692.html (abgerufen 11.06.2015).

460 Julian Hans: »Putins Trolle«, Süddeutsche Zeitung, 13.06.2014, http://www.sueddeutsche.de/politik/propaganda-aus-russland-putins-trolle-1.1997470 (abgerufen 11.06.2015).

461 Max Seddon: »Documents Show How Russia's Troll Army Hit America«, Buzzfeed, 02.06.2014, http://www.buzzfeed.com/maxseddon/documents-show-how-russias-troll-army-hit-america#.wbkkM0B2O (abgerufen 11.06.2015).

462 John Goetz, Marcel Rosenbach, Alexander Szandar: »Krieg der Zukunft«, Der Spiegel, 09.02.2009, S. 34 ff. Siehe hierzu vor allem auch die Berichterstattung von Mathias Monroy zu dem Thema, beispielsweise: »Bundeswehr darf nach Ansicht der Bundesregierung bei deutschen Cyberangriffen deren Herkunft verschleiern«, Netzpolitik.org, 12.02.2015, https://netzpolitik.org/2015/bundeswehr-darf-nach-ansicht-der-bundesregierung-bei-deutschen-cyberangriffen-deren-herkunft-verschleiern (abgerufen 11.06.2015).

463 Andre Meister: »Wissenserschließung aus offenen Quellen: Wie Bundeswehr und BND die Überwachung sozialer Netzwerke rechtfertigen«, Netzpolitik.org, 25.07.2014, https://netzpolitik.org/2014/wissenserschliessung-aus-offenen-quellen-wie-bundeswehr-und-bnd-die-auswertung-sozialer-netzwerke-rechtfertigen (abgerufen 04.07.2015).

464 Andre Meister: »Geheimer Geldregen: Verfassungsschutz arbeitet an »Massendatenauswertung von Internetinhalten«, Netzpolitik.org, 25.02.2015, https://netzpolitik.org/2015/geheimer-geldregen-verfassungsschutz-arbeitet-an-massendatenauswertung-von-internetinhalten (abgerufen 04.07.2015). Unter anderem für diese Veröffentlichung wurde Netzpolitik.org vom Generalbundesanwalt Harald Range verfolgt, der bei der Ausspähung von Politikern und der deutschen Wirtschaft durch die NSA ziemlich still blieb.

465 Genn Greenwald: »How Covert Agents Infiltrate the Internet to Manipulate, Deceive, and Destroy Reputations«, The Intercept, 25.02.2014, https://firstlook.org/theintercept/2014/02/24/jtrig-manipulation/ (abgerufen 20.06.2015) Siehe auch https://firstlook.org/theintercept/document/2014/02/24/art-deception-training-new-generation-online-covert-operations und, http://msnbcmedia.msn.com/i/msnbc/Sections/NEWS/snowden_youtube_nbc_document.pdf.

466 https://prod01-cdn02.cdn.firstlook.org/wp-uploads/sites/1/2014/02/deception_p12.png.

467 Die Universität Oregon hat einen guten Überblick zum Modell der Big Five, http://pages.uoregon.edu/sanjay/bigfive.html.

468 DARPA-BAA-11-64 SOCIAL MEDIA IN STRATEGIC COMMUNICATION (SMISC), S. 4, https://www.fbo.gov/index?s=opportunity&mode=form&id=6ef12558b44258382452fcf02942396a&tab=core&_cview=0 (abgerufen 15.06.2015).

469 DARPA-BAA-11-64 SOCIAL MEDIA IN STRATEGIC COMMUNICATION (SMISC), S. 5 f., https://www.fbo.gov/index?s=opportunity&mode=form&id=6ef12558b44258382452fcf02942396a&tab=core&_cview=0 (abgerufen 15.06.2015).

470 Sean Gallagher: »Air Force research: How to use social media to control people like drones«, Ars Technica, 17.07.2014, http://arstechnica.com/information-technology/2014/07/air-force-research-how-to-use-social-media-to-control-people-like-drones (abgerufen 15.06.2015).

471 Emilio Ferrara, Onur Varol u. a.: »The Rise of Social Bots«, 01.02.2015, http://arxiv.org/pdf/1407.5225.pdf (abgerufen 18.06.2015).

472 Tom Simonite: »Fake Persuaders«, Technology Review, 23.03.2015, http://www.technologyreview.com/news/535901/fake-persuaders (abgerufen 19.06.2015).

473 Ian Urbina: »I Flirt and Tweet. Follow Me at #Socialbot«, The New York Times, 10.08.2013, http://www.nytimes.com/2013/08/11/sunday-review/i-flirt-and-tweet-follow-me-at-socialbot.html?_r=0 (abgerufen 19.06.2015).

474 Ryan Gallagher: »Software that tracks people on social media created by defence firm«, The Guardian, 10.02.2013, http://www.theguardian.com/world/2013/feb/10/software-tracks-social-media-defence (abgerufen 15.06.2015).

475 Einige Hinweise auf diverse Programme zur Infiltration und Propaganda finden sich zum Beispiel hier, http://www.washingtonsblog.com/2014/07/pentagon-admits-spending-millions-study-manipulate-social-media-users.html (abgerufen 12.06.2015). Eine andere Sammlung von Überwachung und Propaganda auch hier: http://www.whenthenewsstops.org/2014/07/widespread-us-military-use-of-social.html (abgerufen 15.06.2015).

476 http://www.marines.mil/Portals/59/Docs/Marines-Social-Media-Handbook%5B1%5D.pdf (abgerufen 15.06.2015).

477 Cass Sunstein: »Conspiracy Theories«, University of Chicago Law School Public Law & Legal Theory Research Paper Series Paper No. 199, 2008, S. 22, http://papers.ssrn.com/sol3/papers.cfm?abstract_id=1084585 (abgerufen 15.07.2015).

478 Kai Schlieter: »Ein Tod in der DDR«, taz, 08.04.2008, http://www.taz.de/1/archiv/?dig=2006/04/08/a0021

479 Peter Ludlow: »The Real War on Reality«, The New York Times, 14.06.2013, http://opinionator.blogs.nytimes.com/2013/06/14/the-real-war-on-reality/?_r=0 (abgerufen 16.06.2015).

480 Simon Shuster: »Inside Putins On Air Machine«, Time, 05.03.2015, http://time.com/rt-putin/ (abgerufen 16.06.2015).

481 https://en.wikipedia.org/wiki/Propaganda_in_the_People%27s_Republic_of_China (abgerufen 16.06.2015).

482 »How does China censor the internet?«, The Economist, 31.04.2013, http://www.economist.com/blogs/economist-explains/2013/04/economist-explains-how-china-censors-internet (abgerufen 11.06.2015).

483 Malik Fareed: »China joins a turf war «, The Guardian, 22.09.2008, http://www.theguardian.com/media/2008/sep/22/chinathemedia.marketingandpr (abgerufen 16.06.2015).

484 Noah Shachtman: »27,000 Work in Pentagon PR and Recruiting«, Wired, 05.02.2009, http://www.wired.com/2009/02/27000-work-in-p.

485 Propaganda entstand als Kommunikationstechnik während der Französischen Revolution im 18. Jahrhundert und meint eine »besondere Form der systematisch geplanten Massenkommunikation, die nicht informieren oder argumentieren, sondern überreden und überzeugen möchte«. Erfinder der Propaganda war die katholische Kirche. Die Sacra Congregatio befasste sich mit der Missionstätigkeit, um die Gegenreformation zu befördern. Hier wurde 1622 erstmals der Begriff gebraucht. Vgl. Thymian Bussemer: »Propaganda. Theoretisches Konzept und geschichtliche Bedeutung«, Dokupedia, https://docupedia.de/zg/Propaganda (abgerufen 12.06.2015).

486 Stuart Ewen: »PR. A Social History of Spin«, New York, 1996.

487 Edward L. Bernays: »The Engineering of Consent«, in: The Annals of the American Academy of Political and Social Science, 1947, S. 114.

488 Stuart Ewen: »PR. A Social History of Spin«, New York, 1996, S. 10.

489 Gustave Le Bon: »Psychologie der Massen«, Hamburg, 2014, (Original: 1911) S. 25.

490 Stuart Ewen: »PR. A Social History of Spin«, New York, 1996, S. 35.

491 Stuart Ewen: »PR. A Social History of Spin«, New York, 1996, S. 60ff.

492 Stuart Ewen: »PR. A Social History of Spin«, New York, 1996, S. 108, 111.

493 Stuart Ewen: »PR. A Social History of Spin«, New York, 1996, S. 171.

494 Stuart Ewen: »PR. A Social History of Spin«, New York, 1996, S. 189.

495 Sven Becker, Frank Hornig: »Regieren nach Zahlen«, Der Spiegel 37, 2014, S. 25.

496 Stuart Ewen: »PR. A Social History of Spin«, New York, 1996, S. 136.

497 Edward L. Bernays: »The Engineering of Consent«, in: The Annals of the American Academy of Political and Social Science, 1947, S. 119.

498 Für die unglaubliche Arbeit und den äußerst weitreichenden Einfluss von Edward Bernays sei die BBC-Dokumentation sehr empfohlen. Adam Curtis:»The Century of the self«, BBC, 2002. http://topdocumentaryfilms.com/the-century-of-the-self.

499 Alex Roland, Philip Shiman:»Strategic Computing DARPA and the Quest for Machine Intelligence, 1983–1993«, Cambridge, 2002, S. 11.

500 Mitch Waldrop:»DARPA and the Internet Revolution«, 50 Years of Bridging the Gap, DARPA, 2008, S. 78.

501 Mitch Waldrop:»DARPA and the Internet Revolution«, 50 Years of Bridging the Gap, DARPA, 2008, S. 79.

502 Michael Aaron Dennis:»DARPA«, Encyclopaedia Britannica, http://www.britan-nica.com/EBchecked/topic/745612/Defense-Advanced-Research-Projects-Agency-DARPA#ref829305 (abgerufen 23.05.2015) .

503 http://www.internetsociety.org/internet/what-internet/history-internet/brief-history-internet (abgerufen 14.06.2015).

504 Mitch Waldrop:»DARPA and the Internet Revolution«, 50 Years of Bridging the Gap, DARPA, 2008, S. 79.

505 Alex Roland, Philip Shiman:»Strategic Computing DARPA and the Quest for Machine Intelligence, 1983–1993«, Cambridge, 2002, S. 21.

506 Mitch Waldrop:»DARPA and the Internet Revolution«, 50 Years of Bridging the Gap, DARPA, 2008, S. 78.

507 Alex Roland, Philip Shiman:»Strategic Computing DARPA and the Quest for Machine Intelligence, 1983–1993«, Cambridge, 2002, S. 14 ff.

508 http://www.computerhistory.org/internet_history/index.html (abgerufen 15.06.2015).

509 http://www.computerhistory.org/internet_history/index.html (abgerufen 14.06.2015).

510 Mitch Waldrop:»DARPA and the Internet Revolution«, 50 Years of Bridging the Gap, DARPA, 2008, S. 84.

511 Alex Roland, Philip Shiman:»Strategic Computing DARPA and the Quest for Machine Intelligence, 1983–1993«, Cambridge, 2002, S. 26.

512 http://www.computerhistory.org/internet_history/internet_history_80s.html (abgerufen 14.06.2015).

513 Mitch Waldrop:»DARPA and the Internet Revolution«, 50 Years of Bridging the Gap, DARPA, 2008, S. 85.

514 Michael Aaron Dennis:»DARPA«, Encyclopaedia Britannica, http://www.britan-nica.com/EBchecked/topic/745612/Defense-Advanced-Research-Projects-Agency-DARPA#ref829305 (abgerufen am 23.05.2015).

515 Marcel Rosenbach, Holger Stark, Bernhard Zand:»Imperiale Visionen«, Der Spiegel, 24.03.2014, S. 84 ff.

516 https://en.wikipedia.org/wiki/John_Michael_McConnell; https://en.wikipedia.org/wiki/Director_of_National_Intelligence.

517 http://careers.boozallen.com/job/Dayton-Modeling-and-Simulation-Developer-Job-OH-45390/251735900/ (abgerufen 09.06.2015)

518 Alex Roland, Philip Shiman:»Strategic Computing DARPA and the Quest for Machine Intelligence, 1983–1993«, Cambridge, 2002, S. 282.

519 https://www.csail.mit.edu/user/769 (abgerufen 14.06.2015).

520 Robert Kahn ist auch mit Herman Kahn verwand, jenem Militärberater und Mitarbeiter der RAND Corporation, der als Spieltheoretiker am konsequentesten nukleare Bedrohungsszenarien zu Ende dachte. Er lieferte die Argumente für die nukleare Zweitschlag-Fähigkeit. Eine Militärdoktrin, die beinhaltet, dass auf jeden Atomwaffenangriff stets noch eine Zweitschlagkraft der angegriffenen Nation technisch möglich ist. Dieses Szenario sollte abschrecken. Stanley Kubrick schenkte Herman Kahn mit seinem gelähmten Protagonisten»Dr. Strangelove« ein filmisches Denkmal.

521 Alex Roland, Philip Shiman: »Strategic Computing DARPA and the Quest for Machine Intelligence, 1983–1993«, Cambridge, 2002, S. 64.

522 Alex Roland, Philip Shiman: »Strategic Computing DARPA and the Quest for Machine Intelligence, 1983–1993«, Cambridge, 2002, S. 64.

523 Alex Roland, Philip Shiman: »Strategic Computing DARPA and the Quest for Machine Intelligence, 1983–1993«, Cambridge, 2002, S. 48.

524 Allan M. Din: »Arms and Artificial Intelligence«, New York, 1987, S. 88 ff.

525 Allan M. Din: »Arms and Artificial Intelligence«, New York, 1987, S. 5.

526 Alex Roland, Philip Shiman: »Strategic Computing DARPA and the Quest for Machine Intelligence, 1983–1993«, Cambridge, 2002, S. 77.

527 Alex Roland, Philip Shiman: »Strategic Computing DARPA and the Quest for Machine Intelligence, 1983–1993«, Cambridge, 2002, S. 66.

528 Alex Roland, Philip Shiman: »Strategic Computing DARPA and the Quest for Machine Intelligence, 1983–1993«, Cambridge, 2002, S. 8.

529 Alex Roland, Philip Shiman: »Strategic Computing DARPA and the Quest for Machine Intelligence, 1983–1993«, Cambridge, 2002, S. 68.

530 Alex Roland, Philip Shiman: »Strategic Computing DARPA and the Quest for Machine Intelligence, 1983–1993«, Cambridge, 2002, S. 74.

531 Alex Roland, Philip Shiman: »Strategic Computing DARPA and the Quest for Machine Intelligence, 1983–1993«, Cambridge, 2002, S. 192.

532 Alex Roland, Philip Shiman: »Strategic Computing DARPA and the Quest for Machine Intelligence, 1983–1993«, Cambridge, 2002, S. 75.

533 Alex Roland, Philip Shiman: »Strategic Computing DARPA and the Quest for Machine Intelligence, 1983–1993«, Cambridge, 2002, S. 13.

534 Werner Beuschel: »Expertensysteme im Betrieb. Fallstudien in den USA zu Auswirkungen auf Arbeitsorganisation und Qualifikation«, in: Werner Rammert (Hg.): »Soziologie und künstliche Intelligenz: Produkte und Probleme einer Hochtechnologie«, Frankfurt a. M., 1995, S. 302.

535 Alex Roland, Philip Shiman: »Strategic Computing DARPA and the Quest for Machine Intelligence, 1983–1993«, Cambridge, 2002, S. 192.

536 Herbert A. Simon, Allen Newell, John Clifford Shaw: »Report on a General Problem solver Program«, RAND, 09.02.1958.

537 http://www.nobelprize.org/nobel_prizes/economic-sciences/laureates/1978/press.html.

538 Lauren F. Friedman: »The CEO of IBM just made a bold prediction about the future of artificial intelligence«, Businessinsider, 14.05.2015, http://uk.businessinsider.com/ginni-rometty-on-ibm-Watson-and-ai-2015-5 (abgerufen 18.05.2015).

539 Antonio Regalado: »Facing Doubters, IBM Expands Plans for Watson«, Technology Review, 09.01.2014, http://www.technologyreview.com/news/523411/facing-doubters-ibm-expands-plans-for-Watson/ (abgerufen 06.06.2015).

540 Sridhar Sudarsan von IBM Watson Ecosystem erklärt die Funktion von IBM Wasson, https://www.youtube.com/watch?v=1z2FX7FfHR4&app=desktop (abgerufen 14.06.2015).

541 http://ieeexplore.ieee.org/xpl/tocresult.jsp?reload=true&isnumber=6177717 (abgerufen 14.06.2015).

542 Sridhar Sudarsan von IBM Watson Ecosystem erklärt die Funktion von IBM Wasson, https://www.youtube.com/watch?v=1z2FX7FfHR4&app=desktop (abgerufen 14.06.2015).

543 http://www.ibm.com/smarterplanet/us/en/ibmWatson/ecosystem.html (abgerufen 14.06.2015).

544 http://www.ibm.com/madewithibm/Watson/#Watson_oncology (abgerufen 14.06.2015).

545 Lauren F. Friedman: »IBM's Watson computer can now do in a matter of minutes

what it takes cancer doctors weeks to perform«, Business Insider, 05.05.2015, http://uk.businessinsider.com/r-ibms-Watson-to-guide-cancer-therapies-at-14-centers-2015-5?r=US (abgerufen 15.06.2015).

546 https://www.youtube.com/watch?v=YRdeFdiBjHM (abgerufen 15.06.2015).

547 https://www.whitehouse.gov/blog/2015/01/30/precision-medicine-initiative-data-driven-treatments-unique-your-own-body (abgerufen 15.06.2015).

548 http://benefits.northropgrumman.com/Health/Pages/default.aspx, http://www.lockheedmartin.com/us/news/press-releases/2014/february/isgs-sepsis-detection-022414.html (abgerufen 14.06.2015).

549 http://www.northropgrumman.com/MediaResources/MediaKits/IITSEC/Documents/SADIE.pdf; http://www.lockheedmartin.com/us/atl/research/artificial-intelligence.html (abgerufen 14.06.2015).

550 Mohana Ravindranath: »VA signs $6 million contract for IBM Watson to advise PTSD treatment«, The Washington Post, 15.12.2014, www.washingtonpost.com/business/on-it/va-signs-6-million-contract-for-ibm-Watson-to-advise-ptsd-treatment/2014/12/15/0947a430-847f-11e4-a702-fa31ff4ae98e_story.html (abgerufen 15.06.2015).

551 https://www.youtube.com/watch?v=3Qe_Med9Jyw (abgerufen 15.06.2015).

552 Amanda Lenhart: »Teens, Social Media & Technology Overview 2015«, PewResearch-Center, 09.04.2015, http://www.pewinternet.org/2015/04/09/teens-social-media-technology-2015.

553 Patrick Beuth: »Watson wertet Daten von Apple-Nutzern aus«, Zeit.de, 14.04.2015, http://www.zeit.de/digital/mobil/2015-04/ibm-Watson-apple-wtach-healthkit-researchkit (abgerufen 14.06.2015).

554 http://www.ibm.com/smarterplanet/us/en/think/law-enforcement/?cmp=C3440&cm=h&csr=masters2015&cr=youtube&ct=C34403XW&cn=law-youtube (abgerufen 14.06.2015).

555 Jason Verge: http://www.datacenterknowledge.com/archives/2015/06/05/uk-government-taps-ibm-openpower-Watson-for-475m-big-data-initiative/ (abgerufen 15.06.2015).

556 Joab Jackson: »IBM, Deloitte bring big data to risk management«, PC Adviso, 18.05.2015, http://www.pcadvisor.co.uk/news/small-business/ibm-deloitte-bring-big-data-to-risk-management-3612132/ (abgerufen 15.06.2015).

557 Benjamin Wallace-Wells: »As Jeopardy! Robot Watson Grows Up, How Afraid of It Should We Be?«, New York Magazine, 20.05.2015, http://nymag.com/daily/intelligencer/2015/05/jeopardy-robot-Watson.html (abgerufen 15.06.2015).

558 https://www.facebook.com/zuck/posts/10102213601037571?pnref=story (abgerufen 05.07.2015).

559 https://en.wikipedia.org/wiki/Project_MKUltra.

560 http://www.aarclibrary.org/publib/church/reports/book1/html/ChurchB1_0200a.htm (abgerufen 15.06.2015).

561 https://s3.amazonaws.com/s3.documentcloud.org/documents/2069718/report.pdf (abgerufen 15.06.2015).

562 Marc Pitzke: »Die Psyvhologen des Grauen«, Spiegel Online, 10.12.2014, http://www.spiegel.de/politik/ausland/cia-folterbericht-us-psychologen-verdienten-mit-folter-millionen-a-1007587.html (abgerufen 15.06.2015).

563 Yann LeCun, Yoshua Bengio, Geoffrey Hinton: »Deep Learning«, Nature, Vol 521, 28.05.2015, S. 441.

564 Hannah Devlin: »Google a step closer to developing machines with human-like intelligence«, The Guardian, 21.05.2015, http://www.theguardian.com/science/2015/may/21/google-a-step-closer-to-developing-machines-with-human-like-intelligence (abgerufen 24.06.2015).

565 Neuronale Schicht.

566 »Affective Computing: The Power of Emotion Analytics«, https://www.youtube.com/watch?feature=youtu.be&v=_3zASZTTHzw&app=desktop (abgerufen 26.06.2015).
567 Katrin Hummel: »Denn deine Sprache verrät dich«, FAS, 17.05.2015.
568 Benjamin Wallace-Wells: »As Jeopardy! Robot Watson Grows Up, How Afraid of It Should We Be?«, New York Magazine, 20.05.2015, http://nymag.com/daily/intelligencer/2015/05/jeopardy-robot-Watson.html (abgerufen 15.06.2015).
569 http://www-03.ibm.com/press/us/en/pressrelease/46045.wss (abgerufen 15.06.2015); Angad Singh: »›Emotional‹ robot sells out in a minute«, CNN, 23.06.2015, http://edition.cnn.com/2015/06/22/tech/pepper-robot-sold-out.
570 Raffi Khatchadourian: »We Know How You Feel«, The New Yorker, 19.01.2015, http://www.newyorker.com/magazine/2015/01/19/know-feel (abgerufen 26.06.2015).
571 Pascal Schneiders: »Jeder kriegt einen eigenen Preis «, FAZ, 08.04.2015, http://www.faz.net/aktuell/finanzen/meine-finanzen/geld-ausgeben/dynamische-preise-das-ende-des-einheitspreises-13522679.html (abgerufen 26.06.2015).
572 Davey Alba: »A Toy Dinosaur Powered by IBM's Watson Supercomputer«, Wired, 17.02.2015, http://www.wired.com/2015/02/cognitoys-ibm-Watson/ (abgerufen 14.06.2015).
573 https://www.toytalk.com.
574 »Big Brother Awards: Negativpreis für sprechende Barbie«, Spiegel Online, 17.04.2015, http://www.spiegel.de/netzwelt/netzpolitik/big-brother-awards-hello-barbie-amazon-und-bnd-bekommen-negativpreis-a-1029111.html (abgerufen 17.06.2015).
575 Jannis Brühl: »Googles Grusel-Hase soll Kinder filmen«, Süddeutsche.de, 23.05.2015, http://www.sueddeutsche.de/digital/fernbedienung-in-spielzeug-form-googles-grusel-hase-soll-kinder-filmen-1.2492023 (abgerufen 19.06.2015).
576 https://www.nemesysco.com/about.html (abgerufen 25.06.2015).
577 Sharon Weinberger: »Terrorist ›pre-crime‹ detector field tested in United States«, Nature, 26.06.2011, http://www.nature.com/news/2011/110527/full/news.2011.323.html (abgerufen 26.06.2015).
578 https://epic.org/foia/dhs/fast/default.html (abgerufen 26.06.2015).
579 Kai Schlieter: »Algorithmen gegen Gangster«, taz, 26.11.2014, http://www.taz.de/!5027702/ (abgerufen 16.06.2015).
580 Matthias Monroy: »Berlin konkretisiert Schritte zur Einführung von ›Predictive Policing‹ – Auch Brandenburg interessiert sich«, Netzpolitik.org, 24.03.2015, https://netzpolitik.org/2015/berlin-konkretisiert-schritte-zur-einfuehrung-von-predictive-policing-auch-brandenburg-interessiert-sich/ (abgerufen 16.06.2015).
581 https://www.youtube.com/watch?v=ozUHOHAAhzg (abgerufen 17.06.2015).
582 Jeffrey Rosen: »Total Information Awareness«, The New York Times, 15.12.2002, http://www.nytimes.com/2002/12/15/magazine/15TOTA.html (abgerufen 16.06.2015).
583 John Markoff: »Chief Takes Over at Agency To Thwart Attacks on U. S. «, The New York Times, 13.02.2002, http://www.nytimes.com/2002/02/13/us/chief-takes-over-at-agency-to-thwart-attacks-on-us.html (abgerufen 17.06.2015). https://en.wikipedia.org/wiki/Information_Awareness_Office.
584 http://web.archive.org/web/20020701064139/http://www.DARPA.mil/IAO/programs.htm (abgerufen 17.06.2015).
585 http://web.archive.org/web/20020817002615/http://www.DARPA.mil/IAO/TIA-Systems.htm (abgerufen 17.06.2015).
586 http://web.archive.org/web/20020817002615/http://www.DARPA.mil/IAO/TIA-Systems.htm (abgerufen 17.06.2015).
587 http://web.archive.org/web/20020817002615/http://www.DARPA.mil/IAO/TIA-Systems.htm.
588 http://web.archive.org/web/20020817003326/http://www.DARPA.mil/IAO/WAE.htm.

589 Shane Harris: »TIA lives on«, National Journal, 23.02.2006, http://shaneharris.com/magazinestories/tia-lives-on/ (abgerufen 17.06.2015).

590 http://web.archive.org/web/20030603173339/http://www.DARPA.mil/ipto/Solicitations/PIP_03-30.html (abgerufen 17.06.2015).

591 Information Processing Techniques Office (IPTO), das zuvor von J. C. R. Licklider und Robert Kahn geleitet wurde.

592 Etwa hier, https://www.cs.cmu.edu/afs/cs/Web/People/hyejuj/papers/MEMORIA_HCII2007.pdf (abgerufen 17.06.2015).

593 https://en.wikipedia.org/wiki/Microsoft_Cortana (abgerufen 19.06.2015).

594 Noah Shachtman: »DARPA Chief Speaks«, Wired, 20.02.2007, http://web.archive.org/web/20070223045329/http://blog.wired.com/defense/2007/02/tony_tether_has_1.html (abgerufen 19.06.2015).

595 http://www.ai.sri.com/project/CALO; https://pal.sri.com/ (abgerufen 17.06.2015);

596 James Barrat: »Our Final Invention: Artificial Intelligence and the End of the Human Era«, New York, 2013, S. 217.

597 https://en.wikipedia.org/wiki/Regina_E._Dugan. Dungan ist zudem auch im Aufsichtsrat einer Firma, die soziale Videospiele herstellt, die beispielsweise bei Facebook eingebunden werden.

598 Nafeez Ahmed: »How the CIA made Google: Inside the secret network behind mass surveillance, endless war, and Skynet« (Part 1&2), Medium, 22.01.2015, https://medium.com/insurge-intelligence/how-the-cia-made-google-e836451a959e (abgerufen 18.05.2015).

599 David Gelernter: »Mirror Worlds«, New York, 1991, S. 1.

600 Alex R. Larzelere II: »The History of the Accelerated Strategic Computing Initiative (ASCI)«, U. S. Department of Energy, Lawrence Livermore National Laboratory, 2009, S. 6, https://asc.llnl.gov/asc_history/Delivering_Insight_ASCI.pdf (abgerufen 24.06.2015).

601 Alex R. Larzelere II: »The History of the Accelerated Strategic Computing Initiative (ASCI)«, U. S. Department of Energy, Lawrence Livermore National Laboratory, 2009, S. 7, https://asc.llnl.gov/asc_history/Delivering_Insight_ASCI.pdf (abgerufen 24.06.2015).

602 Alex R. Larzelere II: »The History of the Accelerated Strategic Computing Initiative (ASCI)«, U. S. Department of Energy, Lawrence Livermore National Laboratory, 2009, S. IX, 18, 89, https://asc.llnl.gov/asc_history/Delivering_Insight_ASCI.pdf (abgerufen 24.06.2015).

603 Earl Lane: »Crisis Forcasting offers new ways to predict natural or human events«, The Washington Post, 02.01.1998, http://www.washingtonpost.com/pb/archive/politics/1998/01/02/crisis-forecasting-offers-new-ways-to-predict-natural-or-human-events/9fdb6b41-1aa2-4196-98a3-d5d80c36f66e/?resType=accessibility (abgerufen 24.06.2015).

604 http://www.krannert.purdue.edu/academics/mis/workshop/ac2_100606.pdf (abgerufen 18.06.2015).

605 http://web.archive.org/web/20141007044843/http://www.simulexinc.com/company/faq/#q8.

606 https://en.wikipedia.org/wiki/United_States_Joint_Forces_Command.

607 http://www.msco.mil (abgerufen 17.06.2015).

608 http://www.krannert.purdue.edu/faculty/alok/seas.asp/ (abgerufen 18.06.2015).

609 http://www.krannert.purdue.edu/faculty/alok/seas.asp (abgerufen 18.06.2015).

610 http://web.archive.org/web/20071121234121/http://www.jfcom.mil/newslink/storyarchive/2006/no101906a.html.

611 http://www.vricon.com/wp-content/uploads/2015/05/Vricon-JV-Press-release-26-May-2015.pdf, https://www.digitalglobe.com/30cm, https://www.digitalglobe.com/sites/default/files/GlobalEnhancedGeoInt-DS-GEGD.pdf (abgerufen 20.06.2015).

612 Mark Baard: »Sentient world: war games on the grandest scale«, The Register, 23.06.2007, http://www.theregister.co.uk/2007/06/23/sentient_worlds (abgerufen 17.06.2015).

613 http://www.wealthinsight.com/pressrelease/singapore-millionaires-aim-for-asia-pacific-domination-4499856/ (abgerufen 22.06.2015).

614 http://www.reuters.com/article/2014/12/02/fitch-affirms-singapore-at-aaa-outlook-s-idUSFit85246120141202 (abgerufen 22.06.2015).

615 https://www.amnesty.org/en/latest/news/2014/07/massive-leap-backwards-singapore-resumes-executions/ (abgerufen 22.06.2015).

616 http://www.zeit.de/gesellschaft/zeitgeschehen/2015-03/singapur-pruegelstrafe-leipziger (abgerufen 22.06.2015).

617 http://web.archive.org/web/20070308142926/http://www.totaldefence.sg/imindef/mindef_websites/topics/totaldefence/about_td.html (abgerufen 22.06.2015). Siehe auch http://www.rahs.gov.sg.

618 Sharon Weinberger: »Son of TIA: Pentagon Surveillance System Is Reborn in Asia«, Wired, 22.03.2007, http://web.archive.org/web/20100720064133/http://www.wired.com/politics/onlinerights/news/2007/03/SINGAPORE?currentPage=all (abgerufen 22.06.2015).

619 Shane Harris: »The Social Laboratory«, Foreign Policy, 29.06.2014, http://foreignpolicy.com/2014/07/29/the-social-laboratory/ (abgerufen 22.06.2015) .

620 Tan Hong Ngoh, Hoo Tiang Boon: »Thinking about the Future— Strategic Anticipation and RAHS«, National Security Coordination Centre, Singapore, 2008, S. XVI, http://www.rahs.gov.sg/public/www/download.ashx?id=500 (abgerufen 22.06.2015).

621 Sharon Weinberger: »Son of TIA: Pentagon Surveillance System Is Reborn in Asia«, Wired, 22.03.2007, http://web.archive.org/web/20100720064133/http://www.wired.com/politics/onlinerights/news/2007/03/SINGAPORE?currentPage=all (abgerufen 22.06.2015).

622 http://www.dsta.gov.sg/docs/publications-documents/risk-assessment-and-horizon-scanning-experimentation-centre.pdf (abgerufen 22.06.2015).

623 https://uk.linkedin.com/pub/dave-snowden/0/3b/2a9 (abgerufen 22.06.2015).

624 https://de.wikipedia.org/wiki/Cynefin-Framework (abgerufen 22.06.2015).

625 A. Dave J. Snowden, Mary E. Boone: »Leader's Framework for Decision Making«, Havard Business Review, November 2007, S. 2, http://web.archive.org/web/20090816042322/http://www.mpiweb.org/CMS/uploadedFiles/Article%20for%20Marketing%20-%20Mary%20Boone.pdf (abgerufen 22.06.2015).

626 »Converations for The Future«, Singapur, Public Service Division, Prime Minister's Office, 2011, S. 2, http://www.csf.gov.sg/docs/default-source/default-document-library/conversations-for-the-future.pdf (abgerufen 22.06.2015).

627 http://cognitive-edge.com/sensemaker/ (abgerufen 22.06.2015).

628 Sharon Weinberger: »Son of TIA: Pentagon Surveillance System Is Reborn in Asia«, Wired, 22.03.2007, http://web.archive.org/web/20100720064133/http://www.wired.com/politics/onlinerights/news/2007/03/SINGAPORE?currentPage=all (abgerufen 22.06.2015).

629 http://web.archive.org/web/20071006120428/http://www.dsta.gov.sg/home/DisplayPage/sideContentPage10.asp?id=2327 (abgerufen 22.06.2015).

630 Erico Guizzo: »Obama Commanding Robot Revolution, Announces Major Robotics Initiative«, IEEE Spectrum, 24.06.2011, http://spectrum.ieee.org/automaton/robotics/industrial-robots/obama-announces-major-robotics-initiative (abgerufen 25.06.2015).

631 Spencer Ackerman and Noah Shachtman: »Almost 1 In 3 U. S. Warplanes Is a Robot«, Wired, 09.01.2012, http://www.wired.com/2012/01/drone-report/ (abgerufen 23.06.2015)

632 Shawn Brimley, Ben Fitz Gerald, Kelley Sayler: »Game Changers Disruptive Technol-

ogy and U. S. Defense Strategy«, Center for a New American Security, Washington, 2013, S. 4, http://www.cnas.org/files/documents/publications/CNAS_Gamechangers_BrimleyFitzGeraldSayler.pdf (abgerufen 25.06.2015).

633 http://www.brookings.edu/research/articles/2009/10/11-robotic-revolution-singer (abgerufen 23.06.2015) Eine Übersicht zum Drohnenkrieg, https://www.thebureauinvestigates.com/category/projects/drones.

634 Robert O. Work, Shawn Brimley: »Preparing for War in the Robot Age«, Center for New American Security, Washington, 2014, S. 7, http://www.cnas.org/sites/default/files/publications-pdf/CNAS_20YY_WorkBrimley.pdf (abgerufen 25.06.2015).

635 Stuart Russell: »Take a stand on AI weapons«, Nature, 521, 28.05.2015, http://www.nature.com/news/robotics-ethics-of-artificial-intelligence-1.17611 (abgerufen 25.06.2015).

636 http://www.ohchr.org/Documents/HRBodies/HRCouncil/RegularSession/Session23/A-HRC-23-47_en.pdf (abgerufen 25.06.2015)

637 http://futureoflife.org/AI/open_letter_autonomous_weapons (abgerufen 28.07.2015).

638 www.defense.gov/news/newsarticle.aspx?id=123651 (abgerufen 24.06.2015).

639 Nafeez Ahmed: »How the Pentagon's Skynet Would Automate War«, Motherboard, 24.11.2014, http://motherboard.vice.com/en_uk/read/how-the-pentagons-skynet-would-automate-war (abgerufen 25.06.2015).

640 James Kadtke and Linton Wells II: »Policy Challenges of Accelerating Technological Change«, 2014, S. 26, http://ctnsp.dodlive.mil/files/2014/09/DTP1061.pdf (abgerufen 26.06.2015).

641 Scott Cleland: »The Military-Industrial-Googleplex is Creating Artificial Intelligence«, The Daily Caller, 15.12.2014, http://dailycaller.com/2014/12/15/the-military-industrial-googleplex-is-creating-artificial-intelligence/2/ (abgerufen 25.06.2015); http://www.nbcnews.com/science/space/google-takes-over-nasas-moffett-airfield-robot-space-research-n245561.

642 Scott Cleland: »The Military-Industrial-Googleplex is Creating Artificial Intelligence«, The Daily Caller, 15.12.2014, http://dailycaller.com/2014/12/15/the-military-industrial-googleplex-is-creating-artificial-intelligence/2/ (abgerufen 25.06.2015).

643 Matthias Gebauer: »Geheime Bundeswehr-Strategie: Von der Leyen rüstet an der Cyberfront auf«, 10.07.2015, Spiegel.de, http://www.spiegel.de/politik/deutschland/bundeswehr-ursula-von-der-leyen-ruestet-an-der-cyber-front-auf-a-1042985.html. Netzpolitik.org veröffentlichte das geheime Papier: Andre Meister: »Geheime Cyber-Leitlinie: Verteidigungsministerium erlaubt Bundeswehr ›Cyberwar‹ und offensive digitale Angriffe«, 30.07.2015, Netzpolitik.org, https://netzpolitik.org/2015/geheime-cyber-leitlinie-verteidigungsministerium-erlaubt-bundeswehr-cyberwar-und-offensive-digitale-angriffe/ (abgerufen 31.07.2015).

644 Roman Herzog: »Pathologien der Freiheit«, SWR, 08.10.2014, http://www.swr.de/-/id=14087358/property=download/nid=659934/1cjd2x9/swr2-feature-20141008.pdf (abgerufen 31.07.2015).

645 http://www.ida.gov.sg/~/media/Files/About%20Us/Newsroom/Media%20Releases/2014/0617_smartnation/AnnexA_sn.pdf/ (abgerufen 22.06.2015).

646 Patrick Dax: »Daten sollen Handlungen auslösen«, Futurezone.at, 27.04.2015, http://m.futurezone.at/digital-life/smart-citizens-daten-sollen-handlungen-ausloesen/124.314.354?utm_source=futurezone.at&utm_campaign=aba3d3a30b-newsletter_futurezone_at&utm_medium=email&utm_term=0_667c8ddbb8-aba-3d3a30b-109393077 (abgerufen 23.06.2015).

647 Hier die Übersetzung der chinesischen Ankündigung ins Englische, https://chinacopyrightandmedia.wordpress.com/2014/06/14/planning-outline-for-the-construction-of-a-social-credit-system-2014-2020/ (abgerufen 23.06.2015).

648 Fokke Obbema, Marije Vlaskamp, Michael Persson: »China rates its own citizens –

including online behaviour«, de Volkskrant, 25.04.2015, http://www.volkskrant.nl/buitenland/china-rates-its-own-citizens-including-online-behaviour~a3979668/ (abgerufen 23.06.2015).

649 »Dubai launches ›Happiness Meter‹ to measure govt. services on daily basis«, Saudi Gazette, 13.10.2014, http://www.saudigazette.com.sa/index.cfm?method=home. regcon&contentid=20141013221000 (abgerufen 23.06.2015).

650 http://bbci.de/ (abgerufen 22.06.2015).

651 Adam Williams: »Mind-controlled permanently-attached prosthetic arm could revolutionize prosthetics«, Gizmag, 29.11.2012, http://www.gizmag.com/thought-controlled-prosthetic-arm/25216/?utm_source=Gizmag%2BSubscribers&utm_campaign=ee62cbcbf4-UA-2235360-4&utm_medium=email (abgerufen 26.06.2015).

652 https://www.youtube.com/watch?v=CDsNZJTWw0w (abgerufen 22.06.2015).

653 Darren Pauli: »DARPA's ›Cortical Modem‹ will plug straight into your BRAIN«, The Register, 17.02.2015, http://www.theregister.co.uk/2015/02/17/DARPAs_google_glass_will_plug_straight_into_your_brain.

654 https://www.youtube.com/watch?v=UtyZAD_35A4 (abgerufen 09.07.2015).

655 Kevin Bullis: »The Electric Mood-Control Acid Test«, Technology Review, 12.03.2015, http://www.technologyreview.com/featuredstory/535641/the-electric-mood-control-acid-test/ (abgerufen 02.06.2015).

656 https://www.facebook.com/zuck/posts/10102213601037571?pnref=story (abgerufen 05.07.2015).

657 Frank Schirrmacher: »Ego. Das Spiel des Lebens«, München, 2013, S. 10

658 James Bamford: »The NSA and me«, The Intercept, 02.10.2014, https://firstlook.org/theintercept/2014/10/02/the-nsa-and-me/ (abgerufen 20.06.2015).

659 James Bamford: »The new Thought Police«, PBS, 01.01.2009, http://www.pbs.org/wgbh/nova/military/nsa-police.html (abgerufen 20.06.2015).

660 Prange arbeitete für die an die DARPA angelehnte und mit ihr kooperierende NSA-Forschungsabteilung »Advanced Research and Development Activity« (ARDA), die wie einige wichtige Abteilungen der DARPA mehrfach umbenannt wurde. Das Forschungsbudget ist laut Bamford geheime Verschlusssache. https://en.wikipedia.org/wiki/Disruptive_Technology_Office. Derzeit heißt die Behörde: »Intelligence Advanced Research Projects Activity«, https://en.wikipedia.org/wiki/Intelligence_Advanced_Research_Projects_Activity. Die Agentur hat ein Programm aufgelegt, um Metaphern mit intelligenten Analyseverfahren zu decodieren, weil sich darin die »unterlegten Überzeugungen und Weltansichten von Mitgliedern einer Kultur« extrahieren ließen, https://www.fbo.gov/index?s=opportunity&mode=form&id=20ff241cdc2146dc147b4014730fc807&tab=core&_cview=0 (abgerufen 20.06.2015).

661 Eine Inselgruppe im Ostchinesischen Meer.

662 Peter Finn, Greg Miller und Ellen Nakashima: »Investigators looking at how Snowden gained access at NSA«, The Washington Post, 10.06.2013, http://www.washingtonpost.com/world/national-security/investigators-looking-at-how-snowden-gained-access-at-nsa/2013/06/10/83b4841a-d209-11e2-8cbe-1bcbee06f8f8_story.html (abgerufen 20.06.2015).

663 Shane Harris: »@War«, London, 2014, S. 33 ff.

664 Siobhan Gorman, Adam Entous, Andrew Dowell: »Technology Emboldened the NSA«, The Wall Street Journal, 09.06.2013, http://www.wsj.com/articles/SB10001424127887323495604578535290627442964 (abgerufen 23.06.2015).

665 James Bamford: »The most wanted Man in the World«, Wired, 13.06.2014, http://www.wired.com/2014/08/edward-snowden/ (abgerufen 26.06.2015).

666 Sara Sorcher: »The Pentagon is building an app store for cyberoperations«, http://passcode.csmonitor.com/planx (abgerufen 20.06.2015).

667 Es existiert ein ähnliches Programm des Departments für Heimatverteidigung mit

den Namen EINSTEIN 1 und EINSTEIN 2, https://www.dhs.gov/xlibrary/assets/privacy/privacy_pia_einstein2.pdf.

668 www.defense.gov/news/newsarticle.aspx?id=122455 (abgerufen 20.06.2015).

669 James Bamford: »The secret War«, Wired, 06.12.2013, https://web.archive.org/web/20140311011814/http://www.wired.com/threatlevel/2013/06/general-keith-alexander-cyberwar/all/ (abgerufen 20.06.2015); Shane Harris: »@War«, London, 2014, S. XXIV.

670 https://www.facebook.com/zuck/posts/10102213601037571?pnref=story (abgerufen 05.07.2015).

671 http://www.independent.co.uk/news/science/stephen-hawking-transcendence-looks-at-the-implications-of-artificial-intelligence--but-are-we-taking-ai-seriously-enough-9313474.html.

672 Steve Levy: »In The Plex«, New York, 2011, S. 31.

673 Steve Levy: »In The Plex«, New York, 2011, S. 33.

674 Vinod Khosla: »Fireside chat with Google co-founders, Larry Page and Sergey Brin«, http://www.khoslaventures.com/fireside-chat-with-google-co-founders-larry-page-and-sergey-brin (abgerufen 25.06.2015).

675 Edwin G. Boring: »Intelligence as the Tests Test It«, New Republic 36/1923, S. 35–37, https://www.brocku.ca/MeadProject/sup/Boring_1923.html (abgerufen 23.06.2015).

676 Tom Simonite: »Google's Intelligence Designer«, Technology Review, 02.12.2014, http://www.technologyreview.com/news/532876/googles-intelligence-designer (abgerufen 23.06.2015).

677 Shane Legg: »Machine Super Intelligence«, Lugano, 2008, S. 6, http://www.vetta.org/documents/Machine_Super_Intelligence.pdf (abgerufen 23.06.2015).

678 Shane Legg: »Machine Super Intelligence«, Lugano, 2008, S. 6, http://www.vetta.org/documents/Machine_Super_Intelligence.pdf (abgerufen 23.06.2015).

679 Shane Legg: »Machine Super Intelligence«, Lugano, 2008, S. 72, http://www.vetta.org/documents/Machine_Super_Intelligence.pdf (abgerufen 23.06.2015).

680 Shane Legg: »Machine Super Intelligence«, Lugano, 2008, S. 90, http://www.vetta.org/documents/Machine_Super_Intelligence.pdf (abgerufen 23.06.2015).

681 Shane Legg: »Machine Super Intelligence«, Lugano, 2008, S. 126, http://www.vetta.org/documents/Machine_Super_Intelligence.pdf (abgerufen 23.06.2015).

682 Wer in diesem Ethikrat sitzt, wird bislang geheim gehalten. Das Problem stelle sich derzeit noch nicht, weil die Gefahren einer künstlichen Intelligenz zunächst noch überschaubar seien, heißt es von DeepMind..

683 Sie plädieren – angesichts militärischer autonomer Systeme und wegen drohender Massenarbeitslosigkeit durch Automatisierung – für den Aufbau einer Roboter-Kommission, http://futureoflife.org/misc/open_letter (abgerufen 05.07.2015). Dem hat sich die EU-Kommission angeschlossen – allerdings vorwiegend aus ökonomischen Interessen, http://ec.europa.eu/digital-agenda/en/robotics (abgerufen 05.07.2015).

684 Hannah Devlin: »Google a step closer to developing machines with human-like intelligence«, The Guardian, 21.05.2015, http://www.theguardian.com/science/2015/may/21/google-a-step-closer-to-developing-machines-with-human-like-intelligence (abgerufen 24.06.2015).

685 Viktor Mayer-Schönberger: »Big Data. A Revolution that will transform how we live, work, and think«, New York, Kindle Edition, S. 90 ff.

686 George Dyson: »Turings Kathedrale«, Berlin, 2014, S. 456.

687 Robert McMillan: »Inside the Artificial Brain That's Remaking the Google Empire«, Wired, 16.07.2014, http://www.wired.com/2014/07/google_brain/ (abgerufen 24.06.2015).

688 Steve Levy: »In The Plex«, New York, 2011, S. 50 ff., 57.

689 George Dyson: »Turings Kathedrale«, Berlin, 2014, S. 386 f.

690 Steve Levy: »In The Plex«, New York, 2011, S. 50 ff., 82.

691 Steve Levy: »In The Plex«, New York, 2011, S. 134.

692 Scott Cleland: »The Military-Industrial-Googleplex is Creating Artificial Intelligence«, The Daily Caller, 15.12.2014, http://dailycaller.com/2014/12/15/the-military-industrial-googleplex-is-creating-artificial-intelligence/2/ (abgerufen 25.06.2015).

693 Nafeez Ahmed: »How the CIA made Google: Inside the secret network behind mass surveillance, endless war, and Skynet« (Part 1&2), Medium, 22.01.2015, https://medium.com/insurge-intelligence/how-the-cia-made-google-e836451a959e (abgerufen 18.05.2015).

694 http://www.utdallas.edu/~bxt043000/Publications/Conference-Papers/DM/C164_Intelligence_Community_Initiative_in_Massive_Digital_Data_Systems.pdf (abgerufen 25.06.2015).

695 http://www.mitre.org/about/our-history (abgerufen 25.06.2015).

696 http://www.utdallas.edu/~bhavani.thuraisingham/index-content.html# (abgerufen 25.06.2015).

697 In einer Reaktion auf den Artikel von Nafeez Ahmed wirft Thuraisingham dem Journalisten Ungenauigkeiten vor. Brin habe nicht »Report« erstattet, sondern »Präsentationen« gezeigt. Sie bestätigt jedoch die Kooperation zwischen den Geheimdiensten und Brin bei der Entwicklung der Suchmaschine. https://www.utdallas.edu/~bxt043000/Motivational-Articles/Big_Data-Have_we_seen_it_before.pdf (abgerufen 25.06.2015).

698 http://citeseerx.ist.psu.edu/viewdoc/download?doi=10.1.1.36.2806&rep=rep1&type=pdf (abgerufen 25.06.2015).

699 Shane Harris: »@War«, London, 2014, S. 175 ff.

700 Jason Leopold: »Exclusive: Emails reveal close Google relationship with NSA«, Al Jazeera, 06.05.2015, http://america.aljazeera.com/articles/2014/5/6/nsa-chief-google.html (abgerufen 25.06.2015).

701 Noah Shachtman: »Exclusive: Google, CIA Invest in ›Future‹ of Web Monitoring«, Wired, 28.07.2010, http://www.wired.com/2010/07/exclusive-google-cia/ (abgrufen am 25.06.2015).

702 Arian Eunjung Cha: »Tech titans' latest project: Defy death«, The Washington Post, 04.04.2015, http://www.washingtonpost.com/sf/national/2015/04/04/tech-titans-latest-project-defy-death/ (abgerufen 07.07.2015).

703 Peter Thiel: »Zero to One«, Frankfurt a. M., 2014, S. 7.

704 Peter Thiel: »Zero to One«, Frankfurt a. M., 2014, S. 37. Palantir ist auf Überwachungstechnologie spezialisiert. Die Firma entstand mit Geldern von In-Q-Tel, ein Wagniskapitalgeber, der sich aus dem Haushalt der CIA speist. Palantir machte Schlagzeilen, weil die Firma den US-Behörden dabei half, Wikileaks zu überwachen, und eine Kampagne entwarf, wie die Reputation von Wikileaks-Mitarbeitern zerstört werden könnte. Der ehemalige NSA-Chef Keith Alexander lobte Palantir dafür, dass die Firma geholfen habe, Hacker zu identifizieren. Vgl. Shane Harris: »@War«, London, 2014, S. 114 ff.

705 Fred Turner: »From Counterculture to Cyberculture«, Chicago, 2006, S. 33

706 Thomas Schulz: »Das Morgen-Land«, Der Spiegel, 28.02.2015, http://www.spiegel.de/spiegel/print/d-132040357.html (abgerufen 11.07.2015).

707 Tim O'Reilly: »Open Data and Algorithmic Regulation«, 2013. http://beyondtransparency.org/chapters/part-5/open-data-and-algorithmic-regulation.

708 Evgeny Morozov: »The rise of data and the death of politics«, The Guardian, 24.08.2014, http://www.theguardian.com/technology/2014/jul/20/rise-of-data-death-of-politics-evgeny-morozov-algorithmic-regulation (abgerufen 22.07.2015).

709 Ben Williamson: »Knowing public service: Cross-sector intermediaries and algorithmic governance in public sector reform«, Public Policy & Administration, 2014.

710 Bitkom, Bundesverband Informationswirtschaft, Telekommunikation und neue Medien, »Kognitive System – Meilensteine der Wissensarbeit«, 2015, S. 24 ff.

711 Shoshana Zuboff: »Lasst euch nicht enteignen!«, FAZ, 14.09.2014, http://www.faz. net/aktuell/feuilleton/debatten/die-digital-debatte/unsere-zukunft-mit-big-data-lasst-euch-nicht-enteignen-13152809.html?printPagedArticle=true#pageIndex_2 (abgerufen 21.07.2015).

712 Fred Turner: »From Counterculture to Cyberculture«, Chicago, 2006, S. 24.

713 https://www.facebook.com/zuck/posts/10102213601037571?pnref=story (abgerufen 05.07.2015).

714 Arian Eunjung Cha: »Tech titans' latest project: Defy death«, The Washington Post, 04.04.2015, http://www.washingtonpost.com/sf/national/2015/04/04/tech-titans-latest-project-defy-death/ (abgerufen 07.07.2015)

715 Emile Durkheim: »Die elementaren Formen des religiösen Lebens«, Frankfurt a. M., 1981.

716 Friedrich H. Tenbruck: »Die kulturellen Grundlagen der Gesellschaft: der Fall der Moderne«, Opladen, 1989, S. 132.

717 Fred Turner: »From Counterculture to Cyberculture«, Chicago, 2006, 15.

718 »Eine spezifisch ereignisbezogene Variante dieses theologischen Fortschrittskonzep-tes bestand in der Temporalisierung, kraft derer sich der Sinn der Schrift, besonders der Apokalypse, zunehmend enthüllte. Mit jeder neuen Deutung und Applikation nähere man sich (…) der letzten und damit endgültig wahren Deutung, die dem Weltende vorausgehe.« Reinhard Koselleck: Begriff: Fortschritt, in: Koselleck u. a. (Hg.): Geschichtliche Grundbegriffe. Historisches Lexikon zur politisch-sozialen Sprache in Deutschland, Band 2 E-G, Stuttgart, 1975, S. 367.

719 Emile Durkheim: »Die elementaren Formen des religiösen Lebens«, Frankfurt a. M., 1981, S. 47.

720 Venor Vinge: »The Coming Technological Singularity«, San Diego, 1993, https:// www-rohan.sdsu.edu/faculty/vinge/misc/singularity.html (abgerufen 09.07.2015). Erstmals in diesem spezifischen Zusammenhang erwähnte Stanislaw Ulam den Begriff der Singularität in einem Gespräch mit John von Neumann Ende der 1950er Jahre. Vgl. https://de.wikipedia.org/wiki/Technologische_Singularit%C3%A4t#cite_ note-5 (abgerufen 22.07.2015).

721 John Hendrickson: »Can This Man and His Massive Robot Network Save America?«, Esquire, 19.05.2015, http://www.esquire.com/news-politics/interviews/a35078/ transhumanist-presidential-candidate-zoltan/ (abgerufen 09.07.2015).

722 James Barrat: »Our Final Invention: Artificial Intelligence and the End of the Human Era«, New York, 2013, S. 189.

723 Mathias Döpfner: »Lieber Eric Schmid«, FAZ, 16.04.2014, http://www.faz.net/ak-tuell/feuilleton/medien/mathias-doepfner-warum-wir-google-fuerchten-12897463. html.

724 http://futureoflife.org/AI/open_letter_autonomous_weapons.

725 Ernie Sander: »The future of Propaganda: A Q&A with Sean Gourley about big data and the war of ideas«, Gigaom.com, 21.05.2013, https://gigaom.com/2013/05/21/ the-future-of-propaganda-a-qa-with-sean-gourley-about-big-data-and-the-war-of-ideas/ (abgerufen 31.07.2015).

726 Yvonne Hofstetter: »Sie wissen alles«, München, 2014, 283 ff.

727 Allan M. Din: »Arms and Artificial Intelligence«, New York, 1987.

728 Michel Foucault: »Sicherheit, Territorium, Bevölkerung«, Frankfurt a. M., 2014. Mi-chel Foucault: »Die Geburt der Biopolitik«, Frankfurt a. M., 2015.

729 Roman Herzog: »Pathologien der Freiheit«, SWR, 08.10.2014, http://www.swr.de/-/ id=14087358/property=download/nid=659934/1cjd2x9/swr2-feature-20141008. pdf (abgerufen 31.07.2015).

730 Oriol Vinyals, Quoc V. Le: »A Neural Conversational Model«, Proceedings of the 31st International Conference on Machine Learning, Lille, France, 2015, http://arxiv.org/ pdf/1506.05869v2.pdf (abgerufen 09.07.2015).

Literatur

Spencer Ackerman, James Ball: »Optic Nerve: millions of Yahoo webcam images intercepted by GCHQ«, The Guardian, 28.02.2014, http://www.theguardian.com/world/2014/feb/27/gchq-nsa-webcam-images-internet-yahoo.

Nafeez Ahmed: »How the Pentagon's Skynet Would Automate War«, Motherboard, 24.11.2014, http://motherboard.vice.com/en_uk/read/how-the-pentagons-skynet-would-automate-war.

Nafeez Ahmed: »How the CIA made Google: Inside the secret network behind mass surveillance, endless war, and Skynet« (Part 1 & 2), Medium, 22.01.2015, https://medium.com/insurge-intelligence/how-the-cia-made-google-e836451a959e.

Davey Alba: »A Toy Dinosaur Powered by IBM's Watson Supercomputer«, Wired, 17.02.2015, http://www.wired.com/2015/02/cognitoys-ibm-Watson.

Deborah E. Altus, Edward K Morris: »B. F. Skinner's Utopian Vision: Behind and Beyond Walden Two«, Behav Anal, 2009.

Chris Anderson: »The End of Theory«, Wired, 23.06.2008, http://archive.wired.com/science/discoveries/magazine/16-07/pb_theory.

John Atkinson, Mauricio Solar: »Artificial Intelligence and Intelligent Systems Research in Chile«, Artificial Intelligence: An International Perspective, 2009.

Mark Baard: »Sentient world: war games on the grandest scale«, The Register, 23.06.2007, http://www.theregister.co.uk/2007/06/23/sentient_worlds.

Arno Bamme, Günther Feuerstein, Renate Genth: »Maschinen – Menschen, Mensch – Maschinen«, Hamburg, 1983.

James Bamford: »The new Thought Police«, PBS, 01.01.2009, http://www.pbs.org/wgbh/nova/military/nsa-police.html.

James Bamford: »The secret War«, Wired, 06.12.2013, https://web.archive.org/web/20140311011814/http://www.wired.com/threatlevel/2013/06/general-keith-alexander-cyberwar/all.

James Bamford: »The most wanted Man in the World«, Wired, 13.06.2014, http://www.wired.com/2014/08/edward-snowden.

James Bamford: »The NSA and me«, The Intercept, 02.10.2014, https://firstlook.org/theintercept/2014/10/02/the-nsa-and-me.

James Barrat: »Our Final Invention: Artificial Intelligence and the End of the Human Era«, New York, 2013.

David Barrett: »CCTV ›fightcams‹ detect violence ›before it happens‹«, The Telegraph, 12.02.2015, http://www.telegraph.co.uk/news/uknews/crime/11407094/CCTV-fightcams-detect-violence-before-it-happens.html.

Alexei Barrionuevo: »Before '73 Coup, Chile Tried to Find the Right Software for Socialism«, New York Times 28.03.2008.

Hanno Beck: »Wie gefährlich sind die Verhaltensforscher?«, FAZ, 02.09.2014, http://www.

faz.net/aktuell/wirtschaft/wirtschaftswissen/stellenausschreibung-der-kanzlerin-wie-gefaehrlich-sind-die-verhaltensforscher-13129715.html.

Markus Becker: »Cyber-Krieg: Wie Israel soziale Medien infiltriert«, Spiegel Online, 13.09.2014, http://www.spiegel.de/netzwelt/netzpolitik/israel-infiltriert-soziale-medien-mit-werkzeug-von-iai-a-989692.html.

Sven Becker, Frank Hornig: »Regieren nach Zahlen«, Der Spiegel 37, 2014.

Andy Beckett: »Santiago dreaming«, The Guardian, 08.09.2003, http://www.theguardian.com/technology/2003/sep/08/sciencenews.chile.

Stafford Beer: »Fanfare for effective Freedom«, Brighton, 1973, S. 2, http://www.williambowles.info/sa/FanfareforEffectiveFreedom.pdf.

Stafford Beer: »Brain of the Firm«, New York, 1981.

Carl Benedikt Frey, Michael A. Osborne: »The Future of Employment. Susceptible Are Jobs To Computarisation«, Oxford, 2013, http://www.oxfordmartin.ox.ac.uk/downloads/academic/The_Future_of_Employment.pdf.

Yoshua Bengio u. a.: »Show and Tell: A Neural Image Caption Generator«, 2015, http://jmlr.org/proceedings/papers/v37/xuc15.pdf.

Peter Berger: »Zur Dialektik von Religion und Gesellschaft. Elemente einer soziologischen Theorie«, Frankfurt a. M., 1973.

Edward L. Bernays: »The Engineering of Consent«, in: The Annals of the American Academy of Political and Social Science, 1947.

Jeremy Bernstein: »A. I.«, The New Yorker, 14.12.1981, http://www.newyorker.com/magazine/1981/12/14/a-i.

Werner Beuschel: »Expertensysteme im Betrieb. Fallstudien in den USA zu Auswirkungen auf Arbeitsorganisation und Qualifikation«, in: Werner Rammert (Hg.): »Soziologie und künstliche Intelligenz: Produkte und Probleme einer Hochtechnologie«, Frankfurt a. M., 1995.

Patrick Beuth: »Watson wertet Daten von Apple-Nutzern aus«, Zeit.de, 14.04.2015, http://www.zeit.de/digital/mobil/2015-04/ibm-Watson-apple-wtach-healthkit-researchkit.

Mathias Müller von Blumencron: »Noch erscheinen die Diktatoren des Internets milde«, FAZ, 02.07.2015.

Robert M. Bond, Christopher J. Fariss u. a.: »A 61-million-person experiment in social influence and political mobilization«, Nature 489, 13.09.2012, http://fowler.ucsd.edu/massive_turnout.pdf.

Robert Booth: »Facebook reveals news feed experiment to control emotions«, The Guardian, 30.06.2015, http://www.theguardian.com/technology/2014/jun/29/facebook-users-emotions-news-feeds.

Gustave Le Bon: »Psychologie der Massen«, Hamburg, 2014.

Edwin G. Boring: »Intelligence as the Tests Test It«, New Republic 36/1923, S. 35–37, https://www.brocku.ca/MeadProject/sup/Boring_1923.html.

Nick Bostrom: »Superintelligenz«, Berlin, 2014.

Danah Boyd: »What does the Facebook experiment teach us?«, Zephoria.org, 01.07.2014, http://www.zephoria.org/thoughts/archives/2014/07/01/facebook-experiment.html.

Shawn Brimley, Ben Fitz Gerald, Kelley Sayler: »Game Changers Disruptive Technology and U. S. Defense Strategy«, Center for a New American Security, Washington, 2013, S. 4, http://www.cnas.org/files/documents/publications/CNAS_Gamechangers_BrimleyFitzGeraldSayler.pdf.

Robert O. Work, Shawn Brimley: »Preparing for War in the Robot Age«, Center for New American Security, Washington, 2014, S. 7, http://www.cnas.org/sites/default/files/publications-pdf/CNAS_20YY_WorkBrimley.pdf.

Jannis Brühl: »Googles Grusel-Hase soll Kinder filmen«, Süddeutsche.de, 23.05.2015, http://www.sueddeutsche.de/digital/fernbedienung-in-spielzeug-form-googles-grusel-hase-soll-kinder-filmen-1.2492023.

Erik Brynjolfsson, Andrew McAfee: »The Second Machine Age: Work, Progress, and Prosperity in a Time of Brilliant Technologies«, New York, 2014.

Kevin Bullis: »The Electric Mood-Control Acid Test«, Technology Review, 12.03.2015, http://www.technologyreview.com/featuredstory/535641/the-electric-mood-control-acid-test.

Thymian Bussemer: »Propaganda. Theoretisches Konzept und geschichtliche Bedeutung«, Dokupedia, https://docupedia.de/zg/Propaganda.

Vannevar Bush: »As we may think«, The Atlantic Monthly, Juli 1945.

Arian Eunjung Cha: »Tech titans' latest project: Defy death«, Washington Post, 04.04.2015, http://www.washingtonpost.com/sf/national/2015/04/04/tech-titans-latest-project-defy-death.

Rebecca Chadwick, Rimma Kats, Chris Keating: »Mobile Game Monetization. A Virtual Gold Rush«, EMaketer, Oktober 2013: www.mediabrix.com/wp-content/uploads/2014/02/eMarketer_Mobile_Game_Monetization-A_Virtual_Gold_Rush.pdf.

Wolfie Christl: »Kommerzielle digitale Überwachung im Alltag«, Bundesarbeitskammer, Wien, Oktober 2014, http://media.arbeiterkammer.at/PDF/Digitale_Ueberwachung_im_Alltag.pdf.

Don Clark: »Moore's Law Shows Its Age«, The Wall Street Journal, 17.04.2015, http://www.wsj.com/articles/moores-law-runs-out-of-gas-1429282819.

Scott Cleland: »The Military-Industrial-Googleplex is Creating Artificial Intelligence«, The Daily Caller, 15.12.2014, http://dailycaller.com/2014/12/15/the-military-industrial-googleplex-is-creating-artificial-intelligence/2.

Josh Constine: »Facebook Tries Letting You Share Emoticons Of Exactly What You're Feeling, Reading Or Eating«, TechCrunch, 30.01.2013, http://techcrunch.com/2013/01/30/facebook-visual-sharing.

Josh Constine: »American Users Spend an Average of 40 Minutes Per Day on Facebook«, TechCrunch, 23.07.2014, http://techcrunch.com/2014/07/23/facebook-usage-time.

Paul Cooper: »Meet AISight: The scary CCTV network completely run by AI«, IT ProPortal, 16.04.2014, http://www.itproportal.com/2014/04/16/aisight-the-surveillance-network-completely-run-by-ai.

Adam Curtis: »The Century of the self«, BBC, 2002, http://topdocumentaryfilms.com/the-century-of-the-self.

Joseph Czikk: »Google Acquires University of Toronto Research Startup DNNresearch«, TechVibes, 12.03.2013, http://www.techvibes.com/blog/google-acquires-neural-networks-2013-03-12.

Thomas H. Davenport, D. J. Patil: »Data Scientist: The Sexiest Job of the 21st Century«, Harvard Business Review, Oktober 2012, https://hbr.org/2012/10/data-scientist-the-sexiest-job-of-the-21st-century.

Bill Davidow: »Skinner Marketing: We're the Rats, and Facebook Likes are the Reward«, The Atlantic, 10.06.2013.

Patrick Dax: »Daten sollen Handlungen auslösen«, Futurezone.at, 27.04.2015, http://m.futurezone.at/digital-life/smart-citizens-daten-sollen-handlungen-ausloesen/124.314.354?utm_source=futurezone.at&utm_campaign=aba3d3a30b-newsletter_futurezone_at&utm_medium=email&utm_term=0_667c8ddbb8-aba3d3a30b-109393077.

Jennifer DeCamp: »Working with the U. S. Government: Information Resources«, MITRE, http://www.researchgate.net/profile/Jennifer_Decamp/publication/228328037_Working_With_the_US_Government_Information_Resources/links/0deec538f104acba47000000.pdf.

Michael Aaron Dennis: »DARPA«, Encyclopaedia Britannica, http://www.britannica.com/EBchecked/topic/745612/Defense-Advanced-Research-Projects-Agency-DARPA#ref829305.

Hannah Devlin: »Google a step closer to developing machines with human-like intelligence«, The Guardian, 21.05.2015, http://www.theguardian.com/science/2015/may/21/google-a-step-closer-to-developing-machines-with-human-like-intelligence.

Caitlin Dewey: »How Facebook knows who all your friends are, even better than you do«, Washington Post, 02.04.2015, http://www.washingtonpost.com/news/the-intersect/wp/2015/04/02/how-facebook-knows-who-all-your-friends-are-even-better-than-you-do/?dfdf.

Caitlin Dewey: »If you use Facebook to get your news, please – for the love of democracy – read this first«, Washington Post, 03.06.2015, http://www.washingtonpost.com/news/the-intersect/wp/2015/06/03/if-you-use-facebook-to-get-your-news-please-for-the-love-of-democracy-read-this-first.

Allan M. Din: »Arms and Artificial Intelligence«, New York, 1987.

Jan Dönges: »Kick-off für neuen Roboter«, Spektrum der Wissenschaft,11.02.2015, http://www.spektrum.de/news/kick-off-fuer-neuen-roboter/1331841.

Mathias Döpfner: »Lieber Eric Schmid«, FAZ, 16.04.2014, http://www.faz.net/aktuell/feuilleton/medien/mathias-doepfner-warum-wir-google-fuerchten-12897463.html.

Stuard Dredge: »How does Facebook decide what to show in my news feed?«, The Guardian, 30.06.2014, http://web.archive.org/web/20150404100322/http://www.theguardian.com/technology/2014/jun/30/facebook-news-feed-filters-emotion-study.

Emile Durkheim: »Die elementaren Formen des religiösen Lebens«, Frankfurt a. M., 1981.

Aline van Duyn: »City trusts computers to keep up with the news«, Financial Times, 16.04.2007, http://www.ft.com/cms/s/bb570626-ebb6-11db-b290-000b5df10621.html.

George Dyson: »Turings Kathedrale«, Berlin, 2014.

George Dyson: »Darwin among The Machine«, New York, 1997.

Ben Edwards »The Never-Before-Told Story of the World's First Computer Art (It's a Sexy Dame)«, The Atlantic, 04.01.2013, http://www.theatlantic.com/technology/archive/2013/01/the-never-before-told-story-of-the-worlds-first-computer-art-its-a-sexy-dame/267439.

Jim Edwards: »Planet Selfie: We're Now Posting A Staggering 1.8 Billion Photos Every Day«, Businessinsider, 28.05.2014, http://www.businessinsider.com/were-now-posting-a-staggering-18-billion-photos-to-social-media-every-day-2014-5?IR=T.

Paul N. Edwards: »Eindämmung: Computertechnik und die Politik des Kalten Krieges«, Cambridge, 1996, S. 13, http://pne.people.si.umich.edu/PDF/Edwards2012Eindammung.pdf.

Robert Epstein: »Democracy at risk from new forms of internet influence«, Emma Magazin, http://aibrt.org/downloads/EPSTEIN_2014-New_Forms_of_Internet_Influence-EMMA_Magazine.pdf.

Motahhare Eslami, Aimee Rickman u. a.: »I always assumed that I wasn't really that close to [her]«: Reasoning about invisible algorithms in the news feed«, http://www.personal.umich.edu/~csandvig/research/Eslami_Algorithms_CHI15.pdf.

Stuart Ewen: »PR. A Social History of Spin«, New York, 1996.

Malik Fareed: »China joins a turf war«, The Guardian, 22.09.2008, http://www.theguardian.com/media/2008/sep/22/chinathemedia.marketingandpr.

Benedikt Plass-Fleßenkämper: »Zukunft der Arbeit: Amazon testet Roboter-Angestellte«, Wired, https://www.wired.de/collection/tech/amazons-roboter-konnen-menschlichen-lagerarbeitern-noch-nicht-das-wasser-reichen.

Peter Finn, Greg Miller, Ellen Nakashima: »Investigators looking at how Snowden gained access at NSA«, Washington Post, 10.06.2013, http://www.washingtonpost.com/world/national-security/investigators-looking-at-how-snowden-gained-access-at-nsa/2013/06/10/83b4841a-d209-11e2-8cbe-1bcbee06f8f8_story.html. B.J. Fogg: »Charismatic computers: creating more likable and persuasive interactivetechnologies by leveraging principles from social psychology«, Stanford, 1998.

Michel Foucault: »Sicherheit, Territorium, Bevölkerung«, Frankfurt a. M., 2014.

Michel Foucault: »Die Geburt der Biopolitik«, Frankfurt a. M., 2015.

Lauren F. Friedman: »IBM's Watson computer can now do in a matter of minutes what it takes cancer doctors weeks to perform«, Business Insider, 05.05.2015, http://uk.businessinsider.com/r-ibms-Watson-to-guide-cancer-therapies-at-14-centers-2015-5?r=US.

Lauren F. Friedman: »The CEO of IBM just made a bold prediction about the future of artificial intelligence«, Businessinsider, 14.05.2015, http://uk.businessinsider.com/ginni-rometty-on-ibm-Watson-and-ai-2015-5.

Ryan Gallagher: »Software that tracks people on social media created by defence firm«, The Guardian, 10.02.2013, http://www.theguardian.com/world/2013/feb/10/software-tracks-social-media-defence.

Sean Gallagher: »Air Force research: How to use social media to control people like drones«, Ars Technica, 17.07.2014, http://arstechnica.com/information-technology/2014/07/air-force-research-how-to-use-social-media-to-control-people-like-drones.

John Ganz, David Reinsel: Extracting Values from Chaos, 2011, http://www.emc.com/collateral/analyst-reports/idc-extracting-value-from-chaos-ar.pdf.

Matthias Gebauer: »Geheime Bundeswehr-Strategie: Von der Leyen rüstet an der Cyberfront auf«, 10.07.2015, Spiegel.de, http://www.spiegel.de/politik/deutschland/bundeswehr-ursula-von-der-leyen-ruestet-an-der-cyber-front-auf-a-1042985.html.

David Gelernter: »Mirror Worlds«, New York, 1991.

Samuel Gibbs: »Facebook ›tracks all visitors, breaching EU law‹«, The Guardian, 31.03.2015, http://www.theguardian.com/technology/2015/mar/31/facebook-tracks-all-visitors-breaching-eu-law-report.

Gerd Gigerenzer: »On the Supposed Evidence for Libertarian Paternalism«, Review of Philosophy and Psychology.

John Goetz, Marcel Rosenbach, Alexander Szandar: »Krieg der Zukunft«, Der Spiegel, 09.02.2009.

Siobhan Gorman, Adam Entous, Andrew Dowell: »Technology Emboldened the NSA«, The Wall Street Journal, 09.06.2013, http://www.wsj.com/articles/SB10001424127887323495604578535290627442964.

Alex Graves u. a.: »Playing Atari with Deep Reinforcement Learning«, https://www.cs.toronto.edu/~vmnih/docs/dqn.pdf.

Glenn Greenwald: »How Covert Agents Infiltrate the Internet to Manipulate, Deceive, and Destroy Reputations«, The Intercept, 25.02.2014, https://firstlook.org/theintercept/2014/02/24/jtrig-manipulation.

Glenn Greenwald: „Die globale Überwachung", München, 2014.

Ted Greenwald: »Compulsive Behavior sells«, in: »Path of Persuasion«, Business Report 63, MIT Technology Review, März 2015.

Erico Guizzo: »Obama Commanding Robot Revolution, Announces Major Robotics Initiative«, IEEE Spectrum, 24.06.2011, http://spectrum.ieee.org/automaton/robotics/industrial-robots/obama-announces-major-robotics-initiative.

Michael Hanfeld: »Bitte benutzen Sie den Lieferanteneingang«, FAZ, 15.05.2015, http://www.faz.net/aktuell/feuilleton/medien/facebook-und-journalismus-13592828.html.

Joseph Hanlon: »The technological power broker«, New Scientist, 15.02.1973.

Julian Hans: »Putins Trolle«, Süddeutsche Zeitung, 13.06.2014, http://www.sueddeutsche.de/politik/propaganda-aus-russland-putins-trolle-1.1997470.

Boris Hänßler: »Die Humanoiden kommen«, Spektrum der Wissenschaft, 11.10.2013, http://www.spektrum.de/news/die-humanoiden-kommen/1210253.

Donna Haraway: »A Cyborg Manifesto. Science, Technology, and Socialist-Feminism in the Late Twentieth Century«, in: Donna Haraway: »Simians, Cyborgs and Women: The Reinvention of Nature«, New York, 1991, http://www.egs.edu/faculty/donna-haraway/articles/donna-haraway-a-cyborg-manifesto.

Quentin Hardy: »Facebook's Yann LeCun Discusses Digital Companions and Artificial

Intelligence (and Emotions)«, New York Times, 26.03.2015, http://bits.blogs.nytimes.
com/2015/03/26/facebooks-yann-lecun-discusses-digital-companions-and-artificial-
intelligence.

Shane Harris:»TIA lives on«, National Journal, 23.02.2006, http://shaneharris.com/
magazinestories/tia-lives-on.

Shane Harris:»The Social Laboratory«, Foreign Policy, 29.06.2014, http://foreignpolicy.
com/2014/07/29/the-social-laboratory.

Shane Harris:»@War«, London, 2014.

Michael Hastings:»Obama Campaign Manager Behind Anti-Gay Ad«, BuzzFeed,
15.06.2012, http://www.buzzfeed.com/mhastings/obama-campaign-manager-behind-
anti-gay-ad#.bfw0eArYb.

Dirk Helbing:»Thinking Ahead«, London, 2015.

Dirk Helbing:»Implementing Change in a complex World«, Zürich, http://arxiv.org/ftp/
arxiv/papers/1504/1504.03750.pdf.

Dirk Helbing:»The Planetary Nervous System – A CERN for Society«, https://www.
youtube.com/watch?v=f3Qn_0qFrvE.

Dirk Helbing:»Wie wir eine smarte, krisenfeste, digitale Gesellschaft bauen können«,
Vortrag vom 23.09.2014, Leopoldina, http://papers.ssrn.com/sol3/papers.
cfm?abstract_id=2559433.

Dirk Helbing:»Creating (›making‹) a Planetary Nervous System as a Citizen Web«, http://
futurict.blogspot.de/2014/09/creating-making-planetary- nervous.html.

Dirk Helbing:»Guided self-organization. Making the invisible hand work«, http://papers.
ssrn.com/sol3/papers.cfm?abstract_id=2515686.

Dirk Helbing:»Google als Gott?«, Neue Züricher Zeitung, 20.03.2013, http://www.nzz.
ch/google-als-gott-1.18049950.

Miguel Helft:»The Class That Built Apps, and Fortunes«, New York Times, 07.05.2011,
http://www.nytimes.com/2011/05/08/technology/08class.html?pagewanted=1&_
r=1&partner=rss&emc=rss.

Bettina Heintz:»Das Fließband im Kopf. Computer und Rationalisierung«, in:
Sebastian Brändli, David Gugerli u. a.:»Schweiz im Wandel. Studien zur neueren
Gesellschaftsgeschichte. Festschrift zum 60. Geburtstag von Rudolf Braun«, Basel, 1990.

Jesse Hempel:»Takting simpel Tech and giving it some smart«, Wired, 21.04.2015, http://
www.wired.com/2015/04/yoky-matsuoka.

Daniela Hernandez:»The Man Behind the Google Brain: Andrew Ng and the Quest for
the New AI«, Wired, 07.05.2013, http://www.wired.com/2013/05/neuro-artificial-
intelligence.

John Hendrickson:»Can This Man and His Massive Robot Network Save America?«,
Esquire, 19.05.2015, http://www.esquire.com/news-politics/interviews/a35078/
transhumanist-presidential-candidate-zoltan.

Daniela Hernandez:»Meet the Man Google Hired to Make AI a Reality«, Wired, 16.01.2014,
http://www.wired.com/2014/01/geoffrey-hinton-deep-learning.

Daniela Hernandez:»Facebook's Quest to Build an Artificial Brain Depends on This Guy«,
Wired, 14.08.2014, http://www.wired.com/2014/08/deep-learning-yann-lecun.

Roman Herzog:»Pathologien der Freiheit«, SWR, 08.10.2014, http://www.swr.de/-/
id=14087358/property=download/nid=659934/1cjd2x9/swr2-feature-20141008.pdf.

Geoffey Hinton, David Ackley, Terrence J. Sejnowski:»A Learning Algorithm for
Boltzmann Machines«, Cognitive Science 9, 1985, S. 147–169, http://web.archive.
org/web/20100705054858.

Geoffrey Hinton:»Learning internal representations by error propagation«, in: Parallel
Distributed Processing 1, S. 318–362, MIT Press, 1986.

Geoffrey Hinton:»Why do we need machine learning«, lecture 1a, 2012, https://class.
coursera.org/neuralnets-2012-001/lecture/4.

Geoffrey Hinton, Yann LeCun, Yoshua Bengio:»Deep Learning«, Nature 521, 28.05.2015.

Robert Hof: »Interview: Inside Google Brain Founder Andrew Ng's Plans To Transform Baidu«, Forbes, 29.08.2014, http://www.forbes.com/sites/roberthof/2014/08/28/interview-inside-google-brain-founder-andrew-ngs-plans-to-transform-baidu.

Thomas Hofmann und Bernhard Schölkopf: »Vom Monopol auf Daten ist abzuraten«, FAZ, 29.01.2015, http://people.tuebingen.mpg.de/bs/faz-monopol-auf-daten.pdf.

Yvonne Hofstetter: »Sie wissen alles«, München, 2014.

Tan Hong Ngoh, Hoo Tiang Boon: »Thinking about the Future – Strategic Anticipation and RAHS«, National Security Coordination Centre, Singapore, 2008, S. XVI, http://www.rahs.gov.sg/public/www/download.ashx?id=500.

John Hopson: »Behavioral Game Design«, Gamasutra, 27. April 2001, http://www.gamasutra.com/view/feature/131494/behavioral_game_design.php.

Katrin Hummel: »Denn deine Sprache verrät dich«, FAS, 17.05.2015.

Sasha Issenberg: »How President Obama's campaign used big data to rally individual voters«, Technology Review, 19.12.2012, http://www.technologyreview.com/featuredstory/509026/how-obamas-team-used-big-data-to-rally-voters.

Joab Jackson: »IBM, Deloitte bring big data to risk management«, PC Adviso, 18.05.2015, http://www.pcadvisor.co.uk/news/small-business/ibm-deloitte-bring-big-data-to-risk-management-3612132.

Nicola Jones: »The Learning Machines«, Nature 505, 2014.

Biing-Hwang Juang, Lawrence R. Rabiner: »Automatic Speech Recognition – A Brief History of the Technology Development«, Atlanta, 2004.

James Kadtke und Linton Wells II: »Policy Challenges of Accelerating Technological Change«, 2014, S. 47, http://ctnsp.dodlive.mil/files/2014/09/DTP1061.pdf.

Daniel Kahneman: »Schnelles Denken, langsames Denken«, München, 2012.

Arnold J. Karr: »Google Teams With Levi's for New ›Soft‹ Spin on Wearable Tech«, wwd, 29.05.2015, http://wwd.com/business-news/technology/google-levis-wearable-tech-10137008/?src=nl/newsAlert/20150529-3.

Lily E. Kay: »Das Buch des Lebens. Wer schrieb den genetischen Code?«, München, 2001.

Kevin Kelly: »The Three Breakthroughs That Have Finally Unleashed AI on the World«, Wired, 27.10.2014, http://www.wired.com/2014/10/future-of-artificial intelligence?utm_content=buffer74908&utm_medium=social&utm_source=twitter.com&utm_campaign=buffer.

Raffi Khatchadourian: »We Know How You Feel«, The New Yorker, 19.01.2015, http://www.newyorker.com/magazine/2015/01/19/know-feel.

Vinod Khosla: »Fireside chat with Google co-founders, Larry Page and Sergey Brin«, http://www.khoslaventures.com/fireside-chat-with-google-co-founders-larry-page-and-sergey-brin.

Will Knight: »Why Robots and Humans Struggled with DARPA's Challenge«, Technology Review, 09.06.2015, http://www.technologyreview.com/photoessay/538156/why-robots-and-humans-struggled-with-DARPAs-challenge/?utm_campaign=newsletters&utm_source=newsletter-daily-all&utm_medium=email&utm_content=20150609.

Reinhard Koselleck: »Begriff: Fortschritt«, in: Koselleck u. a. (Hg.): »Geschichtliche Grundbegriffe. Historisches Lexikon zur politisch-sozialen Sprache in Deutschland«, Band 2, E–G, Stuttgart, 1975.

Adam D. I. Kramer, Jamie E. Guillory, Jeffrey T. Hancock: »Experimental evidence of massive-scale emotional contagion through social networks«, PNAS 111, 22.07.2014, http://www.pnas.org/content/111/24/8788.full.pdf.

Jai Krishna: »Sandberg: Facebook Study Was ›Poorly Communicated‹«, Wall Street Journal, 02.07.2014, http://blogs.wsj.com/digits/2014/07/02/facebooks-sandberg-apologizes-for-news-feed-experiment.

Christoph Kucklick: »Die granulare Gesellschaft«, Berlin, 2014.

Anne Kunze: »Behandelt und verkauft«, Zeit, 31.10.2013, http://www.zeit.de/2013/45/patientendaten-marktforschung-pharmaindustrie/komplettansicht.

Kaija Kutter, Kai Schlieter: »Der Horror am Waldrand«, taz, 15.06.2013, http://www. taz.de/!118139.

Kaija Kutter, Kai Schlieter: »Der Lehrmeister des Dr. Haase«, taz, 26.07.2014, http://www. taz.de/Haasenburg-Skandal-/!120660.

Earl Lane: »Crisis Forcasting offers new ways to predict natural or human events«, Washington Post, 02.01.1998, http://www.washingtonpost.com/pb/archive/ politics/1998/01/02/crisis-forecasting-offers-new-ways-to-predict-natural-or-human-events/9fdb6b41-1aa2-4196-98a3-d5d80c36f66e/?resType=accessibility.

Peter Langkafel: »Auf dem Weg zu Dr. Algorithmus? Potenziale von Big Data in der Medizin«, Aus Politik und Zeitgeschichte, 11–12/2015.

Jaron Lanier: »Wem gehört die Zukunft«, Hamburg, 2014.

Alex R. Larzelere II: »The History of the Accelerated Strategic Computing Initiative (ASCI)«, U. S. Department of Energy, Lawrence Livermore National Laboratory, 2009, https:// asc.llnl.gov/asc_history/Delivering_Insight_ASCI.pdf.

Shane Legg: »Machine Super Intelligence«, Lugano, 2008, S. 6, http://www.vetta.org/ documents/Machine_Super_Intelligence.pdf.

Shane Legg, Alex Graves, Demis Hassabis u. a.: »Human-level control through deep Reinforcement Learning«, Nature 518.

Amanda Lenhart: »Teens, Social Media & Technology Overview 2015«, PewResearchCenter, 09.04.2015, http://www.pewinternet.org/2015/04/09/teens-social-media-technology-2015.

Jason Leopold: »Exclusive: Emails reveal close Google relationship with NSA«, Al Jazeera, 06.05.2015, http://america.aljazeera.com/articles/2014/5/6/nsa-chief-google.html.

Eric Lettkema, Martin Meister: »Vom Flugabwehrgeschütz zum niedlichen Roboter. Zum Wandel des Kooperation stiftenden Universalismus der Kybernetik«, TU Berlin, Technical University Technology Studies Working Papers, Berlin, 2003.

Steve Levy: »In The Plex«, New York, 2011.

Steven Levy: »The never ending search«, Medium, Januar 2015, https://medium.com/ backchannel/how-google-search-dealt-with-mobile-33bc09852dc9.

Steven Levy: »Internet to Neural Net«, Medium, 26.01.2015, https://medium.com/ backchannel/google-search-will-be-your-next-brain-5207c26e4523.

Tom C. W. Lin: »The new financial Industry«, Alabama Law Review, 2014,. W. N. Locke, D. A. Booth (Hg.). »Translation«. Machine Translation of Languages«, Cambridge, MIT Press, 1955.

Thomas Luckmann: »Die unsichtbare Religion«, Frankfurt a. M., 1991.

Peter Ludlow: »The Real War on Reality«, New York Times, 14.06.2013, http://opinionator. blogs.nytimes.com/2013/06/14/the-real-war-on-reality/?_r=0.

Niklas Luhmann: »Soziale Systeme. Grundriß einer allgemeinen Theorie«, Frankfurt a. M., 1991.

Heiko Maas: »Nudging ist ein Stups in die richtige Richtung«, Der Tagesspiegel, 16.03.2015, http://www.tagesspiegel.de/wirtschaft/justizminister-heiko-maas-nudging-ist-ein-stups-in-die-richtige-richtung/11502522.html.

Alex C. Madrigal: »The Machine Zone: This ist where you go when you just can't stop looking at Pictures on Facebook«, The Atlantic, 31.07.2013, http://www.theatlantic. com/technology/archive/2013/07/the-machine-zone-this-is-where-you-go-when-you-just-cant-stop-looking-at-pictures-on-facebook/278185.

James Manyika, Michael Chui u. a.: »Disruptive technologies: Advances that will transform life, business, and the global economy«, McKinsey, 2013, http://www.mckinsey.com/ insights/business_technology/disruptive_technologies.

Volker Markl: »Gesprengte Ketten. Smart Data, deklarative Datenanalyse, Apache Flink«, Informatik Spektrum 38 (1), 2015.

John Markoff: »Chief Takes Over at Agency To Thwart Attacks on U. S.«, New York Times, 13.02.2002, http://www.nytimes.com/2002/02/13/us/chief-takes-over-at-agency-to-thwart-attacks-on-us.html.

John Markof: »How Many Computers to Identify a Cat? 16,000«, New York Times, 25.05.2012, http://www.nytimes.com/2012/06/26/technology/in-a-big-network-of-computers-evidence-of-machine-learning.html?pagewanted=all.

Henry Markram; »Auf dem Weg zum künstlichen Gehirn«, Spektrum der Wissenschaft, September 2012.

Viktor Mayer-Schönberger: »Big Data. A Revolution that will transform how we live, work, and think«, New York, Kindle Edition.

John McCarthy im Interview mit Nils Nilsson, Computer History Museum, Mountain View, 12.09.2007, S. 17, http://archive.computerhistory.org/resources/access/text/2012/10/102658149-05-01-acc.pdf.

Robert McMillan: »Inside the Artificial Brain That's Remaking the Google Empire«, Wired, 16.07.2014, http://www.wired.com/2014/07/google_brain.

Edene Medina: »Designing Freedom, Regulation a Nation: Socialist Cybernetivs in Allende's Chile«, Journal of Latin American Studies, 38, Cambridge, 2006.

Cade Metz: »Facebook's ›Deep Learning‹ Guru Reveals the Future of AI«, Wired, 12.12.2013.

Andre Meister: »Wissenserschließung aus offenen Quellen: Wie Bundeswehr und BND die Überwachung sozialer Netzwerke rechtfertigen«, Netzpolitik.org, 25.07.2014, https://netzpolitik.org/2014/wissenserschliessung-aus-offenen-quellen-wie-bundeswehr-und-bnd-die-auswertung-sozialer-netzwerke-rechtfertigen.

Andre Meister: »Geheime Cyber-Leitlinie: Verteidigungsministerium erlaubt Bundeswehr ›Cyberwar‹ und offensive digitale Angriffe«, 30.07.2015, Netzpolitik.org, https://netzpolitik.org/2015/geheime-cyber-leitlinie-verteidigungsministerium-erlaubt-bundeswehr-cyberwar-und-offensive-digitale-angriffe.

Andre Meister: »Geheimer Geldregen: Verfassungsschutz arbeitet an Massen-datenauswertung von Internetinhalten«, Netzpolitik.org, 25.02.2015, https://netzpolitik.org/2015/geheimer-geldregen-verfassungsschutz-arbeitet-an-massen-datenauswertung-von-internetinhalten.

Rachel Metz: »With Updates, Siri Will (Hopefully) Be Brainier«, Technology Review, 09.06.2015, http://www.technologyreview.com/view/538171/with-updates-siri-will-hopefully-be-brainier/?utm_campaign=newsletters&utm_source=newsletter-daily-all&utm_medium=email&utm_content=20150609.

Robinson Meyer: »Everything We Know About Facebook's Secret Mood Manipulation Experiment«, The Atlantic, 28.07.2014, http://www.theatlantic.com/technology/archive/2014/06/everything-we-know-about-facebooks-secret-mood-manipulation-experiment/373648.

Philip Mirowski: »Machine dreams: Economics becomes a cyborg science«, Cambridge, 2002.

Amir Mizroch: »Artificial-Intelligence Experts Are in High Demand«, Wall Street Journal, 01.05.2015, http://www.wsj.com/articles/artificial-intelligence-experts-are-in-high-demand-1430472782.

Mathias Monroy: »Bundeswehr darf nach Ansicht der Bundesregierung bei deutschen Cyberangriffen deren Herkunft verschleiern«, Netzpolitik.org, 12.02.2015, https://netzpolitik.org/2015/bundeswehr-darf-nach-ansicht-der-bundesregierung-bei-deutschen-cyberangriffen-deren-herkunft-verschleiern.

Matthias Monroy: »Berlin konkretisiert Schritte zur Einführung von »Predictive Policing« – Auch Brandenburg interessiert sich«, Netzpolitik.org, 24.03.2015, https://netzpolitik.org/2015/berlin-konkretisiert-schritte-zur-einfuehrung-von-predictive-policing-auch-brandenburg-interessiert-sich.

Markus Morgenroth: »Sie kennen dich! Sie haben dich! Sie steuern dich!«, München 2014.

Evgeny Morozov: »The Planning Machine Project CyberSyn and the origins of the Big Data nation«, The New Yorker, 13.10.2014.

Evgeny Morozov: »The rise of data and the death of politics«, The Guardian, 24.08.2014, http://www.theguardian.com/technology/2014/jul/20/rise-of-data-death-of-politics-evgeny-morozov-algorithmic-regulation.

John von Neumann: »First Draft of a Report on the EDVAC«, Pensylvania, 1945, https://web.archive.org/web/20130314123032/http://qss.stanford.edu/~godfrey/vonNeumann/vnedvac.pdf.

Lily Hay Newman: »People Were Talking About the Ebola Epidemic on Twitter Three Days Before Health Official«, http://www.slate.com/blogs/future_tense/2015/06/02/new_study_tweets_about_ebola_came_from_nigeria_3_to_7_days_before_an_official.html.

Andrew Ng u. a.: »Building high-level features using large-scale unsupervised learning«, Juli 2012, http://static.googleusercontent.com/media/research.google.com/en//archive/unsupervised_icml2012.pdf.

Fokke Obbema, Marije Vlaskamp, Michael Persson: »China rates its own citizens – including online behaviour«, de Volkskrant, 25.04.2015, http://www.volkskrant.nl/buitenland/china-rates-its-own-citizens-including-online-behaviour~a3979668.

Tim O'Reilly: »Open Data and Algorithmic Regulation«, 2013. http://beyondtransparency.org/chapters/part-5/open-data-and-algorithmic-regulation.

Eli Pariser: »Did Facebook's Big New Study Kill My Filter Bubble Thesis?«, Medium, 07.05.2015, https://medium.com/backchannel/facebook-published-a-big-new-study-on-the-filter-bubble-here-s-what-it-says-ef31a292da95.

Darren Pauli: »DARPA's ›Cortical Modem‹ will plug straight into your BRAIN«, The Register, 17.02.2015, http://www.theregister.co.uk/2015/02/17/DARPAs_google_glass_will_plug_straight_into_your_brain.

Bien Perez: »›China brain‹ project seeks military funding as Baidu makes artificial intelligence plans«, South China Morgen Post, 03.03.2015, http://www.scmp.com/lifestyle/technology/article/1728422/head-chinas-google-wants-country-take-lead-developing.

Alex Pentland: »Social Physics«, New York, 2014.

Claus Pias (Hg.) »Cybernetics/Kybernetik 2. The Macy-Conferences 1946–1953«, Band 2, Dokumente, 2003.

Claus Pias: »Der Auftrag Kybernetik und Revolution in Chile«, in: Daniel Gethmann, Markus Stauff (Hg.): »Politiken der Medien«, Zürich/Berlin, 2004.

Mark Pitzke: »SPD buhlt um Jim Messina: Obamas rotblonder Vollstrecker«, Spiegel.de, 08.02.2015, http://www.spiegel.de/politik/ausland/obama-stratege-jim-messina-soll-berater-der-spd-werden-a-1017288.html.

Marc Pitzke: »Die Psychologen des Grauen«, Spiegel Online, 10.12.2014, http://www.spiegel.de/politik/ausland/cia-folterbericht-us-psychologen-verdienten-mit-folter-millionen-a-1007587.html.

Bernhard Pörksen im Interview mit Heinz von Förster: »Wir sehen nicht, daß wir nicht sehen«, Telepolis, 15.05.1998, http://www.heise.de/tp/artikel/6/6240/1.html.

Werner Rammert: »Von der Kinematik zur Informatik. Konzeptuelle Wurzeln der Hochtechnologien im sozialen Umfeld«, in: Werner Rammert (Hg.): »Soziologie und künstliche Intelligenz: Produkte und Probleme einer Hochtechnologie«, Frankfurt a. M., 1995.

Gero Randow: »In Fühlung mit der Robotik«, Opladen, 1997.

Mohana Ravindranath: »VA signs $ 6 million contract for IBM Watson to advise PTSD treatment«, Washington Post, 15.12.2014, www.washingtonpost.com/business/on-it/va-signs-6-million-contract-for-ibm-Watson-to-advise-ptsd-treatment/2014/12/15/0947a430-847f-11e4-a702-fa31ff4ae98e_story.html.

Antonio Regalado: »Facing Doubters, IBM Expands Plans for Watson«, Technology Review, 09.01.2014, http://www.technologyreview.com/news/523411/facing-doubters-ibm-expands-plans-for-Watson.

Mark Reutter: »How a math wizard from Harvard led Caesars down a path of expansion and debt«, Baltimore Brew, 12.09.2014, https://www.baltimorebrew.com/2014/09/12/part-3-how-a-math-wizard-from-harvard-led-caesars-down-a-path-of-expansion-and-debt.

Philippe Rivière: »Der Staat als Maschine«, Le Monde Diplomatique, 12.11.2010, http://www.monde-diplomatique.de/pm/2010/11/12.mondeText.artikel,a0052.idx,17.

Alex Roland, Philip Shiman: »Strategic Computing. DARPA and the Quest for Machine Intelligence, 1983–1993«, Cambridge, 2002.

John Rose, Olaf Rehse, Björn Röber: »The Value of Our Digital Identity«, November 2012, https://www.bcgperspectives.com/content/articles/digital_economy_consumer_insight_value_of_our_digital_identity.

Jeffrey Rosen: »Total Information Awareness«, New York Times, 15.12.2002, http://www.nytimes.com/2002/12/15/magazine/15TOTA.html.

Marcel Rosenbach, Holger Stark, Bernhard Zand: »Imperiale Visionen«, Der Spiegel, 24.03.2014.

Arturo Rosenblueth, Norbert Wiener, Julian Bigelow: »Behavior, Purpose and Teleology«, Philosophy of Science 10, 1943.

Christian Rudda: »Datacyclsm«, New York, 2014.

Stuart Russell, Peter Norvig: »Artificial Intelligence. A Modern Approach«, 3. Auflage, 2010.

Stuart Russell: »Take a stand on AI weapons«, Nature, 521, 28.05.2015, http://www.nature.com/news/robotics-ethics-of-artificial-intelligence-1.17611.

Jim Rutenberg: »Data You Can Believe In«, New York Times, 23.06.2013, http://www.nytimes.com/2013/06/23/magazine/the-obama-campaigns-digital-masterminds-cash-in.html?_r=0.

Alexandra Rutherford: »Beyond the Box: Skinner's Technology of Behavior from Laboratory to Live, 1950s to 1970s«, Toronto, 2009.

Ernie Sander: »The future of Propaganda: A Q&A with Sean Gourley about big data and the war of ideas«, Gigaom.com, 21.05.2013, https://gigaom.com/2013/05/21/the-future-of-propaganda-a-qa-with-sean-gourley-about-big-data-and-the-war-of-ideas.

Michael Scherer: »Inside the Secret World of the Data Crunchers Who Helped Obama Win«, Time, 07.12.2012, http://swampland.time.com/2012/11/07/inside-the-secret-world-of-quants-and-data.crunchers-who-helped-obama-win.

Frank Schirrmacher: »Ego. Das Spiel des Lebens«, München, 2013.

Marry Schlangenstein: »UPS Crunches Data to Make Routes More Efficient, Save Gas«, Bloomberg Business, 30.10.2013, http://www.bloomberg.com/news/articles/2013-10-30/ups-uses-big-data-to-make-routes-more-efficient-save-gas.

Kai Schlieter: »Ein Tod in der DDR«, taz, 08.04.2008, http://www.taz.de/1/archiv/?dig=2006/04/08/a0021.

Kai Schlieter: »Algorithmen gegen Gangster«, taz, 26.11.2014, http://www.taz.de/!5027702.

Jürgen Schmidhuber: »Deep Learning in Neural Networks: An Overview«, Technical Report IDSIA-03-14, The Swiss AI Lab IDSIA, Mano-Lugano, 2014.

Pascal Schneiders: »Jeder kriegt einen eigenen Preis«, FAZ, 08.04.2015, http://www.faz.net/aktuell/finanzen/meine-finanzen/geld-ausgeben/dynamische-preise-das-ende-des-einheitspreises-13522679.html.

Jan Schnellenbach: »Wohlwollendes Anschubsen: Liberaler Paternalismus und seine Nebenwirkungen«, Perspektiven der Wirtschaftspolitik 12, 2011, S. 446, http://www.jan.schnellenbach.de/pwp-paternalismus.pdf.

Natascha Schüll: »Addiction by Design: Machine Gambling in Las Vegas«, New Jersey, 2012.

Thomas Schulz: »Das Morgen-Land«, Der Spiegel, 28.02.2015, http://www.spiegel.de/spiegel/print/d-132040357.html.

Katrin Schulze: »Machen sich Facebook-Verweigerer verdächtig?«, Der Tagesspiegel, 24.07.2012, http://www.tagesspiegel.de/weltspiegel/nach-dem-attentat-von-denver-kein-facebook-profil-kein-job-angebot/6911648-2.html.

Raffael Schuppisser, Yannick Nock: »ETH forscht an der Zukunftsmaschine: Eine Milliarde von der EU?«, Schweiz am Sonntag, 05.01.2013, http://www.schweizamsonntag.ch/ressort/aktuell/2715.

Max Seddon: »Documents Show How Russia's Troll Army Hit America«, Buzzfeed,

02.06.2014, http://www.buzzfeed.com/maxseddon/documents-show-how-russias-troll-army-hit-america#.wbkkM0B2O.

Noah Shachtman: »DARPA Chief Speaks«, Wired, 20.02.2007, http://web.archive.org/web/20070223045329/http://blog.wired.com/defense/2007/02/tony_tether_has_1.html.

Noah Shachtman: »27,000 Work in Pentagon PR and Recruiting«, Wired, 05.02.2009, http://www.wired.com/2009/02/27000-work-in-p.

Noah Shachtman: »Exclusive: Google, CIA Invest in ›Future‹ of Web Monitoring«, Wired, 28.07.2010, http://www.wired.com/2010/07/exclusive-google-cia.

Spencer Ackerman, Noah Shachtman: »Almost 1 In 3 U. S. Warplanes Is a Robot«, Wired, 09.01.2012, http://www.wired.com/2012/01/drone-report.

Helen Shen: »BRAIN storm«, Nature 503, 06.11.2013.

Simon Shuster: »Inside Putins On Air Machine«, Time, 05.03.2015, http://time.com/rt-putin.

Richard Silverstein: »Hasbara spam alert«, The Guardian, 09.01.2009, http://www.theguardian.com/commentisfree/2009/jan/09/israel-foreign-ministry-media.

Herbert A. Simon, Allen Newell, John Clifford Shaw: »Report on a General Problem solver Program«, RAND, 09.02.1958.

Tom Simonite: »What Facebook knows«, Technology Review, 13.06.2012, http://www.technologyreview.com/featuredstory/428150/what-facebook-knows.

Tom Simonite: »Ads Could Soon Know If You're an Introvert (on Twitter)«, Technology Review, 08.11.2013, http://www.technologyreview.com/news/520671/ads-could-soon-know-if-youre-an-introvert-on-twitter.

Tom Simonite: »Google's Intelligence Designer«, Technology Review, 02.12.2014, http://www.technologyreview.com/news/532876/googles-intelligence-designer.

Tom Simonite: »A Startup's Neural Network Can Understand Video«, Technology Review, 03.02.2015, http://www.technologyreview.com/news/534631/a-startups-neural-network-can-understand-video/?utm_campaign=socialsync&utm_medium=social-post&utm_source=twitter.

Tom Simonite: »Google's AI Masters Space Invaders (But It Still Stinks at Pac-Man)«, Technology Review, 25.02.2015, http://www.technologyreview.com/view/535446/googles-ai-masters-space-invaders-but-it-still-stinks-at-pac-man.

Tom Simonite: »Fake Persuaders«, Technology Review, 23.03.2015, http://www.technologyreview.com/news/535901/fake-persuaders.

Tom Simonite: »Smartphones Will Soon Learn to Recognize Faces and More«, Technology Review, 09.04.2015, http://www.technologyreview.com/news/535631/smartphones-will-soon-learn-to-recognize-faces-and-more.

Tom Simonite: »Supercomputer Beats Google at Image Recognition«, MIT Technology Review, 13.05.2015, http://www.technologyreview.com/news/537436/baidus-artificial-intelligence-supercomputer-beats-google-at-image-recognition/?utm_campaign=newsletters&utm_source=newsletter-daily-all&utm_medium=email&utm_content=20150514.

Tom Simonite: »Silicon Chips That See Are Going to Make Your Smartphone Brilliant«, Technology Review,14.05.2015, http://www.technologyreview.com/news/537446/silicon-chips-that-see-are-going-to-make-your-smartphone-brilliant/?utm_campaign=newsletters&utm_source=newsletter-daily-all&utm_medium=email&utm_content=20150515.

Burrhus Frederic Skinner: »Walden Two«, Cambridge, 2005 (1948).

Dave J. Snowden, Mary E. Boone: »Leader's Framework for Decision Making«, Havard Business Review, November 2007, S. 2, http://web.archive.org/web/20090816042322/http://www.mpiweb.org/CMS/uploadedFiles/Article%20for%20Marketing%20-%20Mary%20Boone.pdf.

Sara Sorcher: »The Pentagon is building an app store for cyberoperations«, http://passcode.csmonitor.com/planx.

Mark Stefik: »Strategic Computing at DARPA«, Communications of The ACM, Juli 1985, http://www2.parc.com/istl/groups/hdi/papers/CACM-1985-stefik.pdf.

Cass Sunstein: »Conspiracy Theories«, University of Chicago Law School Public Law & Legal Theory Research Paper Series Paper 199, 2008.

Cass Sunstein: »It's For Your Own Good!«, The New York Review of Books, 07.03.2013.

David Talbot: »A Social Media Decoder«, Technology Review, 18.10.2011, http://www.technologyreview.com/featuredstory/425787/a-social-media-decoder.

Jordyn Taylor: »V. C. Firm Names Robot To Board of Directors«, The Observer, 13.05.2014, http://observer.com/2014/05/v-c-firm-names-robot-to-board-of-directors.

Friedrich H. Tenbruck: »Die kulturellen Grundlagen der Gesellschaft: der Fall der Moderne«, Opladen, 1989.

Richard H. Thaler, Cass R. Sunstein: »Nudge«, Berlin, 2009.

Peter Thiel: »Zero to One«, Frankfurt a. M., 2014.

Andrew Thompson: »The Engineers of Addiction«, The Verge, 06.05.2015, http://www.theverge.com/2015/5/6/8544303/casino-slot-machine-gambling-addiction-psychology-mobile-games.

Henry David Thoreau: »Walden oder Leben in den Wäldern«, Zürich, 1979.

Patrick Tucker: »The Naked Future: What Happens in a World That Anticipates Your Every Move?«, New York, E-Book, 2014.

Zeynep Tufekci: »How Facebook's Algorithm Suppresses Content Diversity (Modestly) and How the Newsfeed Rules Your Clicks«, Medium, 07.05.2015, https://medium.com/message/how-facebook-s-algorithm-suppresses-content-diversity-modestly-how-the-newsfeed-rules-the-clicks-b5f8a4bb7bab.

Fred Turner: »From Counterculture to Cyberculture«, Chicago, 2006.

Alan Turing: »On computable Numbers, with an Application to the Entscheidungsproblem«, 12.11.1936.

Alan Turing: »Computing machinery and intelligence«, Mind 59/1950.

Stuart Umpleby: »Heinz von Foerster and the Mansfield Amendment«, Cybernetics And Human Knowing 10/2003.

Ian Urbina: »I Flirt and Tweet. Follow Me at #Socialbot«, New York Times, 10.08.2013, http://www.nytimes.com/2013/08/11/sunday-review/i-flirt-and-tweet-follow-me-at-socialbot.html?_r=0.

Venor Vinge: »The Coming Technological Singularity«, San Diego, 1993, https://www-rohan.sdsu.edu/faculty/vinge/misc/singularity.html.

Oriol Vinyals, Quoc V. Le: »A Neural Conversational Model«, Proceedings of the 31st International Conference on Machine Learning, Lille, France, 2015, http://arxiv.org/pdf/1506.05869v2.pdf.

Jeffrey Voegeli: »UBS Turns to Artificial Intelligence to Advise Clients«, Bloomberg Business, 08.12.2014, http://www.bloomberg.com/news/articles/2014-12-07/ubs-turns-to-artificial-intelligence-to-advise-wealthy-clients.

Josef Vogl: »Regierung und Regelkreis. Historisches Vorspiel«, in: Claus Pias (Hg.) »Cybernetics/Kybernetik 2. The Macy-Conferences 1946–1953«, Band 2, Dokumente, 2003.

Mitch Waldrop: »DARPA and the Internet Revolution«, 50 Years of Bridging the Gap, DARPA, 2008.

Benjamin Wallace-Wells: »As Jeopardy! Robot Watson Grows Up, How Afraid of It Should We Be?«, New York Magazine, 20.05.2015, http://nymag.com/daily/intelligencer/2015/05/jeopardy-robot-Watson.html.

Martin Warnke: »Das Medium in Turings Maschine«, in: Barbara Becker, Christoph Lischka, Josef Wehner (Hg.): »Kultur – Medien – Künstliche Intelligenz«, Bielefeld, 1996.

Mike Wehner: »Facebook knows even more about you than you realize«, The Kernel, 03.03.2015, http://kernelmag.dailydot.com/issue-sections/features-issue-sections/12765/everything-facebook-knows-about-you.

David Weinberger: »The Machine That Would Predict the Future«, Scientific American, Dezember 2011, http://www.scientificamerican.com/article/the-machine-that-would-predict.

Sharon Weinberger: »Son of TIA: Pentagon Surveillance System Is Reborn in Asia«, Wired, 22.03.2007, http://web.archive.org/web/20100720064133/http://www.wired.com/politics/onlinerights/news/2007/03/SINGAPORE?currentPage=all.

Sharon Weinberger: »Terrorist ›pre-crime‹ detector field tested in United States«, Nature, 26.06.2011, http://www.nature.com/news/2011/110527/full/news.2011.323.html.

Peter Welchering: »Aus Big wird Smart«, FAZ, 18.10.2014, http://www.faz.net/aktuell/technik-motor/computer-internet/datenanalysesysteme-aus-big-wird-smart-13204324/umbau-die-bahn-ag-setzt-bei-13211168.html.

Norbert Wiener: »Kybernetik. Regelung und Nachrichtenübertragung in Lebewesen und in der Maschine«, Düsseldorf, 1963.

Norbert Wiener: »Ex-Prodigy«, New York, 1953.

Adam Williams: »Mind-controlled permanently-attached prosthetic arm could revolutionize prosthetics«, Gizmag, 29.11.2012, http://www.gizmag.com/thought-controlled-prosthetic-arm/25216/?utm_source=Gizmag%2BSubscribers&utm_campaign=ee62cbcbf4-UA-2235360-4&utm_medium=email.

Ben Williamson: »Knowing public service: Cross-sector intermediaries and algorithmic governance in public sector reform«, Public Policy & Administration, 2014.

J. R. Wilson: »A driving force DARPA's Research Efforts Lead to Advancements in Robotics and Autonomous Navigation«, DARPA, 2004, http://web.archive.org/web/20110701000000*/http://www.DARPA.mil/workarea/downloadasset.aspx?id=2564.

Natalie Wolchover: »As Machines Get Smarter, Evidence They Learn Like Us«, Quanta Magazine, 23.07.2013, https://www.quantamagazine.org/20130723-as-machines-get-smarter-evidence-they-learn-like-us.

Lamont Wood: »AI gets its groove back«, Computerworld, 14.05.2014, http://www.computerworld.com/article/2488478/emerging-technology-ai-gets-its-groove-back.html.

Wu Youyou, Michal Kosinski, David Stillwell: »Computer-based personality judgments are more accurate than those made by humans«, PNAS 112, 27.01.2015, S. 1036–1040, http://www.pnas.org/content/112/4/1036.full.pdf.

Jonathan Zittrain: »Facebook could decide an election without anyone ever finding out«, New Republic, 03.06.2014, http://www.newstatesman.com/politics/2014/06/facebook-could-decide-election-without-anyone-ever-finding-out.

Shoshana Zuboff: »Lasst euch nicht enteignen!«, FAZ, 14.09.2014, http://www.faz.net/aktuell/feuilleton/debatten/die-digital-debatte/unsere-zukunft-mit-big-data-lasst-euch-nicht-enteignen-13152809.html?printPagedArticle=true#pageIndex_2.

Konrad Zuse: »Der Computer. Mein Lebenswerk«, München, 1970.

Register